JUSTIÇA INFAME

CONSELHO EDITORIAL
Ana Paula Torres Megiani
Eunice Ostrensky
Haroldo Ceravolo Sereza
Joana Monteleone
Maria Luiza Ferreira de Oliveira
Ruy Braga

Yuri Costa

JUSTIÇA INFAME

crime, escravidão e poder
no Brasil imperial

Copyright 2019 Yuri Costa

Produção editorial
PITOMBA! livros e discos
Edição, preparação, projeto gráfico, diagramação e capa
Bruno Azevêdo
Revisão
Bruna Mitrano

Justiça Infame foi adaptado da tese de doutorado do autor, intitulada *Celso Magalhães e a justiça infame: crime, escravidão e poder no Brasil Império*, defendida em 2017 no Programa de Pós-Graduação em História da Universidade do Rio dos Sinos, sob orientação do Prof. Dr. Paulo Roberto Staudt Moreira.

Obra publicada com recursos provenientes do Edital nº 0043/2017 – Programa de Apoio à Publicação de Livros, Coletâneas e Catálogos (APUB/FAPEMA).

A Alameda Casa Editorial não se responsabiliza pelo projeto gráfico da presente obra.

CIP-BRASIL. CATALOGAÇÃO-NA-FONTE
SINDICATO NACIONAL DOS EDITORES DE LIVROS, RJ

C876J

Costa, Yuri
    Justiça infame : crime, escravidão e poder no Brasil imperial / Yuri Costa. - 1. ed. - São Paulo : Alameda, 2019.
    464 p. ; 23 cm.

Inclui bibliografia

ISBN: 978-85-7939-623-6

1. Brasil - História - Império 1822-1889. 2. Escravidão - Brasil - História - Império 1822-1889. 3. Justiça - Brasil - História - Império 1822-1889. 4. Crime - Brasil - História - Império 1822-1889. I. Título..

19-57075   CDD: 362.1042098161
                    CDU: 614.2(815.6)

Rua 01, Ed Arari/305, São Francisco
São Luís-MA. CEP 65076-320
(98) 98159-0200
pitombalivrosediscos@gmail.com
pitomba.iluria.com

ALAMEDA CASA EDITORIAL
Rua 13 de Maio, 353 – Bela Vista
CEP 01327-000 – São Paulo, SP
Tel. (11) 3012-2403
www.alamedaeditorial.com.br

Para Amanda e para nosso pequeno Bento

O papel da História é mostrar que as leis enganam, que os reis se mascaram, que o poder ilude e que os historiadores mentem.

Michel Foucault

APRESENTAÇÃO	13
I - UM PERSONAGEM, UM LUGAR	25
Em torno de Celso Magalhães e do crime da baronesa	25
Referências plurais	25
Jogos de memória ou Celso Magalhães inventado	35
A baronesa e seu crime	51
Celso Magalhães: nascimento e vínculos familiares	68
Uma província no Norte do Império	82
O Maranhão oitocentista	82
Entre escravos	100
Nação e construção da Justiça	113
II - O PODER E SEU ESPETÁCULO	129
Política no Império	129
O império da política	129
Escalas de poder: a relação centro-periferia	140
No Maranhão, a guerra entre facções (I): a formação dos opostos	155
No Maranhão, a guerra entre facções (II): um embate específico	166
A teatralização do crime e seus personagens	182
A cena conservadora	182
A cena liberal	195
Um promotor na política	211

III - RAÇA, DIREITO E ESCRAVIDÃO
As (des)venturas de um jovem jurista
no mundo do cativeiro — 229

DIREITO E ESCRAVIDÃO — 229

   Doutrinas raciais e justificativas do cativeiro — 230

   Olhares do direito sobre a escravidão (I):
   o escravo perante a lei — 242

AS IDEOLOGIAS DE CELSO MAGALHÃES — 257

   Ecos de Recife: a formação intelectual do personagem — 257

   Pensamento racial e abolicionista em Celso Magalhães — 279

IV - JUSTIÇA INFAME — 301

ESCRAVIDÃO E JUSTIÇA NO OITOCENTOS — 301

   O processo-crime da baronesa de Grajaú — 301

   Olhares do direito sobre a escravidão (II):
   o escravo perante a Justiça — 314

DINÂMICA DO PROCESSO:
O QUE SE JULGA QUANDO SE JULGA
UM SENHOR DE ESCRAVOS? — 330

   As teses em confronto — 330

   A composição impossível: limites entre
   a humanização do escravo e a condenação do senhor — 353

   O derradeiro ato: a absolvição da acusada
   e as confluências entre os discursos médico e jurídico — 370

   O corpo de jurados — 399

AGONIA E MORTE DE CELSO MAGALHÃES — 406

CONCLUSÃO — 417
Referências — 423

APRESENTAÇÃO

Ó chão de São João / largo das tormentas, / recanto malsão / de cenas sangrentas. / Mão de baronesa / golpeou-te fundo, / em uma dor acesa / sacudiu o mundo. [...] / Tua própria igreja / nasceu por pecado, / como o que viceja / num lugar errado. / Ó chão infeliz / de amargo trespasse, / como se a raiz / do mal se plantasse.

José Chagas

Centro histórico de São Luís, Maranhão. A parte mais alta da extensa Rua de São João abriga um imponente sobrado, distante poucos passos do largo e da igreja cujos nomes homenageiam o mesmo santo. Se até bem pouco tempo o imóvel guardava peças históricas do Museu de Arte Sacra do Estado, há exatos cento e quarenta anos serviu para fins bem menos nobres, sendo palco de um dos crimes de maior repercussão no Império.

A visão do passante não descobriria sinais do delito ali ocorrido. De longe, apenas um casarão ainda belo, mas desgastado pelo tempo e pela falta de cuidados. É preciso uma certa aproximação. Um olhar mais atencioso perceberia que a fachada é feita de azulejos em nada comuns aos desenhos tradicionais do período. Um pouco mais de perto, os símbolos revelam sua forma. A frente do sobrado está encrustada de flores vermelhas, vestígios que ligam não apenas o imóvel ao crime ali executado, mas que igualmente denunciam a presença do promotor público Celso Magalhães naquela trama.

Em 13 de novembro de 1876, residia no imóvel Ana Rosa Viana Ribeiro, que oito anos depois se tornaria a baronesa de Grajaú. Nessa data, supostamente teria a senhora torturado e matado Inocêncio, um menino escravo de oito anos. Pelo crime, foi denunciada e presa, numa acusação guiada por Celso Magalhães. O delito ficaria conhecido como o "crime da baronesa de Grajaú", ou simplesmente "crime da baronesa"

Celso Magalhães tinha vinte e seis anos na época. Jovem e elegante, costumava trazer na botoeira do paletó uma chamativa flor vermelha, da espécie lágrima-de-sangue. Segundo o escritor Graça Aranha, que, quando criança, conviveu com Celso, o ornamento era uma marca do promotor e permaneceu ainda por muitos anos no imaginário local como "a flor do Celso".

Ana Rosa foi absolvida da acusação. Como ato de deboche ao promotor e ao grupo político que, rivalizando com sua família, tentou condená-la, mandou a senhora substituir a antiga azulejaria do sobrado pelo desenho de dezenas de flores vermelhas, onde estão até hoje.

***

Celso Tertuliano da Cunha Magalhães nasceu em 11 de novembro de 1849, na fazenda Descanso, Viana, Maranhão. Entre 1850 e 1868, foi criado pelos avós maternos, ficando sua educação inicial sob a responsabilidade de professores particulares e de seu avô. Nesse ambiente, teve seu primeiro contato com a literatura e com o direito.

Aos dezoito anos, em 1867, estreou na imprensa local com os poemas *Vem, não tardes!* e *Para ela*, ambos escritos ainda em Viana. No ano seguinte, seguiu para a capital da província, no intuito de realizar estudos preparatórios ao ingresso em curso jurídico.

Iniciou sua instrução na Faculdade de Direito do Recife em 1869, tendo contato com um ambiente acadêmico de tendência republicana e cientificista. Em Pernambuco, sem se afastar de seu lado poeta e prosador, rapidamente expandiu os estudos para além do direito, passando a se interessar por arqueologia, geologia, folclore, história da arte, química, música e teatro.

Retrato de Celso Magalhães.
Fonte: CELSO DE MAGALHÃES. O Mequetrefe. Rio de Janeiro, p. 8, 28 jun. 1879.

Bacharelou-se em 1873 e retornou no mesmo ano ao Maranhão. Nomeado promotor público da capital no ano seguinte, atuou em diferentes ações de natureza criminal e civil, muitas delas envolvendo escravos. Em novembro de 1876, iniciou a condução da denúncia contra a senhora Ana Rosa Viana Ribeiro pelo assassinato de Inocêncio.

Celso Magalhães sofreu as consequências da atuação no processo pouco mais de um ano depois. Em 29 de março de 1878, foi demitido da função de promotor "a bem do serviço público".[1] O ato levou a assinatura de Carlos Fernando Ribeiro, esposo de Ana Rosa, que assumira o cargo de presidente da Província do Maranhão havia apenas um dia.

Demitido, Celso retornou à sua cidade natal. Como advogado, viu o exercício da nova profissão inviabilizado pelos sucessivos entraves criados pelo juiz municipal da localidade. Retornou a São Luís no início de 1879, onde faleceu no mês de junho, acometido de um mal súbito, antes mesmo de completar trinta anos.

Para além do universo jurídico, Celso Magalhães tem seu nome relacionado à literatura de crítica social do século XIX. Na verdade, sua relativa projeção como literato está mais ligada ao pioneirismo de sua obra abolicionista e folclorista do que à sua atuação como promotor público.

O objetivo deste livro, no entanto, não se reduz a traçar a história de vida de Celso Magalhães. Sua biografia interessa, porém não serve como um fim em si mesmo, mas como ponto de partida e enquanto estratégia narrativa para se acionar temas "maiores", incabíveis em uma única experiência de vida.

Mais centrais à pesquisa são as nuances da participação do personagem no chamado "crime da baronesa". Isso porque a decisão de levar aquela senhora de escravos a júri popular e a decretação da prisão de Ana Rosa durante o processo, ainda que tenham culminado

---

[1] Optei em atualizar a grafia de toda a documentação primária (manuscritos e impressos) referida nesta obra, incluindo os nomes próprios. Mantive na grafia original tão somente os títulos de periódicos. Apesar da atualização da escrita, procurei preservar o vocabulário de época, ainda que lançando mão de expressões atualmente em desuso. Nesses casos, inseri notas com o significado das palavras ou expressões na atualidade.

em sua absolvição, ajudaram a compor um caso sem precedentes na história do Judiciário maranhense, no qual uma senhora abastada e casada com um político influente seria presa e vista como ré pelo fato de ter supostamente matado uma criança escrava.

Dessa forma, a proposta de investigação da obra mantém relação com a luta nos campos jurídico e político levada a cabo a partir da ação criminal aqui tratada. O conceito de *campo* utilizado neste livro é trabalhado a partir da definição pensada por Pierre Bourdieu. Para o sociólogo francês, o *campo* compõe um "universo relativamente autônomo de relações objetivas e específicas". Os sujeitos envolvidos no campo tendem a valorizar sua independência dos demais saberes e práticas, mesmo que tal autonomia não vá além da aparência. Para tal, (re)produzem rituais, hierarquias, vestuário e vocabulário específicos, num "processo de *depuração* em que cada gênero se orienta para aquilo que o distingue e o define de modo exclusivo, para além mesmo dos sinais exteriores, socialmente conhecidos e reconhecidos, de sua identidade". O campo busca, em última análise, produzir sua própria "lógica original", esforçando-se para encontrar nele mesmo o princípio e a norma de sua existência e de sua relevância social.

A dimensão jurídica do processo que julgou Ana Rosa contribui para a análise da produção e da circulação de discursos das elites sobre a qualidade formal do escravo perante o Judiciário, já que discutiu o direito de disposição sobre a vida de uma criança escrava por sua senhora. Como será aprofundado em outra parte desta obra, o tratamento jurídico dado aos escravos encontrou eco nas teses de defesa e de acusação de Ana Rosa Ribeiro. Para o advogado da senhora, interessava a reificação do escravo, pois qualquer ação violenta atribuída à sua cliente não passaria do exercício de seu direito de propriedade, sendo, por isso mesmo, impunível. Para a acusação, a natureza humana do escravo deveria ser reconhecida e, como consequência, declarada a existência do crime de homicídio, punindo-se a ré.

Quanto às relações de poder, acredito que gravitou em torno do "crime da baronesa" parte da atmosfera política da província, que tomou o processo criminal e a exposição dos personagens nele envolvidos como palco privilegiado para o embate há muito travado entre liberais e conservadores. O esposo da ré foi importante líder do Partido Liberal e opositor ferrenho dos chefes conservadores, incluindo entre os desafetos Augusto Olímpio Gomes de Castro, que, na condição de presidente da província, agraciou Magalhães com o cargo de promotor público.

Eis então o objetivo principal deste livro: a partir da trajetória de vida de Celso Magalhães e mais particularmente de sua atuação no denominado "crime da baronesa de Grajaú", analisar representações das elites no tratamento jurídico dado ao escravo no Brasil da segunda metade do Oitocentos e, de forma igualmente relevante, a ingerência de fatores políticos sobre o Poder Judiciário imperial.

A investigação foi desenvolvida no curso de doutorado em História da Universidade do Vale do Rio dos Sinos (UNISINOS), entre 2014 e 2017, e se aproxima de uma História Social da política e das instituições de Justiça no Oitocentos. Nesse aspecto, o desenvolvimento da pesquisa tocou em algumas questões mais centrais, sendo uma delas o debate acerca da organização do ordenamento jurídico nacional após a Independência brasileira e ao longo do século XIX, destacando a regulamentação do tratamento dado ao escravo africano e afrodescendente nesse período.[2]

Com relação ao tema geral proposto, talvez uma das principais contribuições desta obra resida em pensar a política no Império a

---

[2] Ao longo da obra predominará o emprego do termo "escravo" para designar indivíduos escravizados. A escolha é proposital. Estou ciente do quanto a recente historiografia tem se inclinado para a utilização do vocábulo "escravizado", preferindo-o ao termo "escravo", numa clara (e relevante) tentativa de destacar semanticamente o quanto o cativeiro foi uma condição imposta, e não um estado natural dos sujeitos históricos. Ocorre que, em diferentes trechos deste trabalho, a expressão aqui preferida refere-se ao tratamento formal do cativo nas leis e nos autos policiais e judiciais. Nesses casos, entendo que o emprego da palavra "escravizado" incorreria em evidente anacronismo. Por essa razão, como forma de padronizar o vocabulário ao longo do texto, sem expor o leitor a expressões distintas que se referem, essencialmente, ao mesmo aspecto, optei em utilizar, preponderantemente, a palavra "escravo" e seus equivalentes. Sobre o tema, ver CARBONI, Florence; MAESTRI, Mário. *A língua escravizada: língua, história, poder e luta de classes*. São Paulo: Expressão Popular, 2003.

partir de uma província periférica, sem grande expressão no contexto nacional, porém inserida na nervosa relação entre a Corte e as elites regionais. Afastado do Rio de Janeiro pela distância e em relevância política, o Maranhão tensionou as regras projetadas para o Império, imprimiu traços particulares à armação burocrática pensada para a nação e certamente inventou formas diversas de corrupção das instituições do Oitocentos.

Interessa ainda analisar a (re)produção de discursos construídos por uma elite socialmente branca e escravocrata, legitimada a inscrever sua fala em processos judiciais. De forma não menos importante, a investigação passa por entender os sujeitos e os mecanismos da política que, no período monárquico, enlaçaram o Judiciário no dinâmico jogo de interesses que marcou a relação da Corte com os grupos políticos locais.

Na investigação, procurei ter cautela ao tomar a biografia escolhida como algo *representativo* do contexto no qual viveu o personagem. Seria por demais reducionista atribuir à trajetória de Celso Magalhães e à sua atuação como promotor a capacidade de sintetizar fenômenos bem mais amplos e, por derivação, "comprovar", em concreto, a aplicação de regras sociais esperadas dos sujeitos históricos ali presentes.

Por outro lado, foram valorizadas as particularidades da biografia de Celso sem deixar de dar atenção a escolhas e a trajetórias dos personagens envolvidos no enredo, que confirmam a conjuntura em referência ou mesmo subversivas da ordem então vigente. Dessa forma, se, por um lado, o recorte temático aqui tratado não é mero produto do contexto histórico, por outro, não esteve "pairando no ar". Nesse sentido, o "crime da baronesa" e a atuação de Celso Magalhães naquela ação judicial foram inequivocamente influenciados pelo ambiente jurídico e político experimentado na segunda metade do século XIX.

O enfoque analítico dado à pesquisa justifica a escolha de recursos documentais de investigação, priorizando-se fontes ditas "primárias". A pesquisa bibliográfica foi utilizada de maneira coadjuvante, visando localizar em fontes secundárias referências teóricas e conceituais que auxiliassem na interpretação dos documentos e que contribuíssem para o entendimento do contexto histórico em referência.

A exploração de fontes documentais foi realizada através de uma abordagem qualitativa de análise, aproximando-se do *paradigma indiciário* teorizado pelo historiador Carlo Ginzburg, ou seja, de um modelo de exploração centrado em "resíduos" e desapegado de uma perspectiva quantificadora dos dados estudados pelo pesquisador.

Nessa direção, mesmo não havendo o predomínio da microanálise na pesquisa, quando relevante à proposta de investigação, busquei utilizar alguns recursos teóricos e metodológicos da micro-história. O principal deles certamente foi a análise do objeto de pesquisa por meio de *escalas*, com o estudo intensivo dos documentos. O método indiciário é uma forma de interpretação centrada em resíduos, sobre dados marginais, considerados, regra geral, irrelevantes. Produz assim uma supervalorização dos detalhes como forma de redescobrir o indivíduo e de se afastar das estruturas.

Além disso, o diálogo incessante que a microanálise busca fazer entre escalas de observação possibilita, por um lado, o escape das abstrações e das estruturas que diluem por completo o indivíduo e, por outro, a aproximação do pesquisador com sujeitos históricos que, representativos ou excepcionais em seu mundo, experimentaram de formas variadas o contexto no qual viveram. Com essa noção, o indivíduo é sempre pensado como um sujeito que se relaciona com sistemas normativos de sua época e que, ao mesmo tempo, desfruta de certo grau de liberdade, o que lhe possibilita a (re)construção de estratégias de atuação e, ainda, a resistência a regras disponíveis em seu mundo.

A diversidade de material levantado exigiu capacidade integrativa, o que justifica a escolha de um método que valoriza a atividade criadora e mesmo intuitiva de quem analisa as informações coletadas. Por outro lado, a escolha rigorosa de técnicas e informações trabalhadas ao longo da pesquisa procurou afastar o comprometimento subjetivo, evitando o desenvolvimento de uma abordagem meramente especulativa ou apologética.

O objeto da pesquisa foi explorado através da crítica de documentos específicos, prioritariamente processos-crime, inquéritos, correspondências oficiais e impressos. A eleição das fontes procurou dar, na medida do possível, representatividade ao conjunto de fatos componentes do fenômeno estudado, no caso, o tratamento jurídico conferido ao escravo e a projeção do campo político sobre o Judiciário no contexto aqui debatido, atribuindo amplitude e, ao mesmo tempo, profundidade à investigação.

A pesquisa explorou fontes dos acervos do Arquivo do Tribunal de Justiça do Maranhão, do Arquivo Público do Estado do Maranhão, do Arquivo Nacional do Rio de Janeiro, do Arquivo Geral do Centro de Ciências Jurídicas da Universidade Federal de Pernambuco, do Arquivo da *Yale University* (Estados Unidos), da Biblioteca Pública "Benedito Leite" (Maranhão) e da Biblioteca Nacional do Rio de Janeiro.

Analisei centenas de documentos, para, ao fim, inserir no texto final referências a:

18 ações judiciais de natureza criminal e civil, incluindo o processo que julgou Ana Rosa Ribeiro pela morte de Inocêncio;

13 peças de investigação policial, com destaque para inquéritos e termos de interrogatório;

10 relatórios de autoridades da Província do Maranhão;

41 correspondências oficiais entre diferentes autoridades da província e do Império; e

188 notícias ou artigos de periódicos.

Busquei o aprofundamento do objeto com um método que fosse além dos referenciais bibliográficos e normativos que pudessem contribuir para a pesquisa. Nesse sentido, a análise de documentos policiais, judiciários e de impressos possibilitou o tensionamento do referencial jurídico-formal de tratamento do escravo. Na escolha das fontes, como já destacado, foi dada atenção especial ao chamado "crime da baronesa de Grajaú", ocorrido em 1876.

Tendo como principal referencial teórico-metodológico o estudo biográfico, a narrativa desenvolvida nesta obra tem como fio condutor recortes da trajetória de vida do literato e jurista maranhense Celso Magalhães, com destaque para seu envolvimento na política, para a atuação do personagem como promotor e para seu pensamento racial e abolicionista.

Apesar disso, não reservei no texto um "lugar" específico para a vida e para a atuação pública de Magalhães, sendo tais elementos diluídos ao longo do trabalho. Por isso mesmo, todos as partes do livro serão permeadas por comentários descritivos e críticos sobre a vida e a obra do personagem.

Creio que a proposta potencializa uma tessitura narrativa que escape de um formato linear e que possibilite, a todo momento, estabelecer referências entre os temas "maiores" propostos e a biografia do personagem em destaque, o que viabiliza, por sua vez, ir se (des)encaixando a trajetória de Magalhães como normalidade ou excepcionalidade para o contexto histórico no qual viveu. Por essa mesma razão, os recortes biográficos distribuídos nos diferentes trechos não obedecem, necessariamente, a ordem cronológica da vida do personagem.

Como se verá ao longo desta obra, permiti-me formular digressões ou mesmo suposições voltadas ao "preenchimento" das lacunas da narrativa sobre a trajetória de Celso Magalhães deixadas pela limitação das fontes. Entendo, porém, que as conjecturas aqui referidas não são livres e descomprometidas, mas, pelo contrário, mantêm relação com rastros deixados pela documentação e com aquilo que seria aceitável no contexto histórico no qual se encontram imersos os personagens desta investigação.

Sobre o tema, segundo Giovanni Levi, "existem em história lacunas, imprecisões, obscurantismos e ausências. Por essa razão, a reconstrução dos acontecimentos e das biografias será, frequentemente, impressionista, alusiva e até, talvez, imaginária". Já para Ginzburg, a escrita da história toma como base documentos e informações incompletos e incertos. Por isso há margem para a "inserção de conjecturas" do historiador, o que não pode, porém, afastá-lo por completo da cientificidade e da preocupação com a *prova*.

Registro, por fim, meus agradecimentos à Fundação de Amparo à Pesquisa e ao Desenvolvimento Tecnológico do Estado do Maranhão (FAPEMA), que financiou a publicação deste livro; ao professor Paulo Roberto Staudt Moreira (UNISINOS), que me orientou no doutoramento e escreveu o fragmento que preenche a orelha da obra; a Bruno Azevêdo, responsável pela adaptação e editoração do livro; e à Bruna Mitrano, que fez a revisão final do texto.

I. UM PERSONAGEM, UM LUGAR

De todos e por todos os modos aqui se mente, de maneira que o sol, que em toda parte é a regra certa e infalível por onde se medem os tempos, os lugares, as alturas, em chegando à terra do Maranhão, até ele mente [...]. Vede se é certa a minha verdade: que não há verdade no Maranhão.

Pe. Antônio Vieira
(*Sermão da Quinta Dominga da Quaresma*, 1654)

EM TORNO DE CELSO MAGALHÃES E DO CRIME DA BARONESA

REFERÊNCIAS PLURAIS

As referências a Celso Magalhães que chegam ao século XXI são múltiplas e com intensidade variada. Se o que se projeta acerca desse personagem fosse identificado como "imagens", certamente não haveria um quadro único, mas um mosaico com tons, cores, transparências e profundidades infindáveis, ou pelo menos quantitativamente consideráveis.

Diante dessa variação, na crítica aos referenciais sobre o promotor projetados desde sua morte, parece útil o conceito de *representação*. O uso da categoria aproxima-se do utilizado pelo historiador Roger Chartier, para quem representações significam "esquemas de classificação incorporados sob a forma de categorias mentais por cada grupo". Seriam classificações, divisões, delimitações que organizam a apreensão do mundo social como categorias fundamentais de percepção e apreciação do real. Há, por isso mesmo, segundo Pierre Bourdieu, uma estreita relação entre representação e relações de poder, na medida em que o *trabalho de representação* implica concorrências e competições que têm como fim maior o estabelecimento da dominação e da reprodução de grupos sociais.

Nesse sentido, a proposta aqui apresentada não é (re)organizar "a imagem" do personagem Celso Magalhães na contemporaneidade, como se existisse algo uniforme. Também não busco encarar as diferentes projeções que sua figura despertou como partes coerentes de uma obra acabada. Mais prudente me parece tentar analisar as apropriações de seu nome e de sua conduta considerando as descontinuidades, multiplicidades e manipulações inerentes a tal processo.

Uma primeira representação em torno de Celso Magalhães – da qual talvez derive a maioria das outras – foi sua suposta capacidade de aglutinar diferentes atividades intelectuais. Segundo o literato Antônio Lopes, sobrinho de Celso, dotado de uma formação "marcadamente autodidata" e conhecido por ser um "leitor compulsivo", saberia Magalhães conciliar o ensino oficial que recebeu com "uma tendência ao livre exame", não raras vezes enveredando para áreas do conhecimento afastadas de sua formação acadêmica.

A suposta intelectualidade plural de Celso Magalhães lhe rendeu a identificação como enciclopedista e como pioneiro em alguns ramos do conhecimento. O escritor Fran Paxeco mencionou que Celso possuía "estudos fortes e variados", discutindo "com solidez as mais altas questões de letras, de artes, de comércio ou indústria". Antônio Lopes foi além. Nos apontamentos que escreveu ao *Dicionário histórico-geográfico da Província do Maranhão*, publicado originalmente por César Marques em 1870, essas foram as qualidades atribuídas a Magalhães: "poeta, jornalista literário e político, crítico literário e teatral, romancista e dramaturgo, além de ter sido o primeiro a abrir para o estudo do folclore brasileiro caminhos orientados pela ciência e não pela simples curiosidade".

De forma similar fez o Ministério Público do Maranhão em publicação institucional de 2003, assim sintetizando o currículo de Celso: "Poeta abolicionista, cronista, romancista, dramaturgo, folclorista, pioneiro do romance naturalista no Brasil com a obra *Um estudo de temperamento*, fundador da pesquisa científica sobre o folclore do país com o trabalho *A poesia popular brasileira*, renovador cultural do Maranhão no último quartel do século XIX".

Outra das representações mais recorrentes da atividade intelectual de Celso Magalhães a identifica como vanguardista e mesmo revolucionária. Nessa linha, o "espírito" de Celso foi tido pelo escritor Jomar Moraes, em publicação do final da década de 1990, como "inquieto em seu desejo de mudanças, indagador e sensível", assim como, na leitura de Graça Aranha, contemporâneo de Magalhães, como marcado pela "revolta e inquietação".

As origens da inquietude de Celso, aliás, são associadas ao ambiente rural e escravista no qual passou a infância e a adolescência, quando teria nutrido um descontentamento com as injustiças sociais que o rodeavam, alimentando o desejo de transformação daquela realidade.

O comprometimento social de Celso Magalhães se propagou para duas principais direções, ambas objeto de específica atenção em outros trechos deste trabalho: a produção de uma poesia de cunho eminentemente abolicionista, na qual foi referência no Maranhão; e, enquanto jurista, um destacado ativismo contrário ao cativeiro.

A maturidade de sua postura revolucionária, porém, somente seria alcançada em seus estudos em Recife, entre 1869 e 1873, quando participou de vários movimentos de renovação literária e cultural, e de onde "trouxe ideias revolucionárias para o Maranhão", na interpretação do político José Sarney.

Celso deveria ainda à formação acadêmica e à experiência cultural em Recife a cientificidade que acompanhou sua produção intelectual. Ali teria alcançado, segundo Fran Paxeco, um "adiantado processo de análise filosófica" que marcaria sua curta carreira, direcionando seu pensamento para o que Sarney denominou de "defesa da emancipação moral" e, nas palavras do escritor Graça Aranha, para uma "filosofia alicerçada no humanismo e na modernização das ciências".

A afamada erudição rendeu a Celso sua representação de pioneiro em algumas áreas do conhecimento humano. Na arqueologia, foi o primeiro a desenvolver com traços científicos estudos sobre fósseis no Maranhão, escrevendo uma pequena novela e um artigo científico sobre vestígios da região de Viana, os quais serviriam como informação para a obra bem mais acabada do geógrafo e etnólogo Raimundo Lopes da Cunha, sobrinho de Celso. Na literatura, além de ter sido um dos precursores da poesia abolicionista no Maranhão, chegou a ter sua obra *Um estudo de temperamento*, concluída em 1871, identificada como o primeiro romance naturalista do Brasil.

Mas foi no estudo da cultura popular que a precocidade da obra de Celso Magalhães adquiriu uma maior projeção. Nesse campo, segundo Graça Aranha, "foi ele quem primeiro estudou cientificamente o folclore brasileiro, dando o sinal de partida e a orientação para os estudos de Vale Cabral, Sílvio Romero, Couto de Magalhães, Barbosa Rodrigues e tantos outros".

A construção do pioneirismo de Magalhães no estudo do folclore certamente se deve às generosas citações que recebeu de Sílvio Romero em sua *A poesia popular no Brasil*, publicada na *Revista Brasileira* entre 1879 e 1881, e na obra *Estudos sobre a poesia popular no Brasil*, de 1888. O reconhecimento ganhou ainda maior projeção através das obras de Teófilo Braga, Câmara Cascudo, Franklin Távora e Gilberto Freyre, todos citando a relevância da produção de Celso por meio dos apontamentos de Sílvio Romero.

A poesia popular brasileira foi o marco inicial da preocupação de Celso com o estudo do romanceiro tradicional e da poesia de cunho popular, além de outras manifestações culturais, como lendas, danças e festas. A obra foi publicada em 1873, na forma de dez artigos do jornal *O Trabalho*, de Pernambuco.

Ainda no que toca à obra de Celso Magalhães, há registros que elogiam sua produção como jurista, mesmo que reduzida e quase em sua integralidade perdida antes de qualquer publicação. Graça Aranha, que além de literato possuía formação jurídica, reconheceu em uma obra de memórias a relevância dos textos de Celso para seus estudos. Antônio Lopes lhe atribuiu a qualidade de "jurisconsulto, apesar de moço" e José Sarney o reverenciou como "um dos primeiros aplicadores da moderna teoria do direito".

Quanto à personalidade de Celso Magalhães, um dos atributos a ele emprestados é o de possuir um comportamento humilde e abnegado, características que teriam acompanhado tanto sua trajetória pessoal quanto sua atuação como promotor público. O registro dessas virtudes foi feito de diferentes maneiras e com adjetivos variados, mas sempre a afirmar que, apesar de sua relevante erudição, preferia uma escrita e um palavreado informal, além de ter aversão a rituais das elites e a hierarquias sociais.

Localizei diferentes menções ao fato de Celso Magalhães frequentar ambientes culturais das elites e, com a mesma regularidade, locais populares. Sua referência como boêmio é, aliás, outro atributo encontrado nos escritos de quem lhe dedicou algum tipo de homenagem. Alfredo Saldanha, seu amigo próximo, destacou-lhe a qualidade como cantor dotado de um lirismo "robusto e original" e que frequentava ambientes noturnos de São Luís: "Sua voz ecoava nos recintos em que fizera ouvir algumas de suas inspiradas estrofes [...], movendo as multidões ao entusiasmo". Já o ensaísta Alexandre Eulálio registrou que Celso Magalhães foi um dos fundadores da *Sociedade Musical*, "grupo de amadores que promoveu a execução da boa música lírica [...]. Nessas reuniões o senhor promotor, dono de apreciável voz de baixo, brilhava em duetos, tercetos e quartetos afinadíssimos".

A representação humilde de Celso não escapou à narrativa literária de Josué Montello. Em *Os tambores de São Luís*,[3] o primeiro

---

3 *Os tambores de São Luís* é o romance mais conhecido do escritor maranhense. Publicado em 1975, tem uma narrativa em terceira pessoa, que transcorre durante uma noite e algumas horas da manhã seguinte no ano de 1915, nas quais seu protagonista, Damião, "rememora" sécu-

encontro entre Celso Magalhães e Damião, protagonista da obra, é marcado por uma conduta abnegada do promotor, a impressionar não apenas Damião, mas a elite que presenciou a cena e testemunhou Celso receber um negro em sua carruagem.

> Na esquina da travessa do Teatro com a Rua do Sol, ficou parado, os olhos atentos sobre a multidão que ia sendo expelida nas calçadas, e logo descobriu o Dr. Celso de Magalhães, baixo, cabeça grande, calçando as luvas, já no batente da calçada.
> De chapéu na mão, aproximou-se:
> – Dr. Celso, se o senhor me permite, eu gostaria de lhe dar uma palavra, sobre um assunto da maior importância.
> – Então venha comigo – autorizou o promotor, reconhecendo-o.
> E antes de entrar na carruagem, que o esperava defronte do portão principal, ordenou a Damião que subisse, indicando-lhe o assento coberto de veludo, à direita do banco. Em volta do carro houve um sussurro de espanto, assim que Damião se sentou. Mas já o cocheiro, de rédeas soltas, tinha sacudido o chicote, e o carro se pôs em marcha, levado pelo galope dos cavalos.[4]

Alfredo Saldanha deixou uma impressão peculiar sobre a suposta humildade de Celso. Contemporâneos de estudo em Recife, Saldanha escreveu uma carta em homenagem ao amigo quando do seu falecimento, publicada no periódico maranhense *O Paiz*.[5] Ali registrou que a humildade de Magalhães não seria "natural", mas fruto

---

los de escravidão e resistência de negros escravizados no Maranhão. Embora obra de ficção, possui uma destacável preocupação com a verossimilhança dos fatos históricos enlaçados pela narrativa. Para escrever sobre o chamado "crime da baronesa do Grajaú", por exemplo, Montello se valeu da análise, então inédita, dos autos-crime que apuraram o delito. O crime, aliás, preenche dezenas de páginas do romance, sendo reconhecido pelo próprio autor como principal argumento de escrita do livro. Ver MONTELLO, Josué. *Os tambores de São Luís*. 5. ed. Rio de Janeiro: Nova Fronteira, 1985, p. 615.

4 Ibidem, p. 470.

5 Fundado por Temístocles Aranha em 1863, *O Paiz* teve uma conotação inicial eminentemente católica. Aos poucos, ampliou seu conteúdo para notícias políticas e sobre o comércio. Após 1870, passou por um considerável melhoramento editorial e jornalístico, o que o colocou entre os periódicos mais modernos do Norte do Império. Durou até 1886, quando foi fundido ao *Publicador Maranhense*.

de um exercício constante. Isso porque o brilhantismo e a erudição de Celso o forçavam a se adaptar aos gestos e à fala no trato das outras pessoas, e mesmo a dispensar boa parte de seus atributos para não ofuscar os "menos afortunados". Nas palavras de Saldanha, "dir-se-ia que ele desejava fazer esquecer o próprio mérito para não lembrar aos outros a sua mediocridade".

Nessa interpretação, a humildade levou Magalhães a desenvolver uma destacável capacidade de adaptação, transitando entre círculos que lhe exigiam uma conduta e uma linguagem, por vezes, opostas.

> Possuía uma afabilidade fácil e despreocupada, e que era dispensada ao homem do povo como ao da boa sociedade [...]. Para tornar-se bem aceito do trabalhador rude e ignorante, adaptava a linguagem e os gestos, com tão cômica naturalidade que só poderiam bem apreciá-la aqueles que estavam afeitos a vê-lo passar desassombrado entre as elegâncias dos mais escolhidos círculos.[6]

A postura supostamente humilde e abnegada de Celso parece contrastar com a condição economicamente estável da qual gozou na maior parte de sua vida. Nascido em uma família de posses, de acordo com os registros de Antônio Lopes, aos dezoito anos herdou do avô materno patrimônio que lhe deu uma ainda maior tranquilidade financeira: "Estava garantida a formatura do rapaz com o legado de cinco ou seis contos de réis, para aqueles tempos folgados". Na verdade, o dote deixado por seu avô foi de 3:000$000,[7] segundo o registro que consta do próprio inventário.

Já o curto período de vida posterior à demissão como promotor, ocorrida em março de 1878, foi marcado pela penúria econômica, contexto no qual teria se tornado ainda mais evidente a prova de sua abnegação.

---

6 SALDANHA, A. Celso Magalhães. *O Paiz*. São Luís, p. 2, 3 jul. 1879.

7 Os valores monetários serão expressos neste livro em *réis*, termo que correspondia ao plural da unidade monetária (Real) herdada da colonização portuguesa e que vigorou no Brasil até 1942, quando foi substituída pelo Cruzeiro. Numericamente, dois mil e quinhentos réis, por exemplo, eram assim expressos Rs 2$500. *Conto de réis* era o termo utilizado para indicar um milhão de réis, ou seja, Rs 1:000$000.

Sobre essa época, um fato da biografia de Celso é destacado por Antônio Lopes como símbolo de abnegação, além de reforçar sua representação como abolicionista convicto. Celso Magalhães teria emancipado os escravos que herdou de seu pai, falecido em 1878, ainda que, após a demissão do cargo de promotor, estivesse em uma condição econômica bastante comprometida. O tema será debatido, no entanto, com maior profundidade na Parte III deste livro, quando a inclinação abolicionista de Celso for analisada.

A construção de um personagem perseguido, abatido, doente e *pobre* interessou, aliás, aos olhos de quem o desejou representar como justiceiro ou mesmo mártir. Segundo Antônio Lopes, nesse momento, o estado de pobreza de Celso beirava à indigência:

> Não fora a integridade do juiz a quem subiram os autos, para decidir do incidente, e que o desprezou, reconhecendo a Celso o direito de advogar, *teria este de emigrar, por certo, ou ficar exposto à fome, porquanto era paupérrimo, como paupérrimo morreu* (grifei).[8]

A pobreza de Magalhães em seus últimos anos de vida foi também destacada pelo jovem ensaísta José Sarney. Em artigo escrito por ocasião do centenário de nascimento do personagem, em 1949, registrou que Celso esteve "entregue a miséria após sua demissão".

A não localização de seu inventário, que sequer deve ter existido, diante dos indícios de que possuía poucas posses quando de sua morte, e a certeza de que não deixou testamento, conforme registrado em sua certidão de óbito, dificultaram identificar a real situação financeira de Celso Magalhães quando faleceu. Porém, há indícios de que a saída do cargo de promotor trouxe mudanças substanciais à sua condição econômica.

De fato, o dote deixado por seu avô materno foi provavelmente gasto no pagamento de seus estudos em Recife. Fora isso, não herdou nenhum patrimônio de seus ascendentes, tanto na linha paterna quanto na materna, por essa razão (herança) não alcan-

---
8 LOPES, A. Celso Magalhães. *A Pacotilha*. São Luís, p. 1, 19 nov. 1917b.

çando conforto financeiro. Em verdade, o inventário de seu pai registra que, um ano antes da morte de Magalhães, devia a seu genitor a quantia de, pelo menos, Rs 50$000, valor registrado como dívida em favor de seu pai, podendo-se presumir que a manutenção de Celso Magalhães, ao menos em parte, dependia da ajuda paterna.

Por outro lado, em pouco mais de um ano e dois meses, entre sua demissão e seu falecimento, Celso procurou alternativas de renda na advocacia e como colunista regular no periódico *O Tempo*.[9] Chegou a realizar uma malsucedida viagem a Viana, onde pretendia atuar como advogado.

No mesmo período, fato que talvez indique a alteração de sua condição econômica foi a repentina mudança de endereço residencial e profissional. De acordo com anúncios dos jornais de época, Celso havia instalado seu escritório de advocacia, em 31 de março de 1878, na Rua das Hortas, nº 41, Centro de São Luís, transferindo-o para o Largo do Carmo, também no Centro, logo em 3 de abril do mesmo ano. Mudou também de moradia, antes localizada em destacado sobrado da Rua das Hortas, nº 18, indo em 20 de abril de 1878 para a Rua do Sol, nº 16, Centro, de frente para o mesmo largo.

Entendo que tais mudanças de endereço, apesar de razoável indicativo, por si só não comprovam o comprometimento da situação econômica de Celso Magalhães. Primeiro porque é possível que tenham se dado pela necessidade de aproximar seu local de habitação e trabalho, agora como advogado, do centro comercial e do fórum da cidade, para isso servindo perfeitamente o Largo do Carmo. Segundo porque não é possível comparar a qualidade da nova moradia de Celso com a antiga, já que o imóvel da Rua do Sol

---

9 Com periodicidade semanal, *O Tempo* foi um jornal maranhense com explícito posicionamento político, tanto que trazia como subtítulo "órgão do partido conservador". Foi dirigido por Augusto Olímpio Gomes de Castro, João da Mata de Moraes Rego e Manoel José Ribeiro da Cunha. Inaugurado em 1878, encontrei registros de exemplares do jornal até agosto de 1881, embora desconheça o momento exato de sua extinção.

foi demolido no início da década de 1940, para o alargamento de via pública, hoje denominada Rua do Egito.

Sobre as representações em torno de Celso Magalhães, não posso deixar de fazer referência a uma, no mínimo, peculiar. A aparência física "pouco privilegiada" de Celso não escapou àqueles que registraram suas impressões sobre o personagem. A "feiura", aliás, seria uma de suas principais características, sempre compensada pelos atributos intelectuais que o acompanhavam. Antônio Lopes registrou as impressões do bispo Luís Raimundo da Silva Brito sobre Magalhães: "Como caráter, ninguém mais nobre. Queria-o muito, porém, duas coisas não lhe perdoava: o ateísmo e a feiura".

O escritor Graça Aranha assim descreveu a memória que possuía de Celso: "Ficou-me a imagem de um rapaz muito magro, feio, ossudo, escovado e falador". Josué Montello, indicando traços mais gerais, apresentou-o como "baixo e de cabeça grande". O amigo Rangel de Sampaio, no mesmo artigo publicado por ocasião do falecimento de Celso, o descreveu como "pálido, de baixa estatura, franzino [...], com uma testa espaçosa, ligeiramente protuberante na região frontal, e um queixo um pouco reforçado", além de utilizar sempre óculos muito espessos, "por conta de uma longa oftalmia, que lhe privava quase completamente da vista".

Já Alfredo Saldanha escolheu um tom bem mais poético para identificar a aparência física de seu amigo, sem, contudo, afastar a impressão negativa de suas feições.

> Poder-se-ia dizer que duas fadas inimigas haviam concorrido ao seu nascimento, uma das quais o dotara com inapreciáveis riquezas de coração e do espírito, enquanto a outra, por malevolência, lhe roubara o sufrágio das primeiras impressões. Conquanto nada tivesse de repulsivo, havia em seu rosto linhas angulosas e bruscas, que bem longe estavam dos contornos cheios e suaves e do harmonioso conjunto que atrai simpaticamente as vistas.[10]

---

10 SALDANHA, op. cit., p. 1.

Traçadas em linhas gerais algumas das referências em torno de Celso Magalhães, cabe agora analisar o processo de construção dessas representações.

JOGOS DE MEMÓRIA OU CELSO MAGALHÃES INVENTADO

A construção de memórias orbitando o nome de Celso Magalhães, ainda que descontínuas e por vezes com relatos contraditórios, produziu uma certa *patrimonialização* do personagem. Isso porque entendo que as diferentes referências construídas sobre Magalhães, ainda hoje reproduzidas, concorrem e competem entre si. São objeto de apropriação por diferentes campos (literário, jurídico, político), que buscam valorizar atributos positivos da vida e da obra de Celso, projetando-os como patrimônio dos mesmos sujeitos ou instituições que fomentam a memória de Magalhães. Daí por que considero válida a noção de *patrimonialização* desse personagem, já que as diferentes representações sobre Celso foram (e são) atreladas ao sentido de identidade de um grupo, tornando-as, por isso mesmo, dignas de proteção, conservação e replicação.

De fato, há hoje a inscrição simbólica de seu nome em alguns lugares de memória materiais e imateriais, principalmente quando relacionados à trajetória literária e à sua atuação como promotor.

Nesse sentido, Celso é patrono das seguintes cadeiras: nº 5 da Academia Maranhense de Letras; nº 16 da Academia Maranhense de Letras Jurídicas; nº 11 da Academia Ludovicense de Letras; nº 12 da Academia Vianense de Letras; e nº 25 do Instituto Histórico e Geográfico do Maranhão.

Dá nome, ainda, a uma extensa rua do Centro de São Luís do Maranhão, localizada entre a Rua da Imprensa (ou Rua Barão de Itapary) e a Avenida Silva Maia, conforme previsto na Lei municipal nº 345, de 14 de janeiro de 1924, a outra via pública no bairro Filipinho, também em São Luís, e a duas outras ruas, uma em Viana, sua cidade natal, e outra em Penalva, município contíguo a Viana.

É também patrono do Ministério Público do Estado do Maranhão, além de nomear sua medalha de mérito oficial.

Mas quais os percursos das representações que possibilitaram a (re)construção da memória sobre o personagem?

Seria infrutífera a busca por uma trajetória uniforme, como a de tijolos que aos poucos constroem uma parede, assim como infértil seria tentar apreender uma completa coerência ou complementaridade em meio aos diferentes relatos sobre a vida e a obra de Celso Magalhães.

Conforme antes referido, ainda que este trabalho seja predominantemente biográfico, no sentido de narrar a vida de Celso Magalhães e a memória que orbita seu nome, atentando para as observações de Bourdieu, não procurei me apegar a um *deslocamento orientado* ou à naturalização de "etapas" que tornassem coesas as representações sobre o biografado. A pretensão de deixar "narrável" aquilo que já se falou sobre Celso Magalhães não poderia servir para a construção de uma coerência artificial dos registros hoje disponíveis.

Além disso, o que existe sobre Celso Magalhães são apontamentos espaçados e não raras vezes marcados por suposições e exageros quanto à sua "fortaleza moral" e ao "caráter incorruptível" de sua conduta, em especial quando há referência ao chamado "crime da baronesa de Grajaú".

A ausência de uma memória mais consistente sobre Magalhães e a diminuta preservação de suas obras são, aliás, lamentos reiterados por aqueles que em diferentes contextos lhe prestaram algum tipo de homenagem.

Ainda em 1904, Fran Paxeco afirmou que, desde seu falecimento, muito pouco se exaltou a memória de Magalhães, falando mesmo em uma "afrontosa ingratidão" com relação a seu nome, "quase relegado ao esquecimento". Atribuiu isso ao fato de Celso "ter desaparecido cedo, quase ao despontar nas letras", e registrou, com destaque, seu desejo: "Enobrecendo e celebrando a memória de Celso Magalhães, o Maranhão remirá dum injurioso menosprezo um dos seus mais altivos e talentosos filhos, digno de servir de vero paradigma às novas gerações".

Uma dúzia de anos depois, Paxeco reconheceu ainda não ter se dado a desejada recompensa à obra de Celso Magalhães. Reiterou sua queixa quanto ao esquecimento que circunda o nome do promotor, "tal como se fez com relação a outros literatos maranhenses de renome, como Teófilo Dias e Hugo Leal", reafirmando a necessidade de uma "campanha" para a restauração de sua memória. Dessa vez, apresentou como razão que explicaria o ostracismo, ao menos no campo literário, o fato de Magalhães nunca ter ido à Europa ou mesmo ao Centro-Sul do país: "Celso, que tanto estimava as viagens, nunca passou da Bahia para baixo, nem do Maranhão para cima. Manteve-se no limite das duas velhas capitais".

Em 1917, Antônio Lopes igualmente lamentou o discreto tratamento dado à memória de Celso Magalhães. Culpou os "adversários políticos" do promotor por esse esquecimento, que, propositalmente, procuraram apagar os feitos e a obra de Celso a partir de sua morte.

> O *Publicador Maranhense*,[11] órgão oficial do governo reacionário de então, noticiando o seu passamento, limitava-se a dizer em quatro linhas [...]: "Falecimento – faleceu, ontem, proveniente de uma febre perniciosa, sendo ontem sepultado, o Dr. Celso de Magalhães, que exerceu o cargo de promotor público da capital, e ultimamente tinha escritório de advocacia nesta cidade."
>
> O estilo era de quem passava o recibo à Parca. Nem uma palavra de piedade, tão natural diante do destino tão adverso quanto o do moço escritor, colhido em plena flor da existência, por torrente fatal. Por muito, uma frase indiferente, que mal salvava a cortesia jornalística e a oficiosidade da gazeta, deixando comprometida a gramática: "sentimentamos aos parentes do finado".[12]

---

11 O *Publicador Maranhense* foi um periódico fundado em 1842, tornando-se diário a partir de 1862. Foi dirigido por João Francisco Lisboa, Sotero dos Reis e Temístocles Aranha, entre outros. Teve diferentes conotações até a década final do Império, inclusive política, apesar de sempre defender uma posição neutra com relação aos partidos. Encerrou sua circulação em 1886.

12 LOPES, op. cit., p. 2.

De fato, como se verá logo adiante, não foram numerosas e sequer robustas as tentativas de se erguer ainda no século XIX uma memória sobre Celso Magalhães. Menos cuidado ainda se teve com o tratamento de sua obra. Seus ensaios, novelas, crônicas e poemas, quando não impressos em jornais contemporâneos a Celso, foram perdidos em sua grande maioria.

Após mencionar alguns textos de Magalhães publicados em periódicos e nunca localizados, assim Fran Paxeco registrou o desconhecimento de parte da obra de Celso:

> Existe igual indecisão a respeito do drama *O padre Estanislau*, que se sumiu; do trabalho sobre *O habeas corpus*, do drama *O evangelho e o sílabus*, de Rangel de Sampaio, para o qual Celso fez o prólogo, e que levantou uma acesa polêmica [...]. Escaparam à voragem um drama – *O processo Valadares*, de 1873, que o Dr. Heráclito Graça entregou a Artur Azevedo, a fim de oferecê-lo à Biblioteca Pública deste Estado, e a comediazinha *Cerração de bolso*, de 1869, que se apresentou em Belém do Pará, naquele ano, e no Recife, em 1870, por várias ocasiões.[13]

Em atualização de verbete do dicionário de César Marques, Jomar Moraes acrescentou à lista outra obra de Celso Magalhães, ao menos em parte igualmente desaparecida. O romance *Um estudo de temperamento* teria sido entregue por Celso a Artur Azevedo em agosto de 1873, quando Azevedo, de passagem por Recife, viajava ao Rio de Janeiro. O objetivo era que se conseguisse um editor para a obra. A tarefa foi frustrada, chegando Artur Azevedo a publicar apenas parte do romance na *Revista brasileira*. Interrompida a circulação desse periódico, o restante da obra não foi publicado em outro órgão, e tomou destino até hoje ignorado.

Independentemente do suposto desleixo quanto ao legado de Celso Magalhães e no tocante à preservação de sua obra, entendo possível elencar referências do (disforme) fluxo de preservação de memórias que circunda seu nome.

---

13 PAXECO, Fran. Celso Magalhães. *Revista da Academia Maranhense de Letras*. São Luís, ano I, v. 1, 1918, p. 89.

Seis seriam as principais referências: os tributos prestados logo após o falecimento de Celso Magalhães, em 1879; a defesa pública da memória de Celso feita por seu sobrinho, Antônio Lopes da Cunha, em 1917; as pesquisas e publicações de Fran Paxeco, também em 1917, em homenagem ao patrono da cadeira que Paxeco ocupou na Academia Maranhense de Letras; a comemoração do centenário de nascimento de Celso Magalhães, em 1949; a produção literária nos cento e cinquenta anos de seu nascimento, em 1999; e a memória institucional em torno de Magalhães construída pelo Ministério Público do Estado a partir da década de 1990.

Tais "momentos" serão aqui analisados seguindo uma ordem cronológica, embora não necessariamente estejam conectados, já que nem sempre fazem referência uns aos outros. Na verdade, longe estão de apontarem para uma continuidade de discursos em torno de Celso Magalhães. Por isso mesmo, a ideia é buscar construir uma espécie de arqueologia em torno das representações elaboradas acerca do personagem.

A morte de Celso Magalhães, em 9 de junho de 1879, além do registro do fato em periódicos, veio seguida de algumas homenagens. Nelas, além do destaque à surpresa e ao pesar pelo repentino falecimento, foram exaltadas sua vida e sua obra. A principal dessas homenagens, entendo, foi feita por Alfredo Saldanha.

Alfredo Saldanha era maranhense e concluiu a Faculdade de Direito de Recife em 1876, ou seja, três anos após a formatura de Celso Magalhães. Ainda em 1876, retornou ao Maranhão, concedendo graciosamente, de acordo com nota publicada no impresso *Diário do Maranhão*, a liberdade à escrava Luiza, "que lhe amamentou". O gesto talvez indique uma tendência abolicionista nutrida no período de sua graduação. Casou-se com Angélica Jansen Serra Lima, em junho de 1877. Sua carreira jurídica foi iniciada ainda em 1876, quando assumiu o cargo de promotor em Guimarães, Província do Maranhão. Em janeiro de 1878, foi nomeado juiz municipal e de órfãos de Itapecuru, onde exerceu por diferentes vezes a função de juiz de direito interino. Possuía vínculo político com os conservadores e por isso sofreu críticas, sobretudo de que, como magistrado, favorecia em sentenças seus correligionários. Faleceu em março de 1881.

Em extenso texto, intitulado *Celso Magalhães*, datado de 21 de junho de 1879 e publicado em *O Paiz* em 3 de julho daquele ano, Saldanha comentou várias de suas impressões sobre o amigo e colega de estudos em Recife. O artigo é marcado por um explícito tom de homenagem. Não houve economia a adjetivos na qualificação de Magalhães. Alguns deles: "De nobre e leal caráter"; "espírito ativo e iniciador"; "conversador agradável, distinto pelo aticismo [elegância] do espírito, pela justeza e elevação das apreciações, pela naturalidade da palavra singela e despretensiosa"; "nunca a sociedade conseguiu lhe impor uma máscara"; "extreme de ridículos e incapaz de atitudes contrafeitas ou servis"; "o mais lhano dos amigos, o mais despretensioso e condescendente dos companheiros"; "em seu cérebro vibravam as melodias de um lirismo robusto e original"; e "possuidor das ideias mais adiantadas do século".

Saldanha destacou na publicação o caráter boêmio de Celso e suas virtudes como "apreciador das artes", aparentemente os atributos que mais impressionavam o autor da homenagem. A humildade e a sensibilidade de Celso foram igualmente destacadas, sendo acompanhadas por uma impressionante inteligência, erudição e vontade de trabalhar, o que para Saldanha era raro, mas, no caso de Celso, explicável.

O texto deu ainda atenção a aspectos particulares da vida de Magalhães. O falecimento em meio à doença e a dívidas, mas também contemporâneo à felicidade experimentada, graças, segundo Saldanha, às alegrias proporcionadas pelo casamento com Maria Amélia.

Na construção de referenciais sobre Celso Magalhães, o artigo de Saldanha projetou pela primeira vez uma reunião de impressões sobre o personagem. Ainda que em tons naturalmente passionais e mesmo exagerados, iniciou a representação de Magalhães como literato e jurista notável.

O debate público sobre Celso Magalhães seria retomado em novembro de 1917, quando *A Pacotilha* publicou três artigos que concentraram um jogo de provocações e respostas entre Antônio Lopes e José Ribeiro de Oliveira, sobrinhos, respectivamente, de Celso Magalhães e de Carlos Fernando Ribeiro, o barão de Grajaú.

Nesse debate, os comentários sobre os atributos de Celso foram direcionados à sua postura na acusação de Ana Rosa Ribeiro, à condução do processo pelas autoridades e à suposta perseguição sofrida por Magalhães após a absolvição de Ana Rosa Ribeiro. Pela primeira vez, foi feita menção expressa à ingerência de fatores políticos no direcionamento dado à apuração do delito. Por outro lado, a qualificação do caráter de Celso através da postura por ele adotada no processo-crime tornou-se, a partir desse momento, referência na representação do personagem.

O primeiro texto foi publicado por Lopes em 10 de novembro de 1917, em agradecimento à sessão pública realizada pela Academia Maranhense de Letras em homenagem a Celso Magalhães, patrono de uma de suas cadeiras desde 1908, quando inaugurada aquela instituição.

Além da defesa do vanguardismo, da curiosidade e da erudição de Celso, Lopes narrou diferentes fatos da vida de Magalhães, sempre legitimados em uma alegada "memória familiar". Alguns dos fatos apresentados por Lopes, com destaque para as circunstâncias do nascimento de Celso, para sua primeira educação formal e para a situação de pobreza e doença vivida após sua demissão, seriam reiteradamente reproduzidos ao longo do século XX por aqueles que de alguma forma se dedicaram à memória de Magalhães.

Porém, entendo que as principais referências deixadas pelo artigo de Antônio Lopes foram a sugestão de que a atuação de Celso nos "autos-crime da baronesa" correspondeu ao ápice de sua vida intelectual, de que houve influência política em todas as fases da ação judicial e de que a demissão de Magalhães foi uma retaliação à postura do promotor no mesmo processo criminal.

Assim registrou Lopes:
> O ponto culminante da sua vida pública é o célebre processo em que esteve envolvida uma senhora da mais alta aristocracia maranhense, acusada de ter assassinado a sevícias uma criança escrava.

> O promotor público, assediado de ofertas, pedidos, ameaçado em sua própria existência, soube enfrentar, com impavidez, dignidade e comedimento, a situação, que envolvia os mais graves interesses sociais conturbados por manejos políticos os mais deprimentes para a época. E sereno, imperturbável, mas, ao mesmo tempo, inflexível, arcou com todos os comprometimentos em que importava a acusação [...], resguardando-lhe bem alto a consciência contra a turba de interesses desencadeados, cada qual mais inconfessável. Logo há uma transformação política, indo as rédeas do governo provincial ao partido de Carlos Ribeiro, o principal interessado na causa célebre, homem vingativo e cobarde, sem dúvida, que julgara abrir o caminho mais fácil para a absolvição [...]. E sem a menor hesitação na consciência, mal assume a presidência, o mandão descarrega a brutalidade dos ódios de sua alma de escravista sobre Celso de Magalhães, demitindo-o da Promotoria Pública, a bem do serviço público.[14]

Alegando ofensa à memória de seu tio, o barão de Grajaú, José Ribeiro de Oliveira veiculou réplica ao texto de Lopes. O artigo *Restabelecendo a verdade* não priorizou a crítica a Magalhães, tratando-o sempre como um "ilustre maranhense", cujo nome deveria ser preservado. A interpretação sobre os fatos que envolveram o crime supostamente cometido pela esposa de Carlos Fernando Ribeiro, porém, foi bem distinta da de Antônio Lopes.

Oliveira defendeu a versão que acabou predominando nos autos judiciais, ou seja, de que não ocorreu crime algum, já que a criança escrava teria sido vítima do agravamento de doença natural, e não dos maus-tratos de sua senhora. Justificou seu posicionamento nas decisões judiciais dos próprios autos e em pareceres de juristas contemporâneos à ação criminal, veiculados em diferentes partes do Império.

Reconheceu, porém, o uso político do processo judicial, no qual "os desafetos inexoráveis de Carlos Fernando Ribeiro" encontraram oportunidade para promover uma perseguição ao futuro barão. Para Oliveira, a ingerência sobre a condução da ação judicial foi realizada

---

14 LOPES, A. Celso Magalhães. *A Pacotilha*. São Luís, p. 1-2, 10 nov. 1917a.

pelos conservadores, defensores de uma ideologia da qual Celso seria simpatizante. Por outro lado, Carlos Ribeiro não teria utilizado sua posição política de destaque para influenciar o processo, restringindo a defesa de sua esposa a argumentos de cunho jurídico.

A resposta de Oliveira não agradou a Antônio Lopes. Seis dias após a réplica, houve a publicação de novo artigo em *A Pacotilha*, ainda maior que o primeiro. Nele, Lopes criticou Oliveira por ter sugerido que Celso Magalhães deu vazão a interesses políticos no exercício do cargo de promotor. Tal fato, para Lopes, "atacou a honradez" de Celso, merecendo nova resposta. Dessa vez, a mensagem de Lopes esteve voltada para elementos que pudessem comprovar que a conduta de Magalhães no processo-crime foi integralmente pautada no "dever de ofício de qualquer promotor". Em favor de seu tio, transcreveu ofícios de autoridades da província que registraram elogios a Magalhães logo após sua morte.

Lopes reforçou a representação de Celso Magalhães como profissional isento e imparcial, cujos interesses políticos somente foram despertados após sua demissão, sendo, por isso mesmo, justificáveis, na medida em que se converteram numa espécie de reação natural à perseguição que sofreu do Partido Liberal.

> Celso limitou-se a cumprir o seu dever. Grandes foram as suas responsabilidades no momento e não nos consta as houvesse encarado com atitude menos recomendável à sua dignidade de funcionário. Não se diga que levou paixão para a ação que desenvolveu na célebre causa, excedendo os limites da lei em qualquer oportunidade, quando as paixões referviam em torno ao infausto caso. E por que não levou? Sem dúvida por isto, principalmente: Celso não era político até então. A sua entrada para o Partido Conservador e, concomitantemente, para a redação do *Tempo*, folha dirigida pelo conselheiro Gomes de Castro, data de dias posteriores ao processo, de dia posterior até à sua demissão pelo barão de Grajaú. A partir de então Celso, mas só de então, passou a militar nas fileiras do Partido Conservador e fazer parte do órgão respectivo na imprensa local.[15]

---

15 LOPES, A. Celso Magalhães. *A Pacotilha*. São Luís, p. 1, 19 nov. 1917b.

Antônio Lopes dedicou ainda parte de seu texto à comprovação da "ilegalidade do ato de demissão" de Celso Magalhães e à contestação das teses jurídicas que predominaram nos autos-crime e acabaram por inocentar Ana Rosa Ribeiro. Tentou, por fim, defender que Celso morreu de causas naturais, e não em decorrência dos dissabores que experimentou em seus últimos anos de vida.

No mesmo ano de 1917, Fran Paxeco publicou importante estudo sobre a vida e a obra de Celso Magalhães. Paxeco foi um cônsul português que exerceu atividade diplomática no Maranhão entre 1900 e 1923, ali se casando e tendo uma filha. Sendo um dos fundadores da Academia Maranhense de Letras, em 1908, teve intensa atuação no campo literário, inclusive no incentivo ao resgate de obras desaparecidas ou pouco divulgadas.

O texto que aqui interessa foi lido em sessão pública da Academia Maranhense de Letras. O ato ocorreu em 11 de novembro de 1917, quando aquela casa homenageou Celso Magalhães, como já citado, patrono da cadeira de nº 5, cujo primeiro ocupante foi justamente Fran Paxeco. A revista da Academia publicou, em 1918, uma versão integral e revisada do discurso.

O estudo de Paxeco impressiona por sua extensão e profundidade. Não apenas serviu para condensar as informações biográficas e a crítica da obra de Celso Magalhães. Em verdade, muito daquilo que se conhece hoje sobre Celso, sobretudo quanto à sua produção, foi levantado a partir dos esforços lançados por Paxeco no desenvolvimento de sua pesquisa. O autor falou, inclusive, em uma "campanha para restaurar o nome de Celso Magalhães [...] na virada entre os séculos [XIX e XX]", proposta por ele e Antônio Lobo, com igual contribuição de Artur Azevedo.

Além de tentar localizar a obra de Celso Magalhães, o que não raramente culminou na constatação de seu desaparecimento, Fran Paxeco registrou o contato com pessoas que muito teriam contribuído para sua pesquisa, apresentando-lhe informações ou mesmo manuscritos inéditos da obra de Celso. Dentre os familiares de Magalhães, destacou sua viúva, Maria Amélia Leal de Magalhães, e seu irmão, o então desembargador Manuel Lopes da Cunha. Além disso, mencionou os seguintes nomes: Heráclito Graça, A. de Souza Pinto, Pereira da Costa Filho, Francisco de Melo Albuquerque, José Joaquim Marques, José Viana Vaz e José Ribeiro do Amaral.

Na parte final de seu estudo, Fran Paxeco propôs à Academia Maranhense de Letras um audacioso projeto editorial, dispondo-se a assumir sua coordenação. As *Obras completas* de Celso Magalhães teriam três volumes: (I) o primeiro com poesias, no qual se incluiria a obra *Versos* e outros poemas esparsos; (II) o romance *Um estudo de temperamento*, agregando-se a ele os contos de Magalhães e o drama *O processo Valadares*; e (III) "críticas e descrições, começando pela que trata da poesia popular, seguindo-se as crônicas de teatro e alguns artigos aparecidos na imprensa de Recife, os numerosos folhetins do *Paiz*, impressões de viagem etc.". No entanto, o autor não executou seu projeto. Em 1923, deixou o Maranhão, levando consigo o interesse no resgate da obra de Magalhães.

Após a produção de Antônio Lopes e Fran Paxeco, ambas de 1917, considero que somente houve nova preocupação com a (re)construção das referências sobre Celso Magalhães em 1949, quando se comemorou o centenário de seu nascimento. Ainda assim, a produção foi discreta.

A Academia Maranhense de Letras lhe prestou algumas homenagens, sobretudo através de sessão pública. Produziu ainda placa comemorativa, que seria fixada na casa onde Celso residiu durante a maior parte de sua vida em São Luís. Houve, porém, recusa por parte do então proprietário do imóvel. A tentativa possui relação com o hábito construído desde meados do século XX de pregar placas em casarões no Centro Histórico de São Luís, sempre em homenagem ao local de nascimento ou de residência de homens da literatura e da política maranhense. Alguns dos homenageados, segundo levantamento feito pelo pesquisador Flaviano da Costa: Catulo da Paixão Cearense, Gentil Braga, Graça Aranha, João Francisco Lisboa, João Mohana, Ruben Almeida e Tarquínio Lopes.

A principal contribuição por ocasião do centenário de Magalhães, ao menos no que toca ao estudo das representações em torno dele, ficou a cargo do jovem escritor José Sarney, que publicou em *O Imparcial* o artigo *Celso Magalhães: um centenário*. O texto foi escrito quando Sarney tinha 19 anos e antecedeu seu ingresso na vida política, que se daria apenas em 1958, com a vitória nas eleições para deputado federal pela União Democrática Nacional (UDN).

A figura de Celso Magalhães se tornou ainda mais idealizada no texto de Sarney. Superada a discussão das décadas que sucederam a sua morte, a conduta incorruptível e abnegada do personagem não comportava agora questionamentos. Magalhães emergiu do texto de Sarney como o principal abolicionista que viveu em terras maranhenses. Vanguardistas e revolucionárias, suas as ideias possibilitaram sua qualificação, por Sarney, como "visionário". Seus atributos de ética e humildade, igualmente, foram enfatizados.

No entanto, creio que uma representação sobre Celso, em Sarney, ganhou contornos mais delineados: a de que Magalhães, em defesa dos princípios e valores que nutria, sacrificou sua carreira jurídica, uma promissora vida política, uma condição economicamente confortável e, por fim, sua própria saúde. A curta vida de Celso foi então narrada por Sarney como verdadeira "lide", permeada por batalhas, perseguições e injustiças, todas enfrentadas com um "espírito combativo". Sua morte, por outro lado, seria decorrência direta da miséria e do abandono em que foi lançado após a demissão.

> [Celso Magalhães] entregou-se de coração e vida aos ideais de liberdade que lhe nortearam a vida [...]. Sempre pronto a defender a liberdade; esta liberdade que tanto prezou, sacrificando sua carreira política e intelectual, para sempre amá-la como um fanático apaixonado, desejoso de retê-la para si, como uma exigência vital, tão necessária como o beijo das flores pelas abelhas.[16]

Na interpretação de José Sarney, a atuação no processo que apurou a conduta de Ana Rosa Viana Ribeiro foi uma "atitude suicida"

---

16 SARNEY, J. Celso Magalhães: um centenário. *O Imparcial*. São Luís, p. 2, 11 nov. 1949.

de Celso Magalhães. Por outro lado, o enfrentamento de Carlos Fernando Ribeiro garantiu a consagração de Magalhães como mártir.

Com efeito, a imagem heroica de Celso Magalhães construída por Sarney vem atrelada a outra representação: a de que o próprio José Sarney seria o responsável, em boa medida, pela preservação da memória em torno de Celso. Isso porque Sarney atribui a seu esforço a "descoberta dos autos-crime da baronesa", quando, na condição de funcionário do Tribunal de Justiça do Maranhão, teria resgatado o processo de um amontoado de papéis que iriam ser destruídos, por não possuírem mais serventia. A narração sobre a guarda do documento é referida por Montello no posfácio que escreveu para *Os tambores*.

Pedi a Benedito Buzar, atual presidente da Academia Maranhense de Letras e amigo pessoal de Sarney, que conversasse com o ex-presidente sobre o tema. Buzar o informou da minha pesquisa, sugerindo-o que escrevesse sobre. A manifestação de Sarney, confirmando a versão de que teria ele salvo o processo judicial de sua destruição, veio através da publicação de dois artigos em *O Estado do Maranhão*, intitulados *Celso Magalhães e o processo-crime da baronesa* e *O processo da baronesa do Grajaú*, ambos de julho de 2016.

Concebo que exaltar a figura de Celso passa também pela autovalorização da imagem de Sarney como intelectual e mesmo como visionário, já que, ainda bastante jovem, teria percebido a relevância histórica de se preservar os "autos-crime da baronesa de Grajaú".

***

Cinquenta anos depois, em 1999, surgiram novos ensaios sobre Celso Magalhães, dessa vez alimentados pelos cento e cinquenta anos de seu nascimento. A Academia Maranhense de Letras promoveu ciclos de palestras sobre a vida e a produção literária do promotor e literato, com destaque para a fala proferida pela procuradora de Justiça Elimar Figueiredo de Almeida Silva. O Ministério Público estadual, como logo se verá, rendeu igualmente homenagens. Além disso, houve a publicação de artigos em jornais maranhenses.

Uma publicação conjunta entre a Academia Maranhense de Letras e o Ministério Público estadual buscou concentrar parte da obra poética e cronística de Celso Magalhães. A obra *Livro do sesquicentenário de Celso Magalhães (1849-1999)*, coordenada por Jomar Moraes, apresentou dados biográficos de Magalhães, organizando uma cronologia de sua vida e sua obra, além de compilar ilustrações. Da produção de Celso, trouxe em sua integralidade os poemas *Calhambolas* e *O Escravo*, além de seis folhetins, intitulados *Carranquinhas*.

No livro de Moraes, as referências (re)construídas de Celso são as de um promotor comprometido com a justiça social e de um intelectual engajado no abolicionismo. Tais referências foram reforçadas pelos textos de Magalhães escolhidos para a publicação na íntegra, voltados predominantemente para a crítica ao escravismo.

Sobre as representações organizadas e reinventadas em torno de Celso Magalhães, não menos importante é a memória institucional que o Ministério Público estadual tenta vincular ao personagem.

Celso Magalhães é considerado o patrono do Ministério Público do Estado do Maranhão desde 1991, quando houve a publicação da lei orgânica daquela instituição (Lei Complementar nº 13/1991). A partir de então, a construção de uma memória do Ministério Público se confunde com a (re)orientação das referências a Celso. Por isso mesmo, não foram poucas as investidas da instituição no fomento à memória e ao resgate da obra de Magalhães.

Desde meados da década de 1990, houve uma aproximação entre o Ministério Público e a Academia Maranhense de Letras, na tentativa de, conjuntamente, ampliarem a visibilidade da obra do promotor. Como já referido, a comemoração dos cento e cinquenta anos do nascimento de Celso foi uma dessas ocasiões.

Nos primeiros anos do atual século, a preocupação com a memória do Ministério Público ganhou contornos mais consistentes, acelerando e ampliando seus resultados. Em dezembro de 2002, foi aprovada a criação do *Programa Memória do Ministério Público Estadual*, formalizado apenas em 8 de junho de 2004, com a publicação da Resolução nº 4/2004, que englobou, dentre outros elementos, a inauguração do *Plano Editorial Promotor Público Filipe Franco de Sá*, voltado "às obras de memória institucional". No que toca a Celso

Magalhães, o *Programa Memória* previu ainda em sua regulamentação a realização de concurso anual de monografias, que leva o nome do personagem. A ação foi seguida de uma publicação comemorativa ao lançamento do programa, na qual há um capítulo dedicado a Magalhães.

Ainda em 2003, O Ministério Público estadual iniciou a publicação da série *Ministério Público do Estado do Maranhão: fontes para sua história*, inaugurada por um volume que destacou os marcos legais de construção da instituição. Ali, igualmente, houve trechos dedicados à memória de Celso Magalhães. A partir do ano seguinte, já na vigência do referido *Programa Memória*, foram publicados pelo menos outros quatorze volumes da série, sempre priorizando as correspondências oficiais entre promotores de Justiça e outras autoridades.

Em dezembro de 2004, a instituição inaugurou o Memorial do Ministério Público do Estado, situado inicialmente na Rua do Giz, Centro Histórico de São Luís, e transferido em agosto de 2013 para a Rua Newton Prado, nº 53, Centro da mesma cidade. Desde dezembro de 2018, o memorial integra o Centro Cultural e Administrativo da instituição, localizado na Rua Oswaldo Cruz, nº 1396, Centro de São Luís. O espaço expõe, com destaque, imagens de Celso Magalhães e documentos sobre sua atuação como promotor. Dentre tais elementos, há um busto em bronze. Ali também ficam expostos os originais dos autos-crime que investigaram a conduta da baronesa de Grajaú, cedidos em 2008 ao *Programa Memória*, em resposta a pedido do Ministério Público feito ao governador do Maranhão.

Acerca da localização desses autos no memorial, uma observação. A guarda do "processo-crime da baronesa" pelo Ministério Público encontra resistência. Em recente artigo, referido linhas atrás, José Sarney registrou o receio de que haja uma inadequada apropriação do documento, retirando-lhe o caráter público que ele deve possuir. A solução apontada por Sarney é a entrega dos autos ao Arquivo Público estadual: "Li outro dia que este processo, raridade histórica, está no Ministério Público. Meu medo é que se perca na sucessão dos que ali passam. Seu lugar certo é o Arquivo Público e faço um apelo aos responsáveis: que enriqueçam essa instituição entregando-lhe a guarda". A oposição talvez seja fruto de um discurso literário que não quer ver a figura de Celso Magalhães reduzida à sua projeção como promotor, ou, quem sabe, uma forma de contestar o ato de doação dos autos ocorrido na administração do governador Jackson Lago, rival político do grupo que Sarney representa.

Nas representações sobre Celso Magalhães elaboradas ou reproduzidas pelo Ministério Público, parece-me proposital a parcial confusão entre a história do promotor e a memória da instituição. Os atributos conferidos a Celso qualificam, efetivamente, os valores que o Ministério Público quer consolidar como pertencentes àquele órgão. Nesse sentido, há evidente trabalho de apropriação institucional da figura de Magalhães, pautado na representação de que este foi, acima de tudo, um *promotor de Justiça*.

A associação entre a figura de Celso e a história do Ministério Público, como se poderia esperar, faz-se através da valorização das qualidades de Celso Magalhães. Assim uma publicação oficial da instituição sintetizou o que Celso representa para o Ministério Público:

> É ele [Celso Magalhães], de longe, a maior figura da história da instituição, embora a tenha vivenciado ainda em sua fase embrionária, exercendo a Promotoria Pública da capital de 1874 a 1878. Figura como exemplo da mais legítima e límpida atuação profissional e como mártir da Promotoria Pública, por tudo quanto fez e ficou registrado na história.[17]

Dessa forma, se por um lado o Ministério Público não deixa de reconhecer a relevância de Celso como literato e abolicionista, seria no exercício da Promotoria – embora tenha durado somente pouco mais de quatro anos – que Magalhães expressou toda sua qualidade intelectual e sua proposta de transformação social. De maneira similar, como terei a oportunidade de aprofundar adiante, o Minis-

---

17 MARANHÃO. Ministério Público do Estado. *Autos do processo-crime da baronesa do Grajaú*. Programa Memória Institucional do Ministério Público do Estado do Maranhão. São Luís: Procuradoria Geral de Justiça, 2009, p. 23.

tério Público (re)alimentou a noção de que o denominado "crime da baronesa de Grajaú" sintetizou, no século XIX, a luta pela abolição do cativeiro, atribuindo assim, a Celso e à Promotoria que ocupava, papel central nesse processo. O investimento no personagem, ao fim e ao cabo, transformou-se numa evidente estratégia de valorização e de consolidação de uma espécie de *ethos* institucional, caracterizado pela autonomia, coragem e apartidarismo, não coincidentemente, características exaltadas em Magalhães.

A BARONESA E SEU CRIME

Ana Rosa Viana Ribeiro foi esposa de um dos mais influentes políticos da Província do Maranhão, Carlos Fernando Ribeiro, que liderou durante décadas o Partido Liberal e recebeu das mãos de Dom Pedro II, em 1884, o título de barão de Grajaú. Em 1876, foi acusada de matar um escravo a ela pertencente, de nome Inocêncio, e por isso foi levada a julgamento pelo Tribunal do Júri em São Luís.

A maior parte da acusação foi dirigida por Celso Magalhães, então promotor da capital. Para os que veem essa ação criminal como síntese do embate entre abolicionismo e escravismo no Maranhão oitocentista, Ana Rosa é representada como o signo-oposto de Celso. Nessa interpretação, o promotor concentraria os atributos de justiça, emancipação e modernização, enquanto a baronesa encarnaria a violência senhorial, as hierarquias sociais e a manutenção do cativeiro.

Ana Rosa nasceu em Codó, Maranhão, em 1823. No entanto, diferentes registros identificam o ano de nascimento como 1836. A referência foi construída a partir do depoimento da baronesa em seus autos de interrogatório sobre a morte de Inocêncio, ocorrido em 1876, quando, perguntada sobre sua idade, mencionou a senhora ter "mais ou menos quarenta anos". Entretanto, com base em documentos do Arquivo do Tribunal de Justiça do Maranhão, que comprovam a ordem e as datas de nascimento de Ana Rosa e de seus outros quatro irmãos, o jurista Milson Coutinho identificou que ela nasceu, de fato, em 1823. Para Coutinho, quanto à declaração que deu ao Tribunal do Júri, "a fidalga não disse a verdade", pois "no ano do interrogatório tinha 52 anos".

Era Ana Rosa filha do comendador Raimundo Gabriel Viana e de Francisca Isabel Lamagnère, sendo seu nome de solteira Ana Rosa Lamagnère Viana. No tempo da morte de Inocêncio, já casada com Carlos Fernando Ribeiro, possuía quarenta anos de idade, residindo na Rua de São João, Centro de São Luís, onde, segundo o jurista José Eulálio de Almeida, em obra datada de 2004, "levava a vida a receber visitas de parentes de pessoas ilustres da sociedade ludovicense". Já Carlos Ribeiro, por essa época, passava a maior parte do tempo na sede de sua principal fazenda, em Alcântara. O casal teve dois filhos.

Sobre a aparência de Ana Rosa Ribeiro, além de retrato de época, há a descrição ficcional de José Montello, que, pelos olhos de seu personagem Damião, retratou a senhora quando de sua entrada na sessão do júri, por ocasião de seu julgamento:

> Do teto, perto da porta, pendia um lustre de bronze, com cinco braços iluminados. E essa luz intensa clareou primeiro o rosto, depois o busto, e o resto do corpo de Dona Ana Rosa, que avançava arrastando na passadeira a barra do vestido, sem que se lhe vissem os pés em movimento. O que ele notou primeiro foram os seus olhos rasgados, levemente oblíquos e, muito negros, os cílios longos. A boca cerrada, de lábios finos, parecia contrair-se para calar bem o seu segredo, e só as rugas laterais, que lhe desciam da asa do nariz, e mais as olheiras acentuadas, que lhe arroxeavam a pele acima dos pômulos salientes, exprimiam a fadiga das longas horas de imobilidade no banco dos réus. Esse cansaço físico, que a energia interior não conseguia suplantar, dava à figura frágil, de pequena estatura, certa graça feminina que impressionou Damião.[18]

O nome de Ana Rosa Ribeiro é associado a uma série de atos de violência contra escravos no Maranhão da segunda metade do século XIX, sempre representados como ações de perversidade e

---

18 MONTELLO, op. cit., p. 494.

mesmo sadismo. A conduta violenta de Ana Rosa teria como característica, além da execução mediante tortura e da maldade aparentemente gratuita, ser seguida pela impunidade da baronesa.

A origem aristocrática e a suposta conduta cruel de Ana Rosa contra escravos permitiram sua associação à outra personagem do Maranhão oitocentista: Ana Jansen Pereira. Integrante do grupo político conhecido como Bem-te-vis, Ana Jansen é lembrada pela influência que teve no século XIX e pelo acúmulo de relevante patrimônio, incluindo extensa escravaria. A maldade contra cativos é outro atributo associado a essa personagem. Na literatura de Josué Montello, Ana Jansen, morta em 1869, teria em "outra Ana" uma espécie de sucessora. Porém, o próprio Montello reconheceu que seria ainda mais extremada a perversidade de Ana Rosa Ribeiro contra escravos: "Por fora, um anjo de bondade; por dentro, um Satanás [...]. Donana Jansen, perto dela, era irmã de caridade".

Sobre os delitos atribuídos à Ana Rosa, além da morte de Inocêncio, há registro de pelo menos outros oito atos de violência contra cativos, dois deles supostamente assassinados pela senhora de escravos. A quantidade de crimes aqui referidos leva em consideração sua menção em distintas fontes ou a existência de documentação policial e judiciária que tenha registrado os delitos. Há, porém, na literatura construída em torno da suposta crueldade de Ana Rosa, referência a outros fatos, a exemplo do narrado por Carlos de Lima, segundo o qual Ana Rosa, "em certa ocasião, cravou os dentes de um garfo no braço de um escravozinho que lhe pusera as mãos sobre a imaculada toalha da mesa e levou à morte um menino negro, empurrando-lhe goela abaixo grandes pedaços de carne, porque ele, na sua inocência, viera pedir-lhe um pouco de comida em hora de mau humor da grande dama". Tais relatos, no entanto, parecem-me fruto muito mais de um esforço na construção da imagem perversa de Ana Rosa do que referências a atos com algum tipo de registro na época de sua ocorrência.

A primeira violência atribuída a Ana Rosa, ocorrida em data desconhecida, teria vitimado a negra Militina, que, a mando da baronesa, teve arrancado todos os seus dentes "a torquês". O relato é reproduzido pelo jurista José Eulálio de Almeida e pelos literatos José Chagas e Josué Montello. O motivo do ato teria sido um sorriso da escrava para Carlos Fernando Ribeiro, gerando ciúmes em Ana Rosa.

No romance de Josué Montello, a suposta agressão contra Militina recebeu tratamento dramático:

> Dona Ana Rosa mandou arrancar a torquês os dentes de uma escrava, a Militina, só porque viu a preta sorrindo para o Dr. Carlos. E ainda não se deu por satisfeita: meteu o chicote na coitada. Surrou, surrou, até que a negra ficou como uma doida e saiu para a rua pedindo socorro. Aos gritos, entrou na Igreja São João, enquanto a Dona Ana Rosa, na porta da rua, de chicote na mão, ainda queria correr atrás dela![19]

O historiador Carlos de Lima emprestou contornos ainda mais cruéis à agressão, bem como justificou a violência não no sorriso da negra para Carlos Fernando, mas em elogio que o barão de Grajaú teria feito de sua dentição: "Ana Rosa Ribeiro mandou quebrar, a marteladas, a dentadura de uma negra, cuja beleza e perfeição o marido elogiara".

Os autos do processo-crime que apurou a morte de Inocêncio trazem a narrativa da extração violenta dos dentes de uma escrava a mando de Ana Rosa Ribeiro. Embora não tenha sido feito referência ao nome "Militina", a agressão foi citada nos dois diferentes depoimentos de Valério Sigisnando de Carvalho, tenente do 5º Batalhão de Infantaria da capital. Em ambas as ocasiões, mencionou a testemunha que tinha conhecimento desses fatos por "ouvir dizer".

Três outros casos de agressão, igualmente sem precisão de data, teriam sido presenciados por José Mariano do Rosário Machado, cabo da Esquadra de Pedestres, que trabalhava na chamada Estação São João, localizada bem próximo ao sobrado no qual residia Ana Rosa Ribeiro. Sobre o primeiro desses casos, assim declarou o militar na ação criminal que investigou o falecimento do escravo Inocêncio:

---

19 Ibidem, p. 450.

> A preta Andreza, às seis horas e meia da manhã de um dia, do qual se não lembra, abriu o portão [do sobrado], correndo para a rua gritando que a acudissem, porque os seus parceiros a queriam levar para dentro para ser castigada por sua senhora [Ana Rosa Ribeiro], e que duas praças da Esquadra foram buscá-la e a levaram para o quartel de Pedestres, ficando ali a sua disposição, por ter para isso autorização do doutor chefe de Polícia [...]. Julga que após o fato o doutor Carlos [Fernando Ribeiro] a levou para a fazenda.[20]

Indagado sobre a reiteração de casos envolvendo cativos, José Mariano informou que outro escravo foi ao quartel "[...] pedir que o socorressem, porque sabia que sua senhora, Dona Ana Rosa Viana Ribeiro, lhe ia dar um grande castigo" e, no que toca a outra escrava, "também esteve no quartel de Pedestres uma negrinha cujo nome não se recorda, a qual para ali foi por ter sido castigada, e que ali ficou por ordem do doutor chefe de Polícia, até que saiu para embarcar".

O relato de José Mariano Machado traz indícios de que os atos de agressão cometidos por Ana Rosa contra seus escravos eram conhecidos pelo chefe de Polícia, que, com antecedência, autorizava a guarda dos escravos e a comunicação do fato a Carlos Fernando Ribeiro, para adoção das providências que entendesse cabíveis. Suponho que se tratava de um acordo entre o próprio Carlos Ribeiro e a Chefatura de Polícia da província, garantindo o máximo sigilo dos fatos e o rápido deslocamento dos escravos agredidos para Alcântara.

Sobre outro caso, localizei nos registros policiais do Arquivo Público do Estado do Maranhão sete termos de interrogatório, lavrados entre 20 de setembro e 30 de outubro de 1856, que apuraram as circunstâncias da morte da escrava Carolina. Como perceptível, os documentos se referem a fatos que antecedem em duas décadas o chamado "crime da baronesa".

Carolina pertenceu a Carlos Fernando Ribeiro, possuindo aproximadamente vinte anos quando foi encontrada morta na residência

---

20 MARANHÃO, op. cit., p. 114-115.

de seu senhor, em junho de 1856, com marcas de violência em seu corpo. A maior parte dos autos de interrogatório narrou os constantes atos de agressão de Ana Rosa contra a escrava, atribuindo a morte de Carolina à violência daquela senhora. Há inclusive registro de que, em razão dos repetidos maus-tratos, Carolina já havia tentado se suicidar por várias vezes.

O relato mais pormenorizado do sofrimento e morte de Carolina, que incluiu seu estado de "alienação mental" em decorrência dos atos de violência, foi narrado por Ana Raimunda, vizinha da casa dos Ribeiro, a quem a vítima teria confidenciado as agressões:

> Que lhe consta ter sido causa de sua morte [de Carolina] castigos que lhe dava sua senhora [...]. Os castigos eram palmatoadas dadas nas costas e nos joelhos o que ela sabe não só por lhe haver dito a mesma preta e outros parceiros de casa como por ter visto as feridas que tinha a mesma preta nos lugares indicados [ilegível] por ela respondente tão arruinados em estado de putrefação. Respondeu que os castigos que sofreu esta preta não foram dados em um só dia, que já ela se achava ferida e maltratada por outros castigos e sevícias quando na véspera do dia em que foi na casa dela respondente foi novamente castigada, estando ainda com os braços e as mãos tintos em sangue [...]. Quando a preta foi à sua casa mostrava já alguns sinais de alienação mental, pelo desespero com que arrancava as roupas do corpo, a fim de ver se aliviava as dores que sofria. Que voltando para a casa de sua senhora mais se pronunciou o estado de alienação, por várias tentativas que fez para se atirar da varanda abaixo, fazendo sua senhora fechá-la no quarto; foi chamado o Dr. Saulnier para tratá-la e conta ela respondente que este ali chegando achara já a preta gangrenada, verificando-se a morte dela três dias depois sem que lhe pudesse aproveitar os remédios aplicados pelo Dr. Saulnier. Disse mais a respondente que antes de ser chamado o Dr. Saulnier, a senhora do Dr. Carlos mandou um barbeiro de nome Luís Carlos aplicar-lhe umas ventosas pelas costas ao redor das feridas, e que na proporção que o barbeiro aplicava as ventosas dava a preta gritos tão fortes que eram ouvidos da vizinhança, [...] tendo só a acrescentar que não foi só esta preta

a única que sofreu castigos tão severos, pois que é sabido que sua senhora é muito rigorosa nos maus-tratos que dá a todos os seus escravos quase diariamente.[21]

O médico referido no depoimento é Paulo Francisco Eulálio Saulnier de Pierrelevée, nascido na França e que veio para o Brasil em 1833, fixando residência em São Luís do Maranhão, onde faleceu três décadas depois. O personagem será mais detidamente analisado na última parte desta obra, quando aprofundarei a análise do discurso médico que envolveu a atuação deste profissional na apuração da morte da escrava Carolina e a apropriação política do caso feita pelos opositores de Carlos Ribeiro.

Nos mesmos autos de interrogatório, outro depoente, de nome Ermelindo Serrão, mencionou que as agressões de Ana Rosa contra cativos eram tão constantes que, "um ou dois dias antes da morte de Carolina [...], desconhecidos jogaram pedras na casa do dito Ribeiro, por causa dos maus-tratos contra os escravos".

No entanto, para a autoridade policial, predominou a versão do Dr. Paulo Saulnier, médico contratado pela família Ribeiro para tratar dos ferimentos de Carolina dias antes de sua morte. O médico afirmou em seu interrogatório ter encontrado a escrava com diversos ferimentos, incluindo uma fratura na rótula do joelho esquerdo, além de sinais de tétano. Perguntado sobre as causas das lesões que ocasionaram o óbito de Carolina, afirmou que "a morte da escrava se deu em razão de uma queda de uma escada de pedra". Saulnier procurou, ainda, valendo-se de discurso técnico, afastar qualquer possibilidade de os ferimentos serem associados a maus-tratos aplicados pelos senhores da escrava.

No fim, os termos de interrogatório não prosseguiram rumo a uma ação criminal. Por certo, não geraram sequer um inquérito

---

21 MARANHÃO. Secretaria de Polícia. Chefatura de Polícia. Termo de interrogatório feito à Ana Raimunda, acerca da morte da escrava Carolina, pertencente a Carlos Fernando Ribeiro, 29 set. 1856. In: _____. Arquivo Público do Estado do Maranhão. *Autos de Interrogatório*. Doc. n.p., São Luís, 1856c.

policial completo, sendo as apurações do possível crime arquivadas após coleta dos depoimentos.

Outro registro de agressão supostamente executada por Ana Rosa data de 1872. Na ocasião, segundo Carlos de Lima, a escrava Inês procurou a autoridade policial de São Luís, tentando fazer cessar os repetidos castigos que sofria de Ana Rosa. A queixa, após comprovação dos maus-tratos, fez com que a senhora assinasse um termo de responsabilidade e segurança e, no ano seguinte, justificou a ordem de encaminhamento da escrava para outra cidade.

Em sua obra ficcional, embora tenha reconhecido o registro policial da violência contra Inês, Montello, uma vez mais pela fala da personagem Santinha, deu outro destino à escrava, indicando ter sido ela assassinada por Ana Rosa Ribeiro: "Há três anos, esta peste [Ana Rosa] matou também uma escrava, a Inês, e dela deu sumiço. Houve quem desse queixa à Polícia. Mas um irmão de Dona Ana Rosa, o Raimundo, se apresentou como responsável, e a coisa ficou por isso mesmo".

De modo diverso ao caso de Militina e aos fatos referidos por José Mariano Machado, com relação aos quais não localizei uma documentação mais robusta, há indícios de que realmente ocorreram as agressões contra Inês. Tal ocorrência, inclusive, foi utilizada por Celso Magalhães na ação movida contra Ana Rosa pela morte de Inocêncio. O promotor, após ter oficiado ao chefe de Polícia da capital, "para apresentar qualquer certidão referente à escrava Inês", fez juntar ao processo-crime o termo de responsabilidade assinado por Ana Rosa.

Sobre as agressões contra Inês, eis a interpretação dada por Celso Magalhães:

> A certidão que vai junta a estas razões mostra que tinha ela por hábito maltratar os seus escravos, certidão que é sancionada pela voz pública, pelos fatos que narram diariamente a seu respeito. Neste documento vê-se que a autoridade policial, em 1872, foi obrigada a fazer com que a acusada assinasse um termo de responsabilidade e segurança a favor de sua escrava Inês, que se obrigasse a tratá-la bem e a não castigá-la imoderadamente. E em 1873 ainda a autoridade policial viu-se na dura necessidade de fazer sair a dita escrava

para fora desta cidade, "sem que fosse à parte alguma desta capital, sob qualquer pretexto", acrescenta o termo.[22]

De fato, ficou registrado na documentação policial que Inês, escrava de Carlos Fernando Ribeiro, tinha aproximadamente dezesseis anos quando buscou a Polícia, queixando-se de estar sendo "castigada imoderadamente" por Ana Rosa. A autoridade policial, diante dos indícios, deu razão à escrava, mantendo-a detida por alguns dias na delegacia e a devolvendo aos Ribeiro mediante a assinatura do já referido termo de responsabilidade, que previa, inclusive, as obrigações de não castigar a cativa de maneira extremada e de a apresentar sempre que requerido pela Polícia. Registrou ainda que, em 1873, diante da aparente continuidade das agressões, Inês foi novamente recolhida, havendo autorização do chefe de Polícia para que a firma Almeida Junior & Companhia recebesse a escrava, "com a condição porém de remetê-la diretamente a seu senhor, na cidade de Alcântara, [...] saindo da prisão para o embarque".

Há sinais de que a ordem policial de afastamento de Inês veio seguida da decisão de Carlos Fernando Ribeiro de retirar os demais escravos do convívio de Ana Rosa. Na ação criminal que julgou o possível assassinato de Inocêncio, há diferentes testemunhos do fato daquela senhora, "há algum tempo, ter apenas escravos alugados a seu serviço". A própria Ana Rosa Ribeiro, naqueles autos, declarou que, com exceção da escrava Gregória, que havia sido deixada por seu marido, basicamente se servia de cativos de aluguel. Informou, ainda, que comprou Inocêncio e seu irmão em agosto de 1876, devido ao fato de seu esposo ter levado todos os escravos do casal para a cidade de Alcântara, "para trabalharem na roça".

Em outro trecho do mesmo processo, a testemunha Carlos Augusto Nunes Paes, que ajudou a despachar os papéis de compra dos irmãos Jacinto e Inocêncio por Ana Rosa, destacou a exigência

---

22 MARANHÃO. Ministério Público do Estado. *Autos do processo-crime da baronesa do Grajaú...*, p. 18.

daquela senhora de que tais escravos fossem exclusivamente seus. Teria Ana Rosa, inclusive, exigido que essa disposição constasse expressamente do contrato de compra dos escravos, a indicar que, não apenas encontrava-se desguarnecida de cativos em sua casa, como ainda que atribuía este fato a seu marido.

> A senhora Dona Ana Rosa, em presença do seu marido, o doutor Carlos Fernando Ribeiro, combinou com este que aqueles escravos [Jacinto e Inocêncio] fossem exclusivamente seus, de modo que só ela pudesse deles dispor como lhe conviesse, pelo que exigia de seu marido que esta condição fosse mencionada na escritura, ao que assim, tendo ele assentido, foi a escritura lavrada e assinada pelo referido doutor.[23]

Ainda que os acontecimentos envolvendo Inês tenham diminuído a convivência de Ana Rosa com escravos, certamente não fizeram cessar os atos de crueldade a ela atribuídos.

Coincidentemente, Carolina é o nome de outra cativa vitimada, supostamente, pelo tratamento agressivo de Ana Rosa Ribeiro. A história emergiu em 1874, a partir de ação de liberdade movida por uma escrava cujo senhor, Raimundo José Lamagnère Viana, era irmão de Ana Rosa. Conforme será analisado em outro trecho deste livro, na esfera criminal, a queixa contra Raimundo Lamagnère foi oferecida por Celso Magalhães. Segundo a análise do jurista Lenine Nequete, o caso se constituiu enquanto relevante precedente para Justiça do Império, na medida em que o magistrado da causa e o Tribunal da Relação aceitaram a possibilidade de a Promotoria Pública oferecer denúncia de crime particular (lesão corporal leve) em favor de escravo, ainda que sem a anuência de seu senhor. No curso da ação criminal, o acusado foi absolvido por unanimidade de votos, em março de 1875.

O pedido de alforria de Carolina teve como justificativa a "avançada idade" da escrava, então com quarenta e cinco anos, e seu

---

23 Ibidem, p. 153.

"precário estado de saúde", ocasionado por uma hérnia, além do tratamento inadequado que supostamente recebia de seu senhor.

Na ação judicial, houve registro de que a escrava trabalhou na casa da Ana Rosa Ribeiro "durante algum tempo", onde, segundo o relato da cativa, reproduzido em estudo monográfico da pesquisadora Daylana Lopes, "sofreu maus-tratos" e executou suas atividades "sob pressão de ameaças horríveis". Não houve precisão do período no qual Carolina teria sofrido as agressões e ameaças por parte daquela senhora.

Acerca dos fatos atribuídos a Raimundo José Lamagnère Viana, entendo relevante destacar que a acusação pode ter servido como estratégia para encobrir violência praticada por Ana Rosa Ribeiro, que seria de conhecimento público em São Luís. Segundo a autoridade que presidiu o inquérito policial investigador da morte de Inocêncio, "há muitos anos a voz pública tem indigitado a indiciada [Ana Rosa Ribeiro] como autora de delitos de ordem igual ao de que se trata, escapando à ação da Justiça pela intervenção indevida de seus irmãos, que, reconhecidos inocentes, foram absolvidos". Referiu-se a autoridade aos irmãos Raimundo José Lamagnère Viana e José Antônio Lamagnère Viana, como ficou mais evidente em outros trechos do relatório policial. Quanto a José Antônio Lamagnère Viana, não consegui localizar na pesquisa informações sobre crimes a ele atribuídos.

Em 27 de outubro de 1876, ou seja, menos de um mês antes da morte de Inocêncio, faleceu Jacinto, supostamente vítima de violência aplicada por Ana Rosa. Jacinto e Inocêncio eram filhos de Geminiana, nascidos quando sua genitora era escrava de Luiz Miguel Quadros. A morte de Luiz Miguel obrigou sua viúva a se desfazer de parte do patrimônio do casal. Jacinto, Inocêncio e uma outra irmã, de nome Isaura, foram então vendidos conjuntamente para a firma Ferreira & Silva. Nessa ocasião, Geminiana conseguiu sua alforria, pagando o preço de sua avaliação e passando a acompanhar, em liberdade, o destino de seus filhos. A separação parcial dos irmãos ocorreu pouco tempo depois, quando Ana Rosa Viana Ribeiro comprou Jacinto e Inocêncio, em 9 de agosto de 1876.

O suposto homicídio de Jacinto, diferentemente do que ocorreu com a morte de seu irmão, nunca foi formalmente apurado. Houve, porém, quando da investigação do assassinato de Inocêncio, diferentes depoimentos que relataram a história de Jacinto, alguns deles descrevendo castigos cruéis aplicados ao pequeno escravo.

Quanto ao falecimento de Inocêncio, deixando de lado, por ora, as manifestações formais de autoridades e os fatos narrados nos autos-crime – analisados com maior densidade no último trecho deste trabalho –, há outras fontes que mencionaram o ocorrido, nem sempre seguindo a mesma versão.

Na correspondência oficial da província com autoridades do Império, localizei apenas dois registros, e ainda assim bastante sucintos, eximindo-se de adentrar nas repercussões políticas do julgamento. Refiro-me aos ofícios enviados pelo então presidente da província, Francisco Maria Correia de Benevides, ao ministro dos Negócios da Justiça, Diogo Velho Cavalcanti de Albuquerque, respectivamente, em 16 e 26 de fevereiro de 1877. O primeiro documento informou que Ana Rosa era acusada em processo que investigava a morte de Inocêncio, "supostamente vítima de bárbaros castigos", e que havia sido a ré pronunciada, encontrando-se presa. Já a segunda correspondência comunicou ao ministro que a acusada foi absolvida por unanimidade, mas que "o promotor público Celso da Cunha Magalhães estava apelando contra essa decisão".

Sobre a investigação desses documentos, sobretudo no que se refere a correspondências trocadas entre a presidência da província e o Ministério dos Negócios da Justiça que pudessem fazer alusão ao chamado "crime da baronesa", busquei levantar registros entre a data do delito e o início de 1879, quando já demitido Celso Magalhães. Fora os ofícios acima referidos, não localizei nenhum outro documento enviado pelo governo da província nos *Registros da Correspondência do Presidente da Província com o Ministro e Secretário de Estado dos Negócios da Justiça*, mantidos pelo Arquivo Público do Estado do Maranhão. Quanto à correspondência recebida do Ministério, preservada nos *Livros de Registros de Avisos, Ofícios e*

Circulares recebidos pelo Presidente da Província do mesmo arquivo, nenhum ofício foi localizado.

No conjunto de referências ao assassinato de Inocêncio, alguns dos fatos envolvendo o delito são visivelmente inventados, pois sequer referidos nos respectivos autos-crime. O escritor Dunshee de Abranches, por exemplo, anotou em suas memórias, registradas entre 1938 e 1939, que a causa da morte de Inocêncio teria sido "golpes no ventre", aplicados dias seguidos por sua senhora, ocasionando a morte da criança por "peritonite". Ainda para Abranches, a defesa de Ana Rosa Ribeiro teria sido pautada na alegação de insanidade mental da acusada. Tais elementos, no entanto, não constam daqueles autos judiciais.

Outra versão, de autoria do historiador Jerônimo de Viveiros e reproduzida pelo jurista Milson Coutinho, registrou que os ferimentos que ocasionaram a morte de Inocêncio decorreram de garfadas dadas por Ana Rosa durante os castigos. Carlos de Lima fez referência ao local específico da agressão, afirmando que o óbito do escravo teria derivado de uma "garfada no ânus", causando prolapso no reto da criança, seguida de infecção e morte.

Os maus-tratos praticados por Ana Rosa a Inocêncio preencheram ainda trechos do romance *Os tambores de São Luís*. Josué Montello, através da fala de seu principal personagem, Damião, sugeriu que durante as agressões a criança escrava foi "colocada em uma gaiola, como castigo". A narrativa provavelmente foi construída a partir do depoimento da testemunha Valério Sigisnando no processo criminal que investigou a morte de Inocêncio, ao qual Montello teve acesso: "Sabe ele testemunha, por ouvir dizer, que [Ana Rosa Ribeiro] prendia os escravinhos numa gaiola de jabutis".

Independentemente das distintas narrativas, por certo a repercussão do delito contra Inocêncio foi considerável e imediata. No fim de novembro de 1876, o *Diário do Maranhão* mencionou que o crime "é a ordem de todas as discussões e o assunto de todas as conversas nos diversos ângulos de nossa cidade [São Luís]". Na Corte, o *Diário do Rio de Janeiro* registraria, um mês depois, que "o caso tem posto a população da capital [São Luís] em alvoroço e tem sido causa das discussões que hão aparecido diariamente nos jornais".

Com efeito, o delito movimentou intensamente a imprensa do Maranhão, sendo várias notícias replicadas em outras províncias e mesmo na Corte. Nesse sentido, quanto ao material contemporâneo à apuração do crime, localizei artigos publicados: no Maranhão, sendo 28 deles no *Diário do Maranhão*, seis no *Publicador Maranhense*, quatro em *O Apreciável*, dois em *O Paiz* e um na *Revista Juvenil*. Na Província de Pernambuco, houve destaque, em três diferentes ocasiões, no *Diário de Pernambuco*. Já na capital do Império, foram veiculadas pelo menos três notícias no *Diário do Rio de Janeiro*, duas na *Gazeta de Notícias*, uma no *Jornal do Commercio* e outra n'*O Globo*.

O acompanhamento do processo que julgou Ana Rosa Ribeiro foi praticamente diário, com periódicos reservando considerável parte de suas edições para a reprodução dos depoimentos das testemunhas, para a narração de fatos, como a prisão de Ana Rosa ou a sessão de seu julgamento pelo júri, e, ainda, para a transcrição integral de peças processuais, como o relatório policial, ofícios entre autoridades e as decisões do juiz e do tribunal.

A morte de Inocêncio e a apuração de suas circunstâncias, no entanto, geraram referências muito maiores do que o registro da suposta violência praticada por Ana Rosa Ribeiro. A reprovável conduta da senhora, na verdade, concentrou apenas um lado da espetacularização construída sobre aquele delito. Desde a ação criminal, que não durou mais do que poucos meses, o denominado "crime da baronesa de Grajaú" envolveu questões que extrapolaram os fatos nele apurados.

Sobre as representações em torno do crime, apresento inicialmente as palavras dirigidas por Damião a Celso Magalhães, inventadas através da liberdade literária do romancista Josué Montello, mas nem por isso, para os elementos sobre os quais ora trato, inverossímeis.

– Não é só Dona Ana Rosa Ribeiro que está em causa. Está em causa a própria Justiça do Império. De um lado, acham-se os negros, representados por um menino escravo, que foi morto a pancadas por sua senhora; do outro lado, estão os brancos, representados por Dona Ana Rosa Ribeiro, que matou esse menino.[24]

O diálogo se insere na conversa entre os dois personagens, realizada na casa de Magalhães, às vésperas da sessão do júri que julgaria Ana Rosa. O propósito da visita de Damião seria não apenas revigorar os ânimos de Celso para o ato judicial, mas alertá-lo de que o que estava em questão no processo era a própria "causa dos negros", sugerindo que o promotor, naquele caso, representava toda a esperança de liberdade nutrida pela população de cor do Império.

Pela fala ficcional emprestada a Damião, Montello propõe que o crime contra Inocêncio foi uma síntese do embate entre o escravismo e a campanha de libertação dos escravos. Segundo tal raciocínio, a apuração do suposto homicídio permitiria a concentração do que, naquele contexto, representava, de um lado, os ideais de justiça e emancipação e, de outro, a manutenção do cativeiro e a violência senhorial. O antagonismo ganhou corpo através das figuras de Ana Rosa Ribeiro e do escravo Inocêncio, os quais representavam, nas palavras do também literato José Chagas, "de um lado, o máximo de crueldade e da impudência; de outro, a fragilidade e a pureza máxima".

A referência ao crime da baronesa como *síntese* não se restringiu, porém, a narrativas em obras ficcionais. A mesma noção foi compartilhada por alguns dos autores que se dedicaram à análise do processo com aspirações acadêmicas. Nesse sentido, para a pesquisadora maranhense Luciana Meireles Reis, não apenas a apuração da morte de Inocêncio condensou a oposição entre escravismo e liberdade, mas a condução formalmente dada àquela ação criminal, que culminou na absolvição de Ana Rosa Ribeiro, foi produto histórico do elitismo e do racismo predominantes em terras maranhenses, sendo, por isso mesmo, *representativa* desses elementos.

> Trata-se de um acontecimento [o julgamento de Ana Rosa Ribeiro] a partir do qual se possibilitou e ainda possibilita discutir não

---

24 MONTELLO, op. cit., p. 460.

apenas o exercício institucional jurídico da época, como também nos é dada a chance de analisar as relações de poder articuladas pelos atores envolvidos neste processo-crime [...]. Tal interpretação deu margem para a percepção de dois grandes segmentos sociais altamente bem definidos: de um lado figuravam os proprietários de terra, donos dos meios de produção, e de outro, os escravos.[25]

Dando especial destaque ao significado político da absolvição de Ana Rosa Ribeiro, outra não parece ser a impressão da historiadora Elisângela Pereira Gomes, para quem a ação criminal "representou a vitória da aristocracia maranhense sobre as classes subalternas".

> No processo da baronesa de Grajaú, a justiça prevaleceu para a classe senhorial independentemente da culpa atestada ou não do crime cometido. Isso vem confirmar a influência do poder e dos costumes coloniais, sobrepondo-se a quaisquer nuances, demonstrando tal julgamento o reflexo de uma sociedade escravagista, decadente e debruçada em suas práticas colonialistas, suas convenções sociais, nos mandos e desmandos dos que têm posses, prestígio social e que com sua influência podem tudo.[26]

A literatura produzida pelo Ministério Público estadual replica uma ótica similar sobre o delito e acerca de sua apuração. Na visão institucional, o chamado "crime da baronesa" continua sendo apresentado como condensação do embate entre o escravismo e a "luta abolicionista em solo maranhense". Aqui, porém, a conotação representativa do crime é projetada, sobretudo, como elemento de exaltação do promotor Celso Magalhães. Se o delito sintetizou a luta pela liberdade, a "atuação destemida" de Magalhães no processo, seguida por uma demissão com contornos essencialmente polí-

---

25 REIS, Luciana Meireles. *Um crime contra escravo numa sociedade escravista: o caso da futura baronesa de Grajaú (São Luís, 1876)*. 2012. Dissertação (Mestrado em Ciências Sociais) – Universidade Federal do Maranhão, São Luís, MA, p. 15.

26 GOMES, Elisângela Pereira. *O mestiço nas obras de Celso Magalhães e Aluísio Azevedo*. 2007. Monografia (Graduação em História) – Universidade Estadual do Maranhão, São Luís, MA, p. 37-38.

ticos, "representa um marco na história da afirmação dos direitos humanos em solo pátrio".

A representatividade do crime alimenta a importância do promotor e da instituição da qual era membro. Como estratégia de patrimonialização de Celso pelo campo jurídico, a memória sobre o suposto crime de Ana Rosa Ribeiro é (re)organizada, projetando ainda mais a figura do promotor, pois seu intelecto e sua conduta seriam, no Maranhão, catalizadores da emancipação escrava.

Ainda como representação recorrente em torno do crime atribuído àquela senhora de escravos, destaco sua associação a outros delitos ocorridos na São Luís da segunda metade do século XIX, mais precisamente nas décadas de 1860 e 1870. A aproximação se dá não apenas pela violência empregada nos crimes, por envolverem a elite da cidade e pela repercussão que tiveram naquela época, mas também por outra coincidência: todos os atos foram executados na Rua São João, Centro de São Luís.

O primeiro delito relacionado (posteriormente) à morte de Inocêncio foi o chamado "crime do martelo", ocorrido em meados da década de 1860, quando o português José Arteiro matou José Melo, a marteladas, no comércio da vítima, esquartejando-o e abandonando o cadáver em um lixeiro. Além da violência, o crime ganhou repercussão por envolver conhecidos comerciantes da cidade e pelo fato de, na confissão, o autor ter registrado a futilidade ("cobiça") que motivou sua ação.

O segundo delito teve uma conotação passional. Em 14 de agosto de 1873, o desembargador José Cândido Pontes Visgueiro assassinou sua amante, Maria da Conceição ("Mariquinhas"), por ciúmes. A vítima foi esfaqueada, esquartejada e teve o corpo lacrado em um caixão cuja fabricação havia sido encomendada pelo magistrado, sendo o cadáver enterrado no quintal da casa do acusado.

O crime de Pontes Visgueiro mereceu ensaios com conotação histórico-jurídica, a exemplo dos produzidos por Evaristo de Moraes (1934), René Ariel Dotti (1998) e Eulálio de Oliveira Leandro (2000). O fato se tornou conhecido no Império, sobretudo por envolver um alto magistrado da província e pela incerteza, mesmo após a decretação da pena de prisão perpétua, se a paixão nutrida pelo réu com relação à vítima deveria ser considerada elemento de exclusão do delito, indagando-se, inclusive, se a condenação seria um erro judicial. O caso ganhou também uma versão literária, no romance *A tara e a toga*, do escritor Waldemiro Viana, de 2010.

A relação entre esse delito e o chamado "crime da baronesa" se deu, dentre outros fatores, pelas representações posteriormente construídas em torno do desembargador e de Dona Ana Rosa. Ambos se tornaram, de certa forma, "fantasmas" que preencheram o imaginário popular no final do Oitocentos e nas primeiras décadas do século seguinte, incorporando, na forma de assombrações, a violência e a maldade.

Sobre Pontes Visgueiro, o escritor maranhense Humberto de Campos registrou, no início da década de 1930, suas memórias de infância, quando aquele "monstro de outrora" lhe trazia terror: "Quando eu tinha seis anos, minha mãe me amedrontava com esse nome [...]. Parece que, no interior do Maranhão, por muito tempo se esperou o reaparecimento de Pontes Visgueiro. Era uma espécie de Papão. E como eu próprio tremi por mais de uma vez, com medo dele!"

Para o jurista José Eulálio de Almeida, o "crime do martelo", o "caso Pontes Visgueiro" e o suposto assassinato de Inocêncio por Ana Rosa Ribeiro compõem uma tríade de "crimes bárbaros" que marcaram as últimas décadas do Maranhão imperial.

CELSO MAGALHÃES: NASCIMENTO E VÍNCULOS FAMILIARES

Celso Magalhães nasceu em 11 de novembro de 1849, em uma fazenda denominada *Descanso*, em Viana. Ao que tudo indica, uma fazenda de plantação e beneficiamento de cana de açúcar, já que no inventário de seu avô materno, então proprietário do local, o imóvel é descrito como "engenho Descanso". O local específico de seu nascimento foi agregado a Penalva quando a cidade, antes freguesia de Viana, tornou-se município em 1915, razão pela qual há registros de ser Magalhães natural de Penalva.

Antônio Lopes mencionou que Celso nasceu em 1844, tendo falecido com 32 anos, e não com 29. Arguiu que os registros que indicam o nascimento de seu tio em 1849 são equivocados, pois "não concordam com os assentos da família", segundo os quais, "Celso foi batizado com um ano de idade, em 1846". No entanto, a data apontada por Lopes é incorreta. O batismo de Celso não foi realizado em 1846, mas em 1850, conforme constou dos registros da Freguesia de Nossa Senhora da Conceição de Viana, nos termos de certidão expedida em 1868 e hoje arquivada no Centro de Ciências Jurídicas da Universidade Federal de Pernambuco, onde Celso se graduou. Da mesma forma, a certidão de óbito de Magalhães, preenchida através das declarações apresentadas por sua esposa ao tabelião, mencionou possuir Celso, quando de seu falecimento, 29 anos.

Celso Magalhães nasceu Celso Tertuliano da Cunha, conforme registrado em diferentes referências. Apesar de seu batistério ter registrado somente o nome "Celço" (assim mesmo, com 'ç'), não parece haver maiores divergências quanto ao nome completo que o personagem recebeu ao nascer. A única referência destoante localizada foi a registrada por Câmara Cascudo em sua *Antologia do folclore brasileiro*, para quem Celso nasceu com o nome de "Celso Tertuliano *da Silva* Magalhães". Há evidente equívoco de Cascudo, pois o sobrenome Silva não corresponde ao de nenhum ascendente de Celso Magalhães.

O mesmo consenso não existe, porém, no que se refere ao momento e às razões pelas quais agregou o sobrenome Magalhães, preferindo-o no lugar de Cunha.

Quanto a isso, predomina a versão de Antônio Lopes, para quem Celso, "já rapaz", teria mudado seu nome para Celso da Cunha Magalhães, substituindo assim o sobrenome paterno pelo materno. Nas referências que localizei, houve, porém, mais de uma justificativa para a mudança.

A primeira seria a fragilidade que o difícil parto de Celso trouxe a sua mãe, Maria Quitéria de Magalhães Cunha, fazendo com que a criança ficasse desde cedo sob os cuidados do avô materno, o médico cirurgião Manoel Lopes de Magalhães, e de sua esposa. Mas, para Lopes, essa não teria sido a única razão da aproximação de Celso com seus avós e da preferência pelo nome materno.

> A existência de um compromisso, entre filha e pai, de dar aquela a este o primeiro filho varão, que o velho queria educar, concorreu para indissoluvelmente ligar o avô ao neto, que por vontade própria e com a devida licença paterna acabou por acrescentar ao nome o sobrenome de Magalhães.[27]

A versão dada por Elisângela Gomes é similar, com a variação de que o compromisso lançado pela mãe de Celso teria ocorrido tão somente após seu nascimento, quando a criança já estava sob os cuidados de seus avós.

Já a escritora Elimar Silva não atribui a Celso a escolha do sobrenome Magalhães, afirmando que tal preferência partiu de seus próprios pais, que assim o fizeram "seguindo o costume português de colocar em primazia o nome da família materna". Tal afirmação, como já justificado, não condiz com os primeiros registros.

O certo é que Celso adotou voluntariamente Magalhães como seu principal sobrenome e optou por abolir o segundo nome (Tertuliano). Prova disso é que, desde suas primeiras publicações em periódicos, assinou como "Celso Magalhães" ou "Celso de Magalhães". Por outro lado, poucos são os registros da utilização, por Celso, do nome por extenso (Celso da Cunha Magalhães). Assim o fez apenas quando apresentou seu nome à Faculdade de Direito de Recife e na assinatura de poucos textos literários.

Sobre a variação de sua assinatura, inclusive quanto à utilização da partícula "de", assim registrou Fran Paxeco:

> Há uma discrepância na forma por que Celso assinava os seus escritos. Nos de estreia, impressos no *Semanário* e no *Domingo*, vem quase sempre sem a partícula *de*. No volume do *Versos*, usou *Celso da Cunha Magalhães*. Nas poesias saídas no *Correio Pernambucano*, e nas

---

27 LOPES, A. Celso Magalhães. *A Pacotilha*. São Luís, p. 1, 10 nov. 1917a.

críticas publicadas nas folhas do Recife, sempre sem o *de*. Os que apreciaram os *Versos* trataram-no por *Celso da Cunha Magalhães* ou *Celso Magalhães*. Nos seus livrinhos particulares de notas, ora se vê o *de*, ora não. O estudo relativo à poesia popular traz *Celso de Magalhães* e também a parte do romance que imprimiu na *Revista Brasileira*.[28]

Acerca dos vínculos familiares de Celso Magalhães, por ora interessa localizar a rede de parentesco do personagem. As referências políticas e patrimoniais oriundas de sua família serão mais detalhadamente trabalhadas no tópico seguinte.

De posse da literatura e da documentação primária sobre Magalhães, procurei identificar sua genealogia, concentrando-a em um mapa. Sobre a organização dessa ilustração, para melhor esclarecimento, cabem algumas observações de natureza metodológica, bem como a justificativa das opções feitas.

Na identificação dos vínculos familiares de Celso, dei prioridade a seus ascendentes. Assim o fiz porque interessou à pesquisa as nuances políticas de sua trajetória, certamente relacionadas ao patrimônio e aos vínculos de poder que herdou de seus pais, avós e tios. Dessa forma, na linha de seus antecessores, mapeei seus vínculos até os bisavós. Por outro lado, tendo o promotor falecido bastante jovem e sem filhos, os familiares contemporâneos a ele, fora os ascendentes, vão no máximo até os colaterais de terceiro grau (sobrinhos), e ainda assim em uma convivência somente quando estes ainda crianças.

Quanto aos nomes, além da atualização de sua grafia, preferi aqueles alterados a partir dos vínculos de casamento, na tentativa de indicar a junção entre famílias. Da mesma forma, optei pela inserção no mapa genealógico do nome dos casais que geraram prole, preferindo-os no lugar do nome do cônjuge que, unindo-se ao(à) viúvo(a) de matrimônio anterior, com ele(a) não deixou descendentes. Nesse sentido, esclareço que Manoel Lopes de Magalhães, avô

---

28 PAXECO, op. cit., p. 80.

materno de Celso Magalhães, após o falecimento de Lourença Joaquina da Costa, em 1835, casou-se com Maria Cecília Duarte Magalhães. Da mesma forma, Ana Maria da Cunha Mendonça, tia de Celso pelo lado paterno, ficou viúva de José Duarte Soeiro em 1858, casando-se posteriormente com Joaquim Raimundo Correia.

Ressalto ainda que os vínculos colaterais de segundo grau (irmãos) não estão no mapa dispostos por idade, no sentido de indicarem uma sequência do mais jovem ao mais velho, ou vice-versa, pois não foi possível, com exatidão, identificar tal ordem nos documentos.

Por fim, coloquei no mapa tão somente os laços familiares que pude confirmar de maneira incontestável. Isso porque, durante a pesquisa, surgiram nomes de outros prováveis parentes. No entanto, tais informações, quando comparadas a documentos que reputei mais confiáveis, com destaque para autos de inventário ou de testamento, geraram dúvidas quanto ao real vínculo com Celso.

Nesse sentido, dois exemplos de nomes não inseridos na ilustração. Francisca Rita Lima de Magalhães, em 1867, foi inventariante de seu esposo, Luís Juvêncio de Magalhães. Em nota de falecimento publicada no *Diário do Maranhão* de 6 de outubro de 1888, assinou homenagem a Maria Cecília Duarte de Magalhães, esposa do avô materno de Celso, por ocasião de sua morte. Já Ana Rita de Magalhães, quando faleceu, em 1867, teve como inventariante seu "cunhado", José Mariano da Cunha, pai de Celso Magalhães. Ocorre que há registro de que José Mariano teve uma única irmã, Ana Maria da Cunha Mendonça, não podendo ser, dessa forma, cunhado de Ana Rita.

Celso Magalhães era filho de José Mariano da Cunha e de Maria Quitéria de Magalhães Cunha. Seu pai foi um fazendeiro com relevante influência política na região de Viana, onde morava com sua esposa e filhos. Em meados da década de 1870, assumiu o comando superior da Guarda Nacional em Viana, Mearim e Monção, posto que, no Brasil imperial, indicava prestígio para com a administração superior da província. Segundo o promotor Washington Cantanhêde, recebeu em 26 de agosto de 1841 o título honorífico de Cavaleiro da

Ordem da Rosa, sinal de deferência pelo governo imperial. Na política, foi eleito deputado provincial no final da década de 1840, tornando-se líder do Partido Conservador em Viana, já na década de 1870. Faleceu em 1878, ou seja, no ano anterior à morte de Celso Magalhães.

Pouco descobri acerca da mãe de Celso. Apenas sei que ela foi genitora de uma dezena de filhos com José Mariano da Cunha e que, quando do falecimento do marido, serviu como sua inventariante. Até sua morte, em junho de 1879, Celso Magalhães atuou como procurador de sua mãe e dos outros irmãos no processo de inventário de José Mariano, centralizando assim a partilha dos bens do pai. Com o falecimento de Celso, Maria Quitéria habilitou outro advogado nos autos.

Há registro, ainda, de que a mãe de Celso teve dificuldades em comprovar sua capacidade em ser tutora dos filhos que ainda eram menores no momento da morte do esposo. Tal fato foi citado no próprio inventário de José Mariano. Além disso, Maria Quitéria teve que propor, no mesmo ano de 1878, ação de justificação, na qual foram produzidas provas testemunhais que atestassem seu "caráter e capacidade", com a específica finalidade de tutelar os filhos.

Eram os avós de Celso, do lado paterno, Antônio da Cunha Mendonça e Joana Francisca de Aragão Cunha, e na linha materna, Manoel Lopes de Magalhães e Lourença Joaquina da Costa. Sua avó materna, casada com Manoel Lopes desde 1822 e com quem ele teve todos os seus filhos, faleceu em meados da década de 1830, casando-se Manoel, posteriormente, com Maria Cecília Duarte Magalhães.

A literatura explorada na pesquisa, em sua integralidade, aponta Maria Cecília Duarte Magalhães como avó materna de Celso Magalhães. Como exemplo, os registros de Fran Paxeco, Jomar Moraes e Elisângela Gomes. O erro é justificável a partir de alguns dos registros localizados, já que Maria Cecília foi madrinha de batismo de Celso, juntamente com o avô paterno da criança. Além disso, foi inventariante e principal herdeira do avô de Celso, tendo encomendado missas e rendido tributos em jornais a Manoel Lopes, quando de seu falecimento, além de ter recebido homenagens de diversos parentes de Celso Magalhães após sua morte, ocorrida em 1888. Por outro lado, ao que tudo indica, as diferentes referências de Maria Cecília como avó de Celso não observaram o inventário de Manoel Lopes de Magalhães, no qual há menção à Lourença, inclusive juntando-se sua certidão de óbito, datada de 1835.

De toda forma, apesar da ausência de vínculo sanguíneo, há fortes indícios de que Maria Cecília conquistou o afeto de seus enteados e, em especial, de seu neto, Celso Magalhães. *Os calhambolas*, que viria a ser a principal poesia abolicionista de Celso, por exemplo, foi oferecida a seus pais e a Maria Cecília.

Os avós paternos de Celso viveram em Viana, acumulando patrimônio naquela cidade e nas localidades vizinhas. Embora sem maiores referências na documentação pesquisada, suponho que Antônio da Cunha Mendonça era bacharel em direito, pois do acervo de processos do Tribunal de Justiça do Maranhão constam duas ações nas quais atuou como juiz de órfãos de Viana, ambas instauradas no ano de 1825.

Antônio da Cunha morreu em 1858, tendo sua esposa como inventariante. Joana Francisca de Aragão Cunha faleceu em 1872, deixando inventário e testamento, ambos localizados na pesquisa, sendo os dois processos administrados pelo pai de Celso Magalhães.

O inventário de Joana Francisca deixou claro que o casal teve apenas dois filhos, o genitor de Celso, José Mariano da Cunha, e Ana Maria da Cunha Mendonça, que foi casada com o coronel José Duarte Soeiro, com quem teve cinco filhos, de nomes Zenóbia, Joaquim, Antônio, Pacífico e Cincinato. Após a morte de José Duarte Soeiro, em 1858, Ana Maria da Cunha casou-se novamente, dessa vez com o capitão Joaquim Raimundo Correia. Faleceu, porém, logo em seguida ao segundo matrimônio.

Sobre os avós de Celso pelo lado materno, pude constatar que Manoel Lopes de Magalhães e Lourença Joaquina da Costa residiam em Viana e se casaram em 1822. Como já referido, Lourença faleceu em 1835, antes tendo com Manoel quatro filhos: Maria Quitéria de Magalhães Cunha, mãe de Celso Magalhães; Rosa Mafalda de Magalhães; Cândida Ulpia de Magalhães Leite, que foi casada com o capitão Mariano Francelino da Costa Leite; e João Diogo da Costa Magalhães. Esse último já era falecido quando, em 1867, morreu Manoel Lopes, porém, deixou como sucessora uma filha, de nome Feliciana Cândida da Costa Magalhães.

As informações sobre Manoel Lopes de Magalhães são um pouco mais fartas. Era o avô de Celso português, natural da freguesia de Belver, "vindo despachado, ainda antes da Independência, para o Brasil", conforme narrou Antônio Lopes. Exerceu a profissão de médico, formando-se pela Universidade de Coimbra. Sobre seu ofício, há registros do princípio da década de 1850 que dão conta ter ele sido "cirurgião da Vila de Viana", nessa condição, inclusive, enviando informações ao presidente da província sobre os surtos de febre amarela que assolavam a região e atingiam em especial os indígenas.

Sobre a relação de Manoel Lopes de Magalhães com os indígenas, no dicionário escrito por César Marques há registro de que, no início da década de 1840, o cirurgião vendeu ao governo provincial uma légua de "terra muito fértil e abundante de pesca e caça", localizada à margem direita do rio Pindaré. As terras eram ocupadas por silvícolas e a finalidade da venda era justamente estabelecer ali uma colônia indígena, posteriormente denominada de São Pedro do Pindaré, "uma das três principais do Maranhão". O negócio foi registrado em prestação de contas da Secretaria de Governo do Maranhão, que identificou a etnia dos índios como Guajajara e o nome da localidade como Itaqui.

Ao falecer, em 1867, ainda em Viana, exercia Manoel Lopes a função de cirurgião-mor, conforme ficou registrado em seu inventário.

No que se refere aos bisavós de Celso Magalhães, consegui localizar algumas informações. Antônio da Cunha Mendonça, avô paterno de Celso, teve como pai José Feliciano Botelho de Mendonça e mãe por mim não identificada. José Feliciano era português, vindo ao Brasil em meados do século XVIII, para, a partir de vínculo de parentesco com Francisco Xavier de Mendonça Furtado, irmão do marquês de Pombal e então governador-geral do Estado do Grão-Pará e Maranhão, assumir funções na América Portuguesa.

A fixação da ascendência paterna de Celso Magalhães em Viana se deu exatamente a partir de José Feliciano. Naquela localidade, serviu inicialmente como ajudante do mestre-de-campo José Nunes Soeiro, dono de engenhos e fazendas na região. Em janeiro de 1799, mediante ato do governo estadual, tornou-se diretor da Vila de Viana. Posteriormente, veio a ser capitão-mor.

Antônio Lopes, trineto do capitão-mor, mencionou ser o título de José Feliciano "apenas simbólico", pois "já tinha valor quase puramente honorífico, depois da fundação do Estado do Maranhão e de obliterada a antiga divisão desta parte do Brasil em capitanias". Apesar disso, no testamento de José Mariano da Cunha (pai de Celso), consta considerável extensão de terras "da sesmaria que foi do capitão José Feliciano Botelho de Mendonça", indicando que o título de capitão-mor, além das honras referidas por Lopes, garantiu efetivamente a titularidade de sesmaria.

Já a avó paterna de Celso Magalhães era filha de José Miguel de Aragão e de Ana Joaquina da Encarnação. Pelo lado materno, o avô de Celso, Manoel Lopes de Magalhães, era filho de Manoel Lopes e Quitéria Maria de Magalhães. Desconheço quem foram os pais de Lourença Joaquina da Costa.

Celso Magalhães possuiu nove irmãos. No momento da morte de seu pai, em 1878, sua irmã mais velha, Cornélia da Cunha e Sá, já era falecida, como registrado em nota de *O Paiz* datada de 23 de maio de 1878. Sem mencionar a causa do óbito, a notícia informou que o falecimento se deu no dia 11 daquele mês, na cidade de Viana, deixando o marido, Antônio Raimundo de Sá, e três filhos, de nomes Mário, Homero e Francisco.

Os irmãos Lourença Joaquina da Cunha e Manoel Lopes da Cunha eram maiores e solteiros a essa época. Antônio da Cunha Mendonça e Joana Francisca da Cunha Marques, que viria a ser mãe de José Joaquim da Cunha Marques, governador do Maranhão nos idos de 1918, eram maiores e casados, porém, desconheço os nomes de seus respectivos cônjuges. Já Maria Amália da Cunha, Temístocles da Cunha e Luiz Antônio Lopes da Cunha eram adolescentes ("púbe-

Genealogical Tree

- José Feliciano Botelho de Mendonça — ?
  - António da Cunha Mendonça
    - (m.) Joana Francisca de Aragão Cunha
      - José Mariano da Cunha
        - (m.) Maria Quitéria de Magalhães Cunha
          - Maria Amélia Leal Magalhães
          - Luiz António Lopes da Cunha
          - Filadelfo da Cunha
          - Temístocles da Cunha
          - António da Cunha Mendonça
            - Manoel Lopes da Cunha
              - Maria de Jesus Sousa Lopes da Cunha
                - Maria Amália da Cunha
                - António Lopes da Cunha
              - Raimundo Lopes da Cunha
          - Cornélia da Cunha de Sá
            - António Raimundo da Cunha de Sá
              - Mário da Cunha de Sá
              - Homero da Cunha de Sá
              - Francisco da Cunha de Sá
          - Lourença Joaquina da Cunha
          - Joana Francisca da Cunha Marques
            - (m.) ?
              - José Joaquim da Cunha Marques
      - Ana Maria Cunha Mendonça
        - (m.) José Duarte Soeiro
          - Joaquim Duarte Soeiro
          - António Duarte Soeiro
          - Pacífico Duarte Soeiro
          - Zenóbia Duarte Soeiro
          - Cincinato Duarte Soeiro
- José Miguel de Aragão — Ana Joaquina da Encarnação
- Manoel Lopes — Quitéria Maria de Magalhães
  - Manoel Lopes de Magalhães
    - (m.) Lourença Joaquina da Costa
      - ? — ?
  - Cândida Ulpia de Magalhães Leite
    - (m.) Mariano Francelino da Costa Leite
  - Rosa Mafalda de Magalhães
  - João Diogo da Costa Magalhães
    - (m.) ?
      - Feliciana Cândida da Costa Magalhães

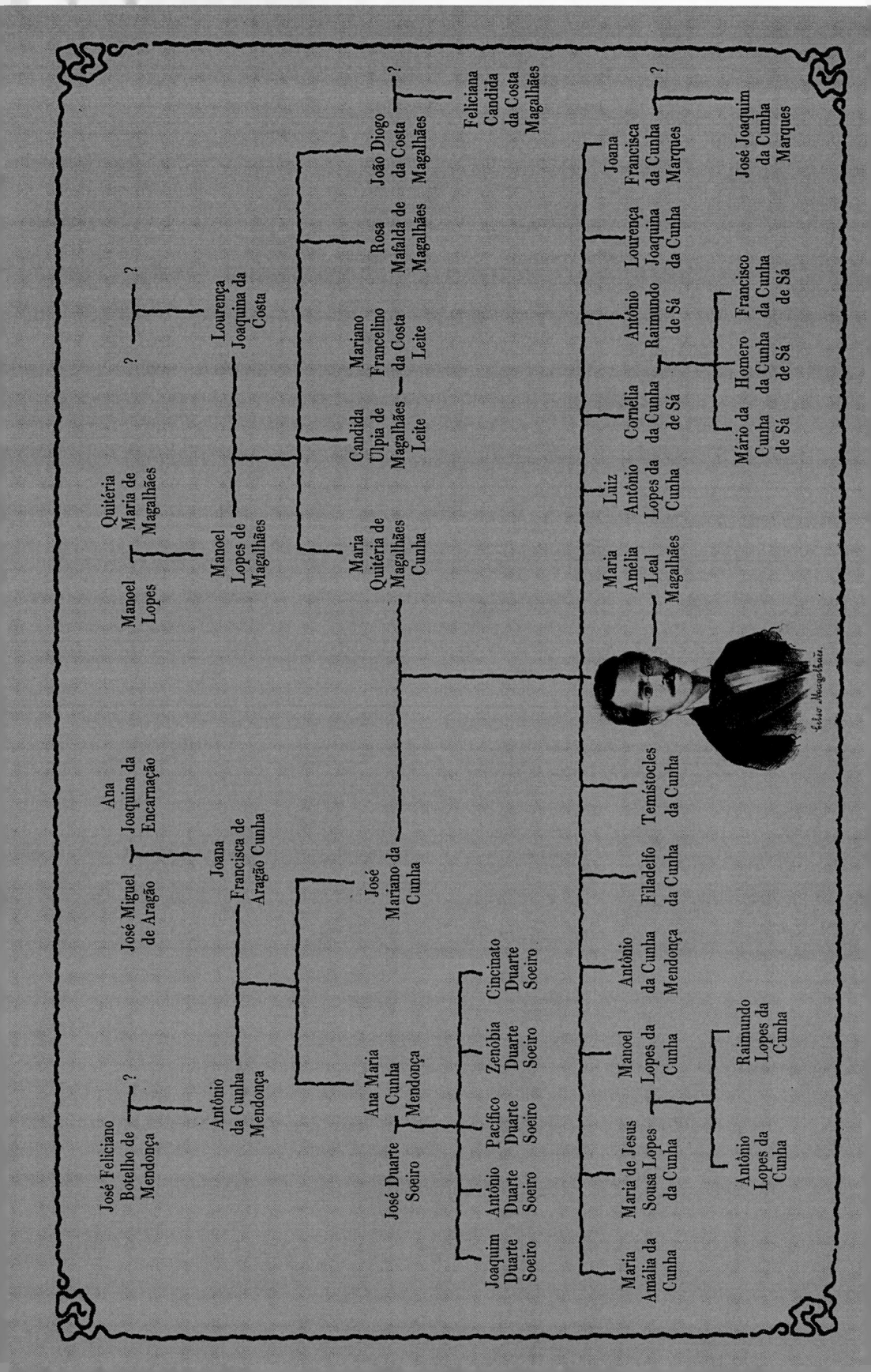

Félix Magalhães

res") e solteiros. O irmão mais novo se chamava Filadelfo Cunha, sendo criança ("impúbere") quando do falecimento de Celso.

Acerca do irmão caçula, Filadelfo Cunha, localizei registro de que ele, ainda criança, acompanhou Celso Magalhães em sua viagem de retorno de Viana para São Luís, em maio de 1879, ou seja, menos de um mês antes da morte de Celso. Fran Paxeco, fazendo referência a uma carta que teria o literato Artur Azevedo escrito ao escritor Antônio Lobo, em 1900, informou que Filadelfo era "oficial do exército" e que teria herdado vários manuscritos do irmão Celso, com destaque para *O padre Estanislau*, todos inéditos e desaparecidos. Já Antônio Lopes, nas atualizações que fez no *Dicionário de César Marques*, incluiu o nome de Filadelfo no rol dos principais abolicionistas do Maranhão.

Sem sombra de dúvidas, o irmão de Celso Magalhães que conseguiu maior projeção foi Manoel Lopes da Cunha. Quatro anos mais velho que Celso, foi promotor e juiz de direito, exercendo ambas as profissões inclusive em Viana, além de procurador-geral do Estado. Foi eleito 1º vice-governador do Maranhão em 1889, e governador em 1902, licenciando-se do cargo em 1905, ao que tudo indica por problemas de saúde. Nomeado desembargador em 1907, chegou a ser presidente do Tribunal de Justiça do Maranhão em 1924, ano no qual faleceu. Foi casado com Maria de Jesus Sousa Lopes da Cunha e com ela teve pelo menos dois filhos, Antônio Lopes da Cunha e Raimundo Lopes da Cunha, ambos expoentes da literatura maranhense nas primeiras décadas do século XX.

Quanto a seu matrimônio, Celso Magalhães casou-se em agosto de 1877 com Maria Amélia Leal, viúva de Rodolfo Pereira de Castro e, segundo diferentes relatos, dotada de uma beleza destacável.

Não consegui identificar o ano de nascimento e de óbito de Maria Amélia. Por outro lado, a partir de distintas notas em periódicos do Maranhão, constatei que tal senhora fazia aniversário no dia 6 de agosto, que manteve até a velhice o sobrenome Magalhães, indicativo de que não contraiu outro casamento, e ainda que faleceu após 1916, último ano no qual pude encontrar nota de homenagem a seu aniversário.

Na homenagem póstuma que dedicou ao amigo, Alfredo Saldanha afirmou que Celso teve um curto porém afetuoso casamento, encontrando em Maria Amélia "conforto e refúgio contra os dissabores que o afligiam".

No que se refere à infância de Celso Magalhães, como já referido, as complicações em seu nascimento fragilizaram a saúde de sua mãe, cujo respectivo pai, o cirurgião Manoel Lopes de Magalhães, auxiliou no parto, tomando para si os cuidados com a criança até o restabelecimento da mãe de Celso.

Por essa razão, desde seus primeiros anos de vida, Magalhães nutriu uma estreita aproximação com seu avô materno e com a esposa dele, Maria Cecília Duarte Magalhães, que viria a ser, inclusive, sua madrinha de batismo.

Em 6 de janeiro de 1850, ou seja, com menos de dois meses de idade, Celso Magalhães foi batizado na igreja matriz de Nossa Senhora da Conceição, em Viana. Foram seus padrinhos de batismo o avô paterno Antônio da Cunha Mendonça e a esposa de seu avô materno, Maria Cecília Duarte Magalhães. A solenidade foi registrada pela Diocese de Viana, em assento onde consta sua identificação apenas como "Celço".

Até os dezoito anos Celso não saiu de Viana, vivendo em um ambiente tradicional e escravocrata no engenho Descanso, vasta propriedade rural, movida pelo trabalho da escravaria pertencente a seu avô. Sobre a população do local, César Marques mencionou em seu *Dicionário* estatística de 1860, que registrou um total de 8.397 habitante em Viana, sendo 6.508 livres e 1.889 escravos.

As características campestres e a população modesta da cidade parecem ter marcado suas memórias de infância. A lembrança foi apontada por Magalhães em poema escrito nos últimos anos da década de 1860.

A cidade [Viana] é bem pequena.
Fica junto dum lago que se espraia
em ondas mansas, plácidas, serenas
a seus pés, como um manto de cambraia.
Casas de palha, muitas são de telhas,
umas pardas, as outras são vermelhas.

> Quem vem de longe, além do lago em meio,
> e abrange com um olhar toda a cidade,
> quando um sol de verão lhe bate em cheio,
> acha formosa aquela variedade
> de cores que nessa hora ela apresenta,
> no mosaico luzido que a ornamenta.
>
> Junto a um teto vermelho se descobre
> o sombreado verde dos coqueiros:
> a cor da palha que as casinhas cobre
> une-se ao branco alegre e feiticeiro.
> Relva areia na praia, – duas fitas,
> uma verde, outra branca, ambas bonitas...[29]

Seus primeiros estudos foram ministrados pelo avô materno, que o alfabetizou. Na interpretação de Antônio Lopes, sempre preocupada em encontrar signos da "predileção" de seu tio às letras, Celso herdou do ambiente possibilitado por Manoel Lopes o interesse pelo conhecimento jurídico e pela literatura.

> Criou-se, pois, Celso na casa do avô e aí, sem dúvida, com este estudou as primeiras letras. Destinava-o o cirurgião à carreira das leis. Provavelmente não foi algures, e sim na convivência com o avô, que despertou no futuro homem de letras a vocação literária [...]. Temos elementos para o afirmar, por antigos livros que lhe pertenceram, que é possível a predileção que Celso revelaria pela literatura, pois não nos atrevemos a afirmar que a soubesse por direto influxo do avô, homem de certo amigos de livros, mas prático e infenso a veleidades de escrevinhador.[30]

Já na adolescência, quando desejou continuar seus estudos na capital da província, foram contratados professores particulares para ensinar Celso, preparando-o, ainda em Viana, para o ingresso nas escolas de São Luís. Desse período datam seus textos

---

29 MAGALHÃES, Celso. *Versos*. São Luís: Tipografia Belarmino de Matos, 1870, p. 33.
30 LOPES, A. Celso Magalhães. *A Pacotilha*. São Luís, p. 1, 10 nov. 1917a.

literários iniciais. As duas primeiras poesias por ele assinadas, intituladas *Vem, não tardes!* e *Para ela*, foram publicadas em novembro de 1867, no *Semanário Maranhense*,[31] sendo seguidas de outros poemas, publicados ainda em dezembro daquele ano (*O curupira, Adeus* e *O avaro*), e de poesias veiculados ao longo de 1868 (*Lembras-te?, O menino cego* e *A minha casaca*). Mais tarde, quando Celso já se encontrava em Recife, os principais poemas por ele escritos desde 1867 foram reunidos na coletânea *Versos*, impressa em São Luís, em 1870.

Suas principais poesias de cunho social, em grande parte responsáveis pela representação de Celso Magalhães como poeta abolicionista, foram escritas em 1867 e 1869. Refiro-me a *O escravo* e a *Os calhambolas*, sendo que esse último texto foi inspirado nas impressões que Magalhães teve de uma grande insurreição de escravos ocorrida naquele ano, em Viana.

No final de 1867, faleceu Manoel Lopes de Magalhães. A morte do avô, até então principal referência na educação de Celso Magalhães, coincidiu com sua vinda a São Luís e com a preparação de sua partida para Pernambuco. Digo coincidência porque há indícios de que, independentemente do falecimento do avô, o percurso dos estudos de Celso já estava planejado. Nesse sentido, Antônio Lopes registrou que foi Manoel Lopes quem incentivou Celso a estudar direito e quem o "enviou à capital". De fato, no testamento de Manoel, como visto, há cláusula que destinou a Celso Magalhães Rs 3:000$000,[32] por "reco-

---

[31] Periódico criado em 1867 e encerrado já em 1868. Publicado aos domingos, além da assídua contribuição de Celso Magalhães, contou com a destacada colaboração de Gentil Braga, Sotero dos Reis, Henriques Leal, César Marques e Sousândrade.

[32] Para uma noção mais aproximada de alguns dos valores monetários referidos nesta obra, utilizarei informações constantes de planilhas apresentadas por Kátia Mattoso em *Ser escravo no Brasil*, que procurou estratificar as variações do Real ao longo do século XIX. A pesquisadora tomou como base, num primeiro momento, a flutuação do valor do escravo na Bahia, sempre considerando como referência o escravo do sexo masculino entre 14 e 45 anos. Igualmente, analisou a equivalência da moeda brasileira com o centavo (*penny*) da Libra Esterlina inglesa (£), dada a antiguidade e a estabilidade daquela moeda. Ainda que inexatas, por considerarem sempre o preço médio e, no caso dos escravos, por não terem sido construídos a partir do Maranhão, creio

nhecer seu talento e aplicação", condicionando o acesso ao legado à continuidade de seus estudos.

Celso chegou a São Luís em fevereiro de 1868. O objetivo era se qualificar para, indo a Recife, adentrar em cursos preparatórios ao ingresso na Faculdade de Direito. Nesse curto período, "reforçou seus estudos no colégio mantido pelo educador Perdigão".

A alusão de Lopes ao "Colégio Perdigão", como bem esclareceu Jomar Moraes em nota de atualização ao *Dicionário* de César Marques, diz respeito ao estabelecimento de ensino mantido por Domingos Feliciano Marques Perdigão. Fundado em 1840, foi o primeiro colégio privado e laico do Maranhão, sendo por algum tempo referência, nessa província, na preparação de jovens que desejavam adentrar nas poucas faculdades do Império.

Em maio de 1868, Celso partiu para a província de Pernambuco, numa viagem marítima que durava aproximadamente seis dias.

UMA PROVÍNCIA NO NORTE DO IMPÉRIO

O MARANHÃO OITOCENTISTA

A representação do Maranhão no século XIX não escapa de sua inserção em um vasto território conhecido como "províncias do Norte", cujo conceito de região e a delimitação de fronteiras se fez, sobretudo, em oposição ao "Sul" do Império, e mais especificamente à Corte do Rio de Janeiro. Tal polarização, ainda que tenda à homogeneidade de características, não pode ser desprezada, pois influenciou decisivamente práticas e formas de construção discursiva do Maranhão provincial, interferindo na organização das instituições no Oitocentos.

---

que os elementos servem como referência para o propósito desta pesquisa. No caso do valor mencionado (Rs 3:000$000), equivalia em 1867 a uma média de 5 escravos e de 672 mil libras esterlinas (£672.000).

O risco de uniformização que deriva da representação do Maranhão como "Norte" ganha nova projeção ao se pensar o território da província em si. Tradicionalmente, a historiografia tende a tomar a história de São Luís e de seu entorno enquanto a "história do Maranhão". Aliás, para além da antiga denominação da capital como "Cidade do Maranhão", segundo o historiador Flávio Soares, era comum confundir-se São Luís com o "Maranhão". A distinção, porém, é de grande relevância, sobretudo porque o território maranhense teve diferentes "frentes" de colonização, com destaque para a litorânea e a sertaneja, durante muito tempo apartadas.

Dentro dessas representações vacilantes, a ideia de região que mais interessa a esta pesquisa é a que influenciou a trajetória de Celso Magalhães e as peculiaridades que envolveram o "crime da baronesa" e sua repercussão. Nesse aspecto, o "Maranhão" focado nesta pesquisa é o Norte da província, mais particularmente São Luís, Alcântara e parte da região já naquele contexto denominada Baixada, situada no Noroeste maranhense.

Não coincidentemente, esse era o território sobre o qual a capital da província conseguia projetar sua influência de maneira mais intensa, já que, como sede do poder político e da Igreja Católica desde os tempos coloniais, São Luís concentrou o comércio e a burocracia regional no Império.

Ao longo do século XIX, como província integrada ao Império do Brasil, o Maranhão possuiu um território com fronteiras bem definidas. Limitava-se ao Norte pelo Oceano Atlântico; ao Sul pela Província de Goiás, tendo como fronteiras a Serra das Mangbeiras e os rios Manoel Alves Grande e Tocantins; ao Leste, separado pelo rio Parnaíba, havia a Província do Piauí; e a Oeste o Grão-Pará, limitando-se primeiro pelo rio Turiaçu e, a partir de 1852, pelo rio Gurupi.

Quanto à extensão territorial da província, segundo o *Almanak Administrativo da Província do Maranhão* de 1848, "não obstante as inexatidões que devem haver nos mapas", calculou-se que a superfície do Maranhão possuía "16.000 léguas quadradas", o que equivale a aproximadamente 372.800 quilômetros quadrados. Hoje o Estado do Maranhão possui 331.983 quilômetros de extensão.

A relativa estabilidade territorial no Oitocentos não se harmonizou com a grande variação político-geográfica do Maranhão no período colonial. Denominado de Estado do Maranhão desde 1621, houve a separação entre as capitanias do Maranhão e do Grão-Pará em 1652 e por dois anos. Em 1654, recebeu a denominação de Estado Colonial do Maranhão e Grão-Pará, com sede administrativa em São Luís, ainda incorporando a Capitania do Piauí. A capital do território migrou para Belém em 1757, passando a ser denominada de Estado Colonial do Grão-Pará e Maranhão. Em 1772, houve nova mudança administrativa, originando-se o Estado do Maranhão e Piauí em separado do Estado do Grão-Pará e Rio Negro. A Capitania do Piauí se tornou autônoma em 1811, consolidando-se o nome de Estado Colonial do Maranhão, sendo substituído, em 1821, por Província do Maranhão.

Por certo, até o século XVIII, o Maranhão foi uma capitania atrelada ao vasto território português e que, independentemente de possuir certa relevância administrativa regional, não despertou maiores interesses da Coroa lusitana.

O processo de ocupação das terras maranhenses se deu de forma gradual e por duas distintas frentes. A primeira foi desenvolvida pelo litoral, a partir de 1612, com a incursão francesa no território maranhense. A expulsão dos invasores foi seguida da necessidade de fortificar militarmente a área, originando a ocupação de São Luís e ao longo de alguns rios navegáveis, como o Mearim e o Itapecuru. A segunda ocorreu a partir de meados do século XVIII, por meio de um processo de expansão pecuarista que ocupou paulatinamente a região meridional do Maranhão, do Leste para o Oeste. Os "caminhos do gado", na forma denominada pela historiadora Maria do Socorro Cabral, sempre à procura de pastagens de boa qualidade, foram iniciados no atual território de Pernambuco e da Bahia, atravessando o rio São Francisco, em direção ao Piauí e, após superado o rio Parnaíba, contribuíram para a fundação de vilarejos no Maranhão.

A situação periférica do Maranhão colonial somente foi alterada com a criação, em 1755, da Companhia Geral de Comércio do Grão-Pará e Maranhão. Tentativa anterior de inclusão do Maranhão no comércio internacional se deu com a criação da Companhia de Comércio do Maranhão, fundada em 1682. A curta duração do empreendimento é indicativo do quanto ele não vingou. Deixando de ser abastecida pelo tráfico de escravos do Atlântico Sul e sem conseguir alavancar a empresa monopolista que propunha, sobretudo voltada ao cultivo do açúcar, a companhia foi encerrada já em 1685.

Já a Companhia Geral de Comércio do Grão-Pará e Maranhão, por décadas, dinamizou a economia e a sociedade local, inserindo a região no lucrativo tráfico internacional de escravos e no não menos rentável comércio monocultor.

> A existência da Companhia de Comércio teve efeito direto sobre o comportamento da economia local. A companhia provocou mudanças sociais e culturais ao propiciar um tráfico vigoroso de escravos para a região amazônica (onde se inclui o Maranhão) e arraigou uma perspectiva de exclusivo do comércio diretamente relacionada ao mercado externo (Lisboa) de acordo com os típicos dispositivos mercantilistas, levando a um profundo vínculo com a empresa comercial portuguesa.[33]

De fato, a segunda metade do século XVIII e o início do século seguinte, do ponto de vista econômico, consistiram na "idade de ouro" da região. O Maranhão serviu de entrada para a escravaria que alimentou boa parte do Norte da América Portuguesa. A Companhia de Comércio, principalmente através do algodão, monopolizou a agricultura, possibilitando sensível ganho a agricultores e a comerciantes da região.

O Maranhão imperial conheceu algumas reverberações dessa opulência, porém as sucessivas crises da economia algodoeira leva-

---

33 BARROSO JUNIOR, Reinaldo Santos. *Nas rotas do atlântico equatorial: tráfico de escravos rizicultores da Alta-Guiné para o Maranhão (1770-1800)*. 2009. Dissertação (Mestrado em História) – Universidade Federal da Bahia, Salvador, BA, p. 35.

ram consigo a estabilidade econômica alcançada durante décadas. O primeiro revés se deu entre os anos de 1818 e 1819, quando o preço internacional do algodão despencou. Fazendeiros e negociantes amargaram duro prejuízo, pois haviam investido na produção e na compra de safras do produto. Muitos deles faliram definitivamente.

Novo desafio foi superar a instabilidade gerada pelo contexto de Independência, o que desorganizou a produção algodoeira entre 1822 e 1823. Os anos de 1824 e 1825 não foram mais promissores, haja vista a diminuição da produção local, gerada agora pela seca e por uma nova queda de preços no mercado europeu. Para o historiador britânico Mathias Röhrig Assunção, com alguns períodos de rearranjo, deu-se a gradual desagregação da "grande lavoura algodoeira" até o final da década de 1830, quando já se encontrava consideravelmente comprometida.

Ao longo do século XIX, houve um rearranjo do sistema agroexportador, inserindo-se o açúcar no mercado até então protagonizado pelo algodão. O arroz foi outro produto agrícola com relativo destaque no Oitocentos. No entanto, ocupou sempre uma posição intermediária, não chegando a ameaçar a predominância do algodão ou do açúcar no mercado internacional. Como cultura para exportação, a rizicultura definhou ao longo da segunda metade do século XIX, em decorrência, principalmente, da competição com o arroz da Índia.

A economia dos engenhos, sobretudo na segunda metade do Oitocentos, modificou o cenário produtivo e comercial em diferentes regiões da província, com destaque para o vale dos rios Itapecuru e Pindaré. A produção do açúcar atraiu boa parte da mão de obra escrava, antes destinada ao cultivo do algodão, ainda que, a partir de meados daquele século, ocorresse a debandada de cativos para outras províncias do Império.

O fim do período monárquico coincidiu com a crise definitiva da economia açucareira, sobretudo devido à concorrência com o produto das Antilhas. A alternativa para os que necessitavam redirecionar seu capital foi investir no parque fabril que, por essa época, já se desenhava em cidades como São Luís e Caxias.

Do ponto de vista econômico, o Maranhão oitocentista é tradicionalmente lido pela historiografia como um contexto marcado pelo desmantelamento do sistema agroexportador, como visto, desenvolvido na segunda metade do século XVIII e em vigor até as primeiras décadas do século seguinte, e por uma incessante e fracassada tentativa de se reerguer a economia ao longo dos anos 1800.

A referência à derrocada econômica do Maranhão foi recorrente no discurso das elites do Império. As crises da lavoura e da agricultura foram associadas ao próprio decaimento da província. Porém, o efeito desse discurso extrapolou a análise da vida material da província. A própria representação da região foi marcada, no Oitocentos, pelo decadentismo, forjando-se o que o antropólogo Alfredo Wagner Almeida conceituou como *ideologia da decadência*.

Apesar do decadentismo ter sido pedra angular na fala das elites do Oitocentos, em harmonia ao que afirma a pesquisadora Regina Faria, entendo que a empresa agroexportadora instalada no Maranhão se desenvolveu em meio a "diferentes momentos de expansão e de crise". Dessa forma, a análise dos intercalados períodos de estabilidade e das sucessivas crises parece mais adequada do que a crença de que o século XVIII conheceu o apogeu dessa empresa e de que o século seguinte foi marcado por um paulatino e linear processo de ruína da agro exportação.

Ainda segundo Almeida, como "esquema intelectual de explicação da situação econômica e social da província", a ideologia da decadência foi desde as primeiras décadas do século XIX marcada por um intenso sentimento de falta, caracterizando o Maranhão monárquico enquanto contexto de ausência daquilo que o passado colonial e opulento proporcionou à região.

Sobre o discurso decadentista que marcou a fala das elites no Oitocentos:

> Há uma preocupação corrente em explicar a mencionada *decadência da lavoura* por uma ausência de determinadas qualificações tidas como necessárias. As interpretações gravitam em torno da "falta de conhecimentos profissionais", "falta de capitais", "falta de

braços", "falta de comunicações apropriadas" e "falta de terras por causa do gentio". A percepção destas lacunas autoriza as iniciativas que pretendem preenchê-las. Devido a isto, inúmeras outras questões correlatas são introduzidas naturalmente no âmbito das polêmicas, tais como: "imigração" e "colonização" para suprir a chamada "falta de braços", criação de escolas visando a formação de especialistas em agricultura para suprir a "falta de conhecimentos profissionais", abertura de estradas e desobstrução das vias de navegação fluvial para suprir a "falta de comunicações" e a organização de expedições militares contra os grupos indígenas.[34]

O decadentismo trouxe o peculiar encaixe da província em uma cronologia imaginária, construída através de um discurso que beirava o mítico. Para a intelectualidade oitocentista, era recorrente a idealização do passado e o condicionamento do "progresso" ao preenchimento de lacunas ("faltas") do tempo presente. Por sua vez, a possibilidade de um futuro próspero estaria subordinada à reconstituição do passado, ainda que isso fosse percebido como impossível. O mais importante, porém, era "nutrir as possibilidades futuras" e o "desejo de vir a ser", representando o Maranhão como *potência*, como região vocacionada à prosperidade, já que supostamente dotada de uma condição singular de proeminência.

O tema da decadência foi recorrente em periódicos do século XIX, bem como em falas e relatórios de autoridades maranhenses, que sempre atrelavam as causas do declínio da lavoura aos desafios a serem superados naquele contexto.

Apenas como ilustração, o periódico *Ordem e Progresso*, em 30 de maio de 1861, dedicou extenso editorial à crise da lavoura, associando-a à falta de mão de obra nas fazendas, fruto, por sua vez, do incremento do comércio interprovincial, "pois os fazendeiros do Sul que têm plantações de café vêm buscar escravos aqui". Já

---

34 ALMEIDA. Alfredo Wagner Berno de. *A ideologia da decadência: leitura antropológica a uma história de agricultura do Maranhão*. 2. ed. Rio de Janeiro: Casa 8; Fundação Universidade do Amazonas, 2008, p. 22.

em 15 de abril de 1879, artigo em *A Flecha* mencionou que a crise da agricultura comprometia todo o comércio e significava "a própria decadência da província, outrora tão rica". A causa apontada foi bastante similar: "a lavoura é decadente pela carência de mão de obra, já que se desfaz dos braços escravos".

No que se refere à fala de autoridades, ainda apenas como exemplificação, destaco o relatório apresentado por João Capistrano Bandeira de Melo, presidente da província, através do qual, em 29 de abril de 1886, passou a administração do Maranhão para o primeiro vice-presidente. O documento tentou aprofundar os motivos da "diminuição na arrecadação dos impostos da província e do aumento de seu endividamento". A principal causa apontada foi o "definhamento da lavoura, única fonte de riqueza da província", gerada pelas "baixas colheitas, pelos baixos preços e pela diminuição da mão de obra".

O próprio Celso Magalhães se apegou ao decadentismo para criticar a política maranhense. Entre outubro de 1872 e outubro de 1873, como redator de *O Paiz*, publicou uma série de seis crônicas, denominadas *Carranquinhas*. Por diversas vezes nesses textos, Celso reconheceu o estado de declínio da economia maranhense se comparado à opulência do período colonial, já que "a riqueza antiga da província estancou a sua fonte [...], produzindo o desânimo e o abatimento de nossa lavoura".

Foram variados os motivos da crise apresentados por Magalhães: a alta de preços, a depreciação da moeda nacional, o apego à cultura do algodão, o pouco investimento na modernização dos engenhos, a desnecessária importação de produtos e a atrofia da navegação fluvial. A causa primeira, porém, seria o declínio do trabalho escravo a partir da proibição do tráfico internacional e a concorrência com a economia cafeeira do Centro-Sul.

> Quando em 1850 em diante começou a produzir-se em maior e sempre crescente escala a procura de escravos para o trabalho dos cafezais no Sul, a nossa lavoura vendeu escravos, abandonou, entrou como que em liquidação desesperada e ingrata da vida, que era a sua, tão nobre, tão independente, e aceitou condições novas de existência

mais precária, mais dependente, menos lucrativa e de nenhum futuro, porquanto o capital apurado ou fosse apenas nos excessos da usura ou na renda regular de outros empregos apenas dava para ocorrer à despesa, que logo foi outra e maior, deixando o dono da casa de ser produtor para ser consumidor até do próprio patrimônio.[35]

De fato, parece que boa parte da produção literária, científica e política do século XIX elegeu o decadentismo como premissa de análise da província. No universo intelectual, a representação ora tratada adquiriu peculiar uso quando, a partir de meados do Oitocentos, a elite letrada reforçou um discurso que associava São Luís à "Atenas brasileira". A representação identificou o período compreendido entre a metade do Setecentos e o princípio do século XIX não apenas como apogeu econômico do Maranhão, mas enquanto a "Idade do Ouro" da literatura e da ciência regionais, justificando um suposto posicionamento de destaque da intelectualidade maranhense no cenário nacional.

Como "Atenas tropical", a capital maranhense teria produzido gerações de poetas, jornalistas, romancistas, teatrólogos, historiadores e tradutores, todas a afirmar a singularidade cultural do Maranhão.

Em trabalho dedicado ao mito da "Atenas brasileira", o historiador José Henrique de Paula Borralho dividiu em duas gerações os intelectuais cuja obra alimentou tal referência. Na primeira geração, também conhecida como *Grupo Maranhense*, que atuou entre 1832 e 1868, destacaram-se Odorico Mendes, Sotero dos Reis, João Francisco Lisboa, Trajano Galvão, Gonçalves Dias, Antônio Henriques Leal, Gomes de Sousa, Sousândrade e César Marques. A segunda geração da "Atenas" concentrou sua produção a partir da década de 1860 e ao longo da segunda metade do Oitocentos, nela sendo inseridos, como nomes de maior destaque, Celso Magalhães, Aluísio Azevedo, Raimundo Correia, Arthur Azevedo, Teófilo Dias, Adeli-

---

35 MAGALHÃES, Celso. (1870) Os calhambolas. Carranquinhas. In: MORAES, Jomar (Org.). *Livro do sesquicentenário de Celso Magalhães (1849-1999)*. São Luís: Ministério Público do Estado do Maranhão; Academia Maranhense de Letras, 1999, p. 124.

no Fontoura, Coelho Neto, Graça Aranha, Nina Rodrigues, Barbosa de Godóis, Ribeiro do Amaral e Dunshee de Abranches.

A literatura sobre o tema registra ainda uma terceira e última geração, composta pelos chamados *Novos Atenienses*, cuja obra se localiza entre a última década do século XIX e os anos 1920. Fizeram parte dessa geração Manoel de Béthencourt, Antônio Lobo, Astolfo Marques, Nascimento de Moraes, Raimundo Lopes e Fran Paxeco.

O mito ateniense encontrou fonte de legitimação, ainda, na circulação de impressos, na execução de peças teatrais, na fundação de sociedades literárias e na inauguração de bibliotecas e gabinetes de leitura.

Manoel Barros Martins, em obra de 2006, foi além. Afirmou que a representação da "Atenas" se constituiu como *semióforo* que "se incrustou profundamente no imaginário social maranhense, referendando as práticas sociais, políticas, econômicas e culturais dos mais díspares sujeitos dele participantes", projetando influência, inclusive, sobre todo o século XX.

Na visão da historiadora Maria de Lourdes Lacroix, ainda na segunda metade do Oitocentos, o culto da "Atenas brasileira" se enredou com outra importante representação fomentada pela elite intelectual do Norte maranhense: a da origem francesa de São Luís.

É sabido que a efetiva presença europeia no Norte do Maranhão se deu com a incursão militar dos franceses ocorrida entre 1612 e 1615. A chamada França Equinocial fez parte da estratégia francesa de afirmar sua presença na região tropical das Américas e, embora não duradoura, obrigou os portugueses a ocuparem mais densa e militarmente a região, principiando, a partir do litoral, a principal frente de colonização das terras maranhenses.

A influência dos franceses, sobretudo nas esferas cultural e intelectual, não encontra, porém, qualquer marca nessa época. Derivou, em verdade, do galicismo insuflado na segunda metade do século XIX, que viu na suposta colonização francesa de São Luís um eficaz elemento de afirmação das elites.

O discurso francesista reforça a ideologia da singularidade local, buscando inscrever em terras maranhenses as marcas da influência francesa do século XIX, que expandia hábitos e costumes gauleses no Ocidente. Para Lacroix, o mito da "fundação francesa de São Luís" seria mais uma forma de reação a um cenário decadentista, alimentando o orgulho exacerbado das elites de uma suposta "sociedade instruída, representada por uma constelação de estudiosos e intelectuais criativos".

Mas as representações das elites do século XIX pouco traduziram a sociedade maranhense de então. Sobre uma minoria branca e letrada, predominou uma população de negros, índios e homens livres pobres. A demografia do Maranhão oitocentista bem demonstrava isso.

Nos primeiros anos do Império, preponderou na província uma população de negros escravizados sobre a de homens e mulheres livres, permanecendo essa tendência até meados do século XIX. A partir dos apontamentos realizados pelo coronel Antônio Bernardo Pereira do Lago, o historiador Josenildo Pereira registrou que, em 1822, quando o número de habitantes da província foi estimado em 152.893, havia 77.914 escravos, correspondendo a 51% do total da população. Em São Luís, que concentrava um maior contingente de cativos, o percentual de cativos chegou a 62% da população. Já em 1841, segundo os números apresentados por Regina Faria, com uma população total de 217.054 pessoas, o Maranhão possuiria 111.905 escravos, ou seja, 51,6% da população.

O quadro foi alterado pelo fim do tráfico internacional de cativos e pelo incremento da venda de escravos para províncias do Sul. A partir de 1850, houve um considerável declínio da população cativa. Em 1875, segundo os apontamentos de Antônio Cândido de Moraes Rego no *Almanak Administrativo da Província do Maranhão*, a população de toda a província, "com exceção da paróquia de Santa Tereza da Imperatriz", era de 348.495 pessoas, sendo 274.528 homens e mulheres livres e 73.967 escravos. Ou seja, em meados da década de 1870, a população cativa no Maranhão já correspondia a apenas 21,2% do total. O decréscimo foi aumentando até a extinção formal do cativeiro. Em 1888, havia no Maranhão aproximadamente 30 mil escravos.

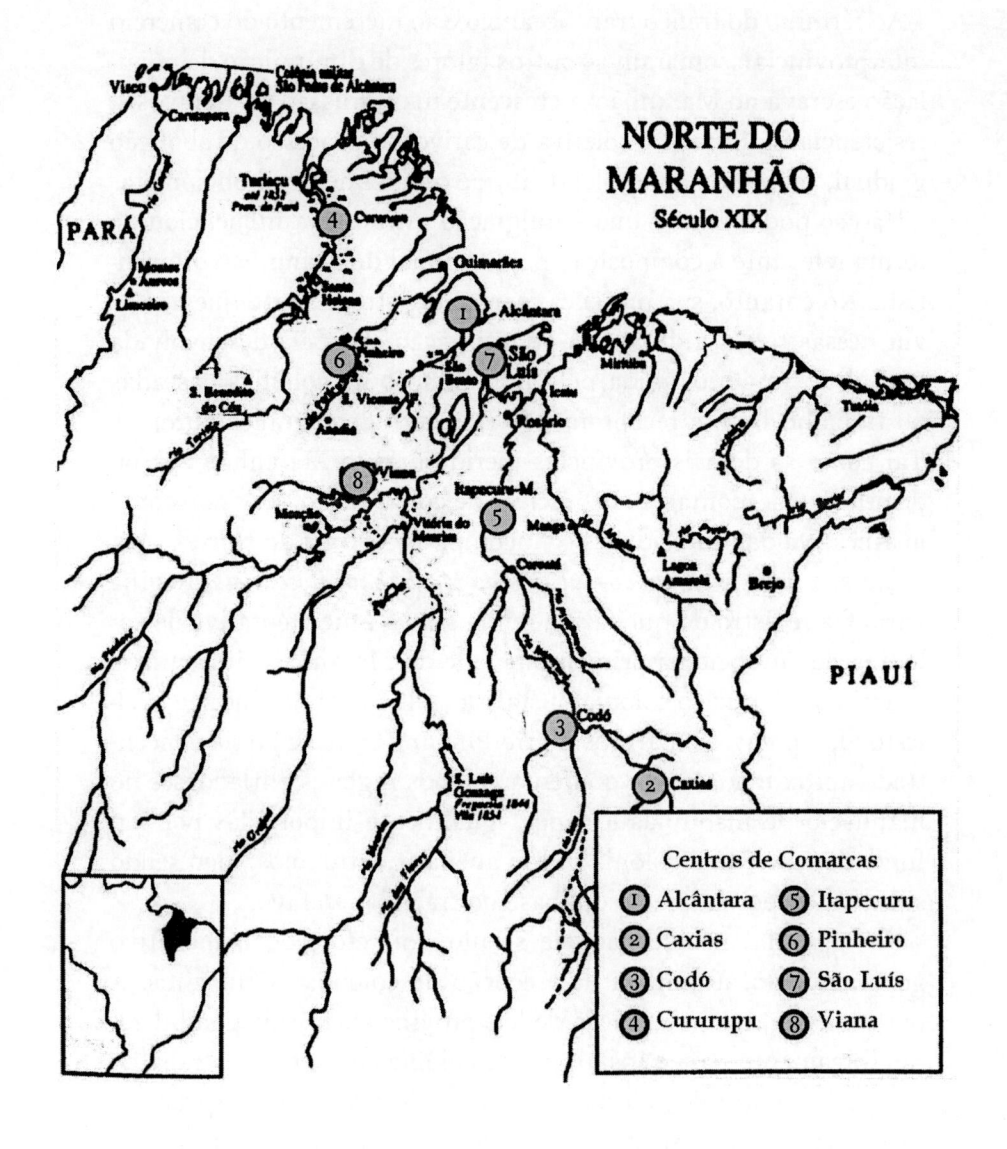

Mapa do Norte da Província do Maranhão
Fonte: REIS, João José; GOMES, Flávio dos Santos (orgs.). Liberdade por um fio: história dos quilombos no Brasil. São Paulo: Companhia das Letras, 1996, p. 436 (com adaptações do autor na legenda).

Ao término do tráfico transoceânico e ao incremento do comércio interprovincial, somaram-se outros fatores de diminuição da população escrava no Maranhão: a crescente manumissão de escravos; a resistência individual e coletiva de cativos; o processo de abolição gradual, sobretudo após a lei de 1871; e o movimento abolicionista.

Não se pode afirmar que a imigração estrangeira influenciou de forma relevante a composição populacional do Maranhão oitocentista. No entanto, sua presença merece registro. É certo que não se viu nessas terras a dinâmica de imigração europeia desenvolvida no Sul do Império, ávida pela implantação de colônias baseadas no trabalho livre e receptora do excedente demográfico europeu. Tal como as demais províncias meridionais, o Maranhão deixou de priorizar a montagem de núcleos de colonização, servindo como justificativa das autoridades o "incompatível clima do Norte".

Em sua obra *Mundos do trabalho no Maranhão oitocentista*, Regina Faria fez registro do que talvez tenha sido a única tentativa de colonização europeia na primeira metade do Maranhão oitocentista. Referiu-se ao núcleo colonial instalado pelo inglês Guilherme Wellestood, em 1817, às margens do rio Pindaré. O núcleo teria concentrado aproximadamente quarenta colonos ingleses e irlandeses no manuseio de máquinas a vapor, igualmente importadas por seu fundador. Porém, a colônia durou apenas quatro anos, logo sendo substituída por empresa com base no trabalho escravo.

Na segunda metade daquele século, foi reforçado o incentivo governamental à política de recepção de colonos estrangeiros. A partir de 1851, houve a edição de leis provinciais que disponibilizaram orçamento para a instalação de colônias baseadas no trabalho imigrante. Entre 1853 e 1855, um total de 887 colonos chegaram ao Maranhão, sendo distribuídos em seis diferentes núcleos, mais precisamente em duas "colônias de operários" (Arapapaí e Maracassumé) e em quatro "colônias agrícolas" (Santa Isabel, Santa Teresa, Petrópolis e Pericaua). Foi variada a participação do governo provincial na montagem dessas colônias e no custeio da vinda dos imigrantes, predominando a política de empréstimos a particulares.

Na documentação pesquisada, há referência às razões pelas quais interessou ao governo a vinda de imigrantes. Em portaria datada de 3 de janeiro de 1854, o presidente da província "manda vir da Europa até 40 colonos, para serem empregados nas obras públicas [...], devido à falta de artífices, pedreiros e carpinteiros de qualidade". Quanto ao tratamento dispensado aos imigrantes que chegavam à província, sobretudo aqueles empregados em obras, localizei indícios de que não dispunham de condições adequadas de trabalho e, por vezes, sequer de liberdade. Como exemplo, o mesmo presidente da província, agora em 20 de setembro de 1854, teve que apresentar justificativas ao ministro e secretário de Estado dos Negócios Estrangeiros sobre a informação de que "colonos vindos de Portugal foram vendidos e tratados como se fossem africanos, tanto na chegada, como na obra do canal do Arapapaí, para a qual foram engajados".

Ainda no tocante a migrações, merece igual registro a que derivou de outras regiões do Império para o Maranhão. Nesse particular, destaco a recepção de cearenses na segunda metade do século XIX. A política de "prestação de socorro" aos migrantes atingidos pela seca no Ceará esteve presente em diferentes administrações nos últimos anos da década de 1870. Como exemplo, relatório do vice-presidente da província, datado de 17 de maio de 1878, reiterou a necessidade de ser incentivado o acolhimento de cearenses, que poderiam "ajudar a suprir a falta de braços nas lavouras do interior da província" ou ainda serem empregados em "núcleos de colonização no entorno da capital".

Na interpretação de Alfredo Wagner Berno de Almeida, a inesperada vinda dos cearenses fez com que as autoridades (re)planejassem a política de colonização da província. "O governo provincial do Maranhão se apressou em organizar comissões de socorro aos emigrantes cearenses com vistas a atendê-los de imediato e a organizar planos de implantação de núcleos de colonização a médio prazo". Para o mesmo autor, em curto espaço de tempo, foram criadas no território maranhense pelo menos seis colônias para recepção de migrantes do Ceará.

No que se refere especificamente à capital da província e às transformações advindas na São Luís do século XIX, no início do Oitocentos a cidade se restringia a dois bairros: a Praia Grande e a Freguesia de Nossa Senhora da Conceição. Acerca da distribuição do antigo núcleo urbano de São Luís, assim relatou Josenildo Pereira:

> No bairro da Praia Grande, também chamado de Freguesia de Nossa Senhora da Vitória, encontrava-se a maior parte dos 30 mil habitantes da cidade, embora fosse menos extenso que o segundo. Nele, encontrava-se a Praça do Comércio e edifícios públicos: o Palácio do Governo, a Contadoria da Fazenda, a Cadeia Pública, a Câmara Municipal e a Casa do Bispo, que foi o antigo Colégio dos Jesuítas, contígua à catedral [...]. Um pouco mais de dez ruas configuravam esse núcleo antigo da cidade. Da Praia Grande até a Rua da Palma existiam três ruas paralelas ao mar: a Rua do Giz, a da Estrela e a Rua da Palma, e sete perpendiculares, desde o Colégio dos Jesuítas, hoje Catedral da Sé, até ao Desterro. Depois surgiram as ruas do Sol, da Paz e a Rua Grande. Todas elas eram mal calçadas com pedras do tipo roxo-terra, chamadas de cabeça-de-negro, com uma precária iluminação à noite deixando a sua serventia bastante incômoda.[36]

A cidade acompanhou o apogeu da grande lavoura, que, como visto, predominou entre meados do Setecentos e as primeiras décadas do século XIX. O contexto foi vital para que a capital maranhense deixasse de ser tão somente um centro militar e administrativo e se tornasse relevante espaço de comércio. O extenso casario com arquitetura portuguesa que preenche ainda hoje o Centro de São Luís é, inclusive, herdeiro desse período.

Apesar disso, somente na segunda metade do XIX houve um mais efetivo planejamento da cidade quanto à estruturação de serviços públicos e ao embelezamento e higiene de São Luís. A regular distribuição de água veio com a Companhia Rio Anil, instalada em

---

[36] PEREIRA, Josenildo de Jesus. *Na fronteira do cárcere e do paraíso: um estudo sobre as práticas de resistência escrava no Maranhão oitocentista*. 2001. Dissertação (Mestrado em História Social) – Pontifícia Universidade Católica de São Paulo, São Paulo, SP, p. 58-59.

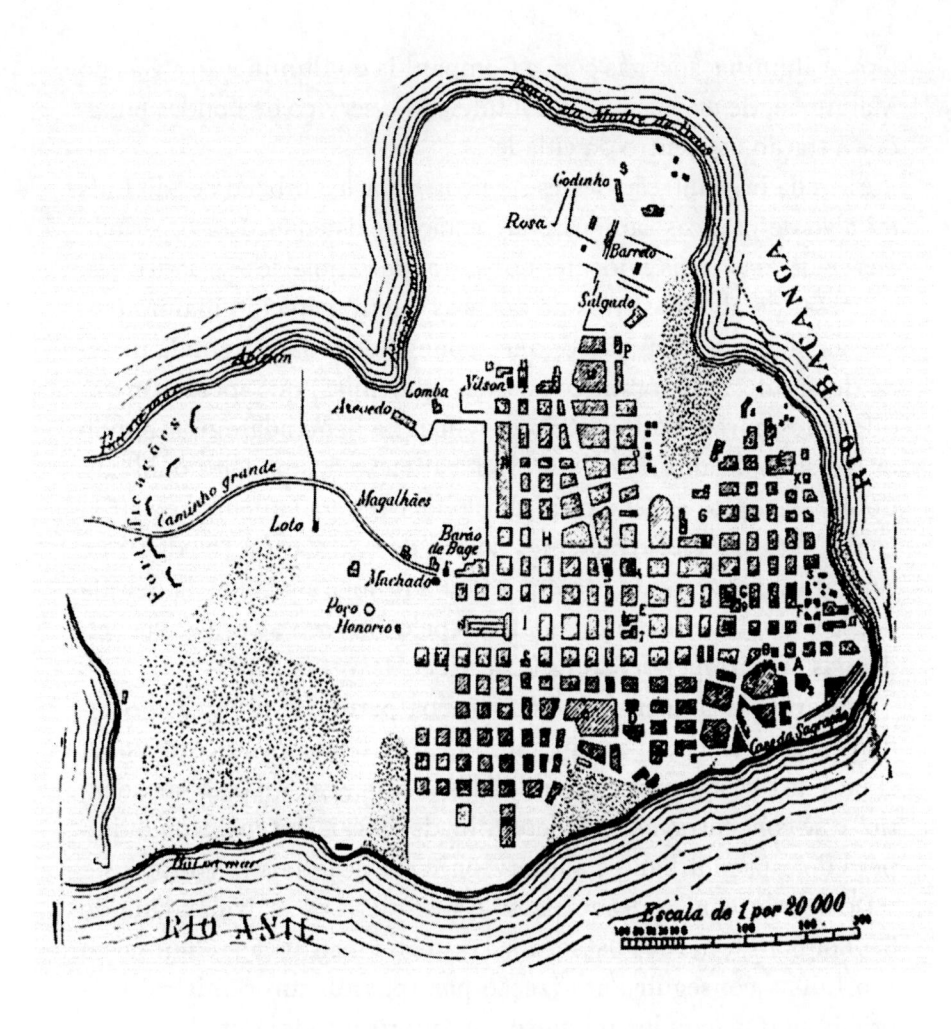

Planta da Cidade do Maranhão (São Luís) em 1844.
Fonte: MARQUES, César Augusto. (1870) Dicionário histórico-geográfico da Província do Maranhão. 3. ed. São Luís: Academia Maranhense de Letras, 2008, p. 766.

1850. A iluminação a gás com a Companhia de Iluminação a Gás do Maranhão, de 1862. Em 1871, foi iniciado o serviço de bondes puxados à tração no Centro da cidade.

Além da implantação desses serviços, o núcleo urbano de São Luís foi alvo de práticas sanitárias até então inexistentes. Era o período das epidemias, mais evidentes nos surtos de varíola de 1854, 1856 e 1871.

Apesar de alguns surtos de doenças terem merecido maior atenção da historiografia, parece que ao longo de toda a segunda metade do século XIX foram constantes epidemias, que incidiram em diferentes partes do território provincial e demandaram, segundo os registros de autoridades, a pronta atuação dos poderes públicos. Como exemplo, a Secretaria de Polícia reiteradamente registrou como "fato notável" diferentes surtos de varíola (ou "bexiga") na capital e no interior da província. Já na primeira metade da década de 1880, igualmente, foram relatadas pelo governo da província epidemias de varíola em São Luís, Icatu e Alcântara.

A prevenção ao contágio ocupou boa parte das políticas governamentais, tornando-se sinônimo de aperfeiçoamento urbano. A crença de que algumas enfermidades se propagavam pelo "ar doentio" e se concentravam em determinados locais, intensificou a limpeza do espaço urbano e a intervenção em hospitais e cemitérios.

De acordo com o pesquisador Agostinho Coe, a Irmandade do Senhor Bom Jesus dos Passos foi a primeira instituição religiosa em São Luís a conseguir autorização para possuir um cemitério próprio, fora dos templos religiosos. A autorização foi datada de 1841, porém apenas em 1849 o Cemitério dos Passos iniciou efetivamente seu funcionamento, ainda assim com certa resistência quanto à sua localização, "pois havia discordância entre os médicos da capital se o cemitério estava de acordo ou não com os critérios higiênicos". Isso porque a pequena distância da cidade poderia contaminar poços e impedir a adequada dispersão dos "vapores cadavéricos".

Mas as práticas higienistas foram bem além do trato com os doentes e com os mortos. O crescimento populacional da cidade nas últimas décadas do Império levou as autoridades a intervirem com maior destaque em portos, mercados, escolas e cadeias. O padrão de habitação também sofreu regramento, condenando-se os cortiços, os baixos sobrados ou qualquer outra moradia que facilitasse a aglomeração de pessoas e dificultasse a livre ventilação.

A população pobre foi mais diretamente atingida pela modernização do espaço urbano, já que parte de seus hábitos de moradia, de trabalho e mesmo de lazer era tida como anti-higiênica. Em tal contexto, a ociosidade ou o simples ato de perambular pela cidade passaram a ser objeto de preocupação das autoridades.

Na leitura do historiador Marcos Melo de Lima sobre o tratamento conferido aos pobres na São Luís da segunda metade do Oitocentos:

> Da população pobre deviam ser reprimidos os supostos vícios que carregavam. Quem era classificado como "sem ofício", "vadio", "desocupado" e tantos outros atributos negativos estava sempre na mira dos aparatos de policiamento, alvo de controle rígido. Ao estabelecer uma ligação direta entre a vadiagem, a pobreza e o crime, as autoridades públicas buscavam justificar o controle e o uso da força.[37]

O avanço do debate sobre o fim do cativeiro recrudesceu o combate à ociosidade dos indivíduos pobres da cidade. As elites nutriram o receio de uma massa de populares livres e de pessoas consideradas vadias, supostamente responsáveis pela desordem e pelos distúrbios em São Luís, temor que apenas cresceu com a possibilidade de libertação dos escravos. Ainda para Lima, o controle seria garantido através da transformação dos negros livres e libertos em "trabalhadores disciplinados, submissos e produtivos". Mas essa estaria longe de ser a principal marca da escravidão de negros no Maranhão oitocentista.

---

37 LIMA, Marcos Melo de. O trabalho como remição: os pretos pobres e o trabalho penal na cadeia pública de São Luís. In: FERREIRA, Márcia Milena Galdez; FERRERAS, Norberto O.; ROCHA, Cristiana Costa da (Orgs.). *Histórias sociais do trabalho: usos da terra, controle e resistência*. São Luís: Editora da UEMA; Café & Lápis, 2015, p. 183.

ENTRE ESCRAVOS

A introdução de africanos escravizados no Maranhão data provavelmente da segunda metade do século XVII. O historiador Mário Meireles apontou como marco inicial da escravização o pedido do padre Antônio Vieira, em 1661, de que o Império português passasse a sustentar a colonização de terras maranhenses na utilização da mão de obra africana. Porém, mesmo com a declarada oposição da Igreja Católica, até a primeira metade do século XVIII, a principal força de trabalho no Maranhão consistiu, de fato, na escravidão indígena.

Do ponto de vista formal, desde 3 de maio de 1757 houve a proibição da escravização de indígenas na América Portuguesa. A vedação foi fruto da política pombalina. Existiram, porém, inúmeras brechas. Diferentes cartas régias do início do século XIX, por exemplo, permitiam por até 10 ou 15 anos o cativeiro de indígenas que atacassem povoações.

Foi o incremento da cultura algodoeira, impulsionada pelo funcionamento da Companhia Geral de Comércio do Grão-Pará e Maranhão, que gerou a real demanda pela importação de escravos africanos.

> Somente a partir da segunda metade do século XVIII o mercado de algodão na Europa fomentou o povoamento da região Norte da Capitania do Maranhão, por meio da cultura desse produto, sustentada à base da escravidão de diferentes povos africanos, principais trabalhadores das fazendas localizadas nos vales dos rios Itapecuru e Mearim. Essa forma de povoamento, ao longo dos anos, foi avançando pela Baixada e pelo litoral.[38]

Entre a ascensão da economia do algodão e a abolição do cativeiro, a escravidão de negros africanos e de seus descendentes foi fator estruturante da economia e da sociedade do Norte do Maranhão. Com destaque para sua utilização nas fazendas de algodão, açúcar, arroz, na criação de gado e em obras e serviços dos centros

---

38 PEREIRA, op. cit., p. 36.

urbanos, os negros escravizados se concentraram em São Luís, Alcântara, Caxias, nos vales dos rios Itapecuru e Mearim e no litoral e na Baixada ocidentais.

Em estudo dedicado às rotas de escravos da África ao Maranhão, o pesquisador Reinaldo Barroso Junior afirmou que o fluxo entre os dois continentes foi estruturado a partir da Companhia de Comércio, que possuía o monopólio comercial no antigo Estado do Grão-Pará e Maranhão e, na África ocidental, nas regiões da Senegâmbia e Guiné-Bissau. Mesmo com a extinção da companhia, em 1778, houve nas três últimas décadas do século XVIII a consolidação das principais rotas desse tráfico, período no qual adentraram no Maranhão aproximadamente 35 mil africanos.

O abastecimento de escravos no Maranhão se inseriu no contexto de integração do Norte da América Portuguesa ao complexo comércio estabelecido pelo Império lusitano sobre seus territórios coloniais do Atlântico Sul. A mercancia era pautada no controle tarifário e no exclusivismo comercial desenvolvido por companhias ou a partir de contratos individuais privilegiados. A dinâmica se deu através do fluxo de manufaturas, escravos e matérias-primas entre as diferentes regiões envolvidas no comércio.

No caso maranhense, chegavam ao porto de São Luís, localizado na Praia Grande, navios abarrotados de escravos oriundos da região da África ocidental conhecida como Costa da Mina, mais precisamente das localidades Costa do Ouro, Costa dos Escravos e Costa do Marfim, consolidando a influência das etnias Mina, Cacheu e Bissau no território maranhense. De São Luís, saíam embarcações com expressivas quantidades de produtos agrícolas para Lisboa, destacando-se algodão e arroz, além de passageiros rumo à Europa. Nesse contexto, a capital maranhense tornou-se um dos quatro mais importantes entrepostos comerciais da nação, canalizando boa parte do fluxo de entrada de escravos e de saída de produtos das capitanias do Norte.

Já no Oitocentos, mais precisamente a partir de 1850, a dinâmica da escravidão foi alterada na província. A proibição do tráfico intercontinental de cativos e a supremacia da economia cafeeira sobre a produção de algodão e açúcar tornaram inevitável o fluxo de escravos do Norte para as províncias do Centro-Sul do país.

Como destacado, o governo da província apontou como uma das principais causas da decadência da lavoura a diminuição da mão de obra escrava. Ao longo da década de 1870, foram produzidos vários relatórios de presidentes da província que elencaram a venda de cativos para outras localidades como fator de declínio da agricultura. Em documento de maio de 1871, Augusto Olímpio Gomes de Castro afirmou que havia na província "grande ressentimento da lavoura [...], operada pela exportação de escravos para outras partes da nação". Já em setembro de 1879, Luiz de Oliveira Lins e Vasconcelos leu para a Assembleia Provincial relatório no qual afirmou que se somava às causas de declínio da lavoura "a progressiva diminuição de braços, roubados pela exportação de escravos para o Sul, sem que o seu preço venha substitui-los por qualquer forma de trabalho em que eram empregados".

Os primeiros registros de exportação de escravos do Maranhão são de 1846, porém, apenas a partir da década seguinte os comerciantes locais se dedicaram mais diretamente ao agenciamento da venda de cativos para outras províncias.

> A maioria dos escravos exportados pelo Maranhão seguia para o Rio de Janeiro, fato explicado pelo pioneirismo dessa província na produção cafeeira. Porém, a partir da década de 1860, a Província de São Paulo vivenciava o crescimento da produção de café e passou a disputar os escravos maranhenses. Outras províncias, como Pernambuco, Pará e Amazonas, também se fizeram presentes como compradoras, embora em proporção diminuta.[39]

A quantidade de escravos comercializados com outras províncias é incerta, até porque, na ânsia de se evitar a pesada tributação, nem

---

39 JACINTO, Cristiane Pinheiro dos Santos. Fazendeiros, negociantes e escravos: dinâmica e funcionamento do tráfico interprovincial de escravos no Maranhão (1846-1885). In: GALVES, Marcelo Cheche; COSTA, Yuri (Orgs.). *O Maranhão oitocentista*. 2. ed. São Luís: Editora da UEMA; Café & Lápis, 2015, p. 262-263.

todas as transações se deram dentro da legalidade exigida pelos agentes públicos de controle. Ainda assim, César Augusto Marques apontou uma estimativa a partir da estatística produzida por órgãos alfandegários e policiais da província. Para o historiador, entre 1860 e 1887, o Maranhão vendeu para outras localidades do Império o total de 15.338 cativos. Os anos de 1874 a 1879 concentraram a maior parte das vendas formalizadas, que somaram 8.490, havendo um visível decréscimo a partir de 1883, quando tais negociações tiveram praticamente seu fim.

Dessa forma, no princípio dos anos 1880 houve uma drástica diminuição do comércio interprovincial a partir do Maranhão, embora tal comercialização só viesse a ser proibida formalmente em 1885. A pesquisadora Cristiane Santos Jacinto associou o rápido definhamento do tráfico aos pesados impostos criados pelo governo provincial.

O certo é que, nas duas últimas décadas do Império, o alto preço dos cativos e o fim do abastecimento de escravos na província contribuiu para que as elites locais questionassem a manutenção do cativeiro. Para Alfredo Wagner Berno de Almeida, desde meados dos anos 1850 constou de relatórios dos chefes da província a ideia de que o sistema escravocrata representava um "empecilho ao desenvolvimento das forças produtivas", estimulando-se a colonização e a incorporação da população livre na produção agrícola. Para o mesmo autor, tal proposição ganhou força a partir de 1875, quando a elite agrícola buscou mecanismos mais bem acabados para a difusão de uma economia mais "racional", inclusive através da fundação de jornais.

Seguindo a referência alimentada pela historiografia nacional sobre o tema, os estudos que abordam a dinâmica da escravidão no Maranhão construíram uma tipologia que diferenciou o cativeiro no campo do urbano. Nessa classificação, diferentes práticas de trabalho, sociabilidade e resistência escrava caracterizam esses dois espaços.

No entanto, ainda que essa diferenciação sugira uma oposição entre o campo e a cidade no Maranhão imperial, entendo que se deva encarar com cautela tal antagonismo, sobretudo no que toca a práticas relacionadas à escravidão. Não raras vezes, tais espaços se mesclavam, tornando-se difícil sua delimitação. Por isso mesmo, a distinção campo x cidade aqui apresentada possui um propósito predominantemente didático.

No eito, os escravos foram utilizados predominantemente na grande lavoura de algodão e de arroz e, posteriormente, na cultura açucareira. Os vales dos rios Itapecuru e Mearim foram as primeiras regiões a organizar a lavoura em maior escala, sendo posteriormente implantado o trabalho escravo nas fazendas da Baixada e do litoral ocidental. Além de se constituírem na principal força de trabalho das grandes plantações, os cativos foram utilizados no campo, igualmente, para a criação de gado, pesca, produção de farinha de mandioca e cultivo de outros produtos voltados ao abastecimento do comércio local, tais como milho e feijão.

Quanto ao padrão de trabalho no eito, Josenildo Pereira tomou a produção algodoeira como parâmetro para sua descrição, já que durante muito tempo essa cultura absorveu o maior quantitativo de escravos. Até meados do Oitocentos, quando se tornou mais perceptível o declínio da produção algodoeira, predominou a mescla do plantio do algodão com o arroz, pois, além do clima ajudar na alternância dessas culturas, a palha apodrecida do arroz servia para estrumar a terra do algodoal. Registrou Pereira que cada fazenda de algodão concentrava em média cinquenta cativos, que trabalhavam em um regime que variava entre 16 e 20 horas diárias, durante seis dias e meio por semana.

Mas, para além da jornada de trabalho diária e semanal, a produtividade da grande lavoura algodoeira esteve diretamente atrelada à obediência de um calendário anual, que influenciava decisivamente a organização dos trabalhadores.

> O calendário agrícola da cultura do algodão era composto pelas seguintes atividades: em novembro, após a queimada, seguia-se a coivara, isto é, a limpeza da terra para deixá-la pronta para o plantio. No mês de dezembro, os escravos faziam o plantio, empregando uma pequena enxada para plantarem a semente de algodão e,

em consórcio, o arroz, a mandioca e o milho. Nos meses de janeiro e fevereiro, os escravos faziam a limpeza do algodoal com um sacho, por meio de capina. Em março, quebrava-se o algodão, quando necessário. Nos meses de abril e maio, batiam-se as capoeiras. O mês de junho era dedicado a outras atividades, como o corte de arroz e o fabrico de farinha. Em julho, principiava-se a roçar novas terras e no mês de agosto começava-se a colheita.[40]

Quanto à escravidão com contornos urbanos, mesmo estando presente em cidades como Alcântara e Caxias, pode-se afirmar que ela predominou na São Luís provincial, já que a capital funcionou como importante entreposto comercial, inclusive com intensa atividade portuária. Na cidade, havia escravos que se dedicavam estritamente a ocupações domésticas, porém, a maior parte dos cativos desempenhou suas atividades nas ruas do núcleo urbano. A capacidade de acumularem rendimentos para seu senhor, aliás, estava diretamente relacionada com a possibilidade de circularem pelas ruas da antiga São Luís.

Na obra *O cativeiro*, publicada em 1938, o historiador maranhense Dunshee de Abranches escreveu sobre o trabalho escravo nas ruas de São Luís nas últimas décadas do Império. Segundo o próprio autor, o relato se confunde com suas memórias de infância:

> Dia e noite labutavam rudemente, quer nos trabalhos do senhor, quer alugados para as obras públicas. O *preto da canga* [de ganho] em São Luís tinha em geral um aspecto monstruoso: forçado a carregar aos ombros toneladas e a servir de máquina de quebrar blocos enormes de cantaria, além de roído sempre pelas verminoses, tornava-se cambaio e apresentava o corpo coberto de hérnias.[41]

Reproduziu-se nas vias da capital o padrão de uso dos escravos presente, no Império, em cidades como Rio de Janeiro, Salvador

---

40 PEREIRA, Josenildo de Jesus. "Vão-se os anéis e ficam os dedos": escravidão, cotidiano e ideias abolicionistas no Maranhão do Século XIX. In: GALVES, Marcelo Cheche; COSTA, Yuri (Orgs.). *O Maranhão oitocentista*. 2. ed. São Luís: Editora da UEMA; Café & Lápis, 2015, p. 309.

41 ABRANCHES, op. cit., p. 113.

e Recife. Isso porque, regra geral, eram os cativos empregados no sistema de ganho ou de aluguel.

Escravos de aluguel ou de ganho faziam parte do cenário ludovicense. Havia, porém, uma diferença sutil entre os dois modos de trabalho: no primeiro caso, o escravo proporcionava uma renda constante ao seu senhor, ao prestar serviços a terceiros durante um determinado período; o escravo de ganho, por sua vez, somava a algumas tarefas na casa de seu proprietário as atividades remuneradas que desenvolvia na rua.[42]

Os trabalhadores de aluguel possuíam quase sempre alguma especialidade, gerando, por isso mesmo, um rendimento maior a partir de seus serviços. Eram marceneiros, ferreiros, oficiais da construção civil, marinheiros e barbeiros, dentre outras profissões. O valor de aluguel do cativo era negociado diretamente por seu proprietário.

Já o escravo de ganho circulava mais livremente pelas ruas, pois devia encontrar quem se interessasse por seu trabalho e, exatamente por essa causa, negociava ele mesmo o preço do serviço. As principais atividades desempenhadas pelos cativos "de canga", como também eram conhecidos, foram as de carregadores, estivadores e vendedores de alimentos, bem como, no caso das mulheres, cozinheiras, lavadeiras e parteiras.

Tradicionalmente, associa-se ao regime de ganho, exclusivo das cidades, uma experiência de liberdade que escapou ao arquétipo que, no campo, opunha a casa-grande à senzala, gerando uma restrita e controlada circulação de cativos no eito. Isso porque, nas ruas de centros urbanos como São Luís, os escravos de ganho trabalhavam longe dos olhos de seu senhor, o que lhes possibilitava uma maior disposição sobre sua vida, permitindo-lhes, não raramente, administrar seu tempo, recolher excedentes que superassem os valores devidos a seu proprietário e, inclusive, acessar mais facilmente meios de fuga.

---

[42] JACINTO, Cristiane Pinheiro dos Santos. *Laços e enlaces: relações de intimidade de sujeitos escravizados, São Luís, século XIX*. São Luís: Edufma: 2008, p. 51.

Regina Faria observou que, do ponto de vista material, a suposta liberdade conferida aos cativos de ganho interessava aos senhores, já que "reduzia os custos de reprodução dessa força de trabalho, ao diminuir as despesas relacionadas diretamente ao sustento dos trabalhadores [...], tendo eles que se prover de alimentação, vestuário e, muitas vezes, até de moradia".

A possibilidade de se atribuir certa padronização ao trabalho desempenhado por escravos não significa que o cativeiro foi experimentado no Maranhão sem resistências. A tensão social era inerente a um sistema de trabalho compulsório e degradante. Não por outra razão, a oposição ao cativeiro foi presença constante nessa província e encontrou distintas formas de reprodução, sempre relacionadas a peculiaridades do Maranhão imperial.

Nesse sentido, foram fatores que contribuíram para a instabilidade das relações em torno do regime servil: a superioridade numérica de cativos, se comparada à população livre; a distância e a dificuldade de acesso dos aparatos oficiais de repressão a determinadas áreas do interior da província; a relativa liberdade de circulação dos escravos nas cidades; e os vários conflitos políticos entre setores das elites. Tudo isso somado à capacidade de organização dos cativos.

A documentação policial produzida no Maranhão oitocentista registrou inúmeras fugas, levantes, incêndios e crimes violentos praticados por escravos. Os diferentes apontamentos localizados nos chamados *Livros de Registro de Crimes e Fatos Notáveis*, mantidos pela Chefatura de Polícia da capital, não apenas denotam a reiterada ocorrência desses atos, mas a preocupação das autoridades em mapear tais ações.

Exemplos de registros constantes dos referidos livros:

"Incêndio praticado por um preto escravo na Vila do Rosário" [Rosário, 1 de janeiro de 1860].

"Fuga de escravos presos na Vila de Itapecuru-Mirim" [Itapecuru, 3 de janeiro de 1860].

"Incêndio praticado por escravos na Vila de Itapecuru-Mirim, na casa de Ana Quirina de Araújo" [Itapecuru, 7 de janeiro de 1860].

"Manuel, escravo do tenente Mariano Lourenço Bezerra, tentou matar com um tiro de espingarda o seu proprietário" [Vargem Grande, 26 de fevereiro de 1865].
"O escravo Tomé assassinou seu proprietário, Vitorio Joaquim Rodrigues de Oliveira" [Grajaú, 2 de novembro de 1865].
"Foram indiciados Frederico Gonçalves e seu escravo Benedito, por cometerem homicídio contra o português Joaquim Antônio Ferreira" [São Bento, 4 de novembro de 1865].
"O preto Guilherme, escravo de Francisco Coelho Albuquerque, cometeu tentativa de homicídio contra seu proprietário" [Barra do Corda, 17 de janeiro de 1868].
"Homicídio praticado pelo escravo Aprígio, que matou seu senhor João Lázaro da Silva de forma 'horrorosa', chegando a decepar seus membros" [São Luiz Gonzaga, 12 de novembro de 1879].[43]

Para além das práticas de resistência diluídas no cotidiano, alguns momentos específicos concentraram maior tensão social. Refiro-me aos diferentes contextos de instabilidade política vividos na província da Independência até o início da década de 1870. Não coincidentemente, a Setembrada (1823), a Balaiada (1839-1841) e a Guerra do Paraguai (1865-1870) agregaram uma maior quantidade de fugas e insurreições escravas.

Sobre a Guerra do Paraguai, mais particularmente relacionada ao período investigado nesta obra, destaco que o conflito teve direta influência na desorganização do aparato de segurança da Província do Maranhão, dando vazão, inclusive, a insurreições de escravos. O recrutamento em massa de soldados, quase sempre compulsório, gerou o deslocamento de relevante contingente militar para a região da guerra, bem como considerável deserção através de fugas. De uma

---

43 MARANHÃO. Secretaria de Polícia. Chefatura de Polícia. Livro de Registro de Crimes e Fatos Notáveis. In: _____. Arquivo Público do Estado do Maranhão. *Setor de Códices*. Livro n. 2.112 (1860-1873). São Luís, 1873, fls. 54-258; e MARANHÃO. Secretaria de Polícia. Chefatura de Polícia. Livro de Registro de Crimes e Fatos Notáveis. In: _____. Arquivo Público do Estado do Maranhão. *Setor de Códices*. Livro n. 2.113 (1873-1881). São Luís, 1881, fls. 43-181.

forma ou de outra, regiões como o vale do Itapecuru e a Baixada ocidental foram expostas a um pesado clima de instabilidade. O pesquisador Flávio Gomes estimou que foram enviados do Maranhão aproximadamente 3 mil homens, muitos deles milicianos da Guarda Nacional, o que correspondia à quase totalidade da tropa de linha.

Além disso, no Maranhão provincial, houve uma estreita relação entre a formação de quilombos e a eclosão de insurreições escravas. A documentação produzida pelas autoridades dá conta não apenas de um número considerável de aquilombamentos e de sua dispersão pelo território provincial, mas também de uma intensa movimentação de pessoas entre essas formações.

Longe de se reduzirem à reunião de escravos fugidos, alguns dos quilombos do Maranhão desenvolveram uma diversificada produção agrícola e estabeleceram relações comerciais que faziam circular sua produção. Integraram-se mesmo, com certa regularidade, à malha comercial de regiões da província. Para Alfredo Wagner Berno de Almeida, a complexa organização de alguns quilombos serve para "desfazer as suposições de que se encontravam inteiramente isolados e à margem do processo produtivo, produzindo tão somente para o seu próprio consumo".

A identificação dessas características fez Flávio Gomes cunhar a expressão *campo negro*, que seria:

> Uma complexa rede social permeada por aspectos multifacetados que envolveu, em determinadas regiões do Brasil, inúmeros movimentos sociais e práticas econômicas com interesses diversos. Tal arena social foi palco de lutas e solidariedades entre as comunidades de fugitivos, cativos nas plantações e até nas áreas urbanas vizinhas, libertos, lavradores, fazendeiros, autoridades policiais e outros tantos sujeitos históricos que vivenciaram os mundos da escravidão.[44]

Sobre o tema, Gomes chamou ainda a atenção para organização, a partir de 1850, de quilombos voltados à exploração aurífera, que

---

44 GOMES, Flávio dos Santos. *Histórias de quilombolas: mocambos e comunidades de senzalas no Rio de Janeiro, século XIX*. Rio de Janeiro: Arquivo Nacional, 1995, p. 36.

se localizaram, principalmente, na parte Noroeste do Maranhão, com destaque para o vale dos rios Gurupi e Turiaçu. A proliferação desses quilombos gerou a organização de diferentes incursões militares e até mesmo a montagem de uma companhia de mineração para controlar a extração e a comercialização de ouro na região.

A identificação do quantitativo e da localização dos quilombos no Maranhão é comprometida pela diversidade de sua constituição e por uma duração não menos variada dessas formações. Vários se repartiram ou mudaram de local, sucessivas vezes, após as investidas das autoridades da província. Soma-se a isso a limitação e a parcialidade dos registros na documentação oficial, pois, predominantemente, somente dados relacionados à repressão dos quilombos eram objeto de preocupação das autoridades.

Ainda assim, sempre com base nas informações anotadas por órgãos de controle do governo, houve tentativas de mapear a geografia dos quilombos na província. Regina Faria identificou formações localizadas entre os rios Mearim e Pindaré e a fronteira com o Pará como um "desafio constante para as autoridades provinciais durante todo o Império". Alfredo Wagner Almeida anotou as seguintes localidades como mais densamente ocupadas por negros aquilombados: São Bento, São Vicente Férrer, Santa Helena, Pericumã, Vila Nova do Pinheiro, Viana e Turiaçu, dando assim especial destaque à Baixada e ao litoral ocidental. A professora Mariléia Santos Cruz, por sua vez, além das localidades indicadas por Almeida, registrou a concentração de quilombos em Itapecuru, Codó e no vale do rio Mearim, chegando a apontar, a partir da resistência ao aparato repressor da província, os quatro principais quilombos do Maranhão: "Lagoa Amarela, em Chapadinha; São Benedito do Céu, em Viana; Limoeiro e São Sebastião, no vale do Turiaçu".

Analisando a correspondência oficial expedida pela presidência da província a diferentes autoridades, sempre com ordens de intervenção em quilombos ou requisição de relatórios sobre essas ações, identifiquei na reiterada referência a incursões militares em termos ou distritos das seguintes cidades: Alcântara, Alto Mearim, Caxias,

Codó, Coroatá, Cururupu, Guimarães, Gurupi, Itapecuru-Mirim, Maracaçumé, Santa Helena, Turiaçu e Viana.

A quantidade de quilombos, sua distribuição pelo território da província e as relações estabelecidas por essas formações alimentou o medo de um levante de maiores proporções. Sobre o receio que envolveu as elites de São Luís e do sertão, assim destacou Alfredo Wagner Berno de Almeida:

> O pânico da população da capital atinha-se principalmente à ação dos escravos rebelados, enquanto que no interior da província temia-se os bandos de malfeitores, os quilombolas e os ataques dos selvagens [...]. O terror e o medo se espalhavam pelas vilas, que se tornavam presas fáceis da ação dos chamados salteadores e de grupos de pilhagem ou os chamados desordeiros do sertão. Boatos e novidades sem autores conhecidos circulavam na capital e no interior dando conta de ataques iminentes. Tais notícias muito propaladas eram muitas vezes infundadas, não obstante semearem pânico.[45]

A ameaça das insurreições de escravos encontrou seu auge na segunda metade da década de 1860, arrefecendo ao longo do decênio seguinte. Nesse contexto, o maior levante ocorreu em Viana, quando, nas palavras da pesquisadora Mundinha Araújo, nos primeiros dias de julho de 1867, "centenas de pretos aquilombados saíram dos seus refúgios e ocuparam, simultaneamente, diversas fazendas localizadas nos centros daquela comarca". Houve fugas em massa e a tomada de algumas propriedades, sendo a principal denominada Santa Bárbara. A insurreição foi liderada pelo quilombo de São Benedito do Céu, ganhando a adesão de escravos e pretos livres oriundos de outras localidades. O levante durou cerca de um mês, até ser organizado, a partir da capital e de outras cidades da Baixada, um aparato capaz de o aplacar.

De toda forma, entre o final da década de 1850 e os primeiros anos da década de 1870, houve uma organização mais sistemática de expedições oficiais para a destruição de quilombos e de mocam-

---
45 ALMEIDA, op. cit., p. 124-125.

bos no interior do Maranhão. Tais incursões se somaram a outras providências adotadas pelo governo da província, chefes de Polícia, delegados e juízes, além de envolver o esforço mais direto de fazendeiros interessados na repressão aos negros.

O governo do Maranhão buscou evitar e conter a ameaça representada pelos escravos que se insurgiram contra a ordem escravista. Manteve uma estrutura paramilitar, formada por capitães do mato e seus auxiliares, controlados pelos juízes de paz e assistidos por soldados e carcereiros, para capturar os fugitivos. Os senhores de escravos pagavam pelo serviço, mas toda a infraestrutura de pessoal era gerenciada pelo Estado. Procurou bater os quilombos, contando com a participação de fazendeiros e moradores das áreas mais afetadas, que faziam "subscrições voluntárias" para pagar as tropas.[46]

De fato, parece que as ações de prevenção e de desmantelamento dos quilombos ocuparam diferentes áreas da administração provincial, demandando a aplicação de consideráveis recursos públicos. No acervo disponível no Arquivo Público do Estado do Maranhão, referente ao período situado entre os últimos anos da década de 1840 e o final dos anos 1870, há dezenas de ofícios sobre o tema expedidos pelo presidente da província.

A correspondência referiu-se, principalmente, a consultas a autoridades policiais sobre os recursos humanos e financeiros disponíveis para localizar e destruir quilombos, ordens a delegados de política e autorizações para que milícias adentrassem nas matas em busca de quilombos e escravos fugidos, orientações a magistrados e a delegados de Polícia sobre como proceder o encarceramento de aquilombados presos em diligências oficiais, informações a autoridades locais quanto ao efetivo disponibilizado pela província para auxiliar na localização de quilombos, determinações a inspetores do Tesouro Público para pagamento de capitães do mato respon-

---

46 FARIA, Regina Helena Martins de. Escravos, livres pobres, índios e imigrantes e estrangeiros nas representações das elites do Maranhão oitocentista. In: COSTA, Wagner Cabral da (Org.). *História do Maranhão: novos estudos*. São Luís: Edufma, 2004, p. 85.

sáveis pela localização de quilombos, comunicações a autoridades do Império sobre a pacificação de localidades e acerca do quantitativo de negros aquilombados presos e solicitações de recursos do governo imperial para aplacar quilombos e prestação de contas de recursos enviados à província com essa finalidade.

A mesma documentação denota, porém, a dificuldade financeira e a pouca disponibilidade de recursos humanos para dar cabo às investidas contra quilombos. A repressão a fugas, ao ajuntamento e a atos de insurgência de escravos consistiu, aliás, em um dos capítulos do difícil processo de estruturação das instituições públicas de segurança e da Justiça no Maranhão imperial.

NAÇÃO E CONSTRUÇÃO DA JUSTIÇA

Uma vez desvinculado politicamente de Portugal, o Império do Brasil nasceu com uma demanda peculiar. A transformação da colônia em *nação* dependia de uma urgente estrutura burocrática, capaz de superar o ordenamento jurídico e as instituições lusitanas que vigoraram entre os séculos XVI e o início do século XIX.

Nesse processo, a principal referência não deixou de ser o sistema jurídico português, sobretudo o projetado a partir da reestruturação vivida por Portugal no fim do século XVIII, quando, superado o sistema de compilação das leis – produtor das chamadas *Ordenações* –, foi priorizada a simplificação das normas. Segundo o novo referencial, ao legislador não incumbiria apenas a tarefa de reunir normas esparsas, mas um ofício transformador e programático, já que consistente na própria modernização das leis.

No caso brasileiro, a constituição de normas e instituições não apontou apenas para o progresso, mas apareceu como elemento central de estabilidade e viabilidade da própria nação. Por isso mesmo, no pós-Independência, a construção de uma sólida base normativa e burocrática aparecia aos olhos das elites como atividade urgente e "grandiosa". Os mais de três séculos de colonização teriam vinculado o Brasil a um emaranhado de leis lusitanas que, após a separação política, pareciam ainda mais distantes da realidade local.

No complexo arranjo burocrático forjado ao longo do século XIX, interessa a esta pesquisa a análise da organização da Justiça no Brasil e, em específico, na Província do Maranhão. Os apontamentos seguintes darão também destaque à estruturação do Ministério Público, já que Celso Magalhães esteve vinculado, como promotor de Justiça, a essa instituição.

A América Portuguesa possuiu uma estrutura judiciária periférica e dependente das disposições do Reino de Portugal. As primeiras instituições a desempenhar sobre a Colônia algo parecido com a jurisdição, tais como os comitês e os conselhos, fundados por D. João II no final do século XV, serviram como meros órgãos de assessoramento do Rei. Até a Independência, a função jurisdicional no Brasil esteve vinculada basicamente a julgamentos de 1ª instância, mesclando-se nas capitanias funções administrativas com a atuação judicial.

No que se refere às instâncias superiores, o primeiro tribunal instalado na Colônia para julgamento de recursos foi o Tribunal da Relação da Bahia, que, inaugurado em 1609, funcionou como única corte até 1751, quando foi criada a Relação do Rio de Janeiro. A partir daí, tais casas concentraram, respectivamente, a apreciação de recursos de boa parte das comarcas do Norte e do Sul da América Portuguesa. O período final da Colônia ainda viu a criação das Relações do Maranhão (1812) e de Pernambuco (1821).

A confusão entre instituições e autoridades governamentais e judiciárias foi uma das principais heranças do período colonial recebidas pelo Império brasileiro, servindo como elemento que influenciou as características da Justiça ao longo do Oitocentos.

> Durante o período colonial, foi o sistema judicial quem mais personificou a Coroa portuguesa para os brasileiros. A Justiça possuía uma estrutura que respondia diretamente à Coroa. Quando o monarca português desejava regulamentar algum aspecto crucial da Colônia, não enviava tropas, mas um juiz dotado de amplos poderes de administração. Desde fins da Idade Média, Portugal vinha

usando os juristas e o sistema judiciário para estender e consolidar a autoridade real, primeiro na península e depois por todo o Império conquistado pelos navegadores.[47]

Em linhas gerais, o Brasil independente deu continuidade à divisão das capitanias em *comarcas*, em pequeno número durante toda a Colônia e no início do Império. As comarcas possuíam *termos*, cujas sedes eram as vilas ou cidades. Cada termo, por sua vez, estava dividido em *freguesias*, circunscrições de natureza eclesiásticas que também serviam à administração civil.

O entrelaçamento se deu tanto no âmbito da divisão administrativa das capitanias/províncias quanto na distribuição de poderes e atribuições entre as autoridades. Houve assim uma considerável concorrência entre a ação administrativa e a intervenção judicial, fazendo com que a repartição de competências nem sempre fosse clara. Nesse sentido, a Constituição do Império de 1824, sobretudo pelas nuances do Poder Moderador, perpetuou a hierarquia entre os poderes, encontrando-se o Judiciário visivelmente vinculado ao Executivo, ainda que o texto da Carta previsse formalmente a independência da Justiça.

Ao fim e ao cabo, o que restou sacrificado foi a autonomia no julgamento dos magistrados, que, seguindo a já referida tendência da América Portuguesa, desempenhavam suas funções jurisdicionais como agentes régios, executando medidas tomadas pelos órgãos superiores da administração portuguesa e garantindo o cumprimento das leis.

De toda forma, a organização da Justiça no Império dependeu da estruturação de instituições que substituíssem a anterior burocracia lusitana, com destaque para tribunais que concentrassem não apenas as decisões judiciais de última instância e a palavra final sobre a interpretação das leis, mas a própria gestão do Judiciário.

---

47 ODON, Tiago Ivo. *A linguagem penal do contrato social brasileiro: o inimigo, a guerra e a construção da ordem contra a sociedade no Brasil (1822-1890)*. Brasília: Senado Federal, 2013, p. 74.

Para suprir tal necessidade, a Constituição de 1824, art. 163, previu a criação do Supremo Tribunal de Justiça, a ser instalado na capital do Império. O órgão foi criado efetivamente em 1828, através da Lei Imperial de 18 de setembro daquele ano, reunindo durante o período monárquico a competência para julgar em última instância ações de todo o território nacional, o que, desde 1808, era atribuição da Casa de Suplicação do Brasil, também situada no Rio de Janeiro.

Além do Supremo Tribunal, a mesma Carta Política determinou a instalação de Tribunais da Relação na capital e "nas províncias em que fossem necessárias". O crescimento desses tribunais, ao menos em termos quantitativos, foi bastante tímido durante o Império, pois se somou à manutenção da Relação da Bahia, do Rio de Janeiro, do Maranhão e de Recife, criadas ainda na Colônia, tão somente a inauguração da Relação de Porto Alegre, em 1874, com competência sobre Santa Catarina e Rio Grande do Sul.

Cada Relação possuía um regimento próprio, com a previsão de atribuições, estrutura e procedimentos que se adequassem ao território sobre o qual tivesse influência. Regra geral, tais cortes funcionaram como tribunais de segunda instância, julgando recursos voluntários ou obrigatórios ("de ofício") interpostos a partir das sentenças dos juízes de direito das comarcas sob sua jurisdição. Agregaram a essa função a competência para julgar ações interpostas diretamente nesses tribunais, além de atribuições de ordem administrativa do Judiciário, inclusive o julgamento de magistrados.

Durante o Império, a primeira instância do Judiciário, como predomina até os dias atuais, funcionou como porta de entrada das ações apresentadas a magistrados que julgavam os processos de forma monocrática.

Na primeira década da Monarquia brasileira foram extintos diversos cargos e atribuições de natureza jurisdicional, moldando, grosso modo, o formato da magistratura que perdurou até a República. Nesse sentido, as Câmaras Municipais perderam boa parte do poder de jurisdição e a Justiça eclesiástica foi reduzida, basicamente, a causas de nulidade e a anotações no casamento. Além disso, cargos centrais à Justiça da Colônia foram suprimidos, como os de ouvidor de comarca, juiz de vintena e juiz de fora.

A organização da Justiça de base (primeira instância) veio principalmente a partir da esfera penal, sendo o Código Criminal de 1830 e o Código de Processo Criminal de 1832 os marcos legislativos que organizaram a estrutura e as funções jurisdicionais. Pela lei de 1832, a administração da Justiça estava dividida em comarcas, termos e distritos de paz. Na comarca havia um juiz de direito. Em cada termo, um conselho de jurados, um juiz municipal, um promotor público, um escrivão e oficiais de Justiça. Os distritos, por sua vez, eram compostos por um juiz de paz, um escrivão, inspetores de quarteirão e oficiais de Justiça.

A forma de investidura dos magistrados variou. Os juízes de paz eram leigos, ou seja, não precisavam ter formação jurídica, sendo eleitos na própria paróquia ou distrito e ali exercendo seu mandato. Os juízes municipais eram nomeados pelo governo da província, após a elaboração de lista tríplice pelas câmaras municipais, devendo ser, pela letra do Código Criminal, formados em direito, "advogados hábeis", ou ainda "outra qualquer pessoa bem-conceituada e instruída".

Já os juízes de direito eram livremente nomeados pelo Imperador entre os bacharéis formados em direito, maiores de vinte e dois anos, "bem-conceituados" e com pelo menos um ano de prática forense. A tendência, segundo o historiador Leandro Daronco, era que se tornasse juiz de direito quem tivesse exercido a atribuição de juiz municipal ou de promotor. Havia ainda os chamados juízes substitutos, que auxiliavam os juízes de direito no preparo dos processos e os substituíam em seus impedimentos.

O predomínio das instituições e das funções acima descritas não significou uma estabilidade da estrutura judiciária no Império. Ao longo do Oitocentos houve substanciais alterações quanto às atribuições dos órgãos de jurisdição e no que tange ao já referido amálgama entre as funções judiciais e administrativas. Isso porque, no decorrer do período monárquico, não foram poucas as alterações políticas que reverberaram na formatação da Justiça e na dinâmica de seu funcionamento.

A historiadora Adriana Campos entende que o período compreendido entre 1824 e 1841, quando predominou no Brasil uma magistratura leiga, formada por juízes de paz e jurados, constituiu-se em um relevante ensaio de afirmação do liberalismo político no Império. Nesse contexto, houve um intenso grau de envolvimento das elites locais na eleição desses cargos, sobretudo o de juiz de paz, que acumulava poderes jurisdicionais, policiais e administrativos. Em um período marcado por eleições indiretas e pela legitimação de uma minoria como *eleitores*, a escolha de magistrados leigos foi acessível a um maior número de cidadãos (os *votantes*) das paróquias e dos distritos, servindo como algo aproximado da participação popular.

Sobre a tendência liberal presente na atuação dos juízes de paz:

> A primeira grande reforma liberal refletiu a tendência "retalhista" com a criação, em 1827, dos juízes de paz, eleitos pela comunidade local e com poderes conciliatórios em causas com valor de até dezesseis mil réis. O principal papel desses juizados, conforme desejavam os seus idealizadores, era a resistência à concentração excessiva do poder central, uma vez que, não fazendo parte da estrutura burocrática, os juízes de paz não seriam influenciados pela política do Imperador.[48]

Além disso, ainda para Campos, a magistratura leiga representou nas primeiras décadas do Império um crescimento do autogoverno das localidades. A partir da Lei Orgânica das Câmaras, de 1º de outubro de 1828, os Juizados de Paz se tornaram mais independentes das vontades dos vereadores, deixando de ter vínculo direto com a Câmara Municipal e devendo obediência apenas às leis nacionais.

Porém, sobre esse período, a pesquisadora Miriam Dolhnikof observou que é preciso "considerar os projetos políticos que constavam da agenda, a formatação efetiva do arranjo institucional e a maneira como ele funcionou na prática". A observação serve para

---

48 CAMPOS, Adriana Pereira. *Nas barras dos tribunais: direito e escravidão no Espírito Santo do século XIX*. 2003. Tese (Doutorado em História Social) – Universidade Federal do Rio de Janeiro, Rio de Janeiro, RJ, p. 56.

os juízes de paz, que aos poucos passaram a ser objeto de preocupação compartilhada pelas elites. A relevante concentração de poderes, o alto custo das eleições e a facilidade com a qual eram cooptados pelas facções e pela corrupção, mesmo aos olhos dos grupos locais, transformaram essas autoridades em uma ameaça para a estabilidade política.

O juiz de paz seria um problema não apenas para o governo central, mas também para a política local. As facções rivais disputavam acirradamente o controle sobre o magistrado eleito e a derrotada passava a sofrer a perseguição do novo juiz. Com fama tanto de incompetentes quanto de corruptos, além de responsáveis pela intensificação dos confrontos entre as facções locais, os juízes de paz se tornaram objeto da crítica de muitos membros da elite imperial, que começaram a questionar a amplitude de seu poder.[49]

A reação conservadora na década de 1840 fez cair por terra boa parte da autonomia local na eleição dos membros da magistratura. A reforma judiciária realizada em 1841 esvaziou a maioria das atribuições dos juízes de paz, que migraram para os chefes de Polícia da província e para os delegados dos distritos policiais, incluindo a de prevenção dos crimes em geral e de manutenção da ordem pública. Dessa forma, os juízes de paz continuaram sendo eleitos, mas agora com menos atribuições.

Ainda que não seja objeto de aprofundamento nesta obra, a estruturação e o funcionamento da Polícia foi bastante relevante ao processo de consolidação das instituições e à garantia de estabilidade do Império. A importância desse aparelho adquiriu maior projeção entre 1841 e 1873, quando as autoridades policiais – hoje correspondentes à Polícia Civil – exerceram parcialmente a função jurisdicional, inclusive podendo julgar delitos mais leves.

Por outro lado, ampliou-se nesse contexto a magistratura togada, que abrangia desde os juízes municipais até os ministros do Supre-

---

49 DOLHNIKOFF, Miriam. *O pacto imperial: origens do federalismo no Brasil*. São Paulo: Globo, 2005, p. 127.

mo Tribunal de Justiça. Alterou-se, porém, a forma de nomeação dos juízes municipais e dos promotores, dispensando-se a proposta das Câmaras Municipais e exigindo-se outras condições para a investidura nessas funções.

Mas a proposta de centralização política sobre a Justiça foi bem além da forma de seleção dos magistrados.

> A reforma do Código de Processo Criminal foi aprovada, centralizando as funções da Justiça e da Polícia [...]. As medidas colocavam o aparato burocrático do Estado sob o comando direto do governo central, que conseguia lançar seus tentáculos até os cargos mais distantes, como a nomeação dos inspetores de quarteirão. Em vista de tais reformas, o governo tornou-se o administrador de conflitos que, em uma fase anterior, estavam sob o controle das elites.[50]

O efeito centralizador não eliminou por completo a inserção dos juízes no jogo político provincial. Ainda que indicados por autoridades do Império, a magistratura continuou intimamente ligada às elites locais, estando suscetível a seus interesses. A ampliação do controle pela Corte residiu no fato de os juízes profissionais, diferentemente dos leigos, terem uma formação jurídica mais homogênea e um maior conhecimento das leis do Império.

Moldadas as bases do Judiciário a partir da centralização iniciada em 1841, por pelo menos três décadas a organização da Justiça do Império e as atribuições dos juízes não sofreram maiores alterações. Substancial mudança veio, porém, com a Lei imperial nº 2.033, de 20 de setembro de 1871, cujo principal objetivo foi separar as funções policial e de jurisdição, como visto, consideravelmente emaranhadas desde o início da década de 1840.

A reforma trouxe a modificação de vários institutos jurídicos de natureza criminal, tais como a fiança, a denúncia, a prisão preventiva, o Tribunal do Júri e o *habeas corpus*. No entanto, a principal alteração veio com a criação do inquérito policial no

---

50 CAMPOS, op. cit., p. 122.

ordenamento brasileiro, que atrelou a atividade policial a uma fase de investigação antecedente ao procedimento penal conduzido pelo Poder Judiciário.

A reforma iniciada em 1871 teve também um viés institucional. Em 1873, o governo imperial editou o Decreto nº 2.342, de 6 de agosto daquele ano, regulamentando a criação de mais sete "Tribunais de Apelação" para o Império. Somados às Relações já existentes, o território nacional ficaria divido em onze distritos de Relação. Porém, como já referido, houve no período monárquico somente a criação de mais um Tribunal da Relação (Porto Alegre), sendo outras Cortes instaladas apenas a partir da República.

O reformismo estabelecido no princípio dos anos 1870 colocou em rota de colisão um projeto conservador, que defendia a manutenção da centralização do poder, e outro de cunho mais liberal, que viu na diminuição das atribuições da força policial a oportunidade de alargar as garantias individuais dos cidadãos. Nesse cenário, na opinião do jurista Paulo Macedo Garcia Neto, "os liberais defendiam a ampliação dos poderes do juiz de direito, enquanto os conservadores temiam essa ampliação, pois isso poderia significar a diminuição do controle do governo sobre as decisões".

Ao fim, o projeto conservador conseguiu predominar.

> O instituto que melhor representou a derrota do projeto liberal na reforma de 1871 foi o inquérito policial. Criado pelo decreto de novembro de 1871, o inquérito definiu a manutenção da iniciativa de ação da Polícia na instrução criminal, sem que para isso fosse necessária a intervenção judicial. Dessa forma, consolidava-se a separação entre Justiça e Polícia em termos bastante diferentes daqueles propostos pelos liberais, duplicando o processo de formação da culpa e afastando do controle judicial a legalidade dos procedimentos policiais.[51]

---

[51] GARCIA NETO, Paulo Macedo. O Poder Judiciário no crepúsculo do Império, 1871-1889. In: LOPES, José Reinaldo de Lima (Org.). *O Supremo Tribunal de Justiça do Império, 1828-1889*. São Paulo: Saraiva, 2010, p. 117.

Após a reforma de 1871, novo período de relativa estabilidade. (Re)definido o formato de atribuições do Judiciário, a preocupação dos legisladores se voltou à profissionalização e ao aprimoramento dos juízes, ainda que continuassem atrelados ao governo imperial. Na década que antecedeu o fim do Império, houve diferentes propostas legislativas, algumas convertidas em lei, cuja prioridade foi modernizar a administração da Justiça e melhorar as condições de trabalho dos magistrados. Tentou-se ainda diminuir o número de juízes municipais e substitutos, concentrando a jurisdição nos juízes de direito.

A estruturação da Justiça no Maranhão acompanhou o delineamento geral do Império. A província herdou da Colônia instituições e cargos que atrelavam a jurisdição aos interesses do governo imperial, projetados no âmbito local, principalmente, através dos ouvidores e dos juízes de fora. No caso maranhense, não foi raro o acúmulo do cargo de juiz de fora com o de procurador da Coroa e da Fazenda. Além disso, durante a maior parte do período colonial, existiu uma só comarca, que concentrou, do ponto de vista territorial, ampla jurisdição.

No período colonial, mesmo após a criação das Relações da Bahia e do Rio de Janeiro, o Maranhão e o Grão-Pará remetiam recursos judiciais às cortes lusitanas. Com a Independência brasileira, o Judiciário maranhense foi aos poucos aceitando a subordinação jurisdicional e administrativa ao governo instalado no Centro-Sul do país. O fato produziu, ao menos durante alguns anos, um fenômeno bastante estranho: a remessa de recursos a tribunais portugueses, já sem competência sobre o território brasileiro.

Isso porque, segundo o Milson Coutinho:

> Das decisões da Corte de Justiça do Maranhão caberia agravo e apelo para a Casa de Suplicação de Lisboa, e não para o Rio de Janeiro, como era de se esperar, justificando-se esse fato pelas melhores comunicações entre São Luís e Portugal por via marítima, do que entre a Província do Maranhão e a sede da Monarquia. Essa prática teve pouca duração, pois logo se viu o absurdo de tal determinação.[52]

---

52 COUTINHO, Milson. *História do Tribunal de Justiça do Maranhão: Colônia, Império, República*. São Luís: SECMA; Rio de Janeiro: Civilização Brasileira, 1982, p. 169-170.

Com a Independência e a (re)organização do ordenamento jurídico do Império a partir da década de 1820, a institucionalização do Poder Judiciário no Maranhão teve um desenvolvimento mais consistente. Entendo que essa alteração foi percebida, sobretudo, pela consolidação do Tribunal da Relação do Maranhão e pela expansão da estrutura judiciária de primeira instância.

A inauguração de um tribunal em terras maranhenses remonta ainda à última década do período colonial. Aprovada sua criação desde 1811, adquiriu a Relação do Maranhão um regimento em 1812, sendo efetivamente instalada em 4 de novembro de 1813. A Corte maranhense teve como principal objetivo diminuir a dificuldade da Justiça de abarcar todas as terras do Reino. Isso porque, como já referido, até sua criação, existia na América Portuguesa apenas dois tribunais, um na Bahia e outro no Rio de Janeiro.

A Relação do Maranhão constituiu-se enquanto órgão máximo do Judiciário provincial. Concentrou funções díspares, que abrangiam desde questões de primeira e segunda instâncias, passando pela atuação como órgão que representava judicialmente os feitos da Coroa e da Fazenda, e atingindo, inclusive, atividades hoje atribuídas ao Ministério Público estadual.

Teve o tribunal uma relevância política não apenas local, possuindo jurisdição sobre casos originários desde a Província do Pará até a do Ceará, como demonstra este trecho do regimento interno do Tribunal da Relação do Maranhão:

> Terá esta Relação da Cidade de São Luís do Maranhão a mesma graduação que tinha a antiga Relação do Rio de Janeiro [...]. Dará agravo ordinário para a Casa de Suplicação de Lisboa [...]. O distrito desta Relação do Maranhão será todo aquele que se compreende os territórios das mencionadas capitanias do Maranhão e do Pará. No mencionado distrito se compreenderão não só as comarcas do Maranhão, Piauí, Pará e Rio Negro, mas também a do Ceará Grande.[53]

---

53 CUNHA, Cleones Carvalho. *O Poder Judiciário do Maranhão: subsídios para a história do recrutamento de juízes e da organização judiciária*. São Luís: Academia Maranhense de Letras Jurídicas, 2002, p. 56.

Oito anos depois de sua instalação, perdeu a Relação do Maranhão projeção sobre o território cearense, que passou a ser atrelado à Corte instalada em Pernambuco. Ainda assim, durante todo o período monárquico, a Relação do Maranhão concentrou boa parte do Norte brasileiro sob sua influência jurisdicional.

No que tange à reorganização da Justiça de primeira instância no território maranhense, cabe apontar que, em 1840, existiam apenas oito comarcas (Pastos Bons, Alcântara, Caxias, Itapecuru-Mirim, Viana, Brejo, Guimarães e São Luís). Ao longo do século XIX, ocorreu uma constante criação de novas comarcas e a divisão de algumas já existentes.

A ampliação da magistratura buscou cumprir disposições do Código de Processo Criminal de 1832, que, em seu art. 3º, estabeleceu novas regras de organização judiciária no Brasil imperial, inclusive a obrigação do governo provincial em reordenar a jurisdição por meio da criação de novas comarcas e termos. Em 1886, já existiam 36 comarcas na província, subdivididas em dezenas de termos. Obedecendo a essa tendência, as instituições judiciárias passaram a abarcar, de fato, grande parte do território provincial, o que atesta, no mínimo, uma maior presença do aparato judicial junto aos habitantes do Maranhão.

Como antes referido, em meio ao emaranhado de órgãos, autoridades e competências que foram paulatinamente dando consistência à Justiça no Império, interessa identificar como se gestaram as funções hoje concentradas no Ministério Público, instituição ocupada por Celso Magalhães quando de sua atuação no chamado "crime da baronesa de Grajaú".

Persigo, em verdade, o histórico de atribuições que aos poucos foram ganhando corpo no ofício dos promotores, pois, durante todo o período colonial e imperial, não houve a previsão do Ministério Público como instituição autônoma, sendo tal estruturação implantada apenas na República, com a Constituição de 1934.

Do Reino de Portugal, o Brasil Colônia herdou a total confusão da Promotoria com os procuradores e advogados do Rei, existentes desde o século XII e voltados, sobretudo, à proteção do tesouro real. Inicialmente, tais funções eram delegadas para atos específicos, apenas posteriormente adquirindo um caráter permanente.

As chamadas Ordenações Manuelinas, editadas em 1521, passaram a prever a denominação "promotores de Justiça", agentes que exerciam a fiscalização da lei do Reino, sempre com estrita atenção aos negócios da Coroa, por essa época concebidos como sinônimo de interesse público. As Ordenações Filipinas, de 1603, seguiram a mesma tendência, projetando o quadro sobre todo o Brasil colonial.

O primeiro Tribunal da Relação instalado na América Portuguesa reproduziu o formato de cargos e atribuições. A Relação da Bahia, criada em 1609, era "composta de dez desembargadores e um procurador dos Feitos da Coroa e da Fazenda, que serviria também de procurador do Fisco e de promotor da Justiça junto àquela corte", conforme disposição de seu regimento interno.

A Independência brasileira e a Constituição do Império de 1824 trouxeram novos ares sobre as funções típicas de fiscalização da lei e de acusação nas ações criminais, posteriormente concentradas no Ministério Público. O Supremo Tribunal de Justiça, instalado efetivamente em 1828, era composto por um promotor, que obrigatoriamente interviria na acusação de todos os crimes. Disposição similar atingiu os tribunais da Relação. Em todas essas cortes, no entanto, a tendência continuou sendo aglutinar as atribuições da Promotoria com as da Procuradoria da Coroa e da Fazenda Real.

Na Justiça de primeira instância, a primeira norma a disciplinar a função de promotor foi a Lei imperial de 20 de setembro de 1830, que dispôs sobre abusos da liberdade de expressão em impressos e manuscritos. O texto legal previa crimes e penas, além de concentrar no júri popular a competência para julgar esses atos ilícitos. Na apuração dos crimes, conforme previsto no Código Criminal de 1830, art. 48, caberia ao promotor atuar, como acusador, nos delitos cometidos "contra o sistema monárquico, a pessoa do Imperador, as autoridades constituídas, as verdades divinas, a religião do Império, os cultos estrangeiros permitidos, a família real, a Regência, o Regente e a Assembleia Geral Legislativa".

No entanto, a inserção das atividades típicas da Promotoria no sistema judiciário do Império veio, de fato, com a edição do Código de Processo Criminal de 1832. Por certo, a lei deu um maior acabamento ao próprio cargo de promotor e à forma de sua investidura. Nesse sentido, previu em seu art. 36 que seriam promotores "os que podem ser jurados e, entre eles, serão preferidos os que forem instruídos nas leis". O art. 23 do mesmo *código, por sua vez, trouxe a seguinte previsão:* "São aptos para serem jurados todos os cidadãos que podem ser eleitores, sendo de reconhecido bom senso e probidade". Como o principal critério para a definição de eleitores era a renda, o acesso à função de promotor não dependia de qualificação jurídica, podendo inclusive ser ocupada por pessoa não letrada.

Quando exercida na Corte, a nomeação para o cargo de promotor incumbia ao Imperador e, nas províncias, aos respectivos presidentes. Inicialmente, o mandato do cargo de promotor era de três anos.

As atribuições dos promotores previstas no Código de Processo Criminal eram de órgão de acusação, garantindo o cumprimento da lei penal. Apenas nas décadas seguintes, com a edição de normas e avisos esparsos, a Promotoria passou a concentrar outras funções, atuando nas esferas civil, comercial e administrativa. Reforçou-se igualmente a atividade dos promotores como fiscais da "boa aplicação das leis do Império", além da Promotoria ganhar maior consistência institucional.

O Regulamento nº 120, de 31 de janeiro de 1842, é exemplo dessa normalização. Ao dispor sobre procedimentos em matéria criminal e policial, a norma trouxe inovações relevantes à estruturação das Promotorias de Justiça, tal como da previsão de um número mínimo de promotores por comarca, de que os promotores devessem ser indicados, preferencialmente, entre bacharéis e de que a investidura nesse cargo se daria por tempo indefinido.

Houve ainda a reforma operada pela já citada Lei imperial nº 2.033, de 20 de setembro de 1871, regulamentada pelo Decreto nº

4.824, de 22 de novembro do mesmo ano. Tais normas refinaram a atuação dos promotores em ações consideradas de interesse público, inclusive tornando obrigatória a presença dessa autoridade nas diferentes fases do processo judicial.

Mesmo com a ampliação de suas atribuições e a melhoria das condições de trabalho, os promotores permaneceram sofrendo direta ingerência de outras autoridades. No Supremo Tribunal e nas Relações, a Promotoria continuou mesclada com as funções de procuradores da Corte e da Fazenda, sendo exercida por juízes, no caso, ministros ou desembargadores. Na jurisdição de base, além da livre indicação e destituição pelo governo imperial ou provincial, os promotores ficavam hierarquicamente vinculados aos juízes municipais e de direito, que não raro os indicavam para a prática de atos específicos (*ad hoc*).

Com efeito, nem promotores nem juízes gozavam de uma real independência no exercício de suas funções. A disposição das nomeações, demissões, remoções e promoções de magistrados pelas autoridades governamentais era, por si só, um catalizador da ingerência sobre as atividades jurisdicional e de acusação. Além disso, o Poder Moderador e suas ramificações na administração provincial tornavam os juízes e promotores representantes dos interesses da Corte nas comarcas e termos judiciários.

A própria atividade finalística dos juízes, ou seja, a jurisdição, poderia ser controlada pelas autoridades da província de forma explícita. Nesse sentido, Lenine Nequete lembra do Aviso de 25 de janeiro de 1868, através do qual se interpretou o Decreto nº 328, de 8 de outubro de 1842, confirmando que não feria a independência dos magistrados a previsão de que os presidentes de província pudessem deles exigir informações, inclusive sobre atos de natureza judicial.

Se a influência dos interesses do governo fazia eco na atividade dos juízes, muito mais ingerência tinha sobre os promotores de Justiça. Distribuídas nas comarcas e termos, as Promotorias funcionaram como uma delegação do governo provincial, sendo provocadas a atuar nas mais diferentes atividades, algumas delas destoantes das atribuições que a lei atrelava ao ofício de promotor.

Atestam a afirmação ofícios expedidos pela presidência da Província do Maranhão a promotores na segunda metade do Oitocentos. Do acervo disponível no Arquivo Público do Estado, constam dezenas de correspondências que demonstram o grau de comando do governo provincial sobre aqueles agentes. São expedientes que requisitaram relatórios sobre a atuação dessas autoridades em casos "de interesse da província" ou que ordenaram o refazimento de relatórios antes produzidos.

Por outro lado, em igual número foram os ofícios que adentraram na própria função dos promotores "para o bem cumprimento de seus deveres", exigindo a celeridade na atuação, chamando a atenção para procedimentos "malsucedidos", orientando-os a redefinir a forma de apuração de crimes e mesmo ordenando o desfazimento de atos.

De uma forma ou de outra, na segunda metade do século XIX, a Justiça do Império se encontrava, ao menos formalmente, bem estruturada, tendo os promotores, igualmente, uma maior presença em ações judiciais e um rol de atribuições definidas.

O Maranhão acompanhou essa tendência. A existência de um Tribunal da Relação com influência sobre extenso território do Norte imperial, a criação de comarcas e termos que abrangiam boa parte da província e a estruturação de cargos e funções judiciárias deu nova dinâmica ao sistema periférico que marcou a Justiça maranhense até então.

Foi nesse ambiente que a elite política maranhense direcionou parte da estrutura judiciária ao julgamento de Ana Rosa Viana Ribeiro, acusada de assassinar uma criança escrava. Ocupando o cargo de promotor estava Celso Magalhães.

No entanto, a dinâmica do processo judicial esteve muito além do cumprimento de atos e ritos previstos na legislação, envolvendo personagens e grupos políticos protagonistas (e antagonistas entre si) no Maranhão do século XIX.

II - O PODER E SEU ESPETÁCULO

Lançai os olhos derredor de vós, e admirai o espetáculo que se vos oferece.

João Francisco Lisboa

POLÍTICA NO IMPÉRIO

O IMPÉRIO DA POLÍTICA

A política no Brasil oitocentista possuiu diferentes modos de reprodução, como variados foram também os espaços e os agentes de circulação do poder. Algo, porém, parece incontestável: sua dinâmica se fez com contornos marcadamente elitistas, procurando excluir a maior parte da sociedade e orbitando instituições e agrupamentos privilegiados. Daí a necessidade de se entender os fatores de construção e de manutenção do poder das elites nesse contexto.

A crítica aos elementos de reprodução das elites depende de um exercício teórico cauteloso. Para Pierre Bourdieu, a análise das condições de afirmação desses grupos não pode ser reducionista. Deve, por um lado, levar a sério a noção de estrutura social e as posições ocupadas pelas *classes sociais* nessa estrutura, permitindo um olhar sistemático do fenômeno.

O conceito de *classe social* em Bourdieu, sobretudo em seus escritos da década de 1970, procurou dar conta de um fenômeno bem mais amplo do que a noção de agrupamento político ou de elite. A utilização da categoria possui uma finalidade conceitual e metodológica peculiar à presente obra. Procuro compreender como Bourdieu tentou estabelecer critérios de identificação das classes a partir da condição e do posicionamento desses agrupamentos em sociedade, possibilitando o diálogo com uma reflexão teórica que inscreveu seu percurso sem cair nos extremos do estruturalismo ou da autonomia do indivíduo.

O exercício teórico de crítica das elites, por outro lado, não pode deixar a perspectiva estruturalista convergir para uma concepção estanque ou homogênea dos indivíduos e grupos sociais. As classes sociais não se reduzem a uma condição de existência que basta em si mesma, uma vez que são (re)produzidas através da relação com elementos que com ela interagem. Assim, se, por um lado, Bourdieu fez referência à "integração da classe em uma estrutura", por outro, não deixou de destacar que a classe pode ocupar "posições sociais estruturalmente diferentes". Há variações de estrutura social em cada local, por isso mesmo mudam também os critérios de identificação dos agrupamentos.

No estudo das elites, o pesquisador deve então ir em busca de "formas e processos comuns", que darão sistematicidade e coerência a sua análise, porém, tendo cautela com o perigo do reducionismo, quase sempre travestido de "universalismos abstratos e vazios".

Um cuidado especial se deve ter quanto à redução das classes sociais a sua base material. Para Bourdieu, apesar do elemento econômico ser protagonista, não se pode esquecer o sistema simbólico em torno do qual ascendem e se perpetuam os grupos sociais, sobretudo ao se tratar das elites, que concentram na ideia de prestígio social um dos principais fatores de afirmação e de distinção.

Sobre a visão dinâmica e multifacetada das classes sociais, que potencializa a análise do indivíduo *na* classe, assim registrou o sociólogo:

> Uma classe social nunca é definida somente por sua situação e por sua posição numa estrutura social, isto é, pelas relações que elas mantêm objetivamente com as outras classes sociais; ela deve tam-

bém muitas de suas propriedades ao fato de que os indivíduos que a compõem entram deliberadamente ou objetivamente em relações simbólicas que, expressando as diferenças de situação e de posição segundo uma lógica sistemática, tendem a transmutá-las em *distinções significantes*. A independência relativa do sistema de atos e de procedimentos expressivos ou, se for preferível, de *marcas de distinção*, graças às quais os sujeitos sociais exprimem e, ao mesmo tempo, constituem, para eles mesmos e para os outros, sua posição na estrutura social e a relação que eles mantêm com essa posição, realizando uma duplicação expressiva dos "valores" (no sentido dos linguistas) necessariamente ligados à posição de classe, autoriza a autonomização metodológica de uma ordem propriamente cultural.[54]

Independentemente da fluidez conceitual aqui destacada, a busca por elementos que auxiliem na análise da composição e da dinâmica das elites é algo extremamente relevante ao historiador, sobretudo em pesquisas que tenham como objeto de estudo grupos sociais privilegiados. Assim, cabe ao investigador identificar elementos que possam servir para a definição das elites dentro de determinada sociedade e em um dado contexto histórico.

Tendo isso em perspectiva, utilizo alguns apontamentos do professor Flávio M. Heinz para identificar fatores de definição da elite do ponto de vista conceitual. Procuro, assim, destacar elementos que fazem de um grupo uma elite.

Nos comentários sobre o conceito de elite que trabalha em *O historiador e as elites,* Heinz apontou como um dos elementos de identificação desse grupo o fato de se constituir como minoritário, localizado em uma dada sociedade e em um contexto histórico, bem como que detém privilégios decorrentes de qualidades valorizadas nesse ambiente. Tais qualidades são bastante variáveis, podendo ter um caráter mais "natural", a exemplo da etnia ou da ascendência, ou adquirido, como a ocupação ou o mérito.

---

54 BOURDIEU, Pierre. Condição de classe e posição de classe. In: AGUIAR, Neuma (Org.). *Hierarquias em classes.* Rio de Janeiro: Zahar, 1974, p. 63-64.

Dessa forma, dois dos principais elementos identificadores de uma elite seriam o local de destaque em sociedade e o domínio/posse de atributos positivamente valorados na comunidade e disponíveis a uma minoria. Assim, seriam as elites "grupos de indivíduos que ocupam posições-chave em uma sociedade e que dispõem de poderes, de influência e de privilégios inacessíveis ao conjunto de seus membros".

A definição de uma elite exige, ainda, a análise das relações de poder que consolidam e perpetuam seus privilégios e, igualmente, do processo de seleção social que possibilita a posição dominante de uma minoria. Daí porque, ainda para Heinz, o estudo das elites deve passar pelo entendimento dos "espaços e dos mecanismos do poder desse grupo".

Entendo que as observações teórico-conceituais acima apresentadas contribuem para a análise das elites brasileiras do século XIX.

Em nossa historiografia sobre o tema, mesmo aqueles pesquisadores que se esforçaram em localizar elementos de aproximação das elites tiveram que se render aos riscos da homogeneização teórica, reconhecendo limites na análise da definição desses grupos.

Na substancial descrição que fez da elite política imperial em *A construção da ordem*, o historiador José Murilo de Carvalho buscou analisar elementos de unificação desse grupo, ou seja, aspectos que estabeleciam uma aproximação entre os sujeitos históricos protagonistas da política brasileira daquele contexto, identificando-os enquanto círculo de poder.

Em linhas gerais, para Carvalho, seriam três os elementos que possibilitam falar em uma elite política imperial:

(i) a educação superior, que fazia com que as elites compusessem "uma ilha de letrados num mar de analfabetos";

(ii) a ocupação, principalmente de profissões que pudessem homogeneizar valores, treinamentos e interesses das elites; e

(iii) o desenvolvimento de longas carreiras políticas, marcadas pela circulação geográfica, que garantiam a movimentação de administradores entre cargos e regiões do Império.

Dessa forma, no quadro que descreveu das elites, Carvalho destacou a educação e a ocupação como relevantes critérios de identificação da minoria política que contribuiu para a organização do Estado nacional pós-Independência. Além disso, os vínculos criados pela origem social, pela formação e pela ideologia comum às elites serviram como elementos de aproximação dos agrupamentos, a garantir a perpetuação de interesses similares e a manutenção das condições de reprodução das elites.

As elites do Oitocentos buscaram estratégias que lhes conservassem em um sistema político carente de estabilidade e passível de ruína a qualquer momento. Um desses elementos, ainda segundo Carvalho, foi a construção de longas carreiras públicas: "Fazendo com que a elite como um todo pudesse acumular vasta experiência no governo, o Império reviveu a velha prática portuguesa de fazer circular seus administradores por vários postos e regiões".

A historiadora Adriana Campos concorda ter sido central, como fator de agregação das elites, o estabelecimento de uma burocracia e a consolidação de longas carreiras. A (re)organização do Estado após a Independência do Brasil, sobretudo por meio de uma malha burocrática que possibilitou a reprodução de elementos caros à aristocracia, como a escravidão e a estrutura fundiária, exigiu a composição de uma elite de natureza eminentemente política. Para Campos, "em razão da complexa situação da camada dirigente brasileira, que nem sempre era oriunda dos setores dominantes da economia, a ação política realizava-se com alguma autonomia, mas o limite estava na unidade em torno de algumas bases, como a manutenção da escravidão".

Foi nesse cenário que a construção, a manutenção e a ampliação de vínculos entre as elites passaram a ser fator de acesso a posições politicamente dominantes e à ocupação de cargos públicos. O pertencimento a determinados círculos familiares tornou-se uma qualidade natural (descendência de uma família) ou adquirida (agregação a um grupo familiar) valorizada socialmente e capaz de inserir o indivíduo em redes de privilégios e de favorecimentos.

Uma das mais relevantes análises da dinâmica política do Brasil imperial a partir dos vínculos entre as elites foi desenvolvida pelo historiador Richard Graham. Em *Clientelismo e política no Brasil do séc. XIX*, o autor investigou a forma como a concessão de proteção e cargos oficiais em troca de lealdade política e pessoal funcionou para satisfazer os interesses do grupo denominado pelo autor como *elite social*.

Em sua análise, Graham utilizou a categoria *clientelismo* para estudar a trama de relações políticas que, nos âmbitos local e nacional, era construída numa longa duração, tendo como base relacionamentos familiares e interpessoais. A denominação *clientelismo* se deve à crença de Graham de que havia o predomínio de uma relação patrão x cliente. Grosso modo, os clientes eram aqueles que dependiam de seu chefe e, em retribuição, prestavam-lhe lealdade. Nesse sentido, clientelismo significava "tanto o preenchimento de cargos governamentais quanto a proteção de pessoas humildes".

Uma das principais bases do clientelismo foi a lealdade, que se corporificava na fidelidade do voto e que, por isso mesmo, não decorria necessariamente de interesses econômicos, mas de uma espécie de poder simbólico exercido pelos "homens de confiança", ou seja, pelas lideranças locais. As diretrizes da organização social brasileira, para Graham, encontraram sustentação na troca de proteção por lealdade e de benefícios por obediência.

Não por outra razão, a estrutura social do poder no século XIX teve na família um dos instrumentos mais eficientes de reprodução das hierarquias, ainda mais quando pensada a partir do papel exercido pelas lideranças locais.

Daí porque Graham denominou essa estrutura social de *paradigma familiar*. Sobre a extensão da família no Brasil oitocentista, o historiador observou que a unidade familiar ia muito além do pai, da mãe e dos filhos: "A proteção em troca de lealdade, imposta pelos vínculos familiares, estendia-se primeiramente a uma ampla gama de relacionamentos consanguíneos e, em seguida, a um número igualmente grande de ligações por meio do casamento". Além disso, na definição dos limites da família, as relações por compadrio eram igualmente relevantes.

Para o autor, a unidade doméstica era condutora da relativa estabilidade política alcançada pelo clientelismo, sobretudo através da garantia de que poucos se revezassem no poder, fazendo circular entre si os mesmos cargos.

> As famílias representavam importante fonte de capital político. Naturalmente, como em outros lugares, elas dedicavam-se a aumentar sua propriedade e, ao longo de várias gerações sucessivas, famílias bem-sucedidas acumularam recursos significativos. Os vínculos que levavam homens a cargos oficiais e ao domínio local constituíam parte importante desses recursos e, através da política, famílias lutavam para preservá-los, muitas vezes contra outras famílias.[55]

De forma similar, em estudo comparado feito pelos historiadores norte-americanos Joseph Love e Bert Barickman, cujo objeto foram as elites de São Paulo, Minas Gerais e Pernambuco no último quartel do século XIX, reconheceu-se serem os laços familiares fator de coesão e de fortalecimento da elite econômica dessas localidades. Partindo de uma análise de cunho mais quantitativo, chegaram os autores a apresentar o percentual de cargos ocupados através desses vínculos, afirmando que:

> Laços familiares eram um importante elemento que mantinha próximas as elites. Dois quintos do total possuíam parentes na elite do mesmo estado [...]. Os níveis superiores de liderança parecem apresentar maiores ligações familiares, 81% dos governadores possuíam laços de parentesco com outros membros da elite, comparados com apenas 46% dos não-governadores.[56]

Ainda que comportem variações, ponto comum nessas interpretações é o fato de a família ter funcionado como uma espécie de

---

55 GRAHAM, Richard. *Clientelismo e política no Brasil do século XIX*. Rio de Janeiro, UFRJ, 1997, p. 35.
56 LOVE, Joseph L.; BARICKMAN, Bert J. Elites regionais. In: HEINZ, Flávio M. (Org.). *Por outra história das elites*. Rio de Janeiro: FGV, 2006, p. 85.

microcosmo do Estado, reproduzindo a máxima da obediência e da deferência como fatores de troca por redes de proteção. Inquestionavelmente, a unidade familiar alimentou o clientelismo e desembocou nos vínculos de dependência e no fortalecimento de uma sociedade hierarquizada.

Mas a política no Império precisou de esferas institucionais para circular, possibilitando que os agrupamentos alcançassem a formalidade necessária à afirmação de sua hegemonia. Em grande medida, os partidos políticos tiveram essa função. Embora seja difícil eleger critérios para a distinção dos partidos no Oitocentos, a análise de José Murilo de Carvalho auxilia na percepção de algumas características dessas agremiações.

Carvalho reconhece não haver consenso em nossa historiografia quanto às origens sociais e à ideologia dos partidos no Império. Ainda assim, entende ter existido uma tendência majoritária que guiou tais elementos. Para o autor, de fato, seria difícil perceber uma diferença substancial entre os partidos Conservador e Liberal, já que tais grupos desenvolveram embates predominantemente retóricos, não tendo a capacidade de dar vazão, organicamente, a algum interesse de classe mais bem definido. Em outras palavras, ainda que, a depender do momento e do local, predominassem ruralistas, escravocratas, comerciantes, burocratas ou profissionais liberais nos agrupamentos, os partidos não desenvolveram um projeto concreto e coerente com os interesses por eles representados.

Prova disso é que o Partido Conservador nunca teve um programa governamental formalizado, enquanto os liberais, apesar de publicarem algumas diretrizes de atuação na segunda metade da década de 1860, concentraram-se, nessa ocasião, não na ideologia do partido, mas no debate de questões pontuais interessantes naquele momento, como a legislação eleitoral, a abolição do tráfico de escravos e a Lei de Terras.

A inexistência de um consenso intrapartidário com relação às reformas sociais em debate no Império, sobretudo as de ordem burocrática, fundiária e abolicionista, foi outro elemento a demonstrar o que Carvalho denominou de "natureza complexa" desses grupos, cada um abrigando setores progressistas e reacionários das elites.

Quanto aos partidos em si, Carvalho anotou que a maior parte do período monárquico conheceu duas principais agremiações, os já referidos partidos Liberal e Conservador. Como exceções a essa regra, o Partido Progressista surgiu, em 1864, na forma de um ensaio de dissidentes liberais e conservadores, encontrando-se extinto já em 1868, bem como forjou-se o Partido Republicano, inaugurado em 1870 e paulatinamente hegemônico até a mudança do sistema político nacional, em 1889.

As relações de poder desenvolvidas pelas elites no Maranhão seguiram contornos similares. Estiveram inseridas em uma dinâmica que não se diferenciou de outras áreas politicamente periféricas do Império, inexistindo em terras maranhenses um sistema apartado de circulação do poder. A política "local" integrou, nutriu-se e ao mesmo tempo alimentou a Corte, sem, contudo, deixar de atender a interesses particulares.

No Maranhão, a estrutura oligárquica desenvolvida desde o período colonial gravitou igualmente em torno da influência da família, das relações clientelistas e da organização de facções. Ainda de forma similar aos estudos historiográficos que analisaram o cenário político mais geral do Império, nessa província, os elementos de coesão das elites se relacionaram também com a formação, a ocupação e a ideologia dos membros das castas.

Uma observação. O uso do termo *facção* como sinônimo de agrupamento político no Brasil do Oitocentos, além de ser expressão relativamente usual naquele contexto, talvez seja mais adequado para dar conta de círculos de poder não alcançados pelos partidos formalmente constituídos. As facções eram grupos forjados pela influência política de famílias em torno das quais orbitavam a política local e regional no Império. Por outro lado, não foi raro, sobretudo a partir de meados do Oitocentos, o uso pejorativo da expressão, indicando um "faccionado" como alguém pertencente a agrupamento tendente à quebra da ordem pública ou mesmo à execução de crimes. Esse último uso talvez se aproxime da atual maneira com a qual se emprega a expressão, eminentemente relacionada a grupos criminosos.

Parece ser aplicável ainda ao Maranhão a interpretação de Graham de que a dinâmica intraelites adquiriu contornos peculiares em meados do Oitocentos. Nesse momento, as instituições políticas brasileiras encontraram relativa solidez graças à construção de um sistema de reprodução das elites no qual, independentemente da alternância de líderes locais no poder, foi possível a manutenção da ordem estabelecida.

Não por outra razão, o cientista político Flávio Reis afirmou que a década de 1850 funcionou como uma espécie de divisor de águas no Maranhão, no sentido de conferir certa estabilidade à política provincial, bem como que, antes disso, a dinâmica política esteve pautada no revanchismo entre os grupos familiares e seus séquitos, carecendo de maiores contornos institucionais. Nesse sentido, até meados do século XIX, a política maranhense seria marcada por

> lutas entre famílias, que os historiadores regionais registraram como confrontos entre "cabanos", sustentados principalmente por comerciantes portugueses e famílias que se alinhavam às posições dos políticos "conservadores" do cenário nacional, e "bem-te-vis", formados pelas famílias que lutaram a favor da Independência e intelectuais identificados com os "liberais" da Corte.[57]

Na interpretação de Reis, até a metade do Oitocentos o cenário político foi marcado por uma rivalidade extrema entre os grupos, corporificados em unidades familiares que, por gerações sucessivas, mantinham sua hegemonia por meio da fragilização ou eliminação de seus desafetos. Em especial, as décadas de 1820 a 1840 experimentaram esse extremismo, pois, entre os conflitos pela adesão da província à Independência (1824-1828) e o final da Balaiada (1839-1841), escancarou-se a "convulsão política local".

---

[57] REIS, Flávio. *Grupos políticos e estrutura oligárquica no Maranhão*. São Luís [s.n.], 2007, p. 52.

A partir da metade do século XIX, como se verá mais profundamente adiante, o enquadramento das facções no cenário político regional ganhou novos contornos. Se antes da Balaiada os grupos tinham seus poderes circunscritos aos locais de sua atividade econômica, o espaço político no qual as famílias procuraram se projetar passou a ser bem mais institucional, tendo vazão, sobretudo, nas disputas por cargos públicos. Como estratégia de exercício do poder, as lideranças voltaram sua atenção para a organização de grupos responsáveis pela ocupação do aparato burocrático do Estado.

Na visão do jornalista João Francisco Lisboa, o contexto foi marcado pela progressiva profissionalização das elites. A incorporação à burocracia estatal passou a ser não somente uma alternativa de renda e uma via de ascensão social, convertendo-se numa eficiente maneira de as facções dominarem a circulação do poder e eliminarem seus adversários.

> Indivíduos há que abrem mão de suas profissões, deixam ao desamparo as suas fazendas, desleixam o seu comércio e se plantam na capital anos inteiros à espera de um cargo [...]. Mas nem por que alcancem a primeira pretensão, se dão por pagos e satisfeitos, antes aspiram logo a outra posição melhor; e sempre inquietos e atidos à novidade, persuadidos que só as intrigas políticas, e não o mérito é que dão acesso na carreira.[58]

Reproduziu-se, no Maranhão, o bacharelismo herdeiro da burocracia de modelo pombalino, havendo aos poucos o predomínio dos bacharéis na vida política e cultural da província, os quais, como regra, circulavam pelos mesmos postos de poder. Segundo Almeida:

> No que corresponde a tais administradores [...], cabe acentuar não apenas o seu intenso revezamento no cargo, mas também a sua breve permanência nele. Há governantes que ficam meses, outros semanas e, na oportunidade de produzir e apresentar seus rela-

---

58 LISBOA, João Francisco. (1852-1854) *Jornal de Timon: eleições na antiguidade, eleições na Idade Média, eleições na Roma Católica, Inglaterra, Estados Unidos, França, Turquia, partidos e eleições no Maranhão.* Brasília: Senado Federal, 2004, p. 244.

tórios alguns datam de apenas dias na Província do Maranhão. A advertência prévia de que o tempo de permanência no cargo é curto configura-se num lugar comum gravado nos primeiros parágrafos dos documentos.[59]

Apesar das várias coincidências, não se pode tomar a política no Maranhão oitocentista como mero produto de um modelo irradiado a partir da Corte e servível às diferentes regiões do Império. A transposição simplificaria a complexidade histórica do período. Por outro lado, inverídico seria defender uma autonomia da política local em face a nuances mais gerais do poder no Brasil. Se a relação entre centro e periferia não se reduziu ao antagonismo, também não se restringiu à cooptação. Os extremos não servem, pois o processo foi bem mais complexo.

ESCALAS DE PODER: A RELAÇÃO CENTRO-PERIFERIA

A unidade territorial do Império adquiriu certa estabilidade somente após três décadas de Independência. A coesão política entre as províncias, entretanto, permaneceu frágil ao longo de todo o período monárquico e se fez no terreno arenoso das tensas relações entre múltiplas elites regionais e a Corte do Centro-Sul do país. O amálgama político do Império dependeu, em grande parte, de um dinâmico e instável jogo de negociações.

O fim do Período Regencial inaugurou uma organização política baseada na intensa relação entre centro e periferia. As práticas federalistas ensaiadas com o Ato Adicional de 1834, muito embora posteriormente atingidas pelo recrudescimento da política centralizadora adotada a partir de 1837, consolidaram os interesses das elites regionais como elemento a ser observado pela administração central do Império. A partir daí, o arranjo político-institucional

---

59 ALMEIDA, op. cit., 2008, p. 62.

sustentou sua engrenagem na difícil conciliação entre a afirmação do poder da Corte e a vazão aos interesses das elites provinciais.

Com efeito, para a pesquisadora Miriam Dolhnikoff, mesmo no auge da proposta inaugurada com o Ato de 1834, houve uma preocupação em afirmar o poder central como contrapeso ao liberalismo, demonstrando a consciência de que a ampla autonomia das províncias implicaria o próprio esfacelamento do Império.

> A uniformidade do Império dependia dos delegados do governo central em cada província. As reformas liberais impuseram um modelo que previa a autonomia provincial, mas com o cuidado de não colocar em risco a integridade territorial. Daí a manutenção pelos liberais de um delegado do governo central na província. A autonomia provincial teria que conviver com um agente do governo central capaz de garantir a integração entre as províncias, dirigida pelo Estado, condição para articular autonomia e unidade, elemento essencial da proposta liberal federativa.[60]

A tese de Dolhnikoff é de que o referido arranjo atravessou toda a Monarquia e estabeleceu as bases da unidade nacional e de consolidação do Estado. Nesse sentido, a organização política e institucional brasileira no Oitocentos se deu sob influência de um embate entre unidade e autonomia que extrapolou o aspecto territorial (unidade geográfica) e se projetou sobre diferentes dimensões da vida político-organizacional da nação. Ainda que o federalismo não tenha sido hegemônico antes da República, introduziu elementos capazes de condicionar o funcionamento do Império à atenção aos interesses das províncias. É o que a historiadora Maria de Fátima Gouvêa denominou de "arranjos políticos", derivados de "uma grande variedade de conflitos e de tensões no interior das diversas províncias".

A crítica aos atores políticos regionais e à sua capacidade de atuação, ainda que deva sopesar as particularidades de cada província, não pode deixar de lado a influência do poder central, sobretudo através dos mecanismos institucionais de condensação política.

---

60 DOLHNIKOFF, op. cit., p. 115.

Pensando a política nacional a partir do Maranhão, Flávio Reis apontou alguns dos marcos que tornaram visíveis, nas primeiras décadas do Segundo Reinado, a influência centralizadora da Corte: a Lei de Interpretação do Ato Adicional (1840), a Reforma do Código de Processo Penal (1841) e a Reforma da Guarda Nacional (1850). Isso porque:

> As assembleias provinciais perderam atribuições para a Câmara Geral e o controle das nomeações para a maioria dos cargos públicos voltou à alçada ministerial. A Justiça e a Polícia foram unificadas e organizadas centralizadamente, com o esvaziamento dos poderes dos juízes de paz locais. A Guarda Nacional diluiu suas características iniciais de autonomia, ficando as nomeações a cargo do ministro da Justiça e dos presidentes de província, afastando-se também o sistema eletivo interno na escolha de lideranças. De uma forma geral, essas medidas diminuíram o raio de independência das chefias locais frente ao governo central e fortaleceram o papel das lideranças regionais com trânsito na Câmara Geral e nos ministérios.[61]

No entanto, a proposta centralizadora se irradiou de maneira disforme e encontrou fortes condicionantes nas províncias. Se, por um lado, não havia uma necessária oposição entre os interesses regionais e os da Corte, por outro, os mecanismos de centralização foram amortecidos pela elite política provincial.

O jogo político se deu em escalas, e não apenas em dois níveis. Somaram-se aos poderes central (Corte) e regional (províncias) uma série de outras esferas da política local. A viabilidade do arranjo dependeu da capacidade das elites de, em diferentes gradações, projetar seus interesses sobre outras elites, numa dinâmica de justaposições que, ao fim e ao cabo, concordava em fazer com que a engrenagem maior do Império não ruísse.

Reis exemplificou este escalonamento quando escreveu que:

> Na esfera regional, os políticos efetuavam a troca de nomeações, verbas e favores pelo apoio dos núcleos de poder municipais; enquanto facilidades fiscais particularizadas ou, em menor medida, setoriza-

---

[61] REIS, op. cit., p. 49-50.

das, eram permutadas pelo financiamento da dívida pública com os grandes comerciantes da capital. Na esfera nacional, os líderes regionais estabeleciam o vínculo entre a província e o governo central, numa relação que envolvia o acesso aos cargos, o trânsito junto à burocracia dos ministérios e ocasionais auxílios financeiros.[62]

Nesse cenário, as lideranças locais exerceram um papel fundamental, pois a articulação política era (re)produzida por meio de redes de dependência nutridas por facções. O líder media sua influência política pela capacidade de se apresentar como protetor, angariando seguidores que com ele estabeleciam vínculos de lealdade.

Daí porque o entendimento da dinâmica política do Império depende, em grande parte, do estudo de suas "extremidades", da trama desenvolvida em nível local e de seus mecanismos de diálogo ou de resistência com relação ao poder central. Richard Graham chegou a falar na existência de "dois níveis" da política clientelista, um local e um nacional, os quais não devem ser investigados em separado.

Entendo que a política desenvolvida na Província do Maranhão pode ser integrada a essa dinâmica. A rarefeita estabilidade aqui construída dependeu da capacidade das elites locais de, em um constante jogo de aproximação e repulsa com a Corte imperial, digladiarem-se sem solapar a ordem e os valores consensualmente perseguidos pelas elites, tais como a estrutura fundiária e o escravismo.

Ao longo do Império, uma das preocupações centrais dos grupos políticos no Maranhão foi construir sua hegemonia regional por meio da relação com as esferas de poder no Centro-Sul. Na corrosiva crítica que fez a tal política, João Francisco Lisboa destacou a tendência dos partidos em apoiarem a Corte, apenas encontrando razões para a criticar quando não possuíam outro recurso para sua reprodução. Nesse quadro, as facções desenvolviam um estranho e mesmo cômico teatro de subserviências, tendo como principal palco de encenação a fidelidade à Coroa.

---

62 Ibidem, p. 50.

> Em geral os nossos partidos têm sido favoráveis ao governo central, e só lhe declaram guerra, quando de todo perdem a esperança de obter o seu apoio, contra os partidos adversos que mais hábeis ou mais felizes souberam acareá-lo para si. Desta quase universal pretensão e dura necessidade de agradar ao governo resultam às vezes as situações mais embaraçosas, complicadas, cômicas e risíveis. Os pobres chefes fazem os mais estupendos esforços, dão saltos mortais, equilibram-se nos ares, e inventam uma algaravia vaga e banal com que possam, conciliando o passado com o presente, mascarar a infâmia da sua apostasia, e a humilhação da sua subserviência.[63]

Na complexa relação política com a Corte, o posto mais cobiçado era certamente o de presidente da província. A indicação ao cargo decorria diretamente do exercício do Poder Moderador, por isso mesmo atrelando-se a um intenso processo de articulação regional com as representações dos partidos em âmbito nacional. No texto da Constituição de 1824, mais precisamente em seu art. 165: "Haverá em cada província um presidente, nomeado pelo Imperador, que poderá remover quando entender que assim convém ao bom serviço do Estado".

A rotatividade na direção da província indicava a descontinuidade do jogo de forças. Nesse sentido, o historiador Flávio dos Santos Gomes observou que, apenas no Segundo Reinado, com 49 anos de duração, o Maranhão teve 43 presidentes, sem contar que mais de 40 assumiram o posto de forma interina.

A pluralidade de facções políticas dificultou a construção de uma estabilidade no processo de aproximação com a Corte. Sobretudo até a década de 1850, os agrupamentos possuíam líderes efêmeros e o ritmo da alternância dos grupos no poder era tão intenso quanto a fluidez de suas ideologias.

Aliás, parece inservível querer atribuir a tais facções alguma ideologia politicamente constante, ou simplesmente coerente. Para o historiador Flávio Soares, as "ideias e desejos" dos grupos políticos maranhenses mudavam radicalmente com o calor dos aconte-

---
63 LISBOA, op. cit., p. 149.

cimentos, a ponto de defenderem ou atacarem ao longo do tempo elementos aos quais antes atribuíam sentido inverso: "A fragilidade do arrependimento dos partidos aponta para uma fragilidade daquilo em que acreditam. O problema atingiria tanto a ideologia conservadora quanto a revolucionária".

A inconsistência ideológica dos grupos transmutava-se em fragilidade moral. A política no Maranhão do Oitocentos era terra fértil para a proliferação de partidos volúveis, caracterizados pelo domínio de vontades arbitrárias e pelo (exclusivo) desejo em se perpetuar no poder.

Não é coincidência João Francisco Lisboa ter adjetivado a disputa entre facções políticas no Maranhão como uma verdadeira "guerra civil"; um embate feroz no qual "mata-se, rouba-se, espolia-se, devasta-se, despovoa-se, e quando tudo está consumido, proclama-se que a ordem se acha restabelecida e a província pacificada". Ainda para Lisboa, predominou nessas disputas um jogo de encenações. No embate político, a aparentemente controlada luta entre vencedores e vencidos foi desenvolvida numa teatralidade na qual o que de fato predominava era o ódio entre facções e a ânsia de vingança.

Flávio Soares, a partir da leitura de Lisboa, concordou com o caráter teatral e cruel da política maranhense no Oitocentos:

> A dinâmica da luta política é caracterizada por uma espécie de *mise-en-scène* ou simulação de conflitos e de guerra [...]. Os partidos simulam uma guerra que de fato existe, incapazes de efetivamente levar a uma superação do impasse real e promover a vitória do bem da civilização sobre o mal-estar da barbárie.[64]

Tal como em outras áreas politicamente periféricas do Império, a intervenção da Corte serviu no Maranhão como relevante variável dentro do jogo político local, sobretudo a partir da aproximação ou do distanciamento de grupos regionais com os círculos mais

---

64 SOARES, Flávio José Silva. *Barbárie e simulacro no Jornal de Tímon de João Francisco Lisboa*. 2002. Dissertação (Mestrado em História) – Universidade Federal de Pernambuco, Recife, PE, p. 115.

relevantes da política no Centro-Sul. Os líderes locais, uma vez alçados a um patamar hegemônico por meio das eleições, deveriam ter grande elasticidade, pois sua manutenção tinha como condicionante a capacidade de alimentar um pesado e já tradicional sistema local de apadrinhamentos e de privilégios e, ao mesmo tempo, alcançar a Corte e seus interesses não menos intensos.

Nesse cenário, tornou-se extremamente difícil identificar grupos ou lideranças preocupados com a construção de uma ordem pública que fosse além dos particularismos e das efemeridades no benefício das facções. Os partidos não alcançavam qualquer nível consistente de representatividade política.

Independentemente das variações do cenário político ao longo do Oitocentos, perpetuou-se em terras maranhenses a força política das lideranças locais, nutrindo o paradigma familiar e tendo como base o poder de preencher postos públicos e de dominar as eleições. A constituição de novos grupos, a manutenção dos que conseguiam ascender ao poder e a destruição dos derrotados nas eleições, como constantes, materializavam-se no preenchimento ou na destituição de funções no aparelho administrativo do Estado.

Nas palavras de Flávio Reis, "o princípio da legitimidade dos favorecimentos pessoais ultrapassou o sistema político imperial e ficou inscrito no processo de formação das estruturas de poder". Os vínculos de apadrinhamento e de lealdade se entranharam cada vez mais na máquina pública. A moeda de troca nos conchavos políticos encontrou uma de suas principais formas de efetivação no recrutamento clientelista para cargos na administração.

Nesse particular, a política do Maranhão provincial não destoou da dinâmica consolidada em outras regiões do Império. Para Richard Graham, o clientelismo se relacionou diretamente ao modo específico como a proteção de lideranças se reproduzia por meio da concessão de cargos oficiais e de outros favores.

Porém, o próprio Graham lembrou que "o poder de nomear trazia consigo o poder de demitir". O processo de indicações e de promoções tinha seu signo-oposto nas destituições, não menos relevantes para a política imperial, pois a demissão de cargo público antagonizava com a troca de favores, traduzindo-se em um eficaz mecanismo de perseguição e punição aos adversários. A extração de desafetos da máquina estatal somou-se à dinâmica de favorecimentos na composição de uma estrutura burocrática endemicamente corrupta.

Retomando o raciocínio de Reis, na esfera provincial, a troca de nomeações era uma das bases de sustentação dos grupos políticos. Além dos auxílios financeiros, o acesso a cargos públicos e o trânsito junto à burocracia davam a tônica da alternância entre grupos à frente do Estado.

> Os grupos políticos percebiam o aparelho do Estado como um bem a ser utilizado em favor dos correligionários, desenvolvendo um traço da cultura política que legitimava a utilização clientelista das funções de governo em benefício dos aliados e como moeda de troca na formação de alianças [...]. Os grupos hoje no ostracismo e alijados das facilidades que o poder proporcionava, permaneceriam com a possibilidade da mudança da situação, quando, então, seriam promovidas as tradicionais "derrubadas" (demissões, nomeações, transferências etc.).[65]

O sistema de recrutamentos não serviu apenas para a proteção dos aliados. O poder de indicar postos, não raras vezes, foi instrumento de perseguição e de retaliação dos adversários, ainda que de forma indireta, pois, a depender da função exercida, a indicação significava o banimento dos círculos de poder. No Maranhão imperial, as autoridades locais lançaram mão dessa estratégia, por exemplo, no preenchimento de postos subalternos da Guarda Nacional e na indicação de capitães do mato.

Nesse contexto, ainda segundo Flávio Reis,

> O recrutamento foi usado como forma de perseguir os fazendeiros opositores, que viam seus boiadeiros, feitores, agregados e até escravos serem requisitados para atuar como guardas nacionais.

---
65 REIS, op. cit., p. 64.

Tal medida funcionava também para afastar testemunhas inconvenientes, que deveriam depor em processos criminais.[66]

A afirmação das elites pelo vaivém das nomeações e demissões possuiu um propósito predominante, assim como uma temporalidade própria. Os grupos políticos da situação nutriam a expectativa de que o Poder Moderador os mantivesse nessa condição, ao passo que os grupos oposicionistas tentavam modificar a orientação política vinda da Corte, retirando-os do ostracismo. Era justamente a mudança da situação o que demandava as chamadas "derrubadas", quando então havia demissões, nomeações e transferências em massa.

As "derrubadas" objetivavam substituir a malha burocrática, afastando opositores de cargos públicos e preenchendo os postos com aliados. Nesses momentos, o Estado precisava ser *(re)ordenado*, não para o império da ordem pública, mas para que a facção vitoriosa afirmasse seu poder ordinariamente.

As demissões em massa, enquanto práticas escancaradas, eram objeto de críticas pelo grupo alijado do poder. Nesse sentido, entre meados do século XIX e o advento da República, no Maranhão, liberais e conservadores trocaram acusações sempre que havia a alternância na direção da província.

Um artigo publicado em *O Paiz*, em 14 de junho de 1886, ilustra o comportamento das elites maranhenses quanto a essas demissões. Intitulado *Oposição* e com autoria não identificada, o texto foi claramente escrito por um conservador preocupado em responder a críticas de liberais com relação às demissões ocorridas naquele ano. O principal argumento da réplica foi justamente a afirmação de que seriam os liberais que teriam desenvolvido a prática das "derrubadas" nas décadas anteriores, legitimando assim comportamento similar por parte dos conservadores.

---

66 MARANHÃO. Ministério Público do Estado. *Ministério Público do Estado do Maranhão: fontes para sua história*, v. 1 (Marcos legais). São Luís: Procuradoria Geral de Justiça, 2003, p. 80.

Gritam contra as demissões havidas os mesmos homens que em 1878 assinalaram-se pela mais terrível de todas as reações [...]. Hoje levantam-se os liberais contra as demissões havidas. Entretanto em 1878 não trepidaram em demitir à larga. Se eles porem para provar a *necessidade* das acusações da oposição liberal, que hoje tanto grita contra a demissão de seus correligionários, mas que quando pode não trepidou em demitir nossos amigos para dar lugar aos seus [...]. Quando no poder demite os funcionários públicos que são conservadores, quando na oposição prega a mais larga das tolerâncias? Censuras partidárias de quem assim procede não têm valor, porque não são sinceras.[67]

Na (contra)crítica conservadora, a referência maior ao revanchismo liberal por meio de demissões se concentrou em 1878, quando Carlos Fernando Ribeiro exerceu a presidência da província. A principal vítima, segundo o autor do artigo, foi o próprio Celso Magalhães.

O Sr. Carlos Ribeiro no primeiro dia de seu governo assinou 68 demissões. E entre essas demissões havia algumas realmente revoltantes. Foi demitido a bem do serviço público o promotor da capital, o Sr. Celso de Magalhães, para satisfação de uma vingança pessoal dos mesmos homens que hoje pregam a tolerância [...]. A energia proverbial do Sr. Carlos Ribeiro não se desmentiu nessa ocasião. O atual barão de Grajaú demitiu 11 coletores e 8 promotores, removeu 9 professores públicos, substituindo todos os agentes de correios e nas repartições públicas fez larga derrubada.[68]

A natureza política do recrutamento para cargos foi tão estrutural às elites que somente era comparável à dinâmica das eleições. Aliás, esses dois elementos, quais sejam a distribuição de cargos públicos e o jogo das eleições, serviram como base de sustentação da política local, sempre em atenção à não menos conturbada relação com a Corte.

---

67 OPOSIÇÃO (A). *O Paiz*. São Luís, p. 2, 14 jun. 1886.
68 Idem.

Em verdade, havia uma trama bem articulada entre eleições e nomeações, em um jogo no qual cada um desses referenciais políticos era produto e ao mesmo tempo produtor do outro. Segundo Graham:

> Assegurar indicações resultava em seguidores leais, que demonstrariam sua fidelidade votando como lhes mandavam; a vitória eleitoral comprovava sua autoridade local e ajudava a lhes garantir nomeações públicas. Após uma eleição, os líderes políticos usavam regularmente as nomeações como recompensa aos que haviam sido fiéis ao partido e aos seus parentes.[69]

O caráter endêmico da manipulação das eleições no Império foi bem estudado por Raymundo Faoro. Para o historiador, a corrupção teria se iniciado ainda nas eleições para as Cortes de Lisboa (1821) e para a Assembleia Constituinte (1822), a partir daí irradiando-se por todo o Oitocentos, estruturando e dinamizando um sistema que encontrou, desde o Primeiro Reinado, seu pilar de sustentação na política local/regional.

> As instruções de 26 de março de 1824, estatuto eleitoral outorgado pelo governo e que vige até 1842, fixam as bases do sistema que domina, com modificações secundárias, quase todo o Império. A mesa eleitoral e paroquial foi o fundamento de toda a vida partidária, o eixo maior da máquina de compressão. Aperfeiçoado mais tarde, esse núcleo determinará o reduto das manipulações, da fraude e da violência eleitoreiras. De acordo com a forma do duplo grau, a massa dos cidadãos ativos em assembleias paroquiais elege "os eleitores de província", aos quais cabe designar os representantes da nação e províncias [...]. O entrevero das facções locais obedecia, desde os primeiros passos de 1821, ao cadinho provincial. O domínio da província, com a conquista do juiz presidente da mesa eleitoral, definia o grupo vencedor.[70]

---

69 GRAHAM, op. cit., p. 131.

70 FAORO, Raymundo. *Os donos do poder: formação do patronato político brasileiro*. 3. ed. São Paulo: Globo, 2001, p. 421-422.

No entanto, a reprodução da política como domínio das eleições não foi desenvolvida apenas na esfera local e provincial. A ingerência do governo central na manipulação e na legitimação das disputas eleitorais era igualmente relevante, daí porque, sobretudo a partir do chamado regresso conservador de 1837, os partidos tentaram se consolidar em um âmbito nacional.

> Contra o esquema centrífugo operou o fortalecimento dos partidos nacionais, coincidentemente valorizados com a reação centralizadora, que culminou na Lei de Interpretação (12 de maio de 1840) e na Lei de 3 de dezembro de 1841 [...]. A sucessão de instruções e leis não revela todo o drama: elas mal cobrem e dissimulam o fundo, entremostrando mais do que mostrando. Desde a reação centralizadora de 1837 até o último ato de 1889, o sistema representativo será uma imensa cadeia de "cabrestos" e do comando da vontade do eleitor.[71]

A manipulação das eleições, além de obedecer a uma lógica de escalonamentos entre o poder local e o central, demandou uma engrenagem composta por diferentes ritos. A (re)produção dos interesses das facções pelo resultado das urnas não se concentrava em um único ato.

Mais uma vez, foi João Francisco Lisboa quem descreveu a dinâmica do controle eleitoral pelas facções no Maranhão oitocentista. Nessa descrição, destacou um pleito que teria se desenvolvido em local e ano propositalmente omitidos pelo autor, apenas identificando que foram "eleições gerais", ou seja, voltadas à escolha de deputados do Parlamento imperial.

Em verdade, os ensaios que compõem o *Jornal de Timon* foram escritos por Lisboa entre 1852 e 1854. Embora o jornalista tenha feito questão de não precisar o período por ele criticado, por vezes, propositalmente, referindo-se ao ano de "184...". Flávio Soares entende que o contexto analisado por Lisboa é a segunda metade da década de 1840 e o princípio do decênio seguinte, mais precisamente o governo de Joaquim Franco de Sá, entre outubro de 1846 e abril de 1848.

---

71 Ibidem, p. 430.

Sobre as eleições, o relato de João Lisboa evidencia a sucessão de atos necessários ao domínio das urnas e à eliminação dos rivais. Primeiro, a delimitação dos adversários e dos espaços de confronto com a aproximação das eleições:

> A eleição devia fazer-se no dia 12 de outubro, e desde o primeiro do mês pode se dizer que as reuniões eram diárias e permanentes de um e outro lado; a cidade tomou um aspecto aterrador; a atmosfera parecia abrasada, e a tempestade prestes a desfechar; travavam-se rixas a cada canto, ferviam as cacetadas, e as rixas para logo se transformarem em verdadeiros tumultos, que os chefes a muito custo conseguiam pacificar, se não é que algumas muito de propósito os excitavam. Nas classes superiores não se vinha às mãos com tanta facilidade, mas as disputas animadas, as palavras azedas e insultuosas, as brigas, rompimentos e inimizades se repetiam frequentemente, e as coisas chegaram por fim a termos tais que metade da cidade não tirava o chapéu à outra metade. Nos dois últimos dias a patuleia governista ocupou a frente das duas igrejas paroquiais; a contrária ficou um pouco mais distante. Algumas casas da vizinhança foram com antecipação alugadas por um e outro lado. Constou-me que os respectivos proprietários se queixaram depois de lhes não haverem pago os aluguéis.[72]

Em seguida, dava-se a composição viciada das mesas eleitorais, central no falseamento dos eleitores habilitados a votar, sucedida pela não menos corrupta montagem dos conselhos de recursos, prontos a avalizar as decisões das mesas.

> As falsificações fazem com efeito um grande senão o primeiro papel nas nossas eleições; começam no primeiro dia, acabam no último [...]. Nas qualificações e revisões, as mesas, já falsificadas, falsificam por seu turno, alistando os incapazes, e excluindo por centenas os cidadãos já anteriormente qualificados, e sobretudo tomando as decisões às ocultas, e à última hora, para que os prejudicados não possam recorrer a tempo e em devida forma.
>
> Se acaso recorrem, lá estão os conselhos de recurso, eivados do espírito de partido, e compostos de homens estúpidos e ignorantes,

---

72 LISBOA, op. cit., p. 202-203.

quando não velhacos, para darem ou negarem provimento, contra a justiça, e segundo os interesses.[73]

Chegada a eleição, a votação se convertia em desordem.
> Na eleição houve uma verdadeira anarquia e dispersão de votos. A ralé a quem os chefes tinham conferido diplomas de eleitor, ou por necessidade, ou na esperança de dominá-la mais facilmente que a outras pessoas mais gradas, assentou de aproveitar a ocasião, e vozeando que nem sempre deviam servir de escada, barganharam ali os votos uns com os outros com tanto descaramento como boa fortuna.[74]

O dia das eleições era marcado pela presença de aparatos militares. Seguindo o comando dos grupos de situação, milícias eram destacadas para o entorno das urnas e das mesas apuradoras, sempre sob o argumento de que "garantiriam a tranquilidade da votação". A presença ostensiva de militares reforçava o sistema de fraudes eleitorais. Para o historiador Flávio dos Santos Gomes, não era raro haver no Maranhão provincial a montagem de milícias supostamente para a localização de quilombos ou o combate a levantes de escravos e indígenas, mas que, na prática, eram desviadas para o controle das eleições.

Porém, retornando aos comentários de Lisboa, passadas as eleições, a apuração de votos não seria menos marcada pela corrupção dos procedimentos e pelo vício dos resultados. Segue Lisboa:
> Chegou enfim o dia da apuração final. Como as duplicatas eram numerosas, e não havia uma só ata que não fosse mais ou menos falsificada, a câmara da capital exercitou uma verdadeira ditadura, escolhendo e apurando as que bem lhe pareceu, e contando em separado os votos das rejeitadas. Entre as preferidas, observou-se com pasmo que fora uma da oposição, absolutamente falsa, e fabricada na capital nas vésperas da apuração. Para dizer tudo em uma palavra, foi a câmara municipal apuradora quem em último resultado fez

---
73 Ibidem, p. 208.
74 Ibidem, p. 213.

as eleições, expedindo diplomas a seu bel-prazer, habilitada para isso pela multiplicidade de atas postas à sua disposição e escolha.[75]

Vencidas as eleições, havia o total alijamento dos adversários do cenário político. A partir daí, o controle das disputas locais ganhava nova dinâmica, pois, fulminados os rivais, a hegemonia dos vitoriosos se dava quase sem nenhuma réplica.

> Dois meses depois das eleições gerais, fizeram-se as municipais. Que contraste! Reinava por toda parte a tranquilidade, ou melhor direi, a indiferença. Dir-se-ia que a cidade inteira ignorava que aquele dia era de eleição. Em cada freguesia compareceram apenas de quinze a vinte pessoas, só do lado dominante, e eram os candidatos aos lugares da eleição, ou pretendentes aos empregos que os eleitos dentro em pouco deviam distribuir [...]. O partido vencido absteve-se completamente, porque com a perda das eleições gerais, ficara quase aniquilado, desertando-lhe a maior parte das forças, de maneira que nem ao menos podia fazer uma simples demonstração que tivesse visos de seriedade [...]. Abstinha-se de tomar parte nas eleições, e deixava que o governo e os seus *capangas* por si sós desempenhassem a ridícula farsa que estavam representando.[76]

O que se tem ao longo do Império é a coexistência entre o predomínio de uma tradicional política baseada nas disputas entre famílias em nível local e a maturação de grupos que instrumentalizaram sua influência cada vez mais através da utilização patrimonial do Estado. De uma forma ou de outra, a sustentação das facções políticas permaneceu pautada no apadrinhamento e na movimentação personalista da malha burocrática.

---

75 Ibidem, p. 214.
76 Ibidem, p. 217-218.

NO MARANHÃO, A GUERRA ENTRE FACÇÕES (I): A FORMAÇÃO DOS OPOSTOS

A crítica aos grupos políticos no Maranhão imperial deve se situar entre sua inserção no processo de ordenação do Estado nacional pós-Independência e a capacidade das elites locais em desenhar estruturas que dessem vazão a seus propósitos. Em ambas as direções – e sobretudo naquilo que se comunicam – a organização das elites e de suas representações políticas se fez paulatinamente, num dinâmico e disforme processo de delineamento dos opositores.

O embate entre as facções coincidiu com a tentativa de institucionalização do Estado no Oitocentos, nele imprimindo traços relevantes e dele recebendo amoldamentos. A disputa pela hegemonia política, em grande parte, converteu-se na luta pelo domínio da máquina burocrática que aos poucos se desenhava no Brasil.

Por isso mesmo, a análise do contexto mais específico que interessa a este trabalho, a saber, o embate entre conservadores e liberais travado em meados da década de 1860, quando houve o julgamento do chamado "crime da baronesa de Grajaú", não pode desprezar sua relação com o dilatado processo de composição da estrutura oligárquica no Maranhão imperial.

O conceito de *oligarquia* que aqui interessa procura dar conta da composição de agrupamentos políticos no Maranhão oitocentista. A referência principal dessa noção é a apresentada por Flávio Reis em *Grupos políticos e estrutura oligárquica no Maranhão*, para quem a categoria compreende

> O setor especificamente político que iniciou sua formação entre as décadas de 1850 e 1860, cujas funções primordiais no processo mais amplo de construção do Estado Nacional eram a organização das disputas políticas no âmbito regional, aglutinando as facções e permitindo o funcionamento do jogo partidário, estabelecendo, enfim, a mediação entre a Corte imperial e a província.[77]

---

[77] REIS, op. cit., p. 51.

Para Reis, os traços formativos da oligarquia maranhense foram definidos entre meados do século XIX e o início do século XX. Ao longo desse contexto, as oligarquias serviram como polo de unificação entre a Corte e as lideranças regionais/locais, sobretudo através do clientelismo que guiava suas práticas e da dominação do aparelho burocrático.

O ligamento permitido pela estrutura oligárquica, mas do que simples postura de subserviência à Corte, converteu-se numa eficaz estratégia de afirmação dos interesses provinciais, capaz de conciliar, minimamente, a diversidade de vontades de grupos heterogêneos em sua composição e ideologia.

> A confluência de centralização de recursos políticos e financeiros e a possibilidade de sua utilização clientelista, abriram espaço para a sedimentação de interesses próprios de grupo, no caso, a perpetuação nos postos de mando. Trata-se de um grupo cuja gênese é marcada pelo hibridismo: de um lado, parece apenas um setor instruído e especializado nas funções da administração e da política que se destaca no núcleo de famílias de grandes proprietários rurais, onde está sua origem social; de outro, o seu fortalecimento está intimamente ligado à utilização patrimonial do Estado, ao controle das nomeações para os cargos públicos e ao trânsito de que desfruta nas instâncias superiores da administração nacional.[78]

A composição desse cenário se deu aos poucos. Desde as primeiras décadas pós-Independência, forças de tendência conservadora e liberal se digladiaram, aglutinando-se em facções, elegendo lideranças e fortalecendo vínculos familiares. Porém, essa disputa adquiriu contornos mais institucionais apenas na segunda metade do século XIX.

Reis acredita que as décadas de 1850 e 1860 serviram como divisor de águas no contorno das disputas políticas provinciais. Por isso mesmo, apontou tal contexto como marco entre duas cronologias.

---

[78] Ibidem, p. 51.

A reflexão sobre o processo de formação do sistema de dominação política no Maranhão requer a distinção preliminar entre dois períodos. O primeiro compreende o início da década de 1820 até o final da década de 1840 e apresenta um extremo fracionamento das facções políticas, expresso nas lutas entre famílias importantes de proprietários rurais das regiões do Itapecuru e da Baixada, economicamente as mais significativas. Neste momento, não existia propriamente um setor voltado para a ocupação da política e o padrão de liderança ainda predominante era aquele típico da dominação local, onde os chefes de clãs exercem os postos de mando como atividade subsidiária. No segundo período, a partir das décadas de 1850 e 1860, iniciou-se uma situação mais clara de definição dos atores políticos e de afirmação de um padrão de carreira política.[79]

As elites do Maranhão receberam a Independência nacional de maneira reticente. Por um lado, não sabiam qual o real significado da desvinculação política entre Brasil e Portugal. Por outro, duvidavam se lhes seria mais interessante substituir os vínculos mantidos com Lisboa, mais acessível ao Maranhão, inclusive geograficamente, pela nova e ainda indefinida proposta da Corte no Rio de Janeiro.

As disputas entre tendências restauradoras, aderentes ao Império do Brasil ou a alguns ensaios separatistas exigiram o posicionamento dos grupos políticos locais. O contexto facilitou o acirramento dos embates e a definição de facções. Ao fim, a disputa possibilitou um mínimo de consenso quanto à "adesão" da província à Corte de D. Pedro I.

O que se teve até o princípio da década de 1840 foi uma política densamente marcada pelos vínculos familiares e pela dominação na esfera local. Regra geral, a historiografia produzida no Maranhão entende que as disputas familiares foram canalizadas no confronto entre *cabanos* e *bem-te-vis*. Tais denominações, grosso modo, derivam, respectivamente, da associação de um grupo aos cabanos do Pará, Pernambuco e Alagoas, e da vinculação do ou-

---

[79] Ibidem, p. 49.

tro agrupamento ao jornal *O Bem-te-vi*, publicado em São Luís no ano de 1838, tendo como principal editor o liberal Estevão Rafael de Carvalho.

Os cabanos, que foram antecedidos pelos *moderados* e que eram também denominados de *Saquarema*, eram formados principalmente por comerciantes portugueses e por famílias que se alinhavam a posições conservadoras. Já os bem-te-vis, precedidos pelos *exaltados* e também conhecidos como *marrecos* ou *luzias*, regra geral, eram compostos por aqueles que lutaram em defesa da Independência e por grupos identificados com liberais.

Ao longo da década de 1830, as duas referidas tendências políticas conseguiram construir num plano mais localizado condições de coalisão entre as elites. A adesão a tais grupos serviu não apenas para a inserção dos aliados no aparelho do Estado, mas para o controle da resistência escrava no campo, traduzida em fugas, em insurreições e na formação de quilombos.

A possibilidade de visualização dos embates na oposição entre cabanos e bem-te-vis não significou, porém, uma estabilidade política nesse contexto. Pelo contrário, até o início da década de 1840, sobretudo por conta das lutas em torno da Independência, cessadas apenas em 1828, e da guerra da Balaiada, ocorrida entre 1839 e 1841, o período foi marcado por "convulsões políticas e turbulências internas" e por uma "luta aberta entre as facções", conforme afirmou Flávio Reis. A dificuldade de afirmação de lideranças no plano regional e a grande rotatividade dos representantes dos grupos políticos contribuíam, igualmente, para a desestabilização.

Da mesma forma, o duelo entre cabanos e bem-te-vis não concentrou toda a vida partidária da província. Eram essas, de fato, as maiores referências em termos de agremiações políticas organizadas, porém, havia uma dinâmica (re)configuração dos partidos, multiplicando-se e aglutinando-se em novas organizações, quase sempre fadadas a uma curta duração.

Sobre o tema, João Francisco Lisboa registrou a tendência à pulverização dos partidos presente na década de 1840.

> A contar da época em que se inaugurou o sistema constitucional, os partidos já não têm conta, peso, ou medida; tais, tantos, de todo tamanho, nome e qualidade têm eles sido [...]. É de crer que nos primeiros tempos os partidos adversos fossem só dois, um em frente do outro. Hoje um mecanismo tão simples não pode satisfazer à multiplicidade dos chefes em disponibilidade, e por isso a cada nova complicação da política provincial, aparecem novos partidos, não se sabe de onde saídos, e como organizados. Às vezes uma só noite tem visto um partido escachar-se ao meio, e um dos troços ligar-se ao partido contrário para se tornar a separar com violência e estrondo dentro de poucos dias; outras, abandonam-se os aliados no mesmo campo da batalha, e voltam-se contra ele as armas.[80]

Como antes mencionado, em meados do século XIX foi alcançada uma relativa estabilidade na política maranhense. A partir daí, as disputas de poder no âmbito regional conseguiram reunir facções e permitir o funcionamento de um jogo partidário capaz de mediar a relação entre a Corte imperial e a província. Tal dinâmica, longe de superar as práticas clientelistas e patrimoniais herdadas da Colônia, as elevaram a um nível cada vez mais institucionalizado.

As características do seu eixo de sustentação e reprodução [da oligarquia política], uma confluência de centralização de recursos políticos e financeiros e a possibilidade de sua utilização clientelista, abriram espaço para a sedimentação de interesses próprios de grupo, no caso, a perpetuação nos postos de mando. Trata-se de um grupo cuja gênese é marcada pelo hibridismo: de um lado, parece apenas um setor instruído e especializado nas funções da administração e da política que se destaca no núcleo de famílias de grandes proprietários rurais, onde está sua origem social; de outro, o seu fortalecimento está intimamente ligado à utilização patrimonial do Estado, ao controle das nomeações para os cargos públicos e ao trânsito de que desfruta nas instâncias superiores da administração nacional.[81]

---

80 LISBOA, op. cit., p. 145-146.
81 REIS, op. cit., p. 51.

Com o advento da década de 1860, o fortalecimento de lideranças políticas regionais encontrou nos partidos políticos um fator de dilatação, sempre centrado na construção e reprodução de facções e na continuidade da influência das relações familiares. A unidade familiar permaneceu, assim, como referencial, até porque, ainda para Reis, "a força local das famílias era suficiente para conseguir a eleição de um representante, projetando um quadro em que as 'notabilidades de aldeia' poderiam se sobrepor aos líderes regionais".

De fato, há indicativos da estabilidade política alcançada ao longo das décadas de 1850 e 1860. O primeiro foi a definição mais clara das lideranças políticas, já que conservadores e liberais conseguiram, com maior durabilidade, eleger e manter seus dirigentes. Outro elemento foi a dilatação, também, das representações, pois os deputados provinciais e gerais conseguiram visivelmente se perpetuar por várias legislaturas. Um terceiro indicativo foi a profissionalização das lideranças, já que cada vez mais membros das elites desenvolviam carreiras exclusivamente políticas, possibilitando, inclusive, a identificação de padrões entre tais representantes.

Sobre o perfil dos políticos que vão tomando assento a partir de meados do Oitocentos, Flávio Reis reconheceu que:

> Um tipo de político que já apresentava um padrão de carreira começou a se fortalecer. A trajetória usual iniciava nos bancos das faculdades de direito do Recife e, mais raramente, de São Paulo, logo passava por algum cargo na Justiça (Promotoria, juizado), na Polícia, Fazenda ou secretaria da presidência, até chegar à representação política no âmbito nacional.[82]

A década de 1860 trouxe também a organização de dissidências aos partidos Liberal e Conservador, a exemplo de um bloco que girou em torno do Partido Progressista, o qual, ainda em fins daquela década, conseguiu relevantes vitórias eleitorais contra os grupos políticos mais tradicionais. Ergueu-se, ainda, o Partido Constitu-

---

82 REIS, op. cit., p. 57.

cional. Porém o espraiamento de facções políticas não passou de mero ensaio. Nesse sentido, Reis concebe progressistas e constitucionalistas como representantes de "efêmeros partidos", que seriam, já no final do decênio aqui comentado, transformados em secções dos partidos Liberal e Conservador, respectivamente.

Nas duas últimas décadas na Monarquia, a luta política travada entre conservadores e liberais ganhou uma alternância mais evidente. Reproduziu-se no Maranhão a máxima de que as alterações no comando do governo eram determinadas não apenas pela manifestação nas urnas, mas pela intervenção da Corte, sobretudo através do Poder Moderador.

Somente na segunda metade da década de 1880, já no prenúncio da República, a dinâmica da política provincial começou a se desvencilhar da disputa entre conservadores e liberais, havendo o desgaste da lógica de fidelidade partidária bipartida. A constituição de novos grupos, num crescente processo de subdivisão, continuou dependendo das posições alcançadas no aparelho burocrático e das possibilidades de trânsito nas instâncias de poder. Tal sistema, entretanto, não conseguiu se reproduzir indefinidamente sem gerar uma crise entre as elites.

Por certo, a crise não era do sistema oligárquico em si, mas da dinâmica de representação política, que não conseguia mais dar conta da multiplicidade de grupos em disputa. A estrutura de poder oligárquica, que extrapolou o sistema de comando político e deu conta da própria constituição do Estado, encontrou larga continuidade na República.

Como antes referido, a relativa estabilidade política alcançada ao longo da segunda metade do Oitocentos possibilitou a ascensão e a perpetuação de lideranças regionais mais bem definidas. No entanto, a chefia dos grupos políticos não obedeceu a uma única tipologia. Por um lado, havia políticos que exerciam a liderança partidária de forma concomitante a outras atividades, quase sempre a administração de terras no interior ou o comércio. Por outro, aos poucos se afirmaram lideranças com atuação exclusiva na atividade administrativa da província ou na representação política em esfera nacional. Um tipo não sucedeu necessariamente o outro, ambos se perpetuaram até o advento do sistema republicano.

Quanto aos líderes em si, a primeira referência a ser destacada é a manutenção da tradição familiar no domínio da política. Nesse sentido, há consenso entre os historiadores de que algumas linhagens foram predominantes no Maranhão imperial. Entre os conservadores, destacaram-se as famílias Viveiros, Mendes, Sousa e Cerveira. Já do lado dos liberais, predominaram os Costa Ferreira, os Franco de Sá, os Ribeiro e os Serrão.

Interessa a este livro a identificação das lideranças com maior influência entre meados do século XIX e o advento da República, contexto que certamente deu o tom da política em torno do "crime da baronesa de Grajaú" e que compreendeu as reverberações do antagonismo entre liberais e conservadores a partir do julgamento de Ana Rosa Viana Ribeiro.

De acordo com o historiador Jerônimo José de Viveiros, seguindo uma tendência nacional, a década de 1850 se desenvolveu sob domínio dos conservadores. No Maranhão, o quadro foi fortalecido pela morte do liberal Joaquim Franco de Sá, em 1851. Atento que o historiador aqui referido é descendente do importante líder conservador, o homônimo Jerônimo José de Viveiros, adiante apresentado. Sobre o historiador Jerônimo de Viveiros, são dignas de destaque pelo menos duas de suas obras, *Alcântara no seu passado econômico, social e político* (1950) e *História do comércio do Maranhão* (1954), ambas citadas neste livro.

Nascido em 1807, Franco de Sá teve sua formação inicial em humanidades em São Luís, onde se tornou também um respeitado pianista. Iniciou o curso de direito em Coimbra, transferindo-se para Olinda, onde se graduou em 1832. Retornando ao Maranhão, ocupou diferentes postos na administração provincial, tais como os de procurador da Fazenda e de secretário de governo. Foi juiz de direito em São Luís e em Alcântara. Em 1836, tornou-se uma liderança bem-te-vi (liberal). Sá ocupou seus postos de maior destaque ao longo da década de 1840, quando foi durante oito anos deputado na

Assembleia Geral do Império e presidente das províncias da Paraíba e do Maranhão. Assumiu o Senado em 1849, onde permaneceu até sua morte, três anos depois.

O falecimento de Franco de Sá teve como consequência, para os liberais, a perda da cadeira que o líder ocupava no Senado. A vaga foi preenchida no ano seguinte pelo então chefe dos conservadores, Jerônimo José de Viveiros.

Filho mais moço de Alexandre José de Viveiros, português que chegou em Alcântara na década de 1780 e que ali se tornou patriarca de abastada família, Jerônimo de Viveiros nasceu em 1769. Herdou vultoso patrimônio, oriundo do comércio e das atividades agrícolas. A riqueza aumentou ainda mais com sua união, pelo casamento, com a família Mendes, igualmente rica e influente na província. Antes de assumir a liderança do Partido Conservador em Alcântara, fato que ocorreu no início da década 1830, foi membro da Guarda Nacional, juiz de direito interino e deputado provincial. Foi escolhido para o Senado em 1852, onde permaneceu até seu falecimento, cinco anos depois.

Os anos 1860 se iniciaram com a ascensão da Liga Progressista em âmbito nacional. A influência do grupo na Corte, sobretudo entre 1862 e 1868, favoreceu os liberais na Província do Maranhão, vitoriosos nas eleições gerais por três vezes, conseguindo, ainda, a nomeação de dois senadores. Entre 1868 e 1878, o domínio foi mais uma vez dos conservadores, que, também em três legislaturas, saíram vitoriosos, além de terem igualmente nomeado dois de seus representantes para o Senado.

Nesse contexto, predominou entre os conservadores a influência de Francisco Mariano de Viveiros Sobrinho, o barão de São Bento, maior opositor de Carlos Fernando Ribeiro, cuja biografia será tratada adiante. Sucedeu à liderança de Francisco Mariano, com igual ou maior destaque, a figura de Augusto Olímpio Gomes de Castro, genro de seu antecessor.

Natural de Alcântara e nascido em 1836, Gomes de Castro era de origem humilde. Conseguiu iniciar seus estudos em São Luís e graduar-se em direito em Recife em 1861. Assumiu o cargo de promotor em Alcântara logo após seu retorno ao Maranhão, porém, em 1864, foi demitido do cargo supostamente por sua vinculação aos conservadores. Casou-se com a filha do barão de São Bento, o que lhe abriu grande espaço para a atuação política, inclusive na sucessão na liderança do partido ao longo dos anos 1860. Elegeu-se para a Câmara dos Deputados do Império e para esse posto reelegeu-se sete vezes, ali exercendo, inclusive, a presidência da casa. Foi presidente das províncias do Maranhão e do Piauí. Entre as décadas de 1860 e 1880, foi também grande patrocinador de periódicos e assíduo redator de textos políticos. Indicado para o Senado em 1881, perdeu o posto temporariamente com a dissolução do Parlamento após a República, porém, entre 1894 e 1909, ocupou novamente o cargo.

O Partido Liberal teve um cenário menos estável de disputas por seu comando. O afastamento, ainda na década de 1860, de antigas lideranças do panorama político provincial, como João Pedro Dias Vieira (1820-1870) e Francisco José Furtado (1818-1870), gerou a contenda pelo domínio da agremiação entre diferentes políticos. No embate, destacaram-se as figuras de Antônio Marcelino Nunes Gonçalves, o visconde de São Luís, e Carlos Fernando Ribeiro.

Antônio Marcelino nasceu, em 1823, numa tradicional família proprietária de terras, engenhos e escravos na região de Itapecuru-Mirim. Principiou seus estudos em São Luís e bacharelou-se em direito pela Faculdade de Olinda, em 1845. De volta à província natal, exerceu durante alguns anos a advocacia e foi nomeado juiz municipal na região de Caxias e, posteriormente, na capital. Conseguiu importante aproximação política com os Belfort, dos quais era parente distante, pois, por duas vezes, casou-se com senhoras daquela família. Oriundo do movimento progressista da década de 1860, foi deputado da Assembleia Provincial entre 1848 e 1855, exercendo ainda mandatos de deputado geral do Império. Foi presidente das províncias do Rio Grande do Norte, Ceará e Pernambuco. Em abril de 1865, tornou-se senador, permanecendo na função até a chegada do sistema republicano. Faleceu em 1899.

A divisão entre Antônio Marcelino e Carlos Ribeiro, lembra Reis, criou os grupos *marcelinista* e *salino*, sendo o último, ala majoritária, dirigido pelo barão de Grajaú.

Já no final dos anos 1870, Felipe Franco de Sá alcançou protagonismo entre os liberais. Era alcantarense e nasceu em 1841. Graduado pela Faculdade de Direito de Recife (1860), exerceu a função de promotor público da capital até 1868, quando foi demitido por razões políticas. Após isso, paralelamente à sua carreira política, dedicou-se à advocacia e ao jornalismo. Sempre pelo Partido Liberal, ocupou as funções de deputado provincial e deputado geral, sendo indicado ao cargo de senador do Império em 1882. Ali permaneceu até 1889, período no qual também participou de diferentes ministérios e do Conselho de Estado. Franco de Sá faleceu em 1906.

Muito próximo do barão de Grajaú, de quem era primo, Franco de Sá conseguiu na agremiação uma liderança quase incontestável a partir de 1869 e no decorrer da década seguinte, justamente em um contexto no qual os conservadores obtiveram certa hegemonia. Boa parte de seu destaque se deu pelas relações que conseguiu nutrir em âmbito nacional, inclusive ocupando postos relevantes no Legislativo e no Executivo do Império, tendo sido, além de senador, ministro de diferentes pastas, como dos Estrangeiros, da Guerra e do Império, além de membro do Conselho de Estado.

O esfacelamento da política imperial enfraqueceu o confronto entre liberais e conservadores. Nos últimos anos da Monarquia, as lideranças desses partidos eram predominantemente simbólicas. José da Silva Maia e Carlos Fernando Ribeiro, por exemplo, ostentavam o título de "chefes honorários", respectivamente, das correntes conservadora e liberal. Na prática, porém, a liderança não fazia mais sentido. Os tempos e a política eram outros.

NO MARANHÃO, A GUERRA ENTRE FACÇÕES (II): UM EMBATE ESPECÍFICO

Em meio às disputas entre grupos políticos da província, um específico confronto me interessa mais diretamente: aquele travado entre Carlos Fernando Ribeiro, o barão de Grajaú, e Francisco Mariano de Viveiros Sobrinho, o barão de São Bento. A colisão entre os dois personagens alcançou projeção política relevante nas três últimas décadas do Império, quando conseguiu influenciar a já tensa oposição entre liberais e conservadores.

Ainda que, formalmente, os barões não tenham aparecido no processo que julgou Ana Rosa Ribeiro, a condução dada àqueles autos-crime e os reflexos políticos do caso foram tocados pelo embate entre Carlos Ribeiro e Viveiros Sobrinho, sobretudo por sua capacidade de arregimentar parte dos quadros das duas principais forças políticas de então.

A oposição entre os personagens, em verdade, deu-se como continuidade do ódio político e pessoal alimentado entre as famílias às quais pertenciam. O cenário que viu nascer a antipatia entre os Viveiros e os Ribeiro foi a cidade de Alcântara. O embate remonta ao início do século XIX.

Alcântara é um município situado no litoral ocidental maranhense que dista poucos quilômetros da capital, sendo dela separado apenas pelo mar que envolve a Ilha de São Luís. A cidade experimentou o apogeu econômico da província em fins do século XVIII e, durante boa parte do século seguinte, concentrou relevante parte da política provincial.

Nesse contexto, tornou-se tradição os grandes proprietários de terras maranhenses construírem casarões em Alcântara e ali passarem a maior parte do tempo. Era intenso, porém, o contato com São Luís, residência preferida pelos comerciantes. Além dos negócios, a instrução das elites, a participação da vida política da província e o contato com a imprensa demandavam constantes vindas à capital. Não por coincidência, os barões de São Bento e de Grajaú residiam em Alcântara e dali administravam seus negócios, embora ambos tivessem imóveis residenciais em São Luís.

O predomínio dos alcantarenses na política provincial se deu mais precisamente entre o início da década de 1850 e o final dos anos 1870. Sobre esse período, que coincide com o momento de maior organização dos partidos Liberal e Conservador no Império, o historiador Jerônimo de Viveiros (não confundir com o político) chegou a afirmar que Alcântara teve uma hegemonia e mesmo um "domínio absoluto" sobre o cenário político do Maranhão.

O exagero da expressão deve ser ressalvado. Longe de possuírem uma dominação sem resistências no cenário político provincial, mesmo no auge de sua influência, os grupos políticos alcantarenses mediram forças com outras relevantes facções do Maranhão, sendo não raras vezes derrotados. Exemplo desse embate foi a já referida disputa entre Carlos Fernando Ribeiro, alcantarense, e Antônio Marcelino Nunes Gonçalves, fazendeiro da região de Itapecuru-Mirim, que desde 1861 se digladiaram pelo controle do Partido Liberal. Outro exemplo foi a composição organizada por João Pedro Dias Vieira, também na década de 1860, que, segundo Flávio Reis, conseguiu em diferentes eleições gerais sobrepujar os grupos liderados por Carlos Ribeiro e por Viveiros Sobrinho.

Era, porém, inquestionável a relevância política de Alcântara para a província. No período aqui referido, além de diversos senadores, houve legislaturas nas quais os alcantarenses ocuparam um terço da bancada maranhense na Assembleia Geral do Império, reelegendo sucessivamente seus representantes e preenchendo esses postos por até dezoito anos seguidos, como foi o caso de Augusto Gomes de Castro.

De Alcântara vinham tradicionais famílias vinculadas aos conservadores, como os Viveiros, os Mendes e os Cerveira, assim como de liberais, a exemplo dos Costa Ferreira, os Franco de Sá e os Ribeiro. Dentre os nomes com maior destaque no contexto ora debatido, além dos barões de São Bento e de Grajaú, certamente estiveram os de Antônio Pedro da Costa Ferreira, Joaquim Franco de Sá, José Ascenço da Costa Ferreira, Joaquim Mariano Franco de Sá, Augusto Olímpio Gomes de Castro, José da Silva Maia e Felipe Franco de Sá.

Em meio ao posicionamento antagônico das famílias em partidos rivais, cresceu a animosidade entre os barões, sempre marcada por contornos de ódio pessoal, que, nas palavras do historiador Jerônimo de Viveiros, causou "anos a fio de uma luta encarniçada de ódios e vingança, cega nos seus conceitos, tremendamente injuriosa e insignificante nos seus objetivos".

O mesmo historiador tentou ainda precisar o momento no qual o embate pessoal ficou evidente. Atrelou-o ao fato de Francisco Mariano Franco de Sá, deputado geral do Império pelos liberais, não ter concordado que Carlos Fernando Ribeiro assumisse a liderança do Partido Liberal no Maranhão após a morte de Joaquim Franco de Sá, em 1851. A discordância de Francisco Mariano gerou uma cisão na agremiação liberal, prontamente aproveitada por Viveiros Sobrinho, que a soube utilizar em desfavor de Carlos Fernando, sobretudo na região de Alcântara e nas cidades vizinhas.

O auge da contenda se deu nas eleições de 1856 para a representação maranhense na Assembleia Geral do Império, quando ambos eram candidatos. Pelo lado conservador, Viveiros Sobrinho contou com a presença de seu pai, o senador Jerônimo José de Viveiros, que veio do Rio de Janeiro na tentativa de influenciar o resultado das urnas. De fato, o barão de São Bento conseguiu a vaga de deputado. Mas não bastava a vitória; era preciso garantir a derrota de seu maior rival.

A estratégia adotada foi apoiar, em grande parte veladamente, João Pedro Dias Vieira, que, apesar de candidato pelo Partido Liberal, não possuía ligações com Carlos Fernando Ribeiro. Viveiros Sobrinho redirecionou então parte de seus votos a Dias Vieira e garantiu a derrota do futuro barão de Grajaú.

As eleições de 1856 foram especialmente violentas e projetaram para toda a província a rivalidade entre os Viveiros e os Ribeiro, até então restrita a Alcântara e a seu entorno. Para Milson Coutinho, a turbulência provocou a manifestação de Antônio da Cruz Machado, então presidente da província, que tradicionalmente mantinha-se imparcial nas eleições. O lado escolhido por Machado foi o dos conservadores, fortalecendo ainda mais Viveiros Sobrinho.

Dessa forma, a origem do embate entre os "irreconciliáveis desafetos", na expressão de Carlos de Lima, esteve inserida na furiosa disputa entre conservadores e liberais e se lastreou no ambiente político de Alcântara e das cidades vizinhas, concentrando um ritmo mais acelerado com a proximidade de cada eleição.

A oposição entre os personagens encontrou seu principal meio de propagação nos periódicos impressos da província, com destaque para uma plêiade de pequenos jornais com conotação política, não raramente efêmeros, pois criados para circular em épocas nas quais a rivalidade entre os partidos se fazia mais intensa.

Uma breve situação dos jornais maranhenses no século XIX ajuda a entender a relevância do uso político dado aos periódicos no embate entre liberais e conservadores e, mais particularmente, entre Carlos Ribeiro e Viveiros Sobrinho.

A primeira tipografia foi instalada no Maranhão em abril de 1821, por obra do governador Bernardo da Silveira Pinto da Fonseca. A Tipógrafa Nacional Maranhense iniciou sua produção naquele mesmo ano, com a impressão de *O Conciliador do Maranhão*, primeiro jornal local a circular na província, que possuía uma versão manuscrita antes desse momento.

Para Josenildo Pereira, ao longo do Oitocentos os jornais mantiveram quatro principais linhas: a política, explorada pelas agremiações; a religiosa, mantida pela Igreja Católica; a literária, regra geral vinculada a grêmios estudantis; e a jocosa, também chamada de "imprensa baixa", que dava vazão a temas públicos ou privados a partir da vida cotidiana da província. Ao fim e ao cabo, todas essas tendências, com maior ou menor intensidade, possuíam usos políticos.

Na primeira metade do século XIX, a circulação de periódicos desvinculados do governo teve um caráter bastante instável. O financiamento das publicações era comprometido pelo ainda incipiente sistema de assinaturas e pela não menos carente demanda por anúncios nos jornais. Já na segunda metade daquele século, a apropriação política dos impressos, somada ao incremento do patrocínio do Estado, por meio dos grupos políticos da situação, trouxeram certa estabilidade à imprensa. Por essa época, mesmo aqueles jornais que não tinham uma finalidade estritamente política, foram alcançados pelo domínio do antagonismo, cada vez mais institucionalizado, entre liberais e conservadores.

Sobre a imprensa política maranhense de meados do Oitocentos, João Francisco Lisboa teceu pesadas críticas. Afirmou que, por essa época, havia cerca de cinco ou seis jornais considerados "grandes", cada um com sua própria tipografia. Tais periódicos, porém, eram "em número e formato superiores às forças da província; a mercadoria excede evidentemente às necessidades e procura do consumidor", concluindo que o propósito dessas publicações não era a obtenção de lucro, mas, sobretudo, a obtenção e a acumulação de capital político. A montagem de imprensas, a contratação do corpo editorial e a circulação dos jornais, todas essas atividades dispendiosas, tinham um fim evidentemente político. Por isso mesmo, a existência de impressos exclusivamente manejados pelos partidos.

> Os jornais propriamente políticos ou de partidos têm uma circulação restrita e são algumas vezes distribuídos gratuitamente, avultando em demasia o número dos seus leitores. Os redatores destes são retribuídos indiretamente com a satisfação de suas pretensões, e as despesas de imprensa pagas do produto das assinaturas dos partidistas em geral, ou à custa de dois ou três dos mais exaltados e empenhados na publicação, não sendo de todo sem exemplo que as tipografias lhe percam o feitio, quando a decadência do partido, ou a falta de brio dos chefes, passam além de toda medida.[83]

Não raramente, a conotação política dos jornais tornou inventivo o discurso que veiculavam. Ainda quando tocavam em verdades factualmente demonstráveis, ou seja, em episódios incontroversos, as narrativas eram marcadas por insultos e difamações entre os ad-

---
83 LISBOA, op. cit., p. 229-230.

versários, bem como pelo silêncio quanto a fatos comprometedores dos aliados. Para Lisboa, fez parte do "audacioso e covarde uso dos jornais" recolher forçadamente publicações de partidos rivais, assim como remeter clandestinamente para a Corte exemplares com artigos difamatórios aos opositores, que, por vezes, sequer chegavam a circular na província, buscando a produção de "prodigiosos efeitos no meio das câmaras e dos ministros".

A política alcantarense obedeceu à mesma lógica. Conservadores e liberais, aproveitando-se do capital econômico que possuíam, patrocinaram o uso político da imprensa. Mas não era interessante a montagem, em Alcântara, do oneroso maquinário da imprensa. A proximidade com São Luís possibilitou que os periódicos ali fossem produzidos, sem prejuízo de rapidamente chegarem aos locais específicos do embate.

Os impressos das facções alcantarenses eram folhas ou panfletos, situando-se no jornalismo miúdo e efêmero já mencionado. Não era raro, ainda, os interesses desses grupos encontrarem repercussão em periódicos da capital que compartilhassem do mesmo posicionamento político. Pelos liberais, o confronto foi veiculado através de *O Progresso*, *Diário do Maranhão*, *A Moderação* e *A Conciliação*. Do lado conservador, pelo *Publicador Maranhense*, *O Observador* e *O Constitucional*.

Milson Coutinho elencou os principais jornalistas alcantarenses que se posicionaram no embate. Nos jornais do Partido Conservador, escreveram Luís Antônio Vieira da Silva, Antônio Marcelino Nunes Gonçalves, José Silvestre Reis Gomes, Antônio José Quim e Manoel Moreira Guerra. Já nos periódicos com conotação liberal, foram redatores José Joaquim Ferreira Vale, Alexandre Teófilo de Carvalho Leal, Jorge Maior, José Joaquim Tavares Belfort e Francisco de Melo Coutinho de Vilhena.

A essencialidade do embate pelos jornais fez os adversários criarem e manterem seus próprios periódicos: *A Imprensa*, por Carlos Ribeiro, e *A Nova Epocha*, patrocinado pelo barão de São Bento. Eram jornais semanais, veiculados aos sábados e datados de São Luís. Não raramente, havia edições extraordinárias, impressos nas quartas ou quintas-feiras. Ambos tinham exemplares compostos por duas folhas, impressas frente e verso, ou seja, quatro páginas por edição. Tudo indica que, com o referido intervalo semanal, essas publicações tiveram circulação ininterrupta no período em que existiram.

A duração de *A imprensa* foi superior à do jornal mantido por Viveiros Sobrinho, provavelmente em decorrência da morte prematura dessa liderança. Segundo o acervo digital da Biblioteca Nacional, o periódico de Carlos Ribeiro teve sua primeira edição em 13 de junho de 1857 e a última em 1º de fevereiro de 1862. *A Nova Epocha*, por outro lado, iniciou sua circulação em 12 de julho de 1856, findando em 20 de novembro de 1858.

O embate por meio dos periódicos foi constante. Apenas como exemplo, por ocasião das já referidas eleições para deputado geral de 1856, houve uma ferrenha troca de insultos entre os opositores. A forma escolhida para a sucessão de farpas foi o escárnio e o deboche. Em novembro daquele ano, após Antônio da Cruz Machado declarar apoio ao barão de São Bento, Carlos Ribeiro fez circular nas páginas de *O Progresso*, em 12 de novembro de 1956, poema que assim descreveu o presidente da província:

Quem há que não conheça o Cruz Machado
Irmão do pobre Sancha, o Burriqueiro,
Quem há que não conheça um tal sendeiro
Vestindo a rica farda, aparvalhado?

Capadócio no olhar, fofo, adamado,
Nos gestos, no carão, vil carniceiro,
Segarrega[84] na voz, mexeriqueiro,
As gambias atirando atoleimado.

Tal é o charadista soberano,
Mestre-escola, tropeiro, impertinente
Que nos veio de Minas por engano.

---

84 Sinônimo de cigarra.

Tal é o saltimbanco presidente,
Que trouxe ao Maranhão o desengano,
Que a raça burrical possa ser gente.[85]

No dia seguinte, em soneto não menos satírico e declaradamente dirigido ao "Dr. C. F. Ribeiro", *A Nova Epocha* publicou a resposta:

Vai, pobre gazeteiro peçonhento,
Cravando o negro dente livremente,
Na honra alheia, enquanto tu consente
A bondade de um povo pachorrento.

Essa pena, teu único ornamento,
A raiva excitará de toda a gente
Mas teme que ainda algum menos prudente
Te proves que não passas de um jumento.

Só então pagarás ao mundo inteiro.
E terás em lembrança do teu nome,
Gravada em tosca pedra esse letreiro:

Aqui piedoso entulho os ossos come,
De Calvino animal, que por sendeiro,
Foi no inferno passar, e se consome.[86]

Ressalto que as investidas de Carlos Ribeiro contra o presidente da província lhe renderam problemas. Poucos meses após as referidas publicações, valendo-se das prerrogativas do cargo que ocupava, segundo artigo do *Diário do Rio de Janeiro* de 12 de dezembro de 1856, Cruz Machado suspendeu Ribeiro das funções de vereador de São Luís e o processou judicialmente "por ter ousado taxar de ilegais e arbitrários alguns atos da administração no correr de uma discussão na câmara municipal!".

---

85 VIVEIROS, Jerônimo de. Uma luta política do segundo reinado. *Revista do Instituto Histórico e Geográfico do Maranhão*. São Luís, ano 4, v. 4, 1952, p. 31.
86 ALBUM POÉTICO. *A Nova Ephoca*. São Luís, p. 3, 13 nov. 1856.

Mas a disputa não se fez apenas por ironias e deboches. A difamação dos adversários foi outra importante tática de embate explorada nos impressos. Publicava-se reiteradamente fatos desabonadores da vida pública e privada dos inimigos, criando um enredo em nada preocupado com a verdade.

Por isso mesmo, João Francisco Lisboa percebeu no jornalismo maranhense de meados do Oitocentos um padrão difamatório, com "exacerbações que excedem toda a medida e tomam proporções verdadeiramente assustadoras". Lisboa buscou descrever esse padrão:

> Falo dos ultrajes aos bons costumes, ao pudor, e à honra das famílias, na pessoa das mulheres ligadas pelos laços do sangue ou do himeneu aos campeões que andam travados na peleja, e que reconhecendo reciprocamente embotada toda a sensibilidade própria e pessoal, buscam ferir-se, expondo à irrisão pública os escândalos verdadeiros ou supostos da sua vida privada, e as fragilidades, com o orgulho, o poder, a confusão e a vergonha.[87]

A rivalidade entre Carlos Ribeiro e o barão de São Bento não dispensou o viés difamatório. A estratégia utilizada por ambos para atingir a imagem e a honra de seu adversário foi a construção de um passado marcado por crimes no seio das famílias Viveiros ou Ribeiro.

Um delito atribuído à família do barão de Grajaú teria ocorrido antes mesmo do nascimento desse personagem, quando, em 1810, na cidade de Alcântara, foi assassinado Antônio Pedro Ribeiro. O principal suspeito pela encomenda do crime foi Antônio Onofre Ribeiro, cunhado da vítima, já que Antônio Pedro era casado com a única irmã de seu suposto assassino, Rosa Estela Ribeiro.

Apesar do indiciamento de Antônio Onofre, a investigação policial arrastou-se durante décadas, nunca chegando a uma conclusão. A explicação do crime ficou então a cargo dos conservadores. Com a morte prematura do esposo de Ana Rosa Diniz Pereira de Castro – mãe de Antônio Onofre e, futuramente, de Carlos Fernan-

---

87 LISBOA, op. cit., p. 231.

do Ribeiro –, Antônio Pedro Ribeiro, genro daquela senhora, foi designado seu curador. A curatela se devia ao fato de Ana Rosa, sabidamente, sofrer de "grave demência". Como consequência, Antônio Pedro administrava a maior parte dos vultosos bens da família Ribeiro e, nessa condição, teria dilapidado parte desse patrimônio, além de dar "desamorável tratamento" à Ana Rosa, na expressão do historiador Jerônimo de Viveiros.

A necessidade de substituir o administrador dos bens de Ana Rosa teria levado à encomenda do assassinato. Sendo essas as razões do crime, não deixou de produzir os efeitos desejados, já que, com a morte de Antônio Pedro, tomou o posto de inventariante Francisco Diniz Pereira de Castro, tio materno do mandante, ou seja, irmão de sua mãe, não mais havendo relatos sobre a má gestão dos bens dos Ribeiro.

O crime em referência, embora não tenha levado à condenação do suposto mandante, ajudou a municiar as armas dos conservadores direcionadas à ala liberal alcantarense. Nesse sentido, a acusação de homicídio serviu para desabonar a imagem de Antônio Onofre, um dos principais líderes do Partido Liberal, atingindo de modo especial Carlos Fernando Ribeiro. Isso porque, tendo o pai do futuro barão de Grajaú falecido bastante cedo, Carlos Ribeiro teve em Antônio Onofre mais do que um irmão mais velho, servindo-lhe como verdadeiro "pai de criação", já que foi responsável por sua primeira educação e por sua inserção política no Partido Liberal.

Com frequência regular, *A Nova Epocha* insinuava ter sido Carlos Fernando Ribeiro autor de delito diverso. Supostamente para fins sexuais, teria ele, em dezembro de 1847, "raptado do convento desta cidade [São Luís] uma inocente de 15 anos, que ali havia sido recolhida em abrigo". A vítima, segundo a denúncia, permaneceu guardada na casa de um parente de Carlos Ribeiro ou no próprio palácio do governo. Daí o periódico conservador se referir a Carlos Ribeiro como "o famoso raptor de órfãos do recolhimento de N. S. da Anunciação e Remédios". Não localizei maiores informações sobre a apuração policial desse caso.

Outra constante acusação dirigida pelo barão de São Bento a seu adversário foi de ter Carlos Ribeiro negado o catolicismo quando residiu em terras norte-americanas, convertendo-se ao protestantismo. Vários foram os artigos d'*A Nova Epocha* que adjetivaram o líder liberal de "protestante" e o acusaram de "não professar a religião do estado", conclamando as autoridades religiosas a determinar sua excomunhão e as judiciárias a declararem nulo seu casamento com Ana Rosa Ribeiro.

Lê-se em trecho de um desses artigos:

> O senhor Carlos Ribeiro não pode negar ter abjurado do catolicismo nos Estados Unidos, e ter professado uma das seitas reformistas de Calvino ou Lutero. É casado com uma senhora católica, e casado segundo o ritual católico, e sem precedência de uma segunda abjuração daquela fé reformista, sem a qual se não podia dar a contraencia legítima e valiosa de um segundo matrimônio com uma senhora católica.[88]

Não localizei nesta pesquisa informações que pudessem ratificar o protestantismo de Carlos Fernando Ribeiro. Tudo indica que sua conversão, caso tenha de fato ocorrido, adequou-se menos a uma convicção religiosa e bem mais aos interesses de fortalecer suas relações com os Estados Unidos. Tais relações, aliás, perpetuaram-se por décadas. Em carta redigida por Carlos Fernando ao *Yalle College*, em 1872, mencionou possuir estreito contato com James Cooley Fletcher, reputando-o como "querido e velho amigo" e sempre o hospedando quando esteve no Brasil. Fletcher era um pastor presbiteriano norte-americano que atuou como missionário, diplomata e empresário no Brasil, sobretudo nas décadas de 1850 e 1860. Segundo Carlos Ribeiro, o contato com Fletcher possibilitou uma "aproximação com o governo norte-americano", principalmente para o financiamento de seus projetos empresariais, dentre eles uma almejada conexão regular de vapores entre os Estados Unidos e o Maranhão.

---

88 UMA CAUSA bem exposada. *A Nova Ephoca*. São Luís, p. 3, 20 mar. 1857.

Em sentido contrário, há diferentes indícios de que, pelo menos formalmente, Carlos Ribeiro e seus familiares sempre estiveram atrelados ao catolicismo. Nesse sentido, sempre de acordo com essa tradição religiosa, foi batizado na Diocese de Alcântara, contraiu casamento com Ana Rosa Lamagnère Viana, foi sepultado no cemitério da Santa Casa de Misericórdia e, finalmente, uma semana após seu falecimento, recebeu em sua homenagem as cerimônias católicas devidas, patrocinadas por seu filho.

Mas os Viveiros tinham em sua conta supostos crimes não menos reprováveis e não menos intensamente utilizados pelos Ribeiro para difamar os conservadores. Refiro-me, inicialmente, à tentativa de homicídio de um boticário de Viana, de nome Luís Garcia de Brito, ocorrida em 15 de dezembro de 1851.

Garcia era liberal e correligionário de Carlos Fernando Ribeiro. Em certa ocasião, insultou publicamente a família Viveiros. Ciente da ofensa, Mariana Francisca Correia de Sousa, esposa de Viveiros Sobrinho e que por essa razão se tornaria a baronesa de São Bento, reiteradamente reclamara "não ter ninguém que vá cortar as costelas desse Garcia".

Em atenção à vontade de Maria Correia de Sousa, e em tese por ela orientado, um empregado de nome Amaro, "mulato livre, afilhado e protegido de Viveiros Sobrinho", dirigiu-se a Viana e desferiu uma facada em Luiz Garcia, que conseguiu sobreviver, indo, porém, embora da província. Amaro se evadiu, nunca tendo sido ouvido no inquérito policial, o qual, de modo similar ao assassinato de Antônio Pedro Ribeiro, terminou inconcluso. Os liberais, na pessoa de Carlos Fernando Ribeiro, acusaram ferrenhamente as autoridades policiais de Viana, supostamente comandadas pelos conservadores, de não terem apurado devidamente o crime.

Segundo o historiador Jerônimo de Viveiros, o próprio desaparecimento de Amaro foi identificado pelos liberais como outro ato criminoso de Viveiros Sobrinho. Inicialmente, responsabilizaram o líder conservador de ter obstruído as apurações do delito, enviando Amaro a Portugal. Posteriormente, Viveiros Sobrinho foi acusado de ter matado Amaro, apagando assim os rastros do crime anterior. As acusações ensejaram o início de outra investigação policial, rapidamente encerrada.

Os liberais exploraram as acusações contra Viveiros Sobrinho através do periódico *O Progresso*, que tinha Carlos Ribeiro como um de seus principais redatores. A primeira notícia sobre o tema data de 10 de janeiro de 1852, quando a folha acusou Viveiros Sobrinho de ser "mandante de crimes atrozes de assassinato em Viana", fazendo direta referência à tentativa de homicídio de Luiz Garcia.

A resposta do barão de São Bento veio através de *O Estandarte*, periódico com tendência conservadora igualmente impresso na capital. Em artigo publicado quatro dias após o ataque feito pelo futuro barão de Grajaú, Viveiros Sobrinho explorou a execução violenta e o motivo mesquinho que circundou a morte de Antônio Pedro Ribeiro, "ainda envolta em mistério", tentando assim ofuscar o crime praticado contra Garcia. Os ataques em *O Estandarte* e em *O Progresso*, sempre com referência aos crimes, continuariam durante o ano de 1852.

A circulação de *A Nova Epocha* e de *A Imprensa*, como visto, fundados respectivamente em 1856 e 1857, apenas atiçou a referência aos delitos e o embate difamatório entre os rivais. Nesses periódicos, foram várias as citações a esses crimes.

Como exemplo, em 2 de setembro de 1857, *A Imprensa* publicou um extenso artigo comentando as "vis acusações" dirigidas por Viveiros Sobrinho contra Carlos Ribeiro. O texto apresentou o barão de São Bento e sua esposa como "mandantes do assassinato malogrado do infeliz Luiz Garcia de Brito".

No dia 17 do mês seguinte, a edição de *A Nova Epocha* lembrou "a mais completa derrota" de Carlos Fernando Ribeiro para João Pedro Dias Vieira, nas eleições para deputado geral ocorridas em 1856. O relato não deixou de fazer referência ao apadrinhamento recebido pelo candidato derrotado de seu irmão mais velho, Antônio Onofre Ribeiro, e de como a figura desse personagem estava atrelada ao ainda "não decifrado" homicídio de Antônio Pedro Ribeiro.

Mas, afinal, quem foi o maior antagonista de Carlos Fernando Ribeiro?

Francisco Mariano de Viveiros Sobrinho nasceu em Alcântara, no ano de 1819 e faleceu na mesma cidade, em 1860, ainda aos 41 anos. Era filho de Jerônimo José de Viveiros, como visto, importante liderança conservadora da província. Pela linha paterna, era descendente de portugueses da região de Relves, sendo seu patriarca, em Alcântara, o abastado senhor de terras e de escravos Alexandre José de Viveiros. Sua ascendência materna era igualmente tradicional, vinha da família Mendes, radicada em Alcântara desde o século XVII e com relevante influência econômica e política na região.

Após uma educação básica em sua cidade natal, cursou em São Luís preparatórios para o ingresso em faculdades. Fez o curso de matemática na Universidade de Coimbra, onde se graduou em 1839.

Teve como primeira participação política a candidatura para deputado provincial. Vitorioso, participou da legislatura de 1842. Em 1857, ingressou, após conturbada eleição, na Assembleia Geral do Império e, dois anos depois, figurou em lista tríplice para ocupar, no Senado, a vaga aberta com o falecimento de seu pai. Obteve a segunda maior quantidade de votos, mas o Imperador preferiu o terceiro colocado na indicação, Joaquim Vieira da Silva e Sousa. Para Milson Coutinho, esse foi o maior golpe político recebido por Viveiros Sobrinho. Antes de concluir seu mandato de deputado geral, renunciou ao cargo em 1859, retornando a Alcântara, para falecer um ano depois.

Ao que tudo indica, a projeção política de Viveiros Sobrinho foi bastante intensa e relevante. Grande parte de sua influência derivou da considerável riqueza que possuía, sobretudo a partir do acúmulo de terras e de atividades agropastoris desenvolvidas em Alcântara, Viana, Guimarães e São Bento. Há relatos também de que o barão seria um excelente articulador e de que teria destacada popularidade, traços que lhe garantiram a eleição em diferentes pleitos, bem como a de seus aliados.

Assim o literato José Ribeiro do Amaral descreveu a projeção política de Viveiros Sobrinho:

> Era o barão de São Bento, nos últimos anos de sua vida, por seu prestígio próprio e grande fortuna, a maior influência política, não só na Comarca de Alcântara, mas ainda nas duas que lhe ficavam limítrofes – Guimarães e Viana – o que equivale dizer em dois dos seis círculos eleitorais em que se dividia então a província.[89]

Viveiros possuiu grande aproximação com a Corte, fato que, embora não tenha lhe assegurado a indicação ao Senado, possibilitou o acesso ao título de barão de São Bento, em 1853, e de cavaleiro da Casa Imperial, em 1855, ambos concedidos pelas mãos de D. Pedro II. A Biblioteca Nacional do Rio de Janeiro guarda a guia de pagamento relativa à carta do título de barão de São Bento. No documento, datado de 12 de julho de 1853, há registro de que, pelo título, Francisco Mariano pagou à Secretaria de Estado dos Negócios do Império o valor de 206$000.

O baronato de Viveiros Sobrinho, em tese, teria relação com suas desavenças com os liberais, servindo como estratégia lançada para frear a campanha difamatória dirigida contra ele por Carlos Fernando Ribeiro. A ideia seria reforçar o prestígio do líder conservador através da concessão do baronato pelo Imperador. Na crítica de Carlos Ribeiro, o título nobiliárquico foi "conferido unicamente por dinheiro".

De acordo com a análise de Milson Coutinho, Viveiros Sobrinho e Carlos Fernando Ribeiro foram "não apenas adversários políticos, mas inimigos irreconciliáveis até a morte". O próprio Carlos Ribeiro, em artigo publicado em 14 de outubro de 1856, n'*O Estandarte*, listou alguns de seus "desafetos e detratores políticos". Reservou, porém, a Viveiros Sobrinho um adjetivo de destaque, chamando-o de "inimigo figadal".

De forma similar, Viveiros Sobrinho não poupava referências injuriosas a seu principal adversário. Em artigo veiculado n'*A Nova Epocha*, datado de 17 de janeiro de 1857, denominou Carlos Ribei-

---

[89] AMARAL, José Ribeiro do. Biografias. In: Instituto Histórico Geográfico Brasileiro – IHGB. *Dicionário histórico, geográfico e etnográfico do Brasil*. Rio de Janeiro: Imprensa Nacional, 1922, p. 311.

ro de "líder do mais miserável pugilo[90] de anarquistas da cidade de São Luís". E, adiante, dirigindo a fala diretamente a Ribeiro: "*Ladrão, caloteiro, e ASSASSINO sois vós*, e *alguns* dos vossos, que respirais um *ambiente saturado de devassidão e de torpe imoralidade*".

Não seria incorreto, porém, afirmar que a odiosidade foi além do fim prematuro do barão de São Bento, projetando-se sobre seu filho primogênito, José Francisco de Viveiros, outro importante líder conservador no Maranhão imperial. Também natural de Alcântara, José Francisco de Viveiros nasceu em 1840. Aos 12 anos, foi para o Rio de Janeiro, ficando sob os cuidados de seu avô paterno, o senador Jerônimo José de Viveiros. Superado o curso secundário, mudou-se para Recife, onde se graduou pela Faculdade de Direito em 1862. Foi destacada liderança do Partido Conservador após o falecimento de seu pai. Por essa agremiação, elegeu-se deputado geral em 1861 e deputado provincial entre 1870 e 1875. Foi vice-presidente da província por diferentes vezes, assumindo a direção do governo em 1874, 1875 e 1886. Conseguiu projetar sua influência após o advento da República, sendo membro da 1ª Junta Governativa do Maranhão (1889) e do Conselho da Intendência de São Luís, órgão responsável por organizar o município da capital no início do regime republicano. Por duas vezes foi ainda eleito, pelo Maranhão, deputado da Câmara Federal (1894-1900). Faleceu em 1903.

A rivalidade entre Carlos Ribeiro e Viveiros Sobrinho, ainda que projetada em outros personagens, perduraria por muito tempo.

---

90 Sinônimo de plêiade, porção, grupo.

A TEATRALIZAÇÃO DO CRIME E SEUS PERSONAGENS

A CENA CONSERVADORA

> A escravidão no Maranhão não contém muitos casos tão horripilantes como este. Apenas me recordo de um único fato ter comovido e indignado a cidade. A mulher do chefe do Partido Liberal fora veementemente acusada de ter matado de sevícias um moleque, seu escravo. Os conservadores, no poder, aproveitaram a miserável circunstância, processaram e levaram até o júri a odiosa assassina. Desse drama, a impressão mais viva que me ficou foi a agitação na minha casa durante o julgamento. O Tribunal do Júri era na vizinhança. Os políticos vinham repousar e esperar a sentença na companhia de meu pai, figura considerável do Partido Conservador. Ainda vejo a cena, que eu espiava ardendo de curiosidade. Vejo a figura atraente, fascinante, de Celso Magalhães, o promotor público. Em torno dele, uma admiração entusiástica, comovida, que eu não compreendia, mas cuja intensidade me avassalava [...]. Morreu moço, logo depois da subida dos liberais ao poder, cujo primeiro ato de governo fora demitir a bem do serviço público o promotor, que ousara acusar a assassina do escravinho Inocêncio.[91]

A citação pertence à obra *O meu próprio romance*, livro de memórias de Graça Aranha publicado logo após seu falecimento, em 1931. Era o escritor filho de Temístocles da Silva Maciel Aranha, referido no trecho, relevante membro do Partido Conservador no Maranhão. Abolicionista, Temístocles Aranha foi citado pela socióloga Ângela Alonso como o principal contato do abolicionista baiano André Rebouças no Maranhão.

As recordações de Graça Aranha sobre o chamado "crime da baronesa", além de destacar a "comoção e indignação" que o delito

---

91 ARANHA, José Pereira da Graça. (1931) *O meu próprio romance*. 4. ed. São Luís: Alumar, 1996.

teria gerado na sociedade ludovicense, concentraram-se nas reverberações políticas do fato.

A memória do crime e de seu julgamento como evento político emergiu, em Graça Aranha, a partir de distintos elementos: a ação "oportuna" dos conservadores na denúncia de Ana Rosa Ribeiro; a oposição de forças entre as duas principais agremiações da política maranhense; a presença de personagens da elite local como fator que influenciou a condução do processo-crime; a absolvição da ré, por unanimidade; o não prosseguimento do processo para as instâncias superiores, mesmo que ainda fossem cabíveis recursos; e a demissão de Celso Magalhães do cargo de promotor quando da ascensão dos liberais ao poder.

Não há coincidência na associação que Graça Aranha fez entre o processo-crime e um *drama* político. Os elementos acima apontados compõem um cenário no qual a investigação dos fatos envolvendo a morte do escravo Inocêncio deixou de ser o fio-condutor da ação criminal movida contra a acusada, nesse sentido, tendo a ação judicial apenas *encenado* muitos de seus elementos jurídico-processuais.

Parto assim da ideia de que, embora não inscritas nos discursos constantes dos autos, várias nuances políticas entraram em cena na apuração do "crime da baronesa", tornando-se protagonistas de um teatro tão invisível nos registros dos autos quanto evidente em suas consequências.

No entanto, somente existe encenação com personagens. Por isso mesmo, quanto aos "autos-crime da baronesa de Grajaú", interessa por ora analisar quais foram os principais atores desse teatro e qual a capacidade desses mesmos sujeitos de influenciar a condução daquele trágico espetáculo.

A análise dos personagens será feita a partir do que entendo ser o principal elemento de cisão entre eles: a já referida oposição entre conservadores e liberais, os quais, nos autos do processo em discussão, acomodaram-se, respectivamente, nos polos de acusação e de defesa de Ana Rosa Ribeiro.

Os conservadores, por óbvio, concentraram sua atenção na acusação da ré, ou seja, na ação da Promotoria. A possível condenação de Ana Rosa Ribeiro significaria um duro e vexatório golpe na imagem de seu marido, líder do Partido Liberal.

Celso Magalhães, segundo entendo, serviu como projeção daquilo que os interesses conservadores conseguiram influenciar no processo, ainda que nos autos não tenha ficado registrada a presença das maiores lideranças desse agrupamento, com destaque para Augusto Olímpio Gomes de Castro.

Mas qual a capacidade de Celso Magalhães influenciar politicamente a condução daquela ação criminal?

Em uma sociedade na qual as relações de poder eram fincadas, predominantemente, em vínculos clientelistas e na força econômica das lideranças locais, acredito que a resposta a tal pergunta passa pela análise de dois principais elementos: o patrimônio econômico e político acumulado pela família de Celso; e as relações por ele e por seus familiares estabelecidas com a agremiação conservadora, as quais, inclusive, o conduziram ao cargo de promotor público.

Neste tópico, mais dedicado aos personagens protagonistas na ação criminal movida contra Ana Rosa Ribeiro, preocupo-me com o primeiro desses dois elementos. O segundo, igualmente relevante, será analisado em trecho seguinte, mais voltado à ascensão de Celso como promotor e à sua atuação como tal.

Pois bem, a partir dos postos ocupados e da fortuna acumulada por alguns de seus familiares, posso afirmar que a família de Celso Magalhães era tradicional no cenário político maranhense, com destaque para as localidades de Viana e Penalva.

No que tange às ocupações de seus familiares, predominou entre os ascendentes de Celso Magalhães o exercício de funções militares, havendo, como era comum no Império, o acúmulo dessas atividades com o exercício de funções jurídicas ou médicas, que asseguravam uma renda mais regular. Tais ofícios e patentes, aliás, na visão de José Murilo de Carvalho, junto com a atividade eclesiástica, constituíram as principais "matizes da ordem" na sociedade oitocentista, no sentido de reproduzirem o sistema político vigente, sendo carreiras facilitadoras da ascensão social de indivíduos ou da manutenção de posições já conquistadas por sua família.

O avô de Celso na linha paterna, Antônio da Cunha Mendonça, foi juiz na localidade de Viana, não havendo registros de que exerceu funções militares. Já seu filho José Mariano da Cunha, pai de Celso Magalhães, ocupou postos de destaque na Guarda Nacional. Há anotações de sua nomeação como tenente-coronel em 1867, ocasião na qual exercia o comando de batalhão da Guarda Nacional em Viana, e de que assumiu, como coronel, o comando superior da Guarda Nacional em Viana, Mearim e Monção, em 1875. Ao que tudo indica, manteve esse posto até sua morte, em 1878. Fora da Guarda Nacional, foi também subdelegado de Viana, em 1847.

Há diferentes referências nesta obra a personagens que exerceram postos de destaque na Guarda Nacional, daí porque é relevante tecer algumas observações sobre essa instituição, sobretudo após a reforma advinda com a Lei nº 602, de 19 de setembro de 1850. A norma deu à Guarda Nacional contornos aristocráticos, excluindo a possibilidade de que livres pobres ascendessem a postos superiores. A autoridade máxima sobre os praças nas localidades ficou a cargo do comandante superior, "com honras de coronel", em substituição à figura do chefe de legião. As patentes de oficiais passaram a ser pagas e os comandantes escolhidos através de nomeação do presidente de província, seguida de sanção do Ministério da Justiça.

Sobre o tema, o pesquisador Miquéias Mugge entende que a reorganização da Guarda Nacional funcionou como aprimorado mecanismo de privilégios e de centralização dos corpos militares, possibilitando ao presidente da província controlar os limites de utilização dos comandos milicianos como instrumento de mando local. Segundo as pesquisas do historiador Rafael Campos, essas transformações foram efetivamente absorvidas no Maranhão em meados da década de 1850. Já a pesquisadora Regina Faria confirma que, em terras maranhenses, os acessos a patentes oficiais "se tornaram, depois de 1850, objeto de compra e símbolo de prestígio social, álibi para colocarem os comandados a serviço de seus interesses pessoais".

Dessa maneira, a partir da reforma aqui tratada, a ocupação do oficialato da Guarda Nacional não significava, necessariamente, ter o militar se elevado hierarquicamente na carreira. De forma similar, com a aproximação do fim do Império, os postos superiores por vezes se tornaram meramente honoríficos, podendo o comandante sequer ter efetivamente tropas militares sob sua autoridade.

Mas, retornando aos comentários sobre a vida do pai de Celso, o casamento de sua única irmã, Ana Maria da Cunha Mendonça, possibilitou a aproximação da família Magalhães com os Duarte Soeiro, outra linhagem residente em Viana e, igualmente, com tradição em postos militares e na magistratura. A tia de Celso contraiu matrimônio com José Duarte Soeiro, militar listado em 1848 como chefe da Guarda Nacional da 1ª Legião da Comarca de Viana e ocupante da patente de coronel. José Duarte Soeiro exerceu ainda a função de juiz em Viana. Os autos cíveis daquela comarca, disponíveis no acervo do Arquivo do Tribunal de Justiça do Maranhão, registram pelo menos 28 processos nos quais houve a atuação de Duarte Soeiro como magistrado, datados entre 1821 e 1837. José Duarte Soeiro era filho do também militar e magistrado Antônio Duarte Soeiro, que chegou à patente de capitão. Quanto à atuação de Antônio como juiz, consta do acervo atual do Arquivo do Tribunal de Justiça do Maranhão seis processos nos quais exerceu a função, instaurados entre 1797 e 1815.

O avô materno de Celso, Manoel Lopes de Magalhães, médico, foi durante décadas "cirurgião-mor" da Guarda Nacional em Viana, assim sendo qualificado ao falecer. Consegui identificar, ainda, que Mariano Francelino da Costa Leite, tio de Celso Magalhães na linha materna, ocupou a patente de capitão. Já Antônio Raimundo de Sá, cunhado de Celso, foi tenente. Todos pertenceram à Guarda Nacional, razão pela qual é certo que tivessem outra profissão e renda, já que a qualificação para aquele corpo militar levava em consideração critérios censitários na escolha de seus membros.

Como o objetivo é mapear as ocupações dos familiares de Celso Magalhães que possam indicar uma influência política anterior ou concomitante à vida desse personagem, deixei de mencionar parentes que ascenderam a postos relevantes após o prematuro falecimento de Celso. Registro apenas, de passagem, que seu irmão mais novo, Filadelfo Cunha, segundo Fran Paxeco, tornou-se "oficial do Exército". Seu outro irmão, Manoel Lopes da Cunha, que era promotor quando Celso morreu, veio a ser juiz, procurador-geral do Estado, desembargador, 1º vice-governador e governador do Maranhão. José Joaquim da Cunha Marques, sobrinho de Celso, tornou-se igualmente governador do Estado, já na segunda década do século XX.

Além dos ofícios desempenhados pelos familiares de Celso Magalhães, outro indicativo da influência política que sua família teve é a condição material de seus membros, sobretudo em um contexto no qual o acesso a bens e à renda era decisivo para a participação na vida política da província, inclusive na condição de eleitor, candidato, jurado e membro da Guarda Nacional. Nesse sentido, fez-se necessário investigar o patrimônio vinculado a seus familiares, se seu casamento lhe rendeu alguma fortuna e, ainda, aquilo que Celso herdou antes de falecer.

A documentação analisada na pesquisa indica que, tanto na linha de ascendência paterna quanto materna, os parentes de Celso Magalhães possuíram considerável patrimônio.

O bisavô paterno, José Feliciano Botelho de Mendonça, como já mencionado, foi capitão-mor no Maranhão colonial, e nessa condição recebeu concessão de sesmaria. É presumível que o acesso à vasta extensão territorial lhe tenha proporcionado uma destacada condição econômica, sobretudo porque há indícios de que a sesmaria foi incorporada a seu patrimônio. No inventário de seu neto, José Mariano da Cunha, houve descrição de parte da herança como sendo "sete quartos quadrados de 750 braças de terra cada, situados no lugar denominado Redondo, às margens do rio Cajari, da sesmaria que foi do capitão José Feliciano Botelho de Mendonça". Muito embora o inventário do avô paterno de Celso Magalhães, Antônio da Cunha Mendonça, não tenha citado as terras como originárias de sesmaria, fica evidente que elas foram deixadas por José Feliciano para as gerações sucessivas, chegando ao pai de Celso, José Mariano da Cunha.

A vantajosa condição patrimonial do avô paterno também pode ser identificada a partir de seu inventário. Morto em 1858, Antônio da Cunha Mendonça deixou para sua esposa, inventariante e principal herdeira, um patrimônio aproximado de 34 contos de réis, já debitadas as dívidas que possuía, o que, em 1858, equivalia a uma média de 52 escravos e de 8,6 milhões de libras esterlinas (£8.600.000). O legado veio assim distribuído: Rs 3:898$155 em espécie; Rs 8:067$000 em bens imóveis – "Uma casa de sobrado na praça matriz desta cidade de Viana (1:500$000); meia dita (casa de sobrado) na rua dos [ilegível] no Maranhão (1:500$000); uma dita (casa de sobrado) no Redondo (300$000); 6/4 de terras quadrados de 750 braças cada uma (4:500$000); 237 braças de terras de frente e uma légua de fundo no Laranjal (237$500); e uma casa na Inauma (30$000)" –; Rs 15:900$000, referentes a 14 escravos e um mulato – "Escravo Roque, crioulo, 60 anos (700$000); escravo Jerônimo, crioulo, 18 anos (1:000$000); escravo Félix, crioulo, 25 anos (1:000$000); escrava Joaquina, caxeu, 70 anos (100$000); escrava Vitória, mulata, 19 anos (1:000$000); escrava Marcelina, 14 anos (800$000); escrava Ana, cabra, 13 anos (800$000); escravo José, carapina, cabinda, 65 anos (600$000); escravo Francisco, congo, 65 anos (450$000); escravo Olegário, crioulo, 44 anos (800$000); escravo Manoel Benedito, crioulo, 40 anos (800$000); Agostinho Mulato, 40 anos (100$000); escrava Luzia, e a filha Romana (1:200$000); escravo Sabino, crioulo, 30 anos (550$000)" –; e Rs 6.229$000, equivalentes a 298 animais – "Gado marcado em ferro: 92 vacas (2:300$000); 139 vacas solteiras (2:780$000); 48 novilhas de 3 anos (864$000); e 19 garrotes de 2 anos (285$000)".

A morte de Antônio da Cunha veio seguida da diminuição da fortuna por ele deixada. Quatorze anos após seu óbito, quando do falecimento de sua esposa, Joana Francisca de Aragão, a soma do patrimônio por ela deixado correspondeu a aproximadamente nove contos de réis (8:896$613), ainda assim uma quantia relevante para os padrões da época. Em 1872, o montante equivalia a uma média de 14 escravos e de 2,19 milhões de libras esterlinas (£2.190.000).

O patrimônio descrito no inventário de Joana Francisca compreendeu bens imóveis ("uma casa de sobrado com 6 braças de frente e 15 de fundo cita na praça da matriz desta cidade de Viana; meia morada de casa na rua de Santana da capital do Maranhão; uma casa velha de madeira, coberta de telha na terra denominada Redondo no termo de Penalva; e mil braças de frente de terras com uma légua de fundo no lugar denominado Redondo, termo de Penalva"); sete escravos ("Olegário, Manoel Benedito, Félix, Vitória, Alípia, Abigail e Januário"); 107 animais ("105 cabeças de gado vacum; 1 cavalo russo; e 1 égua amarela"); além de bens diversos de pouco valor, algumas peças de ouro e prata e créditos oriundos de empréstimos.

Seguindo a linha paterna, no que toca a José Mariano da Cunha, pai de Celso, posso afirmar que possuiu igualmente uma condição material destacável, por certo acumulando patrimônio comparável ao que possuiu em vida seu respectivo pai. Desse herdou, em 1858, um legado de Rs 6:550$000, correspondentes a 5 imóveis e 5 escravos – "2/4 de terras quadrados de 75 braças no Redondo (1:500$000); a casada de casas na praça desta cidade [Viana] (800$000); um chão de 6 braças de frente com o fundo que se achar na rua do Quartel (50$000); 80 braças de terra de frente, com 1 légua de fundo no Cachorrinhos (80$000); 1 casa no Cachorrinhos (20$000); o escravo José, crioulo, 30 anos (700$000); a escrava Rufina, 10 anos (700$000); a escrava Mariana, de 11 anos (700$000); o escravo Euzébio, 40 anos (1:000$000); e o escravo Marcelino, 25 anos (1:000$000)" –, e de sua mãe, falecida em 1872, herdou quinhão certamente maior do que o deixado por Antônio da Cunha.

O trecho do inventário de Joana Francisca que avaliou o quinhão de José Mariano está deteriorado, impossibilitando a leitura dos valores. Porém, em outra parte do documento, há a descrição, sem avaliação, do patrimônio deixado ao pai de Celso Magalhães: "A importância de Rs 2:834$464; cem braças de terra de frente com 300 de fundo no Redondo, termo de Penalva; uma casa coberta de telha no mesmo lugar; 2 escravos; 85 cabeças de gado vacum; 1 cavalo russo; e 1 égua amarela".

Mas o patrimônio construído por José Mariano superou bastante a herança por ele recebida. Apesar de seu inventário, aberto em 1878, estar com folhas em péssimo estado de conservação, o que impossibilitou identificar com exatidão a soma de seus bens, foi possível extrair do documento o seguinte patrimônio: cinco imóveis urbanos, todos em Viana – "Uma morada de casa edificada em terreno próprio, construída em tijolo, com a frente para a praça da Matriz, e fundo até a Grugueia (5:000$000); uma meia morada de taipa, coberta de telha, edificada em três braças de terreno próprio (3:000$000); a terça parte da metade da casa de sobrado, de pedra e cal, sita à Rua do Sol, desta cidade (300$000); uma casa de vivenda, coberta de telha, situada no lugar denominado Palmela; e uma casa de telha, de engenho" –; três imóveis rurais com vasta extensão – "Um terreno no canto da praça da Matriz desta cidade de Viana, entre a Rua da Ponta e a casa de D. Maria Joaquina Lopes de Figueiredo, limitando ao fundo a casa do capitão Antônio Rodrigues da Cunha; sete quartos quadrados de 750 braças de terra cada, situados no lugar denominado Redondo, às margens do Rio Cajari; e oitenta braças de terra de frente com uma légua de fundo no lugar denominado Cachorrinhos" –; 41 escravos, alguns avaliados e outros não – "Rufina, preta, solteira, de serviço doméstico, com quatro filhos ingênuos: Albina, Faustino, Cezina e Auristeia (550$000); Dionízia, de cor parda, nove anos de idade (200$000); André, cor parda, oito anos de idade (300$000); Severa, de cor parda, de 15 anos solteira, do serviço doméstico (700$000); Luzia, de 12 anos, solteira (400$000); Brasia, de cor preta, 13 anos (500$000); Mariana, preta, solteira, 35 anos, de serviço de roça (600$000); Maria, de cor preta, 10 anos de idade (300$000); Gervásio; José; Euzébio; Viveiro; Domingos; Clementino; Simplício; Venâncio; Raimundo; Raquel; Carlos; Emídio; Elvira; Manoel (1); Felicidade; Tomázia; Jordão; Conceição; Inácia; Manoel (2); Eva; Benedito; Carolina; Romana; Damásio; Terciliana;

Eulália; Eleutéria; e Anastácio" –; 862 cabeças de gado vacum; 29 gados cavalares; 1:674$000 em créditos junto a devedores; além de prataria e de dezenas de bens móveis de valor moderado, vários deles correspondentes a peças de "engenhos de moer cana".

Pela linha materna, a situação patrimonial da família do promotor não era distinta. O inventário de Manoel Lopes de Magalhães, seu avô, registrou uma expressiva condição material, que inclusive superou em sua soma a do avô de Celso por ascendência paterna. No entanto, o patrimônio de Manoel Lopes era distinto em sua natureza, pois, apesar de possuir escravaria e bens imóveis, concentrou alguma parte de seu montante em joias e o maior quinhão em dívidas ativas decorrentes de empréstimos e investimentos.

Manoel Lopes morreu em 1867, deixando "móveis, prata e ouro em obras, 6 escravos, o engenho Descanso, 1 morada de casas na Rua das Flores e 5 terrenos entre a Rua da Estrela e a Rua das Águas Livres, todos em Viana". O patrimônio total de Manoel Lopes, quando de seu falecimento, somou exatos e vultosos Rs 64:334$182. Em 1867, a soma equivalia a uma média de 99 escravos e de 14,4 milhões de libras esterlinas. Eis a planilha de avaliação de seus bens: "Bens móveis: 662$360; bens de raiz: 9:407$000; escravos: 10:060$000; gado vacum e cavalar: 2:889$000; ações do Banco do Maranhão: 5:500$000; ações da Caixa Filial do Banco do Brasil: 1:400$000; prata: 727:800; ouro: 674$020; e dívida ativa: 35:904$002".

Independentemente da confortável condição econômica da família de Celso Magalhães, sua morte prematura não lhe possibilitou tocar na herança patrimonial de seus antecessores. Pelo lado paterno, Celso deixou de ser contemplado no testamento do avô, e de seu pai igualmente não herdou nada, havendo registro, na verdade, de que devia a seu genitor Rs 50$000.

Da mesma forma, na linha materna, teve acesso a dote de Rs 3:000$000 deixado por Manoel Lopes. Considerável quantia, porém, vinculada ao pagamento de seus estudos. Não é forçado presumir que, de fato, Celso gastou todo esse dinheiro quando em Recife cursou a Faculdade de Direito.

Já a viúva de seu abastado avô materno, Maria Cecília Duarte de Magalhães, faleceu apenas em 1888, ou seja, quase uma década após a morte de Celso Magalhães. Da mesma forma, a mãe de Celso sobreviveu à morte do personagem, não lhe deixando, por óbvio, nenhuma herança.

Também não há indícios de que o casamento com Maria Amélia Leal trouxe riqueza a Celso Magalhães. Os vínculos de sua esposa indicam que pertenceu a uma família de classe intermediária, predominantemente de funcionários públicos sem maior destaque. Seu pai, Abel Francisco Correia Leal, por exemplo, era inspetor do tesouro público provincial. Seu primeiro marido, Rodolfo Pereira de Castro, despachante alfandegário. Logo após a morte de Celso, em artigo que homenageou o promotor, Alfredo Saldanha chegou a destacar que a recente união de seu falecido amigo com Maria Amélia "não se deu por qualquer interesse financeiro [...], mas por um sincero afeto".

Creio, porém, que o fato de Celso não ter tocado diretamente na riqueza de seus ascendentes não pode afastar o elemento econômico como fator que denota a influência de sua família. Aliás, a destacável fortuna, somada à ocupação e à manutenção de cargos públicos de natureza militar e jurídica, são aspectos que evidenciam a existência de relevantes relações políticas de seus familiares, e não apenas em um âmbito local, mas junto à administração central da província.

A natureza desses vínculos políticos foi conservadora. Tal fato parece inconteste, pois admitido inclusive por aqueles que defenderam que a atuação de Magalhães como promotor se deu com uma absoluta "isenção política", já que "não se nega que Celso Magalhães, por motivos familiares, político-estratégicos e sentimentais, tivesse vinculação com o Partido Conservador", como afirmado em publicação institucional do Ministério Público maranhense.

Um familiar de Celso Magalhães que parece ter tido estreito vínculo com a administração local e provincial foi seu avô materno, o médico Manoel Lopes de Magalhães, que, como visto, educou Celso. Além de ter exercido a função de cirurgião-oficial de Viana por pelo menos três décadas, há registro de correspondências trocadas entre Manoel Lopes e o presidente da província no início da década de 1850, "aconselhando" a administração sobre o combate aos surtos de febre amarela, comuns na região de Viana.

Manoel possuía igualmente uma vasta experiência no cuidado com indígenas, e por essa razão estabeleceu outras relações com o poder público. Nesse sentido, foi designado pela Câmara da Vila de Viana, ainda em 1828, para "se ocupar das moléstias dos índios", recebendo como pagamento doze escravos, bem como, no início da década de 1840, vendeu ao governo provincial vasto imóvel às margens do rio Pindaré, auxiliando na implantação de uma das principais colônias indígenas da província no Oitocentos.

Porém a aproximação da família de Magalhães com o grupo conservador fica mais evidente através da figura de seu pai. De fato, a trajetória política de José Mariano da Cunha torna evidente o vínculo. Isso porque, em paralelo à ocupação de postos militares, inclusive o de comandante superior da Guarda Nacional na região de Viana, sempre pela agremiação conservadora, José Mariano foi candidato a cargos eletivos, assumindo ainda o comando local do partido.

Em 1847, com 176 votos, foi eleito primeiro suplente de deputado provincial para a legislatura de 1848-1849, acabando por assumir o cargo durante todo esse período. Há registro de pelo menos uma tentativa anterior de eleição para a Assembleia Provincial, para o período de 1846-1847, mas na qual teve apenas 14 votos. Coincidentemente ou não, nas eleições nas quais José Mariano foi derrotado, a mesa eleitoral foi presidira pelo já expoente líder liberal Carlos Fernando Ribeiro, futuro barão de Grajaú.

Ao que tudo indica, após ser deputado, sempre condicionado à anuência da administração local e provincial, José Mariano permaneceu décadas no exercício exclusivo de funções militares. Voltou ao cenário político apenas em 1875, ano no qual faleceu o major Egídio José Gonçalves, liderança vianense do Partido Conservador. Com a morte do líder e o espaço político que se abriu em âmbito local, Mariano lançou-se candidato à direção dos conservadores em Viana, concorrendo com o Pe. José Virgílio Nunes.

A eleição de José Mariano como líder do Partido Conservador se deu de forma majoritária, mas não sem gerar traumas locais na facção. Em artigo do *Diário do Maranhão* datado de 22 de junho de 1875, assinado por "um conservador dissidente", houve severas críticas à escolha do pai de Celso Magalhães como líder. Segundo o relato, a definição da liderança vianense se deu por influência do então presidente da província e líder dos conservadores no Maranhão, José Francisco de Viveiros, de quem José Mariano seria próximo.

Ainda de acordo com a notícia, Viveiros teria causado "uma verdadeira cisão no partido conservador em Viana, [...] ao nomear sem maiores informações, verdadeiros liberais para postos relevantes na localidade". De fato, com a sucessão na liderança conservadora local, houve alterações nos postos de escrivão de órfãos, subdelegados, fiscais da Fazenda, procuradores e até mesmo na composição da câmara dos vereadores. O autor das críticas destacou que tais funções foram ocupadas por "autoridades militares", o que sugere terem atendido aos interesses de José Mariano, já então responsável pelo comando militar na região.

Não pude identificar se José Mariano da Cunha permaneceu na liderança dos conservadores até seu falecimento, em 1878, mas há registros de que desenvolveu naquele ano, sempre em nível local, outras atividades. Nesse sentido, compôs comissão, junto com o juiz de direito, o juiz municipal, o promotor público e o presidente da Câmara Municipal, todos de Viana, que tinha como objetivo "socorrer e prover ocupações para os emigrantes cearenses". Serviu ainda como avaliador em "processos de arbitragem feitos no termo de Viana", inclusive abrindo mão dos valores aos quais fazia jus no exercício dessa atividade.

A CENA LIBERAL

A projeção dos interesses liberais no "processo-crime da baronesa" se deu, principalmente, por meio da influência de Carlos Fernando Ribeiro, então líder do Partido Liberal. Outros atores emprestaram capital político para que, ao fim, predominasse o resultado desejado pelo futuro barão de Grajaú, como foi o caso do advogado Francisco de Paula Belfort Duarte e do médico Antônio dos Santos Jacinto, cuja atuação será destacada na última parte desta obra. A própria Ana Rosa Viana Ribeiro, apesar de ser politicamente ofuscada pela atuação do marido, não é um nome cuja relevância deva ser desprezada nos meandros da política maranhense do Oitocentos.

Como já dito, Ana Rosa Lamagnère Viana (seu nome de solteira) era natural de Codó, Maranhão, tendo nascido em 1823. Descendeu de uma tradicional e abastada família, originária da região de Bayonne, França, cujo patriarca e bisavô de Ana Rosa, o francês Pierre Lamagnère, chegou ao Maranhão na primeira metade do século XVIII.

Dos descendentes de Pierre Lamagnère, o mais bem sucedido foi o avô de Ana Rosa. Pedro Lamagnère, foi almoxarife da Fazenda Real, juiz de fora e vereador em São Luís, tornando-se, de acordo com a historiadora Antônia Mota, "um dos mais bem sucedidos proprietários rurais durante o 'boom' econômico do Maranhão", o que fez dos Lamagnère, juntamente com os Belfort e os Gomes de Sousa, uma das três maiores fortunas durante o auge da economia agroexportadora do Maranhão colonial. Foi ainda titular de duas sesmarias, provavelmente herdadas de Pierre, que era capitão-mor e conseguiu a mesma titularidade para todos os seus filhos.

O casamento de Pedro com Ana Rosa de Araújo Cerveira uniu os Lamagnère a outra rica e influente família do Maranhão colonial. A mãe da futura baronesa do Grajaú, de nome Francisca Isabel Lamagnère, foi uma das descendentes desse casal. A única informação que consegui localizar sobre Francisca Isabel foi a de que se casou com o comendador Raimundo Gabriel Viana, proprietário de terras na região de Codó, indo ali com ele morar.

Além da ascendência materna que a vinculava à rica família dos Lamagnère, Ana Rosa descendia, ainda pela linha maternal, dos Lopes de Sousa e, pela via paterna, era neta de Joaquim José Viana e de Vitória da Rocha Araújo. Para Milson Coutinho, todas essas referências demonstram a origem nobiliárquica e abastada da baronesa de Grajaú.

Não consegui identificar a data de óbito de Ana Rosa Ribeiro. O certo é que morreu antes de 1889, pois foi registrada no inventário de seu esposo como já falecida. Talvez tenha morrido próximo a setembro de 1886, quando foi veiculado anúncio de aluguel do casarão no qual residia a baronesa, localizado na Rua São João, Centro de São Luís, "com todos os seus móveis". Presumo que a morte de Ana Rosa tenha ocasionado a locação da casa, a partir de então sem maior serventia, já que, sabidamente, o barão de Grajaú morava em Alcântara.

Acerca de Carlos Fernando Ribeiro, o barão de Grajaú, inicialmente destaco que paira certo desconhecimento sobre a memória dessa relevante liderança política. Durante a pesquisa, não localizei nenhuma imagem sua. Além disso, apesar de alguns trabalhos escritos a seu respeito, possui o barão uma genealogia ainda não muito bem sequenciada. Chama a atenção, por exemplo, o fato de os autores que se dedicaram a algum tipo de biografia do personagem não fazerem menção a seus pais ou avós, regra geral, restringindo-se à identificação de alguns de seus irmãos e à descrição de sua carreira política.

Diante das lacunas na genealogia do barão de Grajaú, Milson Coutinho o comparou a "uma esfinge que precisa ser decifrada". O que mais impressionou Coutinho foi o aparente paradoxo entre a relevante projeção política que teve o barão e o desconhecimento em torno de sua ascendência.

> Essa esfinge é o próprio barão de Grajaú, homem público, que dominou durante quatro décadas a política maranhense. Sendo portador de três diplomas de nível superior, não tem pai, mãe, avós nem bisavós identificados, apesar da marcante presença desse homem na vida econômica, social e política do Maranhão.[92]

---
92 COUTINHO, Milson. *Fidalgos e barões: uma história da nobiliarquia luso-maranhense*. São Luís: Instituto Geia, 2005, p. 286.

No entanto, além de recorrer a pesquisas realizadas pelo próprio Coutinho em registros cartoriais de inventários e de vendas de imóveis, confirmei alguns dados biográficos do barão de Grajaú através da documentação levantada onde ele estudou, com destaque para os assentos acadêmicos de Carlos Ribeiro no *Yale College* (Estados Unidos) e na Faculdade de Direito de Recife, hoje mantidos, respectivamente, pela *Yale University* e pela Universidade Federal de Pernambuco.

Com efeito, Carlos Fernando Ribeiro descendeu de uma tradicional família alcantarense do século XIX. Nascido naquela cidade, em 30 de outubro de 1815, era filho do fazendeiro Carlos Pedro Ribeiro e de Ana Rosa Diniz Pereira de Castro. Além disso, na narrativa de Coutinho, era "neto paterno de Antônio Pedro Ribeiro, desconhecendo-se por essa linha o nome da avó. Do lado maternal, o barão era neto do piauiense João Paulo Diniz e de sua mulher, a maranhense Rosa Maria Pereira de Castro". Carlos Fernando teve, pelo menos, três irmãos.

Foi batizado na Freguesia de Alcântara, exatamente na data em que completou um ano de idade, conforme certidão expedida em 1841 e apresentada, na época, à Faculdade de Direito de Recife, onde fez sua última graduação. Conforme o mesmo assento, foram seus padrinhos de batismo Fernando Diniz Pereira de Castro e D. Maria Thereza Diniz, tios maternos de Carlos Fernando Ribeiro.

Carlos Fernando Ribeiro tornou-se órfão de pai bastante cedo, sendo educado pelo irmão mais velho, Antônio Onofre Ribeiro, outra importante liderança do Partido Liberal no Oitocentos. Na continuidade de seus estudos, concluiu três graduações, duas delas em solo norte-americano, sendo agrônomo pelo *Yale College* (1838), médico pela *School of Medicine da Filadélfia* (1840) e advogado pela Escola de Direito de Olinda (1846).

Uma observação. Sobre o nome apresentado por Carlos Fernando Ribeiro nas instituições de ensino que frequentou, há provas de que promovia variações de seu nome do meio (Fernando). Em Yale, inscreveu-se como Carlos *Ferdinand* Ribeiro, sendo a denominação que hoje consta de seus assentos. Já em Recife, apresentou o nome de Carlos *Fernandes* Ribeiro, como registrado atualmente nos arquivos da Universidade Federal de Pernambuco e conforme igualmente referido pelo jurista Clóvis Beviláqua. Não há dúvidas de que se trata da mesma pessoa, porém não consegui precisar as razões dessa variação, ao que tudo indica, proposital.

A formação acadêmica de Carlos Fernando, aliás, é indicativo da destacada condição econômica e da influência política de sua família. Além de consideravelmente dispendioso, era raro por essa época o acesso de estrangeiros às tradicionais faculdades dos Estados Unidos. Os cursos em Yale (Connecticut) e na Filadélfia (Pensilvânia), instalados na primeira metade do século XVIII, figuram entre os principais e mais antigos daquele país. Nesse sentido, é relevante a informação de que Carlos Fernando Ribeiro foi o primeiro brasileiro a se formar no *Yale College*. O sítio oficial da Universidade de Yale, em espaço dedicado ao histórico de brasileiros naquela instituição, registra expressamente tal informação.

Outro dado referente ao período de sua formação acadêmica e indicativo da riqueza e do destaque político dos Ribeiro foi a integração de Carlos Fernando ao *Skull and Bones*, sociedade secreta sediada em Yale. A reduzida literatura acerca da *Skull and Bones*, não raramente, eleva os relatos sobre o grupo ao patamar do místico e do sensacional. As narrativas passam por pactos com "forças malignas" ou pela realização de orgias e bebedeiras entre seus membros, chegando à sugestão de um plano de dominação política do mundo. O fato de três presidentes norte-americanos – William Taft, George Bush (pai) e George Bush (filho) – terem sido da *Skull* alimenta ainda mais essas conjecturas. Para este trabalho, interessa menos tais suposições e bem mais a conhecida seletividade do grupo, a destacar a relevante condição econômica e a influência política do jovem Carlos Ribeiro.

O caráter sigiloso de boa parte das atividades daquela sociedade não impossibilita o conhecimento de alguns de seus membros. Nesse sentido, a integração formal do maranhense à *Skull* parece incontestável. Diferentes publicações, com destaque para as obras dos pesquisadores Antony Sutton e Kris Millegan, apresentam listas de membros da sociedade, nas quais constam o nome de Carlos Fernando Ribeiro como iniciado em 1838.

A *Skull and Bones* é considerada a agremiação secreta mais influente das Américas. Foi fundada em 1832, possuindo suposta relação direta com a Ordem dos *Illuminati*, conhecida sociedade da região da Baviera. Desde o início, a *Skull* selecionava como membros no máximo quinze pessoas por ano, predominando estudantes e egressos na Universidade de Yale. Eis os principais requisitos para a integração no grupo: ser homem, branco, protestante, rico e com potencial de projeção política.

Acerca desses requisitos, é questionável o suposto protestantismo de Carlos Fernando, como já destacado neste capítulo. Independentemente de o futuro barão pertencer à família tradicionalmente católica, seus adversários políticos reiteradamente o acusavam de, quando em solo americano, ter "negado o catolicismo e abraçado o protestantismo". Caso verídica a informação, talvez a assunção do protestantismo tenha sido uma condição para sua integração à *Skull and Bones*.

O caráter elitista dos *Skull*, ao meu ver, é mais um indicativo da situação de destaque de Carlos Fernando Ribeiro, que, a propósito, foi o primeiro e um dos únicos dois brasileiros aceitos como *bonesman*, como são conhecidos os membros iniciados naquela sociedade. O outro foi o também maranhense José Ascenço da Costa Ferreira, líder liberal e, na política, uma espécie de discípulo de Carlos Ribeiro.

Paralelamente à política, Ribeiro se dedicou ao comércio, à produção agrícola e ao jornalismo. Foi diretor e redator, nas décadas de 1850 e 1860, de diferentes periódicos, tais como *A Imprensa*, *A Moderação* e *O Progresso*. Utilizou ainda boa parte de seu tempo na administração do engenho Gerijó, em Alcântara, com grande destaque na economia da região.

Não obstante ter desempenhado uma protagonista atuação na política desde 1851, a partir de meados da década de 1860 decidiu residir em Alcântara e se dedicar à empresa agrícola. O período no qual tomou essa decisão foi indicado pelo próprio Carlos Fernando Ribeiro.

Em fevereiro de 1872, escreveu carta ao *Yale College*, registrando fatos de sua vida após a formatura naquela instituição. Assim narrou seu cotidiano a partir de 1866, quando retornou da Corte, após o fim de seu mandato de deputado geral: "Dediquei-me à minha plantação de açúcar, bem próximo de Alcântara, onde vivo com minha esposa, D. Ana Rosa Lamagnère Viana, com quem eu tive dois filhos".

Ainda que a opção de residir em Alcântara, sabidamente, trouxesse certas limitações ao exercício dos cargos que exerceu e à liderança que tinha no Partido Liberal, optou em ter a maior parte de seus investimentos, seu principal imóvel agrícola e mesmo seu domicílio eleitoral naquela cidade. Em maio de 1870, por exemplo, apesar da preferência de sua agremiação, recusou compor o diretório do Partido Liberal em São Luís, optando pela mesa diretora de Alcântara, "porque, embora resida a pouca distância da capital, prefere pertencer à comissão da localidade onde tem seu domicílio". De forma similar, no período no qual exerceu interruptamente a presidência da província, localizei diferentes registros de viagens que indicaram que, ao assumir o cargo, teve que se deslocar de Alcântara para a capital, bem como que, terminado o exercício da função, retornou de pronto à sua cidade natal.

Profissionalmente, sem sombra de dúvidas sua grande paixão foi a agricultura. A despeito de sua múltipla formação acadêmica e dos cargos políticos que ocupou, identificava-se publicamente como *agricultor*, conforme constou de diversos editais no qual seu nome apareceu como cidadão habilitado como eleitor. Nos próprios autos-crime que investigaram a morte do escravo Inocêncio, interrogada Ana Rosa Ribeiro sobre "quais seus meios de vida e profissão", respondeu que "vive em companhia de seu marido, que é lavrador".

Mesmo habilitado para advocacia e para a clínica médica, pouco exerceu tais ofícios. Por certo, antes de assumir a função de secretário da província, em 1858, chegou a advogar, inclusive sendo escolhido, no início de 1856, como primeiro presidente do Instituto dos Advogados, criado naquele ano no Maranhão. Nunca exerceu de fato a medicina. Em artigo jornalístico datado de 14 de outubro de 1856 e publicado n'*O Estandarte*, reconheceu que sempre se valia da ajuda de médicos para tratar de "casos graves de moléstia" nele mesmo, ou em familiares e escravos, reservando-se, como médico, a cuidar apenas das "enfermidades de pequena consequência em sua família".

A decisão de não exercer essas profissões foi constantemente criticada por seus adversários políticos, que alegavam possuir Carlos Fernando Ribeiro os diplomas apenas formalmente, sem nada saber dos ofícios. A folha *A Nova Epocha*, editada por seu maior desafeto, o barão de São Bento, costumeiramente trazia entre seus anúncios comerciais notas irônicas, como a seguinte: "Atenção! Compram-se por todo o preço as receitas médicas, libelos e articulados jurídicos do Dr. Carlos Fernando Ribeiro; pagam-se a vista no escritório da redação desta folha".

Bem-sucedido senhor de escravos, Carlos Ribeiro era conhecido por seu antiabolicionismo convicto. Pelo menos essa foi a ideia apresentada em uma pequena biografia do personagem, assinada por "Runymedes" e veiculada n'*O Paiz* em maio de 1877, ou seja, quando ainda vivo o barão de Grajaú. No texto, foram relatados diferentes vezes nas quais Carlos Fernando, valendo-se do exercício da presidência da província, perseguiu e censurou jornais que publicaram matérias em defesa da abolição, assim como foi responsável pela pronta extinção de uma sociedade libertadora de escravos fundada por funcionários da alfândega. Após a intervenção de Carlos Fernando, segundo o relato, a sociedade "desapareceu rapidamente, sem deixar vestígios de sua passagem". Sobre o antiabolicionismo de Carlos Ribeiro, assim o articulista arrematou seu raciocínio: "O barão de Grajaú abolicionista seria um milagre capaz de parar o sol".

O barão de Grajaú faleceu em 10 de setembro de 1889, sendo enterrado no cemitério da Santa Casa de Misericórdia. Posteriormente, seus restos mortais, juntamente com os de sua esposa e filho, foram transferidos para o cemitério do Gavião, onde até hoje se localiza o mausoléu da família. A empresa que atualmente administra o cemitério guarda registros datados a partir da década de 1940, razão pela qual restou frustrada a tentativa de se identificar outras informações sobre os Ribeiro que ali jazem. Igualmente fracassada foi a tentativa de encontrar o local específico do mausoléu.

Carlos Fernando Ribeiro e Ana Rosa Lamagnère Viana se casaram em 1853 e tiveram apenas dois filhos, Carlos Fernando Viana Ribeiro e Francisca Isabel Viana Ribeiro. Poucas informações consegui localizar sobre Francisca Isabel. Sei que ainda era solteira quando seu pai faleceu.

Já quanto ao filho, os dados levantados indicam um estreito atrelamento aos liberais e a ocupação de postos militares e políticos de destaque.

Carlos Fernando Viana Ribeiro nasceu na cidade de Alcântara, em 24 de abril de 1854. Tornou-se bacharel em direito pela Faculdade de Recife e em ciências naturais pela Universidade de Bruxelas, Bélgica. Administrou durante anos o engenho Gerijó, localizado em Alcântara e pertencente a seu pai. Há registros de que, em 1886, ocupou o Comando Superior da Guarda Nacional em Alcântara. Casou-se em 1877 com sua prima, Ana Rosa Estela de Morais, que passou a se chamar Ana Rosa Ribeiro de Morais. Não há notícia de que o casal teve filhos.

Na política, foi destacado membro do Partido Liberal na última década do Império. Chegou a representar o partido, como delegado do Maranhão, no Congresso Liberal, ocorrido em abril de 1889 no Rio de Janeiro. Sempre pelos liberais, ocupou o cargo de deputado provincial entre 1880 e 1889, ano no qual foi eleito deputado geral. Pouco exerceu a função de parlamentar do Império, pois, com a proclamação da República, houve a dissolução da Assembleia Geral.

Ao que tudo indica, a carreira política do filho dos barões se esvaiu com o fim do Império, pois não ocupou mais cargo político após 1889. Ao falecer, em 1895, com apenas 41 anos, exercia o modesto cargo de inspetor do Tesouro Público do Estado.

O barão e a baronesa de Grajaú formaram certamente uma das famílias mais ricas da Província do Maranhão. Além daquilo que herdaram de suas respectivas e abastadas linhagens, a atividade empresarial de Carlos Fernando Ribeiro multiplicou a fortuna do casal. Além da destacada quantidade de imóveis e a numerosa escravaria, os negócios do barão evidenciavam o quanto ele dispunha de capital e de crédito para a utilização de modernos maquinários em seus empreendimentos, sendo pioneiro nas indústrias jornalística, de tecelagem, açucareira e de beneficiamento de arroz.

No setor açucareiro, por exemplo, investiu consideravelmente na modernização do engenho Gerijó, localizado às margens do rio com o mesmo nome, em Alcântara. O engenho foi construído ainda no contexto de missão da Companhia de Jesus, sendo posteriormente adquirido e modernizado por Carlos Ribeiro, que, valendo-se da importação de máquinas, tornou-o, como afirmado pelo historiador Jerônimo de Viveiros, "o mais importante engenho açucareiro da província".

Para se ter uma melhor noção da relevância do empreendimento, Viveiros mencionou em outra obra ser o Gerijó o principal engenho em 1860, quando havia 410 estabelecimentos dessa natureza na Província do Maranhão, dos quais 284 eram movidos à máquina a vapor e à força hidráulica, sendo os outros 136 movimentados por tração animal. Sobre a qualidade do açúcar produzido no engenho, localizei nota publicada na *Pacotilha*, em 17 de maio de 1883, na qual o redator mencionou "o superior açúcar cristalino, fabricado no engenho *Gerijó*, de propriedade do Exmo. Sr. Dr. Carlos Fernando Ribeiro, é o primeiro estabelecimento do seu gênero nesta província", bem como que "o açúcar que nos foi mostrado é superior ao de Pernambuco e rivaliza com o de beterraba".

Para César Marques, o barão de Grajaú foi um dos principias responsáveis pela importação de máquinas a vapor para o Maranhão e pela modernização de engenhos de cana nessa província. Junto com outros empresários, convenceu a firma Mrs. Fawcett, Preston & Co., "que antes tinham um comércio exclusivo com as Índias inglesas", a exportar maquinário para o Norte do Império.

O declínio da usina foi acompanhado pelo próprio barão de Grajaú, que decidiu reutilizar a maior parte do maquinário do engenho em uma pioneira indústria de beneficiamento de arroz, agora em São Luís.

O inventário de Carlos Ribeiro trouxe muitos indicativos da fortuna que o casal acumulou em vida. Isso porque, como já afirmado, Ana Rosa Ribeiro morreu antes de seu esposo, fazendo com que seu patrimônio fosse definitivamente integrado aos bens do barão, a exemplo das terras de sesmaria herdadas dos Lamagnère e de outras terras em Codó.

Apesar das evidências quanto à riqueza acumulada, o documento apresentou, igualmente, sinais de que Carlos Fernando Ribeiro possuía alto grau de endividamento quando morreu. Seus herdeiros chegaram a afirmar, desde a primeira manifestação no processo, que os direitos dos credores do barão superavam os bens deixados, inclusive entregando, de imediato, vários dos imóveis para sanear hipotecas. A situação aparentemente sensível dos Ribeiro foi posteriormente revertida por meio do matrimônio contraído por seus filhos, que rendeu alianças com outras abastadas famílias, projetando a família, durante décadas do século XX, ainda como política e economicamente influente no Maranhão.

Independentemente das dívidas do casal quando da morte de Carlos Ribeiro, os bens indicados em seu inventário impressionam. Destaco aqui os principais, na forma como registrada no documento:

> Engenho Gerijó situado em Alcântara com uma légua de terra de lavoura, casas, ranchos e utensílios; uma légua de terra em Bacuriajuba (Ladeira) em Alcântara; metade de uma légua de terra no Guijó Velho, na mesma comarca; uma légua de terra no lugar chamado Aningas, antiga fazenda dos Passarinhos, perto do engenho Tabacal; meia légua de terra no oeste de Alcântara, antiga fazenda de Jabacuara; uma légua de terra no Codó, as seis léguas da Vila Sudeste no lugar de nome Triângulo; terras de Guanaré ou Vamorei, a seis léguas da margem esquerda do Itapecuru, na freguesia do Codó, na data que foi do capitão Pedro Miguel Lamagnère; duas ilhas nos campos do tubarão (Jabaroca e Ilha Grande); um chão em Alcântara na Rua da Calçada; um estrado em usinas na cidade de Alcântara na Rua da Amargura; um estrado nesta cidade na Rua de São João e terre-

no até o canto do Banco do Maranhão; [e] uma fazenda de gado nos Campos do Tubarão, chamada fazenda Nova, com quatrocentas cabeças de gado.[93]

Se o patrimônio e as atividades empresariais de Carlos Fernando Ribeiro denotam o destaque que tal personagem teve na segunda metade do Oitocentos, muito mais indicativo de sua influência foi a trajetória política por ele construída.

Descendendo de uma família com ampla penetração no campo político maranhense, Carlos Ribeiro trilhou todo seu trajeto como membro do Partido Liberal. Foi, aliás, a principal liderança dessa facção no século XIX, assumindo a função de chefe do partido após a morte de Joaquim Franco de Sá, em 1851, e nesse posto permaneceu por quase quarenta anos, até seu falecimento.

Seu primeiro cargo público foi o de secretário da Presidência, na administração de Joaquim Franco de Sá, entre 1846 e 1847. A partir dessa data, ocupou os cargos de vereador da Câmara de São Luís, secretário da Província do Amazonas, deputado da Assembleia Provincial (Maranhão), deputado da Assembleia Geral (pelo Maranhão) e vice-presidente da Província do Maranhão.

Em particular, a perpetuação de Carlos Fernando Ribeiro como 1º vice-presidente da província é forte indicativo de seu poder. Exerceu a função pela primeira vez no final da década de 1840, ainda por influência de Joaquim Franco de Sá. Retornou ao posto em meados da década de 1870, para dele sair apenas com a queda do Império. Entendo que a reiterada recondução a tão importante cargo, ainda quando seus opositores se encontravam na chefia da província, demostra que os vínculos políticos do barão de Grajaú iam bem além da esfera regional, possuindo laços com a Corte.

---

93 MARANHÃO. Tribunal da Relação da Província. Autos cíveis de inventário dos bens do falecido Barão de Grajaú, do Juízo de Direito da Vara Cível da Capital do Maranhão, 1890. Inventariantes: Carlos Fernando Viana Ribeiro e Francisca Isabel Viana Ribeiro. Inventariado: Barão de Grajaú. In: _____. Arquivo do Tribunal de Justiça do Maranhão. *Autos Cíveis*. Avulso. São Luís, 1890, fls. 4-4v.

Sobre tais vínculos, o escritor Josué Montello, ao representar o ambiente político maranhense na década de 1870, construiu a imagem do barão como alguém politicamente próximo a D. Pedro II:

> Embora Dr. Carlos Ribeiro fosse chefe do Partido Liberal e estivesse um conservador na presidência da província, possuía largo círculo de influência, como fazendeiro, médico e bacharel em direito; a prova disso é que, entre os vice-presidentes do Maranhão, figurava também o seu nome. Além do mais, tinha ótimas relações na Corte, constando mesmo em São Luís que o Imperador o distinguia, chamando-o ao Paço, sempre que ele ia ao Rio de Janeiro.[94]

Acerca desses encontros, localizei apenas um registro. O periódico do Rio de Janeiro *Correio Mercantil* anunciou em 2 de fevereiro de 1864 uma lista de autoridades que "tiveram a honra de cumprimentar a Sua Majestade e Altezas Imperiais". Ali consta o nome do "Dr. Carlos Fernando Ribeiro", entre barões, viscondes, deputados, ministros do Império, conselheiros de Estado, magistrados e padres.

O próprio baronato, aliás, é indício de que Carlos Fernando Ribeiro, no mínimo, era bem considerado pelo Imperador e de que dele não era adversário político. Ainda que a concessão de títulos na década de 1880 estivesse relacionada, regra geral, a barganhas econômicas com a Corte, por óbvio sua concessão não era direcionada a desafetos ou a opositores, sobretudo por poder insuflar tensões políticas locais. O certo é que o título de barão obtido por Carlos Ribeiro, em 19 de março de 1884, reforçou seu prestígio e o consolidou como liderança liberal no Maranhão, tornando-o um dos doze maranhenses agraciados no Segundo Reinado com tal titulação.

Segundo a pesquisa da historiadora Jéssica Manfrim de Oliveira, quinze títulos "grandes" de nobreza foram direcionados à Província do Maranhão por D. Pedro II. Desse total, doze foram de barão, um de barão com grandeza e outros dois de visconde com grandeza. Na periodização das fases de nobilitação no Império proposta

---

94 MONTELLO, op. cit., p. 455.

pela mesma autora, o baronato de Carlos Fernando Ribeiro se insere no contexto de crescimento das titulações entre 1880 e 1889, quando houve um expressivo incremento da distribuição de títulos de barão e visconde sem grandeza.

Não localizei nos acervos documentais do Arquivo Nacional ou da Biblioteca Nacional do Rio de Janeiro registros do processo que concedeu o baronato a Carlos Fernando Ribeiro. A documentação poderia ser relevante, por exemplo, para identificar as razões pelas quais o título teve como topônimo a cidade de Grajaú. Sobre o tema, o único registro localizado foi a referência feita por Jerônimo de Viveiros (o historiador), que atribui a escolha de Grajaú a uma espécie de desforra de Carlos Ribeiro a seus adversários, que lhe acusavam de ser o mandante de crimes naquela localidade.

Algumas nuances da atuação política de Carlos Fernando Ribeiro, bem como sua evidente vinculação aos interesses do Partido Liberal, podem ser percebidas a partir da administração por ele exercida quando à frente do governo da província. Em nota de atualização à obra de Viveiros, Jomar Moraes afirmou que Carlos Fernando Ribeiro, sempre na condição de vice-presidência da província, assumiu sete vezes o governo: entre 17 de dezembro de 1847 e 21 de janeiro de 1848; de 28 de março a 17 de maio de 1878; de 27 de maio a 24 de julho de 1880; de 6 de junho a 25 de setembro de 1883; de 2 de março a 18 de setembro de 1884; de 16 de maio a 23 de junho de 1885; e de 30 de junho a 3 de agosto de 1889.

Entre o início de abril e o começo de maio de 1878, por exemplo, o futuro barão de Grajaú adiou sucessivamente a instalação da Assembleia Provincial naquela legislatura, cujos trabalhos foram iniciados, de fato, apenas em 9 de maio. No relatório oficial por ele produzido, justificou o adiamento no fato de, por estar dirigindo interinamente o governo "em um curto espaço de tempo" (desde 28 de março), não teria conseguido até então "estar a par do estado da administração", sendo temeroso referendar os atos legislativos "sem a devida compreensão dos interesses da província". A razão do ato, conforme registrado na justificativa do relatório, foi o "interesse público".

No entanto, foi bem outra a impressão dos parlamentares nos debates travados por ocasião das frustradas sessões de trabalho, suspensas pela ausência de Carlos Fernando Ribeiro e decorrentes da edição de reiteradas portarias que transferiram a instalação da assembleia. Na versão de seus opositores, o adiamento seria verdadeira retaliação do vice-presidente contra aquela casa legislativa, formada nessa época, majoritariamente, por conservadores. Teria assim explícito caráter protelatório, suspendendo a atuação do Parlamento enquanto o presidente em exercício editava normas e reorganizava cargos segundo seus interesses.

Em uma dessas infrutíferas sessões, ocorrida em 1º de abril de 1878, assim o deputado Dias Carneiro, do Partido Conservador, discursou sobre a conduta de Carlos Ribeiro, tal como registrado nos anais da Assembleia:

> Precisava eu ler este documento para acreditar que realmente o Exmo. Sr. vice-presidente da província adiou a assembleia, sob o fundamento de que "esta medida é conveniente aos interesses da província" (apoiado)! [...] É realmente, senhores, a causa mais extravagante, o ato de prepotência mais violento que um presidente de província pode cometer nestas circunstâncias! É um ato que não precisa comentários, tem em si a explicação de sua origem. Se fosse permitido fazer um protesto, eu o faria; e estou certo de que todos os meus ilustres colegas me acompanhariam (muitos apoiados); mas contenho-me neste silêncio respeitoso, que é o melhor protesto aos caprichos da violência. Fiquem entretanto estas ligeiras considerações consignadas na ata, como a opinião inequívoca do público sensato de nossa província.[95]

As alterações promovidas por Carlos Ribeiro nos quadros da magistratura, a meu ver, foram outro indicativo do uso do governo provincial para dar vazão aos interesses políticos que representava. Já foi

---

95 MARANHÃO. Assembleia Provincial. *Anais da Assembleia Provincial do Maranhão da 1ª Sessão da 22ª Legislatura, aberta em 9 de maio de 1878*. São Luís: Tipografia do Frias, 1878a, p. 13.

discutido neste trabalho o quanto juízes e promotores eram agentes políticos locais. Por outro lado, a distribuição desses cargos funcionou como eficiente mecanismo de apadrinhamento, nos moldes clientelistas. O controle sobre o ingresso e sobre a circulação nos postos da magistratura era, assim, vital para a reprodução de grupos políticos.

Entre março de 1878 e agosto de 1889, Carlos Ribeiro esteve na presidência, interinamente, por aproximadamente um ano e três meses. O exercício do comando provincial por Carlos Ribeiro certamente se deu como projeção, no Maranhão, do direcionamento tomado pela política em âmbito nacional. Não coincidentemente, o período é concomitante à hegemonia do Partido Liberal na Corte entre 1878 e 1885, quando o Gabinete Ministerial do Império esteve nas mãos dessa agremiação.

Nesses momentos, ficou evidente como a demissão, nomeação, transferência e promoção de juízes e promotores foram uma de suas prioridades. Para evidenciar essa tendência, procurei quantificar tais atos a partir dos relatórios oficiais de gestão apresentados por Carlos Ribeiro.

Quanto aos juízes, ao todo o barão de Grajaú determinou 22 demissões, nomeou outros 22 bacharéis para as respectivas comarcas e 5 magistrados para cargos vagos, reconduziu 2 juízes antes demitidos, removeu 4 magistrados e promoveu outros 3, somando 36 alterações. Foram 31 as alterações de promotores, sendo 21 demissões, seguidas pelas respectivas nomeações, 7 nomeações para cargo vago e 3 remoções.

Por óbvio, a eventual motivação política dos atos não foi registrada nos relatórios, porém, não apenas a quantidade de alterações na magistratura é indicativa desses interesses, mas também o momento em que ocorreram, pois, regra geral, vieram nos primeiros dias após a assunção do governo provincial por Carlos Fernando Ribeiro. Em março de 1878, Celso Magalhães foi um dos demitidos, perdendo o cargo de promotor.

Como registrado, a morte do barão de Grajaú se deu dois meses antes do advento da República. Localizei duas pequenas notas que registraram o falecimento, com homenagens discretas ao líder liberal. Uma delas no Maranhão e outra em Recife, onde Carlos Ribeiro se graduou em direito. A nota maranhense, porém, faz menção à circulação de uma "edição especial de uma publicação consagrada à memória do barão de Grajaú, Dr. Carlos Fernando Ribeiro", mencionando, ainda, que a publicação trazia na primeira página o retrato do barão e que contou com "diversos artigos" assinados pelos Srs. Manoel de Bethencourt, Sebastião de Aragão Neves, João Batista de Moraes Rego e Luiz de Medeiros; "mais o discurso recitado pelo Exmo. Sr. Dr. Benjamin Aristides Ferreira Bandeira, ao baixar à sepultura o cadáver do pranteado chefe do partido liberal e um soneto do Sr. Aluísio Porto". Não localizei, porém, a referida edição especial.

Por outro lado, um dos únicos tributos prestados a Carlos Ribeiro foi a nominação de um município maranhense como "Barão de Grajaú". De acordo com as notas inseridas por Antônio Lopes no *Dicionário* de César Marques, a homenagem se deu ainda nos últimos anos do século XIX, quando da instalação de um posto fiscal às margens do rio Parnaíba, para coleta de impostos de viajantes que se deslocavam entre o Piauí e o Maranhão, sobretudo vindos de Floriano. Com o aumento da fixação de pessoas, o local tornou-se vila em 1904, fundando-se em 1911 o Município de Barão de Grajaú, até hoje existente.

Apesar da forte e duradoura influência política que teve no período imperial, não há muitos indícios da perpetuação de seu nome após o falecimento. Pelo contrário, como já afirmado, existe um destacável desconhecimento sobre o personagem, sobretudo se comparado a outras lideranças liberais e conservadoras a ele contemporâneas.

UM PROMOTOR NA POLÍTICA

A trajetória de Celso Magalhães como promotor público durou pouco mais de quatro anos. Nomeado em meados de fevereiro de 1874, iniciou sua atuação no cargo em 8 de março daquele ano. Por motivos que desconheço, o exercício da função de promotor por Magalhães somente foi comunicado à Corte do Império mais de dois anos depois de seu início. Em correspondência datada de 12 de julho de 1876, o presidente da província, Frederico de Almeida e Albuquerque, enviou ao ministro dos Negócios da Justiça cópia do ofício que recebeu do juiz de direito da 1ª Vara da Capital, informando o início da atuação de Celso na Promotoria.

Desde o início de seu exercício e até sua demissão, Celso titularizou uma das Promotorias da capital maranhense. No cumprimento de suas funções, ainda em 1874, foi removido temporariamente, com a finalidade de, em Guimarães, "dirigir a acusação contra os suspeitos de terem assassinado o tenente Antônio Estevão de Almeida e Silva". Ali permaneceu até janeiro do ano seguinte. A presença de Magalhães na expedição foi referida por Antônio Lopes como fruto de uma escolha pessoal do presidente da província, dada a confiança que tinha no promotor.

Na ocasião, Celso compôs comitiva que, segundo notícia do *Diário do Maranhão*, tentou sanear "grave perturbação à Justiça" ocorrida naquela localidade, tendo em vista que o principal acusado pelo assassinato do tenente foi outro militar, o major Antônio José Pires Lima. A comissão da qual Celso fez parte, composta também pelo chefe de Polícia da província e por um capitão da Guarda Nacional, reforçou o trabalho que vinha sendo realizado pelas autoridades locais. Após aproximadamente três meses de investigação, a comissão concluiu que o autor do crime foi um escravo do principal suspeito, de nome Francisco, que, segundo a versão dos autos, matou Antônio Estevão por vingança, já que tal militar, em verdade, "se dedicava a capturar escravos fugidos".

No curto período de quatro anos em que Celso foi promotor, exerceu suas atribuições de maneira praticamente ininterrupta. A correspondência oficial do Ministério Público registrou, entre os anos de 1875 a 1877, três únicos afastamentos temporários de Celso em razão de licença, sendo todos inferiores a quinze dias.

Celso Magalhães teve sua carreira no Ministério Público fulminada pela demissão, em 29 de março de 1878, a mando de Carlos Fernando Ribeiro.

A quase totalidade das fontes pesquisadas afirma que Magalhães cumpriu o ofício de promotor com neutralidade política. Segundo essa interpretação, sua imparcialidade seria ainda mais evidente ao conduzir a acusação de Ana Rosa Viana Ribeiro, futura baronesa do Grajaú, por conta do suposto assassinato do escravo Inocêncio.

A correta atuação de Celso é, aliás, representação que interessa aos dois principais campos responsáveis pela construção da memória em torno do personagem, o literário e o jurídico, os quais, predominantemente, descrevem a trajetória jurídica do promotor como imaculada, pois, segundo a procuradora de Justiça Elimar Silva, unicamente movida "pelo compromisso com a cidadania e pela luta que encetou em prol da liberdade, da igualdade e da justiça".

Longe de ingerências políticas, a conduta de Magalhães seria, segundo tais representações, marcada pela serenidade com a qual encarava o exercício da Promotoria, somando-se tal característica a atributos intelectuais igualmente relevantes.

Apenas a título de ilustração, algumas das qualidades atribuídas a Celso em sua atuação como promotor de Justiça: "De grande honradez e inteligência" (Antônio Lopes), "incorruptível" (Mário Meireles), "dotado de coragem notável" (Jean Yves Mérian), "de rara lucidez" (Lago Burnett), "guardião da Justiça" (José Chagas) e, em publicação institucional do Ministério Público, "destemido, competente, incansável na acusação".

Seguindo essa lógica, a memória construída pelo Ministério Público em torno de Celso buscou desqualificar qualquer afirmação que aproximasse as ações do promotor dos interesses do Partido Conservador.

Como exemplo:
> Não lhe fazem justiça os que, carecedores de pesquisa acurada para lastrear suas afirmações e ignorando os escritos predecessores e a tradição, sinalizam que ele [Celso Magalhães] teria agido por motivação político-partidária, numa interpretação precipitada da passagem das memórias de Graça Aranha em que o grande escritor evoca uma suposta manobra do Partido Conservador para incriminar a futura baronesa de Grajaú [...]. Como o ônus da prova incumbe a quem alega, demonstrem os possíveis detratores a atuação parcial de Celso da Cunha Magalhães na Promotoria Pública da capital, quer seja no processo contra D. Ana Rosa Viana Ribeiro ou em qualquer outro caso![96]

No entanto, é difícil desvencilhar o ingresso de Magalhães na Promotoria dos vínculos que sua família – e o próprio Celso – possuía com o Partido Conservador, sobretudo em um contexto no qual o acesso a determinados postos estava sujeito, mais do que ao mérito pessoal, ao apadrinhamento de líderes políticos e facções.

Embora houvesse diferentes formas legais de recrutamento de postos do Judiciário e do Ministério Público, como já referido, parece ter predominado no Império o sistema de apadrinhamento no molde clientelista.

Quase a integralidade das carreiras jurídicas dependia do jogo de apadrinhamentos, inserindo tais autoridades em um processo que ia desde o ingresso nos primeiros estudos em direito até à promoção aos postos mais elevados do Judiciário.

Com a relativa obrigatoriedade de se realizar provas de admissão, o acesso às poucas faculdades de direito se dava, predominantemente, por indicação. Circulavam pelo Império jovens que levavam consigo cartas de recomendação de pessoas com influência política. Aqueles com indicações de agentes com maior prestígio adentravam na faculdade de forma automática, os que não tinham

---

96 MARANHÃO. Ministério Público do Estado. *Autos do processo-crime da baronesa do Grajaú...*, p. 23-24.

tanto lastro ganhavam o direito de fazer exames admissionais. Porém, o critério mais certo era ainda o da origem social, no sentido de que eram os filhos de famílias ricas e influentes que ingressavam nos bancos das faculdades com maior facilidade.

A obtenção do diploma credenciava o estudante a participar da política de indicações. Tal como no acesso aos cursos de graduação, as cartas de recomendação eram essenciais no direcionamento inicial da ocupação de postos como os de juízes municipais ou de promotor. Nessa lógica, ascendiam mais rapidamente os bacharéis que conseguissem conciliar contatos com a Corte do Império e em meio à política provincial. Os laços familiares e os vínculos estabelecidos durante a graduação eram igualmente vitais.

Se a ingerência do Monarca sobre o Judiciário foi outra constante na política de indicações e demissões, o quadro ficou ainda mais evidente com as estratégias de centralização institucional do Segundo Reinado. A Lei de Interpretação do Ato Adicional (1840), a reforma do Código de Processo Penal (1841) e a reconfiguração da Guarda Nacional (1850), por exemplo, reduziram atribuições de autoridades regionais para nomeações de diferentes cargos públicos, retornando essa prerrogativa ao poder central do Império, sobretudo na figura de ministros ou presidentes de província, os quais, lembre-se, eram indicados diretamente pelo Imperador. No caso dos juízes e dos promotores, alternou-se durante o Império a nomeação por parte do ministro da Justiça e do presidente provincial.

As nomeações e demissões de membros da Promotoria seguiram a mesma tendência. Criado formalmente pelo Código de Processo Criminal (1832), o cargo de promotor, tal como o de juiz, era preenchido por indicação do governo central quando houvesse atuação junto à Corte, ou, nas províncias, pelos respectivos presidentes. Nas disposições do Código de Processo Criminal de 1832: "Podem ser promotores os que podem ser jurados; entre estes serão preferidos os que forem instruídos nas leis, e serão nomeados pelo governo na Corte, e pelo presidente nas províncias, por tempo de três anos, sobre proposta tríplice das Câmaras Municipais".

Porém, a influência do Executivo não estava apenas no poder de nomear, mas igualmente de fazer juízes e promotores circularem e ascenderem. Tal prerrogativa era central, pois, desde que ingressavam no ofício, os magistrados aspiravam progredir em sua carreira profissional. Horizontalmente, desejavam ser removidos para comarcas mais centrais, nas quais a influência política do cargo trouxesse maiores frutos ou simplesmente para se aproximar da capital. Verticalmente, sonhavam com as vagas dos tribunais, sobretudo nas Relações, ou mesmo, para um grupo bem mais seleto, no Supremo Tribunal de Justiça.

Em um contexto no qual a circulação de cargos era endêmica, a possibilidade de progressão dependia consideravelmente da política de indicações. Por isso mesmo, as promoções pouco decorriam do mérito dos magistrados. Consistiam, isso sim, no produto de um perpétuo jogo de apadrinhamentos.

Nesse cenário, a influência do governo provincial sobre os promotores era constante, não se limitando aos momentos de nomeação, promoção ou demissão, mas diluindo-se no exercício cotidiano da atividade. Nas correspondências oficiais dirigidas pelo presidente da Província do Maranhão a promotores de Justiça, fica evidente essa ingerência. Como antes registrado, inúmeros ofícios materializavam recomendações ou mesmo orientações diretas do que priorizar e de como atuar, quase sempre seguidas de requisições de relatórios sobre casos "de interesse da província".

Apenas como exemplo dessas correspondências, algumas das recomendações/ordens expedidas pelo presidente da Província do Maranhão a promotores de Justiça: "Ao promotor público da Comarca de Alcântara, recomendando-lhe que empregue as medidas necessárias para que sejam processados os escravos que espancaram a um outro escravo, na fazenda Nossa Senhora do Carmo"; "ao promotor público do Brejo, chamando sua atenção sobre o processo instaurado contra o escravo Paulino, que assassinou o feitor da fazenda Posto de Santa Quitéria, recomendando-lhe que empregue todos os recursos legais para a punição do réu"; "ao promotor público da Comarca de Alcântara, informando-lhe ter conhecimento do despronunciamento, pelo juiz municipal, de alguns réus em consequência da interrupção de recursos destes e também de não terem sido pronunciados escravos e outros indivíduos apesar de haver motivos para isto [...], em vista do exposto, manda-lhes o Governo que observem o rigoroso cumprimento dos seus deveres"; "ao promotor público da Comarca de Guimarães, em vista de não serem suficientes os esclarecimentos sobre a Justiça criminal nessa comarca, solicitou-lhe que informe o processo que deixou de ser julgado e em que termos está processado o réu Ciriaco, escravo de Eduardo Antônio Amorim, onde e em quem foi cometido o crime, para onde foi o mesmo réu vendido e quais os seus sinais característicos"; "ao promotor público da Comarca de Viana, em vista de ter sido Vespasiano, escravo do major Inácio Antônio Mendes, pelo homicídio de Cassiano, escravo do coronel Trajano Mendes, tendo o réu confessado o crime, recomendou-lhe que empregue todas as diligências para a breve conclusão do processo e punição do delinquente"; e "ao promotor público da Comarca de Pastos Bons, solicitando-lhe que informe o estado em que se acham alguns processos entre estes de Antônio José de Assumpção, por haver tentando reduzir pessoas livres à escravidão".

No caso de Celso Magalhães, não era esperado que a estratégia de acesso à Promotoria e de manutenção no cargo tenha se dado de maneira diversa. A forma como ingressou no Ministério Público logo após se tornar bacharel e a lotação inicial na capital transparecem uma estreita e preestabelecida aproximação com a administração provincial, naquele momento dominada pelo grupo conservador.

Parece inquestionável que o acesso de Celso Magalhães ao cargo de promotor se deu por razões eminentemente políticas. No entanto, não se pode desprezar que outros atributos do personagem devem ter concorrido para seu imediato ingresso em uma Promotoria da capital. Entendo que a inserção de Celso nos campos literário e jornalístico, além da própria participação na vida cultural da cidade, possibilitaram que o jovem jurista construísse o que a historiadora Ângela Alonso, referindo-se à trajetória de Joaquim Nabuco, denominou de "hábitos de Corte", a envolver "talentos" como a apresentação, a sedução, a polidez e a erudição, todos igualmente importantes para a entrada na burocracia do Império.

A graduação de Magalhães em Recife ocorreu em 22 de novembro de 1873, quando retornou à Província do Maranhão. Sua chegada a São Luís foi registrada no dia 14 de fevereiro de 1874, a bordo do vapor Cruzeiro do Sul. Embora Antônio Lopes tenha registrado que Celso fez um "curto passeio" a Viana "antes de ser nomeado promotor de Justiça", provavelmente a ida à sua terra natal se deu entre a nomeação, em 16 de fevereiro de 1874, e o início do exercício de suas funções, ocorrido apenas em 8 de março daquele ano. Tal deslocamento, aliás, deve explicar o lapso temporal compreendido entre o acesso ao cargo e o princípio da efetiva atuação como promotor.

Difícil acreditar que sua inserção na Promotoria não estivesse previamente definida e condicionada tão somente a seu bacharelado. Isso porque, como perceptível, a nomeação ao cargo de promotor ocorreu apenas dois dias após seu retorno ao Maranhão.

Torna mais crível a estreita ingerência política sobre sua nomeação o fato de Celso ter sido lotado, de imediato, na capital, quando a grande maioria dos cargos eram providos inicialmente no interior da província, devendo posteriormente o bacharel barganhar sua promoção ou remoção e, assim, aproximar-se de São Luís.

Celso Magalhães foi nomeado promotor público por Augusto Olímpio Gomes de Castro, então presidente da província e, como já identificado, uma das maiores lideranças conservadoras do Maranhão imperial. Antônio Lopes, equivocadamente, indicou que a nomeação de Celso Magalhães veio "das mãos do presidente José Francisco de Viveiros". O promotor Washington Cantanhêde retificou essa informação, apresentando correspondência oficial entre a Promotoria e o comando da província que confirma a nomeação por Gomes de Castro. De fato, o ato em questão, conforme referido, data de meados de fevereiro de 1874, sendo que José Francisco de Viveiros somente entrou no exercício da presidência em 18 de abril de 1874. Registros de Fran Paxeco e de Mário Meirelles apontam igualmente a nomeação de Celso pelas mãos de Gomes de Castro.

A aproximação de Celso e de seu pai com líderes políticos da província, naquele momento sob a hegemonia do Partido Conservador, foi decisivo condicionante do ingresso do jovem jurista na Promotoria e de seu local de lotação.

A ingerência conservadora é vista como natural até mesmo na memória construída pelo Ministério Público estadual, que, como já destacado, esforça-se para desvincular a atuação de Magalhães dos meandros políticos do Oitocentos. Nesse sentido, assim reconheceu o Ministério Público em publicação institucional de 2009: "De qualquer maneira, a vinculação de um promotor público do Império com determinada personalidade ou corrente política [era] condição para obter a nomeação, numa época em que a investidura no cargo não era precedida de aprovação em concurso público".

No entanto, o reconhecimento da condução política de Celso à Promotoria, tema sobre o qual parece haver certo consenso, não levou à conclusão de que sua atuação no cargo se deu sob influência dos conservadores. Nesse aspecto, a documentação investigada, regra geral, apontou para a tendência de que Celso Magalhães era somente simpatizante do Partido Conservador, não tendo sua atividade jurídica influenciada pela facção.

Acerca da simpatia do promotor aos conservadores, teria essa afinidade como base "motivos familiares, político-estratégicos e sentimentais", segundo publicação do Ministério Público estadual. Nessa perspectiva, em diferentes oportunidades foi lembrado o vínculo de sua família com o grupo conservador. Fran Paxeco, por exemplo, embora reconhecesse que tal elemento não influenciasse o promotor no exercício de suas funções, acentuou que Celso "era de uma família importante, que sempre militou sob a bandeira conservadora".

De forma similar, Antônio Lopes não negou a aproximação de Magalhães com os conservadores, embora defendesse a neutralidade política do promotor. Para Lopes, seria mais correto afirmar que foram as lideranças conservadoras que nutriram com relação a Celso expectativas políticas. No entanto, sem correspondência por parte do bacharel.

Segundo Lopes:
> A fama de que vinha precedido colocava-o [Celso Magalhães] numa evidência sem par entre os rapazes do seu tempo. Logo ao chegar ao Maranhão, recebeu, em 1874, nomeação de promotor público da capital das mãos do presidente José Francisco de Viveiros, que o tinha em relevância, vendo nele, pelas tradições conservadoras da família e pelo talento, um elemento de grande futuro para o partido.[97]

E, em outra ocasião, buscando justificar o aparente paradoxo entre a aproximação de Celso dos conservadores e sua postura politicamente isenta:
> Poderá isto parecer contraditório ao que já dissemos com relação às esperanças que nutriam sobre o jovem maranhense, desde que saíra da academia jurídica de Recife com a sua carta de bacharel, os chefes conservadores da sua província natal. Não o é, porém. Celso pertencia a uma família de tradições conservadoras, mas achava-se realmente divorciado dela em matéria de opiniões políticas. Pelo seu talento, era natural [que] fosse objeto da atenção dos conservadores como dos liberais e, quanto possível, atraído e disputado até por ambos os elementos políticos de então. Não obstante, Celso de Magalhães conservou-se afastado de todas as organizações políticas de então.[98]

Outra tendência encontrada na documentação foi a de que Magalhães teria aderido ao conservadorismo somente após sua demissão. O argumento não necessariamente contesta a defesa de sua neutralidade política como promotor, mas contraria a versão dos que defenderam sua postura imparcial até o falecimento.

Para o escritor José Carlos Lago Burnett, como promotor, Celso "nunca foi seduzido pela política partidária". Porém, a demissão

---
97 LOPES, A. Celso Magalhães. *A Pacotilha*. São Luís, p. 2, 10 nov. 1917a.
98 LOPES, A. Celso Magalhães. *A Pacotilha*. São Luís, p. 2, 10 nov. 1917b.

pelo líder dos liberais lhe trouxe "grande traumatismo moral", gerando a inevitável aproximação com o Partido Conservador.

O marco da filiação política de Celso, ainda para Burnett, teria sido o aceite ao convite para ser redator de *O Tempo*, feito diretamente por Gomes de Castro, proprietário do periódico. O ingresso no corpo editorial de um jornal explicitamente antiliberal seria, na visão do jurista Alexandre Eulálio, verdadeira "reação política à sua demissão". De fato, a integração ao periódico foi imediata. Demitido em ato de 29 de março de 1878, apenas três dias depois (1º de abril) Celso já era redator da folha.

O próprio *O Tempo* reproduziu a tese de que o vínculo de Celso com o jornal se deu em resposta à sua "injusta demissão", bem como de que coincidiu com a filiação de Magalhães aos conservadores. Nesse sentido, assim o periódico rendeu homenagens a Celso após seu falecimento:

> Alheio até então [até a demissão] às lutas políticas, foi, não obstante, a primeira vítima da reação liberal nesta província. A injúria magoou cruelmente o brioso mancebo. Trouxe-o para as fileiras do Partido Conservador; e, honrando-nos com a sua companhia na redação do *Tempo*, depôs a pena quando a mão gelada não podia mais empunhá-la.[99]

Não obstante seja evidente a integração de Celso aos quadros do Partido Conservador após sua demissão, houve quem lançasse esforços para esvaziar o sentido essencialmente político da postura do personagem. Antônio Lopes associou a opção de Celso pelos conservadores à "única alternativa possível de reação pública contra sua demissão" ou mesmo a um ato de desespero, dada sua "fragilidade moral e financeira". Dito de outra forma, a aproximação da política e, mais particularmente, dos conservadores, teria se dado como estratégia de sobrevivência e como caminho mais imediato para a revanche à sua exoneração.

---

99 HOMENAGEM. *O Tempo*. São Luís, p. 23, 16 jun. 1879.

À luz dessa interpretação, assim escreveu Lopes:
> Celso não era político até então. A sua entrada para o Partido Conservador, e, concomitantemente, para a redação do *Tempo*, folha dirigida pelo conselheiro Gomes de Castro, data de dias posteriores à sua demissão pelo barão de Grajaú. A partir de então, Celso, mas só de então, passou a militar nas fileiras do Partido Conservador e fazer parte do órgão respectivo na imprensa local. [...]
> A entrada de Celso de Magalhães para a vida partidária, depois de sua demissão, obedecia menos a uma tendência qualquer do seu espírito para a política do que a um impulso de alma indignada e contundida, à necessidade, em que, moralmente, se encontrava, de reagir publicamente contra o rude golpe que o apanhara. Convicções partidárias, não as levava para a redação do *Tempo* quem, de feitio, era impropenso às atitudes exaltadas e avesso à cúbica.[100]

Entendo, porém, que os vínculos de Celso com os conservadores eram estreitos e não datam apenas do período seguinte à sua exoneração, indo muito além de uma mera simpatia pelo Partido Conservador. Por certo, a trajetória política de Magalhães já estava traçada naquela agremiação antes mesmo de concluída sua formação jurídica. De igual forma, funcionou o grupo como o principal apoio que recebeu após sua demissão. Se tais vínculos não foram tão evidentes no curto período de ocupação da Promotoria, creio, foi porque não interessava escancarar essa relação.

Há diferentes indícios nesse sentido. Como mencionado, o pai de Celso Magalhães, José Mariano da Cunha, manteve grande aproximação com os conservadores. Na segunda metade da década de 1840, disputou pelo menos duas eleições para deputado provincial pelo grupo político, saindo vitorioso em uma delas. Tornou-se, em junho de 1875, liderança local da facção, função assumida por direta influência de José Francisco de Viveiros, líder conservador.

Além disso, é por demais improvável que a indicação de Celso para uma das disputadas Promotorias da capital, inclusive por ato

---

100 LOPES, A. Celso Magalhães. *A Pacotilha*. São Luís, p. 2, 10 nov. 1917b.

realizado dias após seu retorno ao Maranhão, não estivesse previamente acordado e não fosse fruto do compromisso político da cúpula do Partido Conservador com José Mariano.

Com efeito, Celso Magalhães, já pela época de sua nomeação e até seu falecimento, era bastante próximo de José Olímpio Gomes de Castro, líder maior dos conservadores na província: "Como político, Celso era conservador, e estava servindo sob o comando de um valente chefe, o distinto e assas conhecido Dr. Gomes de Castro. Celso não poderia encontrar maior protetor". Esse foi o relato apresentado por *O Repórter* em homenagem a Celso Magalhães, poucos dias após seu falecimento.

Mesmo Antônio Lopes, que tanto se esforçou na afirmação da isenção política de Celso, ao comentar o destino de parte da obra jurídica escrita pelo personagem, afirmou que "os originais, ficaram depois de sua morte, nas mãos do conselheiro Gomes de Castro, seu *amigo* e chefe do partido a que pertenceu, ao qual a entregara para dar parecer" (grifei).

Uma vez mais Antônio Lopes reconheceu a proximidade de Celso Magalhães com Gomes de Castro e, além disso, deu indicativo de até onde poderia o vínculo político levar o jovem promotor. Em artigo publicado logo após a morte de Magalhães, Lopes comentou a incursão de Celso à cidade de Guimarães, como visto, realizada pouco tempo após sua nomeação. Nas orientações apresentadas pela liderança conservadora ao promotor, em correspondência oficial transcrita por Lopes, assim Gomes de Castro encerrou as recomendações: "Certo de sua inteligência e zelo pelos interesses da Justiça, confio que no desempenho desta comissão terei novos motivos para recomendá-lo ao governo imperial".

Além da clara relação política entre o presidente da província e o promotor, o que me leva a apontar Gomes de Castro como o principal padrinho político que Celso teve em vida, creio que o registro acima transcrito aponta para outros destaques.

Em primeiro lugar, as "recomendações" ao nome de Celso dadas por Gomes de Castro à Corte estiveram condicionadas ao cumprimento de suas orientações, o que reforça o dever de obediência, ainda que velado, dos promotores às lideranças políticas regionais, comum naquele contexto.

Além disso, é quase certo que Magalhães almejasse, a partir de seu vínculo com os conservadores, o cargo de juiz de direito. Tal posto, como aqui já registrado, dependia do exercício anterior da função de promotor ou de juiz municipal e, sobretudo, da anuência do governo imperial. Sobre esse segundo elemento, note-se que, inclusive, Gomes de Castro utilizou a expressão "terei *novos motivos*" (grifei), indicando que já recomendara o promotor anteriormente e que estava disposto a fazê-lo novamente.

Inquestionavelmente, a ascensão ao cargo de juiz de direito a partir das funções de juiz municipal ou de promotor dependia da intermediação que a presidência da província fizesse com a Corte. Não era raro, por isso mesmo, a expedição de ofícios ao Ministério dos Negócios da Justiça, registrando a qualidade do trabalho de bacharéis.

No caso de Celso Magalhães, localizei uma dessas correspondências. Em 3 de janeiro de 1877, o então presidente Francisco Maria Correia de Sá e Benevides remeteu ao ministro ofício no qual informou que "o bacharel Celso da Cunha Magalhães, enquanto promotor público da comarca, cumpre os seus deveres com honestidade e inteligência".

O amigo Rangel de Sampaio, com quem Celso trocava regularmente correspondências, foi bem claro quanto a tal aspiração: "Tendo se matriculado para o cargo de juiz de direito, aguardava Celso que cedo ou tarde fosse lhe dado um lugar na magistratura".

Os adversários de Celso souberam igualmente explorar as pretensões profissionais do promotor. Em texto de *A Reforma*, posteriormente veiculado no *Jornal do Commercio*, após tecer severas críticas à "atuação parcial de Celso Magalhães" na ação criminal que investigou a morte do escravo Inocêncio, assim o articulista ironizou as aspirações de Magalhães: "Esse promotor merece ser louvado pelo governo, e nomeado juiz de direito logo que conclua seu quatriênio. Mostra por palavras e por obras que bem compreende a justiça, como quer o governo que nos felicita".

A reforçar a proximidade entre o promotor e o líder conservador, o depoimento de Fran Paxeco, segundo o qual Celso confiou a Gomes de Castro a guarda de seu manuscrito inédito *O habeas corpus*, nunca publicado e de destino não conhecido.

A forma de condução do processo-crime contra Ana Rosa Ribeiro foi outro indicativo da ingerência política do Partido Conservador sobre Celso Magalhães. O ponto será, porém, oportunamente debatido quando for analisada aquela ação criminal, na quarta parte desta obra. Por ora, interessa localizar elementos que sustentem o vínculo político de Celso para além de sua atuação como promotor.

Nesse sentido, dois acontecimentos compreendidos entre a demissão e a morte de Celso Magalhães reforçam o estreitamento político que passou a ter com o grupo conservador. Falo em estreitamento porque, como já indicado, entendo que a aproximação não foi iniciada em 1878, mas tão somente revigorada e publicizada.

Um dos eventos foi a já referida vinculação a *O Tempo*, ocorrida imediatamente após seu desligamento da Promotoria. Aquele era um contexto no qual a assinatura de artigos em periódicos politicamente direcionados e, mais ainda, a composição da equipe de redatores eram permitidas apenas àqueles que demonstrassem adesão ao posicionamento político do jornal e que possuíssem um nome interessante à respectiva agremiação.

A integração de Celso à equipe de redatores d'*O Tempo* demonstrou a lealdade do Partido Conservador ao jovem jurista. Afinal, seria garantida a ele uma renda alternativa, já que perdera os proventos de promotor público exatamente por, em tese, defender os interesses conservadores no processo-crime que acusou Ana Rosa Ribeiro. Por outro lado, foi indicativo da proximidade que nutria com Gomes de Castro, proprietário do jornal e, a meu sentir, protetor de Celso Magalhães.

Os artigos veiculados por Magalhães nesse contexto não caminharam para direção diversa. Ao integrar *O Tempo*, de pronto Celso se inseriu na constante troca de acusações entre conservadores e liberais, quase sempre caracterizada pela disputa da "legítima" interpretação dos fatos políticos da província. Sua própria exoneração foi um dos primeiros casos com relação ao qual tomou partido.

A partir de abril de 1878, *O País* e *O Tempo* publicaram notas que destacaram a "injusta demissão" de Celso e associaram o fato à "insana vingança" dos liberais. Celso Magalhães chegou a assinar alguns desses textos. A reação dos liberais se deu por meio de artigos contraditando o discurso conservador e, dessa forma, defendendo a legitimidade do ato de Carlos Fernando Ribeiro, que demitiu o promotor.

Artigo assinado por Celso em *O País* exemplifica o confronto. Publicado em 21 de julho de 1878, o texto foi apenas parte de uma cadeia de manifestações sobre o tema e, especificamente, rebateu "acusações lançadas em um artigo virulento" escrito por Felipe Franco de Sá para o *Jornal do Commercio*, periódico impresso na capital do Império.

A réplica de Celso veio antes mesmo de ele ter acesso ao texto de Franco de Sá, já que se encontrava em Viana. A resposta foi elaborada com base "em notícias transmitidas por alguns amigos" sobre o texto do liberal.

No artigo, Celso criticou a "infidelidade" com a qual Franco de Sá narrou os fatos que envolveram sua demissão. O posicionamento de Sá não seria, porém, mero equívoco, mas produto do mesmo "sistema de defesa e [de] linguagem que a escola liberal tem escolhido para suas manifestações na imprensa e na tribuna".

Visivelmente, o que mais incomodou Magalhães foi a insinuação de que sua demissão, embora feita pelas mãos do futuro barão de Grajaú, teria sido anuída pelo "presidente conservador, Sr. Dr. Benevides", em referência a Francisco Maria Correia de Sá e Benevides, líder conservador substituído temporariamente por Carlos Fernando Ribeiro na chefia da província.

Quanto a isso, Celso negou veementemente que os conservadores tenham concordado com sua demissão, ainda mais uma liderança "que me distinguia com sua amizade". Nesse ponto, a tomada de partido por Magalhães foi evidente, como o foi desde então a defesa dos conservadores e a crítica aos liberais.

O segundo acontecimento a demonstrar a relação de Celso com os conservadores e, em particular, com Gomes de Castro, foi sua candidatura para a Assembleia Geral do Império, disputando o cargo de deputado geral pelo Maranhão. Na tentativa de desvendar vínculos políticos que tocaram em Celso, o lançamento como candidato pelo grupo conservador é por si só elemento digno de destaque.

Chama a atenção, ainda, o fato do primeiro cargo eletivo disputado por Celso Magalhães ter sido o de deputado geral, em uma época na qual as carreiras políticas possuíam um escalonamento relativamente definido e quase sempre eram principiadas pela disputa por postos locais ou, na melhor das hipóteses, pela vaga de deputado da Assembleia Provincial.

Nesse aspecto, em meio a tantos nomes consolidados e influentes entre os conservadores, indago a razão pela qual foi justamente o nome do jovem e inexperiente Celso Magalhães o preferido por Augusto Olímpio Gomes de Castro. No meu entendimento, Antônio Lopes deu um importante elemento para que tal questionamento seja respondido, ao afirmar que foi Celso "o candidato escolhido por Gomes de Castro, [...] *por ter direito a uma reparação política*" (grifei).

A afirmação de Lopes leva à reflexão sobre qual "dívida" possuía Gomes de Castro com Celso que incumbisse àquele o dever de reparação. Difícil imaginar, a princípio, que o líder conservador devesse algo a Celso, até porque foi justamente Gomes de Castro quem guiou Magalhães ao cargo de promotor, quem expediu recomendações de seu nome ao governo imperial e quem, após sua demissão, garantiu lhe emprego na redação d'*O Tempo*.

No entanto, se a natureza do débito do Partido Conservador com Celso era *política*, conforme reconhecido por Lopes, outra não poderia ser a dívida se não a própria perda do cargo de promotor, preço cobrado pelos liberais justamente por perceberem que Magalhães representou os interesses conservadores quando atuou na ação que julgou Ana Rosa Viana Ribeiro.

Se o encargo era esse e a função de deputado geral a compensação, não houve tempo sequer para que se tentasse o saneamento. Da disputa eleitoral, em verdade, Celso Magalhães nunca participou. As eleições se dariam em outubro de 1879. Celso Magalhães morreu em junho daquele ano.

III - RAÇA, DIREITO E ESCRAVIDÃO:
as (des)venturas de um jovem jurista no mundo do cativeiro

Não sei o que é o mal absoluto, mas parece-me que tem a ver com o seguinte fenômeno: declarar os seres humanos supérfluos enquanto seres humanos.

Hannah Arendt

DIREITO E ESCRAVIDÃO

A crítica às ideias apresentadas por Celso Magalhães em sua obra literária e ao posicionamento jurídico do promotor desafia discussões densas. A redução da perspectiva de análise à biografia do personagem não dá conta de universos mais vastos, que estruturaram suas ideologias e ajudam a delinear representações compartilhadas pelas elites do Brasil oitocentista. É preciso perseguir temas "maiores".

Nesse aspecto, dois pontos me parecem principais. O primeiro se refere à (re)configuração dos discursos sobre a escravidão ocorrida ao longo do século XIX, que encontrou no racialismo um importante fator de oxigenação e mesmo de exasperação à restrição de direitos de escravos e libertos. O segundo mantém relação com a maneira como negros e negras escravizados eram tratados pela letra da lei, ou seja, como o direito cuidava formalmente dos cativos, inserindo-os num variado e quase sempre contraditório acúmulo de leis que tentavam trazer algum ordenamento a uma nação que há apenas algumas décadas tinha alcançado a Independência.

Os dois próximos trechos são dedicados a esses relevantes debates. Tocam em temas mais amplos, desconectados diretamente da trajetória de Celso Magalhães e de sua atuação no "crime da baronesa". Vitais, porém, para o entendimento das ideologias e da concepção de ciência que influenciaram o promotor, sobretudo no que se refere a sua peculiar crítica ao escravismo e à visão racialista de mundo por ele alimentada.

DOUTRINAS RACIAIS E JUSTIFICATIVAS DO CATIVEIRO

O fundamento do cativeiro por meio de doutrinas raciais foi uma das principais estratégias lançadas para a manutenção desse instituto, possibilitando o recrudescimento do regime escravista no século XIX. Nesse contexto, a emergência e a circulação de elementos do ideário burguês ocidental, a exemplo das noções de liberdade e igualdade, desafiaram as elites das Américas a desenvolver novas representações capazes de limitar direitos de negros e pardos, ainda quando libertos.

A historiadora Keila Grinberg sintetiza bem a questão:

> Exatamente no momento em que um grande número de descendentes de escravos tentava fazer com que os direitos de cidadania, estabelecidos como universais pelos recém-fundados estados americanos, fossem extensivos a eles, argumentos com base em teorias raciais eram utilizados como tentativa de bloquear a legitimidade da argumentação destes grupos. Não é por acaso que estas teorias tornaram-se hegemônicas justamente quando direitos civis e políticos foram sistematicamente sendo negados ou retirados de populações de descendentes de africanos.[101]

---

101 GRINBERG, Keila. *O fiador dos brasileiros: cidadania, escravidão e direito civil no*

Segundo a pesquisadora Hebe Mattos, foi justamente um caldo de teorias evolucionistas e eugenistas, difundidas sobretudo em solo europeu e norte-americano, que deu o verniz cientificista à crença na existência de raças e na desigualdade entre elas ao longo do Oitocentos.

> É a partir da primeira metade do século XIX, especialmente nos Estados Unidos, que até mesmo a origem comum da espécie humana passa a ser questionada (poligenismo) [...]. Desde então, durante todo o século XIX, a partir de uma argumentação biologizante, as teorias raciais permitiriam novamente naturalizar algumas das desigualdades sociais – aquelas que incidiam sobre grupos considerados racialmente inferiores –, justificando a restrição dos direitos civis inerentes às novas concepções de cidadania requeridas pelo liberalismo, bem como a nova expansão colonialista europeia sobre a África e a Ásia.[102]

Nessa linha de raciocínio, enquanto construção social do Oitocentos, as teorias raciais funcionaram no Norte do continente americano como fiel da balança que pesava, de um lado, doutrinas liberais, e de outro, o longo processo de abolição do cativeiro.

Nas colônias americanas sob domínio português e espanhol, as nuances do escravismo moderno teriam que dialogar com estruturas peculiares a uma sociedade hierarquizada e a um Estado marcadamente burocrático. No caso da América Portuguesa, o chamado Antigo Regime lançou sobre o solo americano as marcas do Poder Moderador e da cumplicidade entre Igreja e Estado. O estatuto da escravidão não passou incólume a essas marcas, fazendo com que a crença de que alguns povos eram racialmente inferiores adquirisse contornos de originalidade.

O uso das doutrinas raciais na justificativa do cativeiro adquiriu, no Brasil, caminhos distintos do projetado sobre os Estados Unidos. Para a historiadora Ângela Alonso, na América Portuguesa houve

---

tempo de Antônio Pereira Rebouças. Rio de Janeiro: Civilização Brasileira, 2002, p. 177.
102 MATTOS, Hebe. *Escravidão e cidadania no Brasil monárquico*. 2. ed. Rio de Janeiro: Jorge Zahar, 2004, p. 11-12.

certa mitigação do discurso racialista, pois "a estratificação estamental da sociedade garantia a ordem, sem exigir argumentos raciais explícitos, embora nem por isso ausentes". Isso não apontou para uma suavização do cativeiro, mas para uma maneira mais sutil e, por isso mesmo, mais eficiente de se legitimar o trabalho servil, pautada no que Alonso concebeu como "técnicas de invisibilização", por meio das quais a oposição e mesmo a "guerra entre as raças" foram parcialmente substituídas por um discurso patriarcal, no qual o conflito entre senhores e escravos seria amortecido pela cordialidade.

Outra diferença, não necessariamente desvencilhada da apontada por Alonso, foi indicada por Adriana Campos, para quem:

> O viés analítico do sistema jurídico aplicado aos escravos brasileiros não se poderia concentrar num corte racial do tipo bipolar como o norte-americano. Não se trata de obscurecer a questão ou mesmo evitá-la, mas de compreender que a sociedade escravista, por conta de sua própria trajetória histórica, delineou um sistema jurídico que não poderia ser entendido por meio de uma linha divisória entre "brancos" e "negros" [...]. De fato, não podemos esquecer que as classificações sociais abarcaram uma enorme policromia no Brasil, que se cruzava com uma também variada rede de hierarquias. A complexidade do 'jogo retórico' da semântica racial e social, a envolver, por exemplo, pardos livres e pardos escravos ou negros livres e negros escravos, foi um sério obstáculo à constituição de uma tradição legal assentada expressamente no paradigma da raça, conforme se realizou nos Estados Unidos.[103]

As primeiras tentativas de se apropriar do conceito de *raça* para ordenar e classificar sociedades humanas datam do final do século XVII. Aproximadamente cem anos depois, apareceram doutrinas que utilizaram essa terminologia de maneira mais bem organizada, a exemplo da construída pelo médico alemão Johann Friedrich Blumenbach, que, partindo de análises craniométricas, descreveu pelo menos cinco raças humanas: caucasoide (branca), mongoloide

---

[103] CAMPOS, op. cit., p. 49.

(amarela), malaia (marrom), etíope (negra) e americana (vermelha). A introdução do termo "raça" na literatura mais especializada é atribuída ao zoologista francês Georges Cuvier, que, no início do século XIX, consolidou a expressão para designar a existência de heranças físicas permanentes entre os vários grupos humanos.

De toda forma, foi mais precisamente em fins do século XVIII que ocorreu uma decisiva ressignificação das doutrinas raciais. Embora anteriormente já vinculada a noções como tipos, variedades, linhagens ou ancestralidades, a partir das últimas décadas do Setecentos, houve um maior consenso de que a raça indicava, nas palavras do geógrafo Demétrio Magnoli, uma "divisão geral da humanidade, amparada em características físicas e hereditárias, na moldura do eurocentrismo".

Para a antropóloga Lilia Schwarcz, as teorias raciais do Oitocentos contrastaram com a tradição humanista consolidada no século XVIII, derivada do legado político da Revolução Francesa e dos ensinamentos da Ilustração. Isso porque, ainda no Setecentos, teriam se estabelecido no Ocidente algumas bases filosóficas para se pensar a humanidade enquanto totalidade. "Pressupor a liberdade e a igualdade como naturais levava à determinação da unidade do gênero humano e à certa universalização da igualdade, entendida como um modelo imposto pela natureza", afirma Schwarcz.

Embora a ideia de que existem diferenças básicas entre os homens não deixasse de estar presente na Europa do século XVIII, ainda para Schwarcz, tais referências eram suplantadas pela visão humanista que naturalizava a igualdade humana. A partir do século seguinte, porém, a crença na diferença e nas hierarquias predominou, estabelecendo-se, através de uma leitura racista do mundo, uma rígida relação entre patrimônio genético, aptidões intelectuais e inclinações morais. A crença em tipos humanos tornou-se uma constante. Uma visão mais unitária da humanidade passou a ser substituída pela apologia ao aprimoramento evolutivo da raça.

No que interessa mais detidamente a esta obra, é relevante perceber como as doutrinas raciais influenciaram a antropologia cultural desse período, desembocando em um evolucionismo social que estudou o desenvolvimento das sociedades através de um método comparativo. Relacionando biologia e história, tornou-se aceitável estabelecer hierarquias entre as raças humanas a partir de suas capacidades físicas e intelectuais, "explicando" as realizações civilizacionais dos povos a partir das potencialidades raciais.

Na obra de intelectuais como Lewis Henry Morgan, Edward Burnett Tylor e James George Frazer, a desigualdade cultural e racial dos homens explicava a hierarquia social. Civilização e progresso passaram a ser trabalhados não apenas como regras aplicáveis a determinadas sociedades, mas como postulados universais.

> Tratava-se de entender toda e qualquer diferença como contingente, como se o conjunto da humanidade estivesse sujeito a passar pelos mesmos estágios de progresso evolutivo. O método comparativo, por outro lado, funciona como princípio orientador dos trabalhos, já que se supunha que cada elemento poderia ser separado de seu contexto original, e dessa maneira inserido em uma determinada fase ou estágio da humanidade.[104]

O aprimoramento dessas teorias, bastante associado ao chamado darwinismo social, apontou para a noção de que a humanidade estava dividida em espécies para sempre marcadas pela diferença. Mais do que isso, defendeu a premissa de que há raças cujo potencial é ontologicamente mais evoluído ou adaptado do que outras. Era o derradeiro passo para a defesa do aprimoramento das raças. Nascia a *eugenia*, propagada, grosso modo, a partir do pensamento de autores como Arthur de Gobineau, Gustave Le Bon, Ernest Renan e Hyppolite Taine.

Michel Foucault destacou um ponto central na projeção que o racialismo obteve na segunda metade do século XIX. Para o filósofo francês, ali se construiu um discurso não apenas biologizante e estigmatizante sobre as raças, mas um *racismo de*

---

[104] SCHWARCZ, Lilia Moritz. *O espetáculo das raças: cientistas, instituições e questão racial no Brasil, 1870-1930*. São Paulo: Companhia das Letras, 1993, p. 76.

Estado, que extrapolou o interesse das classes, embora com ele possuísse direta cumplicidade.

> Nesse momento, a temática racista não vai mais parecer ser o instrumento de luta de um grupo social contra um outro, mas vai servir à estratégia global dos conservadorismos sociais. Aparece nesse momento [...] um racismo de Estado: um racismo que uma sociedade vai exercer sobre ela mesma, sobre os seus próprios produtos; um racismo interno, o da purificação permanente, que será uma das dimensões fundamentais da normalização social.[105]

O sociólogo Norbert Elias concordou que a escravidão moderna e o racismo constituíram uma forma-limite de estigmatização e de produção da alteridade entre grupos humanos. Derivaram de estratégias empregadas pelo grupo dominante (senhores) que forjaram com relação ao grupo dominado (negros escravizados) uma ideologia com forte poder de estigmatização, capaz de atribuir ao escravo um "valor humano inferior" ou mesmo de lhe negar a natureza humana.

No discurso racial, o diferencial de poder foi apresentado como sinal de inferioridade humana. A dominação de um grupo sobre outro foi camuflada através de marcas historicamente construídas e voltadas ao desvio do que realmente fundamentava a distinção social.

Nas palavras de Elias:

> Parece que adjetivos como "racial" ou "étnico", largamente utilizados tanto na sociologia quanto na sociedade em geral, são sintomáticos de um ato ideológico de evitação. Ao empregá-los, chama-se a atenção para um aspecto periférico dessas relações (por exemplo, as diferenças na cor da pele), enquanto se desviam os olhos daquilo que é central (por exemplo, os diferenciais de poder e a exclusão dos grupos menos poderosos dos cargos com maior potencial de influência) [...]. Assim, mesmo quando existem nesses casos as diferenças de aparência física e outros aspectos biológi-

---

[105] FOUCAULT, Michel. *Em defesa da sociedade: curso no Collège de France (1975-1976)*. São Paulo: Martins Fontes, 1999, p. 73.

> cos a que nos referimos como "raciais", a sociodinâmica da relação entre grupos interligados [...] é determinada por sua forma de vinculação e não por qualquer característica que os grupos tenham, independentemente dela.[106]

Além desses elementos, a modernidade aproximou a simbologia das cores das teorias raciais, permitindo a construção do que o jurista português Antônio Manuel Hespanha denominou de "teoria cromática das raças". A cor da pele foi aos poucos apresentada como a mais icônica das características raciais, apenas muito posteriormente, já no século XX, passando a ser entendida como mera adaptação fisiológica a diferentes níveis de radiação ultravioleta. Nesse contexto, todo um universo de representações pejorativas em relação à cor negra foi projetado no Oitocentos sobre os "homens de cor", voltando-se particularmente aos negros escravizados.

Como já indicado, os Estados Unidos foram uma das nações que mais se apropriaram das doutrinas raciais na justificativa da escravidão e na negação de direitos a negros e pardos. Em terras norte-americanas o regime de trabalho escravo adentrou o século XIX fortalecido, pois os grandes proprietários do Sul conseguiram concentrar vasto capital político e econômico a partir das lutas de independência e de décadas de instabilidade. Ao longo do Oitocentos, a grande propriedade e o sistema de privilégios se valeram das novas teorias raciais para ganhar contornos de cientificidade em sua legitimação.

No caso brasileiro, a penetração das doutrinas raciais se deu a partir da década de 1820 e por todo o Império. Coube a uma elite socialmente branca e letrada a apropriação de preceitos gestados em solo europeu e norte-americano, combinando-os com outras tantas justificativas para as hierarquias sociais no Brasil imperial. Nesse sentido, as doutrinas cientificistas da raça serviram como novo combustível na legitimação de argumentos já tradicionais.

---

[106] ELIAS, Norbert; SCOTSON, John L. *Os estabelecidos e os outsiders*. Rio de Janeiro: Jorge Zahar, 2000, p. 32

Segundo a historiadora Elisângela Gomes, alguns nomes bem representam uma intelectualidade que, no Oitocentos e no início do século seguinte, soube utilizar os centros acadêmicos para o debate sobre as teorias raciais e a mestiçagem. Sílvio Romero, Oliveira Viana, Nina Rodrigues, Tobias Barreto, João Baptista Lacerda, Euclides da Cunha, Edgard Roquette Pinto, Herman von Ihering, Oswaldo Cruz, Miguel Pereira e Azevedo Sodré se inserem nesse grupo.

Sob a influência do determinismo biológico, intelectuais como Sílvio Romero, Oliveira Viana e Nina Rodrigues postularam raça e meio como fatores internos para explicar a realidade brasileira. A estrutura social, que privilegiava uma minoria, e o sistema econômico, baseado no trabalho escravo e dependente das oscilações do mercado externo, seriam determinantes para o desenvolvimento psíquico e moral do europeu sobreposto às raças ditas não-brancas [...]. O ideal de ser branco foi utilizado como estratégia de dominação da elite brasileira sobre a maioria da população, a fim de assegurar sua supremacia política e econômica.[107]

Não por coincidência, uma das ideologias fortemente difundidas nesse contexto foi a do branqueamento da sociedade brasileira como forma de melhoramento da nação. Ainda que fosse remota a possibilidade de se constituir um povo fenotipicamente europeu, dado o grau de miscigenação no Brasil, intelectuais como Oliveira Viana conceberam a mestiçagem enquanto condição para o lento e gradual processo de aprimoramento da população. Nesse sentido, ainda para Gomes, "o porvir unitário do homem branco brasileiro se fazia pela destruição e esquecimento dos traços físicos e mentais, que individualizam índios e negros, para que surgissem apenas os traços que individualizariam o branco".

Havia, porém, divergências quanto a esse ponto. Outro importante teórico do tema, o maranhense Nina Rodrigues, não acreditava

---

107 GOMES, Elisângela Pereira. *O mestiço nas obras de Celso Magalhães e Aluísio Azevedo*. 2007. Monografia (Graduação em História) – Universidade Estadual do Maranhão, São Luís, MA, p. 66.

que a mestiçagem de brancos com outras etnias levaria, ainda que a longo prazo, à predominância biológica e cultural europeia. Tal cruzamento produziria, em verdade, o enegrecimento da população e um crescente (e indesejado) nível de diversidade racial e cultural.

Para além do debate científico, a ideologia do branqueamento teve importantes repercussões na política do Império, sobretudo após o possível desmantelamento do sistema escravista, prenunciado com o fim do tráfico internacional (1850) e com a liberdade dos filhos de escravos (1871). O incentivo à imigração abria a oportunidade de "civilizar" a nação, reequilibrando a ocupação do território em favor da população branca. A política imigrantista foi alimentada, ainda mais, com a abolição do regime do cativeiro, trazendo, entre 1880 e 1920, um enorme fluxo de estrangeiros para o Brasil.

Com efeito, branqueamento e imigração tornaram-se vetores a guiar práticas tidas como civilizatórias. No fundo, o que estava em questão era a eugenia e a "limpeza étnica", pois tais políticas nunca deixaram de ter como premissa a crença na desigualdade das raças humanas e na seleção natural e social com forma de predomínio do elemento europeu.

Mas a relação entre doutrinas raciais do Oitocentos e a escravidão no Brasil foi além. Mesclando-se com elementos do imaginário social construído ao longo de nossa colonização, aspectos culturais dos africanos e dos afrodescendentes, com as peculiares concepções e terminologias daquela época, passaram a ser peças-chave no estabelecimento das diferenças sociais que marginalizaram elementos do trabalho, do sagrado, do corpo e da sexualidade desses indivíduos. O fundamento cultural e racial das hierarquias legitimou a segregação e a violência sobre o cativo, justificando seu controle e mesmo, por vezes, a sua eliminação.

Além disso, outras nuances de nosso processo de colonização serviram como pedra angular na apropriação das doutrinas raciais do Oitocentos e na justificativa de um sistema escravista sabidamente desgastado. A representação jurídica do cativo como *coisa* e a supervalorização do direito de propriedade foram dois desses elementos. Isso porque as doutrinas que legitimaram o cativeiro no Brasil oitocentista não produziram apenas o estigma de representações e práticas sociais dos sujeitos escravizados. Estiveram fincadas, ainda, na *despersonalização* do cativo, ou seja, na sua equiparação à condição de *coisa*.

> A despersonalização era completada pela *reificação* do escravo, que ocorria mais geralmente nas regiões de intenso tráfico comercial [...]. Eles eram então sucessivamente *mercadorias* nas mãos dos comerciantes e depois *bens de uso* e *patrimônio* nas mãos do seu comprador. Em todos os casos, eles eram *objetos*. Considerados como gado, e logo despersonalizados, sua ressocialização era, para ficarmos no aspecto jurídico, improvável e efetivamente desconhecida de fato, pois ela supunha não o reatamento dos laços com outros cativos também despersonalizados, mas admitir a ter com os gentios as relações de que dependia a pessoa social.[108]

O discurso da reificação (ou coisificação) dos cativos, em síntese, defendeu a negação da natureza humana do escravo e, em meados do Oitocentos, mesclou-se com teorias científicas capazes de ampliar as justificativas da escravidão. Por outro lado, dialogou com representações há muito em voga no Brasil, como a de que, conforme Regina Faria, "os negros escravizados, libertos ou livres eram vistos como seres no limiar da humanidade, marcados pelos desígnios de Deus e pela racionalidade inferior, decorrente da adversa ecologia africana".

A tendência à reificação, no entanto, não foi uma invenção da modernidade. Ao longo da história do Ocidente existiram diferentes maneiras de se estabelecer a condição jurídica do sujeito escravizado enquanto coisa, uma boa parte delas influenciando decisivamente as formulações mais particulares ao século XIX.

No direito romano, por exemplo, o cativo foi concebido como forma especial de propriedade (*instrumentum vocale*), exatamente por possuir *algumas* faculdades humanas.

---

108 MEILLASSOUX, Claude. *Antropologia da escravidão: o ventre de ferro e dinheiro*. Rio de Janeiro: Jorge Zahar, 1995, p. 85.

> A definição jurídica especial de escravo no direito romano trouxe-lhe, muitas vezes, o reconhecimento de sua humanidade. Na verdade, o fato de o escravo não ter personalidade jurídica na sociedade escravista romana não implicava, necessariamente, a negação de sua humanidade [...]. Ele era propriedade. Mas era uma pessoa humana também. Os efeitos dessa humanidade podem amplamente ser encontrados no direito. Em primeiro lugar, os escravos que obtivessem por meio lícito sua liberdade poderiam tornar-se cidadãos romanos.[109]

Além da máxima de que o cativeiro não gerava uma despersonalização integral do escravo, a cultura jurídica da Roma Antiga, por meio de uma organização normativa forjada ao longo de vários séculos, consolidou no Ocidente a regulamentação do trabalho servil através do direito de propriedade. Na tradição romana, o escravo ocupava o *status* de *res mancipi*. A classificação era bastante similar àquela hoje reservada aos seres denominados como *bens semoventes* em diversos ordenamentos jurídicos ocidentais, inclusive o brasileiro. Semoventes são coisas móveis (opondo-se aos *imóveis*) com movimento autônomo, tais como animais selvagens, domésticos ou domesticados.

A supremacia da propriedade como fio-condutor das noções de escravidão e cidadania alcançou uma mais nítida estabilidade com o chamado Edito de Caracala (212 d.C.), que garantia a condição de cidadão romano a todos os homens livres. A consolidação da liberdade como principal critério na distinção entre cidadãos e não-cidadãos teve como relevante consequência a definição de cidadania como corolário da liberdade, ou seja, da condição de não escravidão, não significando a garantia de participação ativa na política romana ou do gozo de direitos dentro daquela sociedade.

Se antes o senhor era identificado como *erus*, expressão utilizada na tradição patriarcal romana para denominar o "patrão", por oposição ao escravo, agora a expressão era substituída por

---

[109] CAMPOS, op. cit., p. 37.

dominus, já indicativa do predomínio da noção de propriedade na relação entre senhores e escravos. Consolidado o *domínio* como elemento central no conceito jurídico de escravo, reificou-se a condição do servo para a maior parte das relações jurídicas, muito embora se reservasse traços de humanidade ao cativo, como, por exemplo, quando respondia diretamente pela ofensa ao senhor ou a terceiros.

Variadas foram as projeções das formas jurídicas romanas sobre a escravidão moderna, sobretudo para o colonialismo praticado nas Américas a partir do final do século XV. Quanto ao Novo Mundo, porém, é preciso estabelecer a distinção entre duas culturas jurídicas que arquitetaram o cativeiro com justificativas e formatos não coincidentes: a tradição anglo-saxã, com destaque para a inglesa, e a ibérica, focando-se aqui a portuguesa.

Uma das principais marcas do escravismo nas colônias inglesas da América foi sua dimensão pública, consolidada no chamado *Slave Law*. Ali, de maneira distinta das outras colônias americanas, a base do domínio senhorial sobre o escravo sujeitou-se a um estatuto geral, não possuindo sua sustentação, necessariamente, no direito privado do senhor com relação a seus cativos.

Para Adriana Campos, nas colônias norte-americanas:

> Pode-se dizer que o escravo pertencia a todo cidadão e, em última instância, estava subordinado a todo homem branco. Qualquer escravo poderia ser interrogado sobre suas atividades por qualquer homem branco. A fuga de escravos era responsabilidade pública. Patrulhas de cidadãos para a perseguição de escravos fugitivos estavam previstas na lei. As penalidades impostas aos escravos, se não aplicadas pelo senhor responsável, eram executadas pelo governo. Até mesmo as roupas eram definidas como adequadas ou não para o trânsito dos escravos. A educação dos negros era vigiada e os senhores não podiam conduzir seus escravos como desejavam. Existiam restrições sobre o que os escravos podiam vender, onde podiam morar ou que animais podiam manter. Essas regras variavam de colônia para colônia, mas todas possuíam esse caráter público que distinguia tão particularmente o *Slave*

Law das colônias inglesas do direito produzido nas colônias portuguesas e espanholas.[110]

A projeção pública da escravidão nas colônias inglesas não afastou a noção de que o escravo era despido de personalidade jurídica. De forma aproximada do direito romano, o cativo era considerado uma propriedade, ainda que classificado de maneira especial e que estivesse sujeito a responsabilidades na esfera criminal.

No caso da colonização portuguesa, em sentido contrário ao que foi visto nas colônias da Inglaterra, não se gestou uma escravidão calcada na ordem pública. O que predominou foi o privilégio de particulares em possuir o domínio sobre os cativos, como regra geral, podendo deles usufruir e dispor livremente, ainda que de forma contrária aos interesses do próprio Estado, posto que constituinte de um direito individual tido como inviolável.

A experiência do cativeiro forjada na América Portuguesa e projetada para o Brasil Império teve sua tônica nas estratégias de manutenção de prerrogativas senhoriais herdadas da tradição patrimonial ibérica. Além disso, o Brasil oitocentista compôs campo fértil para o ingresso e para a reorganização de doutrinas que, por intermédio de um discurso marcadamente cientificista, serviram de instrumento para a exclusão de negros escravizados e para a negação de direitos aos segmentos sociais herdeiros do cativeiro.

OLHARES DO DIREITO SOBRE A ESCRAVIDÃO (I): O ESCRAVO PERANTE A LEI

A Independência política do Brasil lançou para o Império o desafio de organizar um sistema próprio de normas. A despeito da historiografia que tradicionalmente tomou o contexto como marcado por um "vazio normativo" e pela expressiva incongruência das

---

[110] Ibidem, p. 42.

leis, mais recentemente se têm desenvolvido trabalhos que relativizam esse vácuo e o apontam como característica não exclusiva da experiência brasileira.

No entendimento de Keila Grinberg, ao menos até as primeiras décadas do Oitocentos, inexistiu um direito organizado em códigos e nas uniformizações da jurisprudência ao longo de toda a América e mesmo em boa parte das nações europeias. O que predominava eram compilações legislativas e de entendimentos das cortes, carecendo diversos países do Ocidente de uma verdadeira codificação.

Nesse contexto, as regras jurídicas sustentavam-se em bases ainda pouco sistematizadas, produzindo certa insegurança jurídica, ao incentivar a liberdade de interpretação das leis pelos juízes e pelos advogados, o que por sua vez ocasionava uma fluidez dos significados de muitas normas e práticas sociais.

No caso brasileiro, o delineamento de um sistema de normas minimamente organizado foi uma demanda emergente desde os primeiros anos de nosso Império. A própria Constituição de 1824, em seu art. 179, §18, determinava que se organizasse, "o quanto antes", um código civil e criminal, fundados nas bases da "justiça e da igualdade".

De fato, foi a Carta Política de 1824 que inaugurou, ao menos como norte, a construção do aparato jurídico no Império, buscando definir instituições com alguma solidez e, por isso mesmo, priorizando a organização dos aparelhos de ordem interna do Estado. Tendo como principal proposta construir os fundamentos de nosso "edifício político" e a gestação das instituições oficiais, foi dada ênfase aos ramos do direito público, se comparado ao direito privado.

A tendência publicista foi perceptível, sobretudo, pelo protagonismo do direito criminal e do direito constitucional nesse contexto. A Constituição do Império (1824) e os Códigos Criminal (1830) e de Processo Criminal (1832) deram a essas esferas, do ponto de vista normativo, sistematicidade e completude menos de uma década após a Independência. Por outro lado, a regulamentação das relações jurídicas entre particulares (direito privado) não foi ausente, apenas não se pode afirmar ter sido encarada como prioridade pelo legislador. O primeiro Código Civil brasileiro só seria publicado em 1916, mais de duas décadas após o advento da República.

O propósito parecia bem definido. No entanto, a atividade legislativa encontrou condicionantes que se mostraram corrosivas ao ideal de estruturação do direito nacional, produzindo verdadeiros empecilhos à "modernização" de nossa cultura jurídica. Isso porque, imprimindo inúmeras contradições (*antinomias*) ao nascente ordenamento brasileiro, esses elementos retardaram o processo de regulamentação de inúmeras relações jurídicas.

Na esfera do direito público, foi o Poder Moderador um desses elementos. O constitucionalismo gestado na primeira década pós-Independência, longe de fortificar a ideia de "vontade da maioria" como fundamento da nação, forjou-se autoritariamente, sob direta influência daquela prerrogativa monárquica. A dissolução da Assembleia Constituinte, em 1823, e a outorga da Carta de 1824 bem exemplificam tal processo. A estratégia eleita pelo Imperador para a "aprovação" da Constituição foi a remessa de seu projeto às câmaras municipais do Brasil e a obtenção da ratificação daquela lei. Tal anuência, porém, converteu-se muito mais em um ato de imposição do que de adesão.

A tática foi utilizada por D. Pedro I para negar à Assembleia Constituinte um papel fundamental no Estado e para impedir que tal instituição viesse a disputar espaço político com o próprio Imperador. Com tais ações, na visão da pesquisadora Daylana Lopes, "negava-se a soberania popular de uma assembleia, que se imaginava investida do poder constituinte, e refazia o pacto político com 'corpos intermediários' vindos da tradição pré-liberal".

No âmbito das relações privadas, foi a escravidão um dos principais fatores de entrave à atividade legislativa. A tarefa de promover uma regulamentação geral sobre o cativeiro, posta em prática em outros locais, a exemplo do *Code Noir* francês, acabou sendo apenas timidamente enfrentada no Brasil, sem a produção de nenhum fruto consistente. A ausência de uma unidade e de uma coerência das normas sobre o regime servil, regra geral, legitimou a regulamentação do tratamento do escravo pelas autoridades locais.

> No cumprimento da tarefa de disciplinar escravos e descendentes livres, as autoridades revestiam seus atos de legitimidade jurídica, fundamentando-se na legislação vigente. No Brasil, ao invés de códigos negros, operou-se uma práxis jurídica provida de expedientes de legitimação, apoiados amplamente na herança jurídica romana legada pela antiga legislação portuguesa e destinados a forçar a legislação nacional a adaptar-se às exigências de disciplina e controle da população escrava e afrodescendente. Nesse sentido, reveste-se de fundamental importância o conhecimento da tradição jurídica que [...] forneceu a legitimidade legal à ação repressora e disciplinadora das autoridades policiais e judiciais.[III]

De outra parte, a normalização do cativeiro ia de encontro a doutrinas jurídicas pretensamente liberais e legitimadoras da Monarquia constitucional. Segundo Campos, para o ordenamento jurídico brasileiro, era difícil a missão de erguer suas bases sobre normas que conciliassem a escravidão com teorias iluministas então em voga, a exemplo das desenvolvidas por Jeremy Bentham e Cesare Beccaria.

No entanto, a escravidão, nesse contexto, não só resiste às mudanças políticas liberais, como ainda, por intermédio delas, adquire uma conformação legal que a fundamentou. A ausência de um sistema de normas sobre o cativeiro não se deu por mero acaso. Fez parte de uma estratégia bem sucedida, na qual a manutenção do regime servil não foi alcançada por meio de sua regulamentação, mas da preservação das mesmas – e já antigas – normas, adaptando-se apenas sua interpretação.

A "compatibilidade" entre o cativeiro e as doutrinas liberais não se deu, porém, sem drásticas fraturas. Uma delas foi a ambiguidade das leis que trataram da escravidão.

> Com tais predisposições e ambiguidades, como a legislação situava o escravo? [...] Na área civil o escravo era *objeto* da relação jurídica, uma vez que sobre ele se exercia um direito de propriedade. Mas na área penal, admitia-se a dupla condição de *sujeito* e *objeto* da relação

---
[III] Ibidem, p. 48-50.

jurídica, pois o crime que cometia lhe era imputável. As dificuldades de aplicação destas normas jurídicas fizeram com que, [...] nas leis e outros instrumentos destinados a regular a questão escrava, as disposições fossem invariavelmente destacadas do direito aplicado ao restante da sociedade.[112]

Por certo, a ambiguidade e a fluidez das regras sobre a escravidão estiveram presentes desde a metrópole portuguesa. A doutrina cristã, declaradamente adotada pelo Reino de Portugal, condenava o cativeiro e chegava mesmo a defender o acolhimento do escravo fugido. O embate entre valores era patente. O resultado foi a produção de normas jurídicas dúbias e a resolução de conflitos casuisticamente. Nunca houve, porém, em Portugal, a edição de um estatuto da escravidão. Quando necessário o recurso a normas oficiais, o direito romano ainda era usado como principal fonte.

Ressalte-se que uma influência mais direta das normas romanas (*Corpus Juris Civilis*) sobre Portugal durou até o advento da chamada Lei da Boa Razão, em 1769, que interpretou disposições das Ordenações Filipinas, restringindo bastante a aplicação do direito canônico e permitindo o uso da legislação romana apenas em caráter subsidiário. Isso não significou, entretanto, o fim da relevante influência do direito romano sobre Portugal, que por essa época já durava mais de cinco séculos. Para o historiador português Nuno Espinosa Gomes da Silva, a modernização do direito português por meio da Lei da Boa Razão promoveu uma atualização da tradição da Roma Antiga. Não por outro motivo, várias disposições acerca do cativeiro, a exemplo da própria natureza do escravo como propriedade, foram projetadas sobre o mundo luso brasileiro através de referenciais do direito romano.

A América Portuguesa foi diretamente influenciada por esse quadro, seja na escravização de indígenas, seja no cativeiro de africanos e de seus descendentes. Porém, de modo diverso dos índios,

---

112 WEHLING, Arno; WEHLING, Maria José. *Direito e justiça no Brasil colonial: o Tribunal da Relação do Rio de Janeiro (1751-1808)*. Rio de Janeiro: Renovar, 2004, p. 481.

para quem não faltaram doutrinas a justificar as razões do trabalho compulsório, a legitimidade da escravidão de africanos/afrodescendentes foi apenas timidamente enfrentada.

Nesse sentido, a legislação luso-brasileira do século XVIII lançou esforços muito mais para o regramento dos "efeitos jurídicos" do cativeiro do que para a normalização de sua origem. Admitia-se apenas, segundo os mesmos autores, que a escravidão derivava do tráfico lícito e do nascimento do ventre escravo. Como exemplo, as Ordenações Filipinas, adotadas subsidiariamente ao longo do Império do Brasil, concentraram suas disposições na definição de crimes e na punição de cativos, conforme descrito em seu Livro V. Esse trecho das Ordenações, pelo menos nas primeiras três décadas do Oitocentos, reuniu as principais normas aplicáveis ao escravo na esfera penal e trazia em seu texto penas cruéis, como a de tortura ou marca a ferro.

O regramento que se ergueu ao longo do Brasil monárquico reproduziu e revitalizou essas tradições. Nossa principal norma, a Constituição de 1824, praticamente não tocou na escravidão. Segundo o historiador Ricardo Alexandre Ferreira, a omissão foi proposital, pois "o silêncio do texto constitucional quanto aos cativos era juridicamente sustentável e reafirmava a escravidão não incluindo coisas ou objetos de propriedade (os escravos) em regras destinadas a cidadãos".

No que tange ao cativeiro, de fato, a Carta de 1824 restringiu-se a limitar os direitos dos libertos nas eleições, estratificando a cidadania em diferentes níveis e separando a condição de cidadão nos planos civil e político. Nesse sentido, os libertos seriam em tese cidadãos, porém, despidos de direitos políticos. Além dos ex-escravos, as mulheres e aqueles que não desenvolviam atividades lucrativas que lhes garantissem uma renda mínima capaz de assegurar o direito ao voto estavam na mesma condição.

Quanto aos índios e escravos, desde os debates travados pela Assembleia Constituinte de 1823, foi descartada a possibilidade de serem incorporados ao rol de cidadãos. Desse modo, estavam não apenas desabilitados ao exercício de direitos políticos, mas, regra geral, eram desprovidos da própria proteção das leis do país.

Lembre-se que a definição de cidadania foi formalizada no artigo 6º da Constituição, ali sendo reconhecidos como cidadãos brasileiros os que tivessem nascido no Brasil, ainda que o pai fosse estrangeiro, desde que "não residisse nesse país a serviço de sua nação", assim como os filhos de pai brasileiro e os filhos "ilegítimos" de mãe brasileira, nascidos em outro país e que viessem a estabelecer domicílio no Império e, ainda, os filhos de pai brasileiro que estivessem em país estrangeiro a serviço do Império, embora não viessem a estabelecer domicílio no Brasil. Não seriam igualmente considerados cidadãos os libertos africanos, pois estavam vinculados à condição de estrangeiros. O estatuto de estrangeiro dado aos africanos se converteu em uma postura eminentemente conservadora e excludente, se comparada a outras constituições contemporâneas à Carta do Império de 1824.

No entanto, se no plano da norma constitucional o "regramento" do cativeiro se deu através de uma proposital omissão, tal vazio legislativo não seria interessante às normas inferiores à Carta Política. Nessa outra esfera, os limites do que Hebe Mattos denomina *dilema liberal*, ou seja, da desafiante (e inexequível) conciliação entre princípios do direito moderno e institutos arcaizantes do mundo luso-brasileiro, convergiram para algo de difícil acabamento.

O quadro foi escancarado pelo principal projeto legislativo de cunho liberal do Império. Nesse aspecto, a escrita de um código civil, como lei que não apenas reunisse normas referentes às relações privadas, mas que organizasse e direcionasse ideologicamente o ordenamento jurídico pátrio, foi uma aspiração absolutamente malsucedida.

Um código liberal, segundo os parâmetros da época, traria necessariamente a premissa de que os direitos de cidadania eram concedidos a todos os nacionais. Daí porque, ao longo do Oitocentos, renomados juristas acabaram se convencendo não apenas da incompatibilidade do cativeiro com uma legislação civilista de cunho liberal, mas de que somente uma moderna codificação civil poderia livrar o Império da escravidão.

Para Keila Grinberg, intelectuais como Teixeira de Freitas, Antônio Pereira Rebouças e Clóvis Beviláqua prenderam-se à ideia de que um código civil seria forte fator de modernização nacional e de formalização do acesso à cidadania. Acreditavam ainda que o direito deveria ser a "porta de entrada para a civilização", e esta "não podia ser contaminada pelos antigos elementos coloniais que já deveriam ter sido apagados há muito mais tempo". Assim, esses juristas contribuíram para firmar uma dada concepção de liberalismo, evidentemente incompatível com o passado escravista. Ainda para Grinberg, "o liberalismo desejável deveria ser aquele que caminhava no sentido da racionalização das leis".

A mais relevante tentativa de elaboração de um código civil imperial sequer tratou do cativeiro. Refiro-me à obra do jurista Teixeira de Freitas, contratado pela Coroa, em 1855, para redigir uma consolidação das leis civis do Império e, quatro anos mais tarde, para escrever um efetivo projeto de codificação. O documento nunca chegou a ser aprovado. No entendimento de Pedro Dutra, o insucesso do trabalho de Teixeira de Freitas teve sua causa, justamente, nas contradições advindas da escravidão.

> A obsessão por um código civil tornar-se-ia emblemática da dificuldade de Teixeira de Freitas em traduzir a realidade social de sua época nesse aspecto com notável nitidez, nela intervindo a escravidão também como fator dissuasivo de uma regulação civil moderna. Não estranha, portanto, que Teixeira de Freitas não mais retomasse em sua obra matérias civis, preferindo acomodar praxistas lusos e selecionar aforismos jurídicos de obras estrangeiras. O regime servil somou, entre as suas vítimas, a obra do maior jurisconsulto do Império.[113]

O próprio Teixeira de Freitas entendia como ilógica a regulamentação do cativeiro com contornos liberais. No Código Civil francês, por exemplo, uniram-se as ideias de liberdade individual e de propriedade privada, confundindo-se os elementos em um mesmo

---

[113] DUTRA, Pedro. *Literatura jurídica no Império*. 2. ed. Rio de Janeiro: Padma, 2004, p. 120.

conceito. No Brasil, o "liberalismo" aqui adotado desenvolveu essas noções de forma eminentemente restritiva, concedendo direitos a alguns e a outros não e, sobretudo, desvencilhando as noções de propriedade e liberdade.

O quadro tornava quase impossível, do ponto de vista lógico-jurídico, a regulação legislativa das relações privadas. Os vácuos normativos foram inevitáveis. Além disso, ainda conforme Dutra, a escravidão separou a lei civil da lei comercial. As relações civis passaram a significar relações "internas", diferentes das "externas", tidas como mercantis.

Nesse cenário, vários foram os projetos de codificação civil ao longo do século XIX. Todos definharam. O primeiro Código Civil brasileiro só existiria em 1916, ou seja, já na República e após a extinção formal da escravidão. Por mais que pareça contraditório, não foi o direito civil, com sua almejada ideologia liberal, que aboliu a escravidão, mas o inverso. Foi o fim do cativeiro que possibilitou que a legislação civilista tivesse, pela primeira vez, contornos efetivamente liberais, na medida em que viabilizou uma extensão menos artificial dos direitos individuais a todos os brasileiros.

No que se refere à escravidão, a introjeção do liberalismo nas relações privadas não foi obra dos legisladores do Império. Muito pelo contrário, o tímido regramento na esfera civilista e o recurso ao ordenamento português alimentaram mecanismos conservadores e violentos com relação ao cativeiro. Na visão de Hebe Mattos, foram três esses principais mecanismos: a manutenção do regime servil com base no direito de propriedade, a proibição do tráfico africano e a abolição progressiva da escravidão através de leis que ordenavam uma emancipação regulada.

De toda forma, valeu ao longo do Império a regra que definiu o escravo como *res*, sendo predominantemente aceito como *coisa* e, apenas de forma excepcional, *pessoa*. Como principal consequência dessa representação, além de alijado dos direitos civis e políticos dos cidadãos, esteve o cativo despido de capacidade civil, não podendo representar a si mesmo em atos da vida privada ou perante a Justiça.

Enquanto coisa, ainda que tal regra nem sempre fosse de fácil aplicação, serviam aos escravos todas as normas que regulamentavam a aquisição, a transferência e a extinção da propriedade. Assim Agostinho Marques Perdigão Malheiro, ministro do Supremo Tribunal do Império, definiu, em 1866, o rol de direitos senhoriais sobre os cativos:

> Pelo direito de propriedade que neles tem, pode o senhor alugá-los, emprestá-los, vendê-los, dá-los, aliená-los, legá-los, constitui-los em penhor ou hipoteca, dispor de seus serviços, desmembrar da sua propriedade o usufruto, exercer enfim todos os direitos legítimos de verdadeiro dono ou proprietário [...]. Como propriedade, é ainda o escravo sujeito a ser sequestrado, embargado ou arrestado, penhorado, depositado, arrematado e adjudicado.[114]

Sobre a opinião de Malheiro acerca do tratamento formal do escravo, uma observação. A análise do jurista sobre o tema foi reconhecida por ele mesmo como formalista. Em oposição ao que previa a legislação civil, Malheiro defendeu a natureza humana do escravo, "por honra à civilização". Pela mesma razão, entendia que a redução do escravo à condição de coisa não passava de uma "ficção jurídica", ou seja, de uma categoria aceita para explicar situações que aparentemente são contrárias à própria lei, mas que precisam de alguma solução lógica dentro do ordenamento jurídico.

De toda sorte, o tratamento formal do escravo como propriedade fazia com que qualquer bem que o cativo possuísse ou produzisse, tal como o fruto de seu trabalho ou mesmo seus filhos, fosse considerado patrimônio de seu senhor.

Era juridicamente impossível ao escravo adquirir, vender ou doar qualquer bem material. A possibilidade de um escravo possuir uma economia própria (o *pecúlio*) adveio apenas com a chamada Lei do Ventre Livre, de 1871. No entanto, segundo a análise do jurista Arno Wehling, o acúmulo de patrimônio pelo escravo não

---

114 MALHEIRO, Perdigão. (1866) *A escravidão no Brasil*: ensaio histórico, jurídico, social, v. 1. 3. ed. Petrópolis: Vozes, 1976, p. 70-72.

era algo impossível mesmo antes dessa norma, por vezes sendo referendado pelos tribunais. Tais hipóteses foram excepcionais, porém, construíram certas regras que permitiram o pecúlio do cativo, a exemplo da que protegia o excedente auferido pelo escravo de ganho, que aceitava que a anuência prévia do senhor tornasse o acúmulo de bens permitido ao escravo ou que previa poder o cativo converter parte de sua alimentação em outros bens.

Impraticável, ainda, a constituição formal de família pelo cativo. No entanto, essa foi uma regra jurídica consideravelmente excepcionada na prática. A própria vigência do padroado possibilitou que o casamento entre escravos perante autoridade eclesiástica produzisse efeitos civis, ainda que contrário à vontade do senhor. A principal consequência dessa validade foi a proibição de que fossem os cativos, a partir do casamento, vendidos de forma separada, assim como o impedimento de que o senhor adotasse medidas que inviabilizassem o matrimônio por completo. Na historiografia mais recente, a discussão sobre a família escrava concentra-se na análise da forma como ela se estruturava e nos seus significados políticos, sendo inquestionável sua existência.

No âmbito do direito criminal, a condição de propriedade do escravo encontrou limites similares em sua regulamentação. Nessa seara, o regramento da escravidão incorporou outros elementos e prolongou o estado de imprecisão legislativa sobre o cativeiro. Era inconteste, por exemplo, a necessidade de se atribuir capacidade ao escravo para responder por seus delitos.

Sobre o assunto, na visão de Adriana Campos:
> Apesar de todo o esforço em reduzi-lo [o escravo] à mesma condição das coisas ou dos animais, desumanizando-o, ninguém poderia jamais se esquecer de que existiam diferenças fundamentais. Para desconsiderar a possibilidade de imputação de culpa ao escravo, seria preciso admitir a possibilidade de imputá-la ao senhor, i. e., de punir alguém por crime que pessoalmente não cometera, nem por culpa, nem por omissão [...]. Em última análise, a punição dos crimes praticados por escravos recaía inteiramente sobre eles, em toda sua ex-

tensão, caso assim fosse do interesse de seu senhor. Não pretendendo o senhor reembolsar prejuízo causado pelo escravo, e desistindo de sua propriedade, responderia o próprio escravo pelo dano, uma vez que sua nova condição de liberto facultava tal possibilidade.[115]

Como autor de crime, o escravo manteve sua condição formal de coisa e, ao mesmo tempo, respondeu pelo delito. Negou-se, nessa esfera, ainda que parcialmente, o discurso civilista da reificação. Era preciso conceber que uma propriedade, despida de vontade, transmutava-se em sujeito ao cometer um delito. Com efeito, as regras jurídicas que primeiro vão conferir atributos subjetivos ao cativo não lhe atribuíram direitos, mas responsabilidade criminal. Por outro lado, o escravo foi na história da humanidade a única propriedade punível.

Essa estranha engrenagem foi interessante às elites. Se o escravo fosse considerado autor de um delito, o senhor não responderia criminalmente pelos atos de sua propriedade, ainda que permanecesse responsável pelas despesas do processo e pelos gastos com a prisão do cativo. Por outro lado, se o escravo pudesse assumir a condição de vítima de crime, em menor grau os delitos cometidos contra ele se converteriam apenas em indenização a seu senhor, possibilitando a responsabilização penal do autor do crime.

Para além de certa subjetivação do escravo conferida na esfera criminal, a supremacia do direito de propriedade foi, de fato, o elemento predominante na perpetuação do cativeiro no Oitocentos. Ao fim e ao cabo, em paralelo à considerável envergadura e base cientificista das doutrinas raciais, a propriedade funcionou como critério central para a definição da condição jurídica do escravo.

Não concebo ter existido uma oposição entre o discurso jurídico de defesa da propriedade e o uso das teorias raciais já debatidas neste capítulo. Mesmo que em parte oriundos de tradições distintas e tendo como pano de fundo premissas científicas nem sempre coin-

---

[115] CAMPOS, *Nas barras dos tribunais...*, p. 111-113.

cidentes, tais argumentos foram mesclados e reconfigurados, adquirindo um sem número de projeções ao longo do Império brasileiro.

A "absolutização da propriedade privada", nas palavras de Adriana Campos, não foi algo construído no século XIX. Foi absorvida da tradição jurídica da França revolucionária, que consolidou o pensamento de teóricos que antecederam 1789, tal como o filósofo inglês John Locke, para quem o fundamento da supremacia da propriedade era o fato de essa garantia ser anterior ao chamado "contrato social", e por conseguinte ao Estado. A propriedade seria assim um *direito natural*, e não socialmente construído. Segundo esse raciocínio, qualquer prerrogativa ou instituição historicamente inventada pelo homem, a exemplo do próprio Estado, não poderia ser condicionante do exercício da propriedade.

Embora com variações, essa ideologia teve penetração no Brasil, sendo utilizada para a reorganização da ideia de propriedade no século XIX, em um ambiente no qual tal conceito, com contornos modernos e burgueses, encontrou terreno propício para sua (re)apropriação em meio a uma tradição conservadora e patrimonial.

Superestimado, o direito de propriedade tornou-se uma espécie de filtro para outras garantias individuais, chegando a servir como critério predominante na definição da cidadania. Daí a previsão do voto censitário na Constituição do Império de 1824. Ao afirmar a renda como critério para a participação na vida pública, construiu-se uma cidadania – ao menos em sua projeção política – definida mais pela posse de bens e de renda do que pela condição de liberdade.

No que toca especificamente aos cativos e a seus descendentes, a relação entre cidadania e direito de propriedade se concentrou na singela e ao mesmo tempo relevante regra de que o *status* de propriedade era inconciliável com o de cidadania, pois não poderia haver cidadão que fosse considerado patrimônio de outrem. Segundo tal entendimento, era justamente a incapacidade do cativo em adquirir, manter e transmitir a propriedade um dos principais fatores a justificar o cativeiro. Só poderia ter liberdade quem tivesse posses. Dito de outra maneira, aquele que demonstrasse o legítimo domínio de bens, sobretudo de propriedades vultosas, como regra, não poderia ter sua liberdade cerceada.

Exemplifica tal afirmação o direito de fiança, ou seja, do preso responder à acusação de um crime em liberdade caso entregasse à autoridade policial ou judicial determinado valor. Tal instituto, que teve no século XIX um acabamento normativo até hoje presente, refletia a estreita relação entre propriedade, liberdade e cidadania, por afirmar a regra de que quem tivesse posse não ficaria preso durante a investigação do crime, ainda que em flagrante, sobretudo em uma sociedade na qual não existiam crimes inafiançáveis.

A manutenção do cativeiro e o projeto de emancipação gradual e controlado dos escravos encontrou na defesa do direito de propriedade uma de suas principais bases de apoio. Não por outra razão, os parlamentares que debateram na segunda metade do Oitocentos a necessidade de preservação da escravidão o fizeram sob o argumento de que o direito de propriedade não poderia ser relativizado.

Para a historiadora Joseli Nunes Mendonça, a querela girou em torno do binômio legalidade-legitimidade, numa discussão na qual se alternava entre um elemento e outro, até mesmo pela indefinição de qual deles deveria predominar.

> Ao pregarem a defesa da propriedade escrava, o que estes parlamentares preconizavam era a manutenção do domínio senhorial em toda a sua plenitude e, ainda, a preservação da legitimidade de tal domínio. Ou seja, defender a propriedade escrava significava manter a possibilidade – ou a viabilidade – do exercício do domínio dos senhores sobre seus escravos, afastadas ao máximo as possíveis contestações sobre a legitimidade de tal domínio.[116]

Segundo a mesma autora, com a aproximação da década de 1880, ficou cada vez mais difícil fundamentar o cativeiro a partir de um suposto direito natural à propriedade escrava (*legitimidade*), pas-

---

[116] MENDONÇA, Joseli Nunes. *Entre a mão e os anéis: a lei dos sexagenários e os caminhos da abolição no Brasil*. Campinas: Unicamp, 1999, p. 160.

sando a ser predominante o argumento do direito positivo, ou seja, normalizado (*legalidade*).

Em tais discussões, ainda que questionada a manutenção do cativeiro, a supremacia do direito de propriedade garantia a indenização dos senhores de escravos. Do contrário, a emancipação significaria verdadeiro confisco de bens pelo Estado, o que era abominado tanto por quem defendia o direito de propriedade sobre cativos via legitimidade quanto por aqueles adeptos do fator legalidade.

Por conseguinte, as leis consideradas "abolicionistas", com destaque para a do Ventre-Livre (1871) e a dos Sexagenários (1885), previam que os próprios escravos indenizassem seus senhores através da permanência no cativeiro por algum tempo. Qualquer forma de emancipação desvinculada de uma "justa indenização", ainda no pensamento de Mendonça, colocaria em questão a legitimidade da escravidão como um todo, "produzindo a ameaça de que o domínio senhorial não se pudesse exercer, inclusive sobre aquele que, não contemplados com a liberdade pela lei, deveriam continuar em cativeiro".

Como derivação desse quadro, Keila Grinberg entende que as denominadas *ações de liberdade* e *de escravidão* versavam predominantemente sobre o direito de propriedade, e não sobre o de liberdade em si.

> Em termos jurídicos, quando se discutia o direito de um escravo a receber a carta de alforria prometida ou dada por um senhor, estava-se discutindo o direito de doações; quando um escravo reivindicava a alforria com base na compra de sua liberdade, ele estava procurando legitimar uma transação comercial, mesmo que não estivesse escrita em lei. Discussões em torno da natureza da propriedade escrava aconteceram, no Novo Mundo, onde quer que tenha havido escravidão africana, e as diferenças, nesse caso, estão nas soluções jurídicas e políticas encontradas por cada sociedade, e não em seus questionamentos.[117]

---

[117] GRINBERG, Keila. Alforria, direito e direitos no Brasil e nos Estados Unidos. *Estudos Históricos*. Rio de Janeiro, n. 27, 2001, p. 74.

O apego ao direito de propriedade e sua superestimação foram elementos postos à mesa por uma elite que tentava encontrar brechas no ordenamento jurídico para a perpetuação do cativeiro e para a restrição dos direitos daqueles que não deveriam, segundo essa mesma elite, ser integrados à nação.

AS IDEOLOGIAS DE CELSO MAGALHÃES

ECOS DE RECIFE: A FORMAÇÃO INTELECTUAL DO PERSONAGEM

A primeira viagem de Celso Magalhães para fora do Maranhão se deu em maio de 1868. Ao chegar a Recife, não lhe foi dispensada a realização das provas de admissão ao ingresso na Faculdade de Direito, o que certamente ocorreria caso levasse consigo cartas de indicação politicamente mais bem qualificadas. De toda forma, seu imediato aceite para os exames admissionais demonstra que foi a Pernambuco com algum encaminhamento.

De São Luís trouxe pendências curriculares nas áreas de física, química e história universal. Os estudos e as avaliações complementares duraram aproximadamente um ano, não se tendo certeza se foram realizados integralmente em Recife. Segundo Fran Paxeco e Lago Burnett, Celso Magalhães não se ausentou de Recife até o ingresso na faculdade, ali realizando todos os exames preparatórios. Já Antônio Lopes, cujo relato, segundo narrou, teve base em cadernos de memória produzidos por Celso, destacou que, "sabendo que o governo mandara abrir época de exames no Rio Grande do Norte, onde não costumavam os examinadores ser muito rigorosos, para ali se dirigiu, a fim de concluir os preparatórios que lhe faltavam". O certo é que, superadas as diferentes avaliações, em 12 de março de 1869, Celso estava matriculado no curso jurídico que almejava.

A Faculdade de Direito de Recife surgiu como parte da demanda por uma instrução pública nacional, gestada antes mesmo da Independência do Brasil. A separação política de Portugal insuflou ainda mais o engajamento de uma elite há muito incomodada com a seletividade e o vultoso custo de se mandar jovens para o estudo na Europa. O projeto, em larga medida, era mais ambicioso. Para Lilia Schwarcz, "pretendia formar uma elite independente e desvinculada dos laços culturais que nos prendiam à metrópole europeia, substituindo a hegemonia estrangeira [...] pelo desenvolvimento de um pensamento próprio".

Os debates sobre o formato e os locais de instalação de faculdades no Império foi ponto central nos trabalhos da Assembleia Constituinte de 1823 e, a partir de 1826, da Assembleia Geral Legislativa. No fim, deu-se prioridade à formação jurídica. Em agosto de 1827, D. Pedro I editou lei que criou o curso de ciências jurídicas e sociais em São Paulo e em Olinda. Para a historiadora Elaine Sodré, a localização das faculdades "foi uma opção inserida no contexto de construção da nação e na tentativa de prevenir movimentos separatistas".

No caso pernambucano, instalado o curso em maio de 1828, a ausência de uma estrutura adequada e a dificuldade de se formar um corpo permanente de professores fizeram com que as atividades acadêmicas em Olinda começassem, de fato, em 1829, e ainda assim em caráter improvisado, pois abrigado inicialmente em um convento. A faculdade migrou de Olinda para Recife em 1854.

Uma mínima orientação organizacional e curricular dos cursos de Pernambuco e de São Paulo veio somente com a aprovação dos primeiros *Estatutos* de ensino jurídico, em novembro de 1831, ou seja, já no período regencial, perdurando por mais de duas décadas. Embora com origem em um mesmo projeto de estruturação da instrução pública nacional e que tenham compartilhado regulamentação similar durante algumas décadas, os cursos jurídicos em São Paulo e em Pernambuco trilharam caminhos visivelmente distintos. Sobre o tema, nas palavras de Sodré, as duas faculdades "aproximaram-se na origem [...], mas eram afastadas pelas conjunturas".

Já Schwarcz observou que as diferenças atingiram questões mais específicas, como o modelo de exames admissionais e as línguas estrangeiras exigidas em cada faculdade, e mesmo aspectos mais gerais, a exemplo da tendência curricular civilista em São Paulo e criminalista em Recife. A distinção predominante, entretanto, residiu na proposta de formação dos alunos. Enquanto o curso paulista preocupou-se com a qualificação de políticos e burocratas do Estado e com suas "práticas políticas", a faculdade recifense esteve voltada muito mais à formação de "homens de *sciencia*", dedicados ao desenvolvimento (ou adaptação), no Brasil, de novas teorias.

A partir de 1851, a Assembleia Geral Legislativa aprovou uma reforma da regulamentação, resultando no Decreto imperial de 28 de abril de 1854 e em seu respectivo regulamento, ambos normalizando novos Estatutos. Para o jurista Alberto Venâncio Filho, além de considerável reforma curricular, os Estatutos de 1854 tiveram como principal contribuição extinguir as diferentes disposições que davam transitoriedade aos cursos jurídicos, atribuindo-lhes um caráter bem mais permanente, inclusive no aspecto orçamentário. O regulamento de 1854 durou até o último ano da década de 1870, quando nova reforma apresentou uma aproximação com o chamado "ensino livre".

No que toca especificamente ao curso em Recife, pode-se afirmar que, desde sua fundação até o início da década de 1860, seguiu a tendência do ensino jurídico pensado pela Corte, tendo como marca o conservadorismo, sobretudo o de cunho monarquista, e como referencial de cultura jurídica as tradições portuguesa e francesa. A transferência para Recife e a aprovação de novos Estatutos, ambos em 1854, deram ares modernos à faculdade, possibilitando o surgimento de intelectuais que romperiam o marasmo que caracterizou o período da academia de Olinda.

Contudo, foi somente a partir de 1862, sob direta influência de Tobias Barreto e da denominada *Escola do Recife*, que a Faculdade de Direito pernambucana acelerou o processo de abertura para outros referenciais da filosofia, do pensamento científico e da crítica literária. A transformação se deu, em grande parte, por influência de doutrinas alemãs.

A despeito de ter se consolidado a denominação *Escola do Recife*, ao menos até a década de 1880 predominou no movimento a informalidade, no sentido de não possuir um maior atrelamento entre seus intelectuais e as atividades acadêmicas da Faculdade de Direito. Acerca do assunto, Lilia Schwarcz reconheceu que, mesmo estando a maior parte dos membros da Escola do Recife matriculados naquela instituição, "o debate não se dava nas salas de aula, ou no debate diário entre alunos indisciplinados e professores pouco mobilizados. Era sobretudo encontrado nos jornais e revistas pertencentes à faculdade".

Os estudos de Celso Magalhães foram desenvolvidos em meio a essas transformações, sendo sua passagem por Pernambuco destacada como parte da cronologia da Escola do Recife. Sobre as etapas do movimento e a contribuição de Celso para ele, registrou o jurista Venâncio Filho:

> A primeira [fase], puramente poética, e ainda sob influência do romantismo, inicia-se em 1862, chegando até 1870, tempo do hugoanismo, do condoreirismo, época dos poetas Tobias Barreto, Castro Alves, Palhares, Guimarães Junior, Plínio de Lima, José Jorge, que formavam a plêiade hugoana. A segunda fase, crítica e filosófica, ocorreu de 1870 a 1881, quando começam as reações da crítica ao romantismo geral, uma grande fermentação de ideias alimentada pela curiosidade e pela sede de saber de *Celso Magalhães*, Sousa Pinto, Generino dos Santos, Inglês de Sousa, Clementino Lisboa, Lagos e Justiniano de Melo, sem falar, evidentemente, na presença de Tobias. A terceira fase inicia-se em 1882 e é a de uma nova concepção do direito. É o período jurídico-filosófico (grifei).[118]

Com efeito, a obra de Celso Magalhães *A poesia popular brasileira*, de 1873, é tida como marco de encerramento da fase romântica da

---

[118] VENANCIO FILHO, Alberto. *Das arcadas ao bacharelismo: 150 anos de ensino jurídico no Brasil*. 2. ed. São Paulo: Perspectiva, 2011, p. 96.

Escola do Recife, iniciando um período sob influência do realismo e de um pensamento mais cientificista. O próprio Sílvio Romero, importante membro daquela Escola, concordou com essa afirmação. Segundo ele, a reação definitiva contra o romantismo existente em Pernambuco se deu com a fase denominada de *realística-social*, marcada por um "realismo doce e filho da observação" e que teve em Celso Magalhães seu principal predecessor.

Celso Magalhães frequentou a Faculdade de Direito de Recife entre março de 1869 e novembro de 1873, cumprindo os cinco anos de estudos regularmente previstos para o curso. Não é possível delinear, em específico, as disciplinas que fez na graduação ou todos os professores que lhe ministraram aulas, já que o Arquivo Geral do Centro de Ciências Jurídicas da Universidade Federal de Pernambuco guarda hoje apenas cópia de seu assento de batismo e do registro de seu bacharelado.

Sobre o corpo docente da faculdade no período de estudos de Celso Magalhães, ainda que não se possa precisar quem lhe ministrou as disciplinas cursadas, parte do quadro administrativo e de professores fica evidente na memória do curso apresentada por Clóvis Beviláqua. Durante toda a graduação de Magalhães, foi Pedro Francisco de Paula Cavalcanti de Albuquerque, o visconde de Camarajibe, diretor daquela instituição. Pedro Francisco ingressou na docência, ainda em Olinda, em 1830, tornando-se diretor a partir da reforma operada em 1854. Ocupou ainda as funções de presidente da Província de Pernambuco e de deputado geral e senador do Império. Nas palavras de Beviláqua, "foi, em seu tempo, o chefe conservador mais considerado de todo o Norte do país". Quanto ao rol de professores, lecionaram em Recife entre 1869 e 1873, como catedráticos: Bandeira de Melo Filho; Vicente Pereira do Rego; Aprígio Justiniano da Silva Guimarães; José A. de Figueiredo; Pinto Junior; Braz Florentino Henrique de Souza, até 1870, quando faleceu; Pedro Autran, até 1870, quando foi jubilado; José Bento, jubilado em 1870; Antônio Coelho Rodrigues, promovido a catedrático em 1871; e Antônio Drummond, promovido em 1872. Como substitutos: Correia de Araújo; João Thomé da Silva, a partir de 1870; Francisco de Paula Salles, a partir de 1871; Joaquim Tavares Belfort, que ingressou em 1871; Francisco Pinto Pessoa, a partir de 1871; e Graciliano de Paula Baptista, a partir de 1872. Sobre Joaquim Tavares Belfort, uma peculiaridade. Era natural de São Luís, sendo primo de terceiro grau de Ana Rosa Viana Ribeiro e, inclusive, tendo testemunhado nos autos-crime que investigaram a morte do escravo Inocêncio.

Quanto aos exames finais de Celso, através de sua carta de bacharel e da narrativa de Fran Paxeco, sabe-se que participaram de sua banca examinadora Vicente Pereira do Rego, como presidente, e Aprígio Justiniano da Silva Guimarães e José A. de Figueiredo, como examinadores. Pereira do Rego foi professor catedrático da Faculdade de Direito de Recife, lecionando, a partir de 1851, no quinto ano daquele curso, a recém criada cadeira de Direito Administrativo. A ele é atribuída a autoria do primeiro livro escrito no Brasil na área em que lecionou, *Elementos de direito administrativo brasileiro para o uso das faculdades de direito do Império*, de 1857.

Celso foi aprovado com o conceito "plenamente" em 22 de novembro de 1873, recebendo o grau de bacharel.

A despeito das informações parciais sobre a trajetória acadêmica de Celso na Faculdade de Direito, sua intensa experiência científica e cultural pode ser analisada por meio dos contatos por ele estabelecidos, de sua considerável produção intelectual durante a faculdade e de seu envolvimento no ambiente cultural de Recife.

Apesar de se valorizar neste trecho as aproximações intelectuais construídas por Celso Magalhães, não se pode atribuir menor valor ao convívio de natureza política existente na Faculdade de Recife. Segundo Richard Graham, naquele contexto, o acesso ao curso jurídico superior "colocava os estudantes em contato com os membros da elite econômica e política". A aproximação entre uma mesma geração de famílias abastadas era essencial para o fortalecimento de hierarquias e para a estruturação de relações politicamente vantajosas. Para aqueles que não possuíam a mesma origem, tal convívio não era menos relevante. Em verdade, poderia aparecer como única oportunidade de se articular futuras indicações a cargos públicos.

Graham exemplificou essas nuances:
> Um pai na política certamente aconselharia seu filho a aproximar-se de um colega de turma intimamente ligado a um homem de riqueza e prestígio social [...]. Por meio desses contatos na faculdade e posteriormente outros, mesmo juízes de origem modesta podiam estabelecer alianças com os abastados ou encontrar noivas entre as melhores famílias, e desse modo saltar para dentro da elite.[119]

O período no qual Celso Magalhães cursou sua graduação foi marcado pela passagem de jovens juristas que se tornariam referência nos campos literário e científico do Império. Cito alguns exemplos. No final do ano de ingresso de Celso, ou seja, em 1869, tornou-se bacharel naquela faculdade o sergipano Tobias Barreto, liderança incontestável da Escola do Recife, poeta, crítico literário e filósofo, responsável pela introdução de diferentes doutrinas alemãs no Brasil e, na poesia, tido como fundador do condoreirismo. Naquele ano, bacharelou-se também Araripe Junior, renomado advogado cearense, crítico literário e escritor.

No ano seguinte, graduou-se o pernambucano Joaquim Nabuco, político, diplomata, jornalista e um dos principais responsáveis pela propagação do abolicionismo e da liberdade religiosa no Brasil. Em 1871, formou-se o poeta romântico Plínio de Lima. Na mesma turma de Celso Magalhães, graduada em 1873, esteve Sílvio Romero, que teve vasta produção em diferentes áreas, ficando mais conhecido pelos estudos em teoria e história da literatura, folclore e pela introdução de doutrinas evolucionistas no Brasil.

Sobre a turma na qual se formou Magalhães, o pesquisador Washington Cantanhêde teceu os seguintes comentários:
> Com ele [Celso Magalhães], formaram-se outros rapazes predestinados a ocupar lugares de destaque na vida cultural brasileira: Sílvio Vasconcelos da Silveira Ramos, que ficaria conhecido como

---
119 GRAHAM, op. cit., p. 98.

Sílvio Romero; Antônio de Sousa Pinto, português de nascimento; Domingos Olímpio, jornalista, homem de teatro e romancista autor de *Luzia homem*; Fernando Luiz Osório, filho do general Osório (marquês de Herval) e ministro do Supremo Tribunal Federal; Antônio Clodoaldo de Sousa, lente da Faculdade de Direito do Recife; Ferreira Chaves, político, parlamentar e ministro da marinha no governo de Epitácio Pessoa; e vários outros, entre os quais os maranhenses Alípio Zacarias de Carvalho, Carlos Emílio de Andrade Peixoto, João José Godinho Júnior e Teófilo Moreira Guerra.[120]

Quanto a esses nomes, necessário apenas retificar o de Joaquim José Godinho Júnior, cujo primeiro nome é identificado por Cantanhêde como "João".

No entanto, a despeito da provável convivência de Celso com esses intelectuais, que já na faculdade tiveram fecunda produção nas áreas da literatura, das ciências e do jornalismo, parece que Magalhães participou de um círculo acadêmico mais específico. O fato foi registrado pelo amigo Rangel de Sampaio (no original, "San Paio" ou "São Paio"), em artigo publicado no periódico carioca *Gazeta de Notícias*, datado de 15 de junho de 1879, ou seja, escrito seis dias após o falecimento de Celso Magalhães.

No relato de Sampaio, Celso foi fundador e intenso participante de um grupo denominado *Boemia literária* que, além do próprio Sampaio, foi composto pelos seguintes membros: "Celso de Magalhães; Joaquim José Godinho Júnior, o filósofo; Generino dos Santos, o poeta; Alfredo Saldanha, o investigador; Antônio de Souza Pinto, o sociologista; e Oliveira Campos". Os dados que localizei sobre a trajetória profissional e intelectual desses personagens foram compilados no quadro abaixo:

---

120 CANTANHÊDE, Washington. *Celso Magalhães: um perfil biográfico*. São Luís: Associação do Ministério Público do Estado do Maranhão, 2001, p. 55.

Quadro 1: Membros que compuseram, com Celso Magalhães, o grupo *Boemia literária* (Recife, 1871-1873).[121]

Nome -- Nascimento - óbito	Naturalidade -- Graduação em Recife	Atuação e cargos	Principais obras
Adolfo **Generino dos Santos** 1848 - 1928	Pernambuco 1867	Jornalista, poeta e promotor público em Pernambuco.	*O Trabalho* (periódico), *Hugonianas* e *Mosaico poético*.
José de **Oliveira Campos** ? - ?	Bahia 1872	Jornalista, deputado provincial, diretor da Biblioteca Pública, advogado e juiz substituto, sempre na Bahia.	*Estado da Bahia* (periódico).
Joaquim José Godinho Júnior ? - 1873	Maranhão 1873	Bacharel	--
Antônio de Souza Pinto 1843 - ?	Porto (Portugal) 1873	Jornalista, poeta, historiador e advogado em Pernambuco.	*O Trabalho* (periódico) *Poesias*, *O diabo a quatro* e *O Marquês de Pombal*.
João Zeferino **Rangel de Sampaio** 1838 - 1893	Rio de Janeiro --	Poeta, romancista, crítico literário, dramaturgo, jornalista, escriturário e chefe da alfândega do Rio de Janeiro.	*Amores de um frade*, *A batalha dos Guararapes* e *O evangelho e o sílabus*.
Alfredo Saldanha ? - 1881	Maranhão 1876	Jurista, promotor público, juiz municipal e juiz de direito interino, sempre no Maranhão.	--

---

121 Fontes: BEVILÁQUA, Clóvis. *História da Faculdade de Direito do Recife*, v. I. Rio de Janeiro: Livraria Francisco Alves, 1927a, p. 174-218; BLAKE, Augusto Victorino Alves Sacramento. *Dicionário bibliográfico brasileiro*, v. 4. Rio de Janeiro: Imprensa Nacional, 1898, p. 69-73; COUTINHO, Afrânio; SOUSA, José Galante de. *Enciclopédia de literatura brasileira*, v. 2. Rio de Janeiro: Biblioteca Nacional; ABL, 2001, p. 243; ITAPECURU-MIRIM. *Diário do Maranhão*. São Luís, p. 1, 22 abr. 1880; e SOARES, Francisco Sérgio Mota; CARMO, Laura Berenice Trindade et al. (Orgs.). *A Biblioteca Pública da Bahia: dois séculos de história*. Salvador: Fundação Pedro Calmon, 2011, p. 72-73.

Sobre os personagens citados no quadro, duas observações. Joaquim José Godinho Júnior faleceu em 17 de setembro de 1873, provavelmente logo após a formatura, já que Clóvis Beviláqua registrou seu bacharelado. O periódico *Diário de Pernambuco* publicou anúncio de Demócrito Cavalcante de Albuquerque, também formado pela Faculdade de Recife em 1873, no qual mandou ele "rezar uma missa pelo seu finado amigo e colega", no Convento de São Francisco, em Recife, por ocasião do primeiro aniversário da morte de Godinho Júnior. Da mesma forma, *O Trabalho*, periódico idealizado pelo *Boemia literária*, destacou em sua última edição, datada de 20 de setembro de 1873, homenagem à memória do "excelente amigo Godinho Júnior".

Já sobre Rangel de Sampaio, não é certa a passagem pela Faculdade de Direito de Recife. Beviláqua deixou de arrolar seu nome entre os bacharéis ali formados. Da mesma forma, o escritor Augusto Blake, na pequena biografia que teceu sobre Sampaio, não registrou sua formação jurídica. Porém, é sabido que esteve em Recife durante todo o período de estudos de Celso Magalhães, onde, segundo o próprio Sampaio, o conheceu e com ele cultivou sólida amizade, inclusive após o retorno de Magalhães ao Maranhão, quando mantiveram contato através de correspondências – "Eu fui confidente de seus prazeres e de suas dores, de sua esperança e de suas horas de abatimento...". De fato, a análise dos periódicos pernambucanos e da Corte indicam que Rangel de Sampaio migrou de Vitória para Recife em abril de 1871, deixando a função de oficial da tesouraria na capital capixaba para ser escriturário da Província de Pernambuco. Em Recife, além de funcionário público, desempenhou intensa atividade como escritor, professor, orador e teatrólogo. Em 30 de maio de 1877, retornou ao Rio de Janeiro, província onde nasceu, havendo notícia de sua viagem em vapor nacional. A partir dessa data, há diferentes registros da atividade intelectual de Sampaio em jornais da Corte, além do fato de continuar sendo escriturário, chegando, nesse ofício, a chefe da alfândega do Rio de Janeiro.

As atividades do *Boemia literária* se concentraram entre 1871 e 1873, quando o grupo, já com uma formação mais bem definida, reunia-se semanalmente para debater ciência, literatura, poesia, teatro e jornalismo. Na análise de Sampaio, o *Boemia* funcionou enquanto grupo de estudo de obras literárias e científicas e como uma espécie de laboratório para a apresentação de textos ainda inacabados de seus membros.

Quanto à produção de Celso debatida nas reuniões, assim narrou Sampaio:

> A *Augustiosa*, um poemeto de transição entre o lirismo e o realismo; algumas *antigualhas*, últimas notas líricas do plectro[122] que produziu o poema abolicionista *Os calhambolas*; uma *Questão de temperamento*, feliz ensaio do romance realista, publicado mais tarde no *Paiz*; o *Processo Valadares*, drama que, tratando de uma lacuna de nossa legislação criminal (a reabilitação do condenado), não se afastara, em suas ideias filosóficas e nos personagens em ação, das doutrinas de Augusto Comte; *Estudo da poesia popular brasileira*, o trabalho mais completo até hoje empreendido, ainda que depois dele se ocupassem da nossa poesia popular o Dr. José de Alencar e, em seu livro *Moderno parnaso*, o fecundíssimo literato português Teófilo Braga; – todos esses trabalhos, alguns de longo fôlego, e mais as críticas hebdomadárias da companhia dramática, então estacionada naquela cidade, foram ainda trêmulas, após o bafo gerador, ainda envoltas nas primeiras faixas, receber no *Boemia literária* o batismo de nossa análise franca e sincera.[123]

Entre os críticos da obra de Celso Magalhães, há consenso de a maior parte de seus escritos ter origem no período de estudo em Recife. De fato, é inegável que, com exceção de 1869, quando provavelmente se dedicou aos cursos preparatórios ao ingresso na faculdade, os anos de 1870 a 1873 reúnem sua relevante produção não poética. Não é menos evidente que, após o retorno à sua província natal (1874) e até seu falecimento (1879), a escrita de cunho literário de Magalhães sofreu uma brusca redução de ritmo, tendo o perso-

---

122 Sinônimo de inspiração poética.
123 SAMPAIO, R. de. Colaboração. *Gazeta de Notícias*. Rio de Janeiro, p. 2, 25 jun. 1879.

nagem preenchido seu tempo, ao que tudo indica, com o ofício de promotor e com a participação política em periódicos (Quadro 2).

Digno de nota o fato de, durante seus estudos, ter Celso Magalhães como hábito retornar ao Maranhão no período de férias, onde, dispondo de um pouco mais de tempo, escreveu de forma não menos intensa. Daí porque parte de sua obra entre 1869 e 1873, ou seja, durante sua formação em Recife, foi datada de São Luís. Ainda que nesta pesquisa não se consiga precisar seu momento exato, é certo que durante os estudos em Recife também foi à Bahia. Lá dedicou algum tempo à investigação de manifestações da cultura popular. Os resultados de sua observação foram registrados no ensaio *A cultura popular brasileira*, escrito em 1873, último ano de sua graduação.

Em Recife, boa parte da produção intelectual de Celso Magalhães teve vazão através de jornais pernambucanos, onde conseguiu dar continuidade à participação iniciada, ainda em 1867, no *Semanário maranhense*, então reduzida à publicação de poesias avulsas.

Com efeito, os jovens juristas da Faculdade de Recife encontraram no jornalismo o espaço de criação que não fecundava nas atividades curriculares formais. Por isso mesmo, esse era um contexto no qual "ser acadêmico de direito significava dedicar-se ao jornalismo [...], seja na sua feição literária, seja na sua feição política". Na opinião de Clóvis Beviláqua, a partir de 1870, uma relevante geração de estudantes iria desenhar a "imprensa acadêmica pernambucana", vital para a revitalização da literatura e das ciências no Norte do Império. Dela fizeram parte nomes como Sílvio Romero, Souza Pinto, Generino dos Santos, Lagos Júnior, Rangel de Sampaio, além de Celso Magalhães.

Na capital pernambucana, há registros de sua contribuição para as revistas estudantis *Crença*, *O Movimento* e *Outeiro Democrático*, para os periódicos acadêmicos Lábaro, *América Ilustrada* e *Culto às Letras*, assim como para os jornais comerciais *Correio Pernambucano* e *Jornal do Recife*. Durante seus estudos jurídicos, publicou também em jornais maranhenses, com destaque para *O Paiz*, *O Domingo* e *Diário do Maranhão*.

Quadro 2 – Obras de Celso Magalhães, compiladas por ano de produção.[124]

Ano	Local	Obras
1867	São Luís	*Vem, não tardes*; *Por ela*; *Escravo*; *O avaro*; *Que vida!*; *Fantasia*; *Escuta*; *O gongorista*; *O meu amor*; *O desânimo*; *O currupira*; e *Adeus*, todos poemas.
1868	São Luís	*Lembras-te?*; *À...*; *O menino cego* (adaptação da obra de Gout Desmartres); e a tradução dos seguintes poemas: *A minha casaca* (Michel Sedaine), *Dom Paes* (Musset), *Ophélia* e *A mentirosa* (Henri Muger).
1869	Recife	*Cerração de bolso* (comédia); *A liberdade religiosa* (artigo); os poemas *Os calhambolas*, *Perdão*, *Familiaridades*, *Aniversário*, *Conveniências* e *Ao meu amigo F. d'Oliveira Conduru*; e a tradução do poema *XXV* (Victor Hugo).
1870	Recife	*Versos* (reunião de poemas); *Ela por ela: cenas do campo* (novela escrita sob o pseudônimo de "Giácomo de Martorelo"); os folhetins *Eumália* e *Conto*; críticas às obras *Dois perfis de mulher* (José de Alencar), *Miniaturas* (Gonçalves Crespo) e *Uma carta bibliográfica* (Plínio de Lima); e as seguintes traduções: *Pórcia* (Musset) e *Um pouco de música* (Victor Hugo).
1871	Recife	*Um estudo de temperamento* (romance); as poesias *À Alda, de Viana*, *flores do Natal*, *Angustiosa*, *A Ernesto Rossi*, *Andorinhas* e *História de Mário*; *A voo de ave* (folhetim); e *Uma crônica teatral* (crônica).
1872	Recife	*Dúvidas* (poesia); *Carranquinhas* (folhetins); e as crônicas *Crônica interna* e *Crônicas de teatro*.
1873	Recife	*A poesia popular brasileira* (crítica literária); *Pelo correio* (novela escrita sob o pseudônimo de "Giácomo de Martorelo"); *O processo Valadares* (drama); prólogo de *O evangelho e o sílabus* (obra de Rangel de Sampaio); e os contos *Jesus mendigo*, *A madrasta*, *Jabuti* e *Saúbas*.
1874	São Luís	*A Pororoca*, *No álbum*, *Amor paternal* e *Fantasia*, todos poesias; *Caretas* (folhetins escritos sob o pseudônimo de "Balcofrio"; e os artigos *A mulher* e *A toilett*.
1875	São Luís	*Amor caricato* (poesia).
1876	São Luís	*Folhetins humorísticos*, *Parênteses* e *Questão médico-legal*, todos folhetins.
--	--	*O padre Estanislau* (drama) e *O habeas-corpus* (obra jurídica) tiveram seus manuscritos perdidos, não possuindo uma datação precisa.

---

124 Fontes: CANTANHÊDE, op. cit., p. 49-55); GOMES, Elisângela Pereira. *O mestiço nas obras de Celso Magalhães e Aluísio Azevedo...*, p. 27-28); BURNETT, José Carlos Lago. *Discurso de posse na Academia Maranhense de Letras...*, p. 25-26); MÉRIAN, Jean Yves. *Celso Magalhães: poeta abolicionista*. São Luís: Fundação Cultural do Maranhão, 1978, p. 7); MORAES, op. cit., p. 11-14); e PAXECO, op. cit., p. 80-86.

Mas o envolvimento de Celso com a produção jornalística foi predominante em outro impresso: *O Trabalho*, que circulou entre abril e setembro de 1873, somando ao todo onze edições. O periódico foi idealizado e mantido pelo *Boemia literária* e consistiu, na avaliação de Rangel de Sampaio, em "uma importantíssima revista literário-científica". No grupo, Souza Pinto e Generino dos Santos encarregaram-se da edição da folha, com grande participação dos demais membros do *Boemia*, além de nomes alheios a tal grêmio literário, mas igualmente relevantes para o cenário intelectual recifense, como Sílvio Romero, João Lagos, Clementino Lisboa e Aires Gama.

Foi em *O Trabalho* que Celso Magalhães, ainda que de forma incompleta, publicou pela primeira vez *A poesia popular brasileira*, certamente sua principal obra de crítica literária e pela qual ficaria conhecido como pioneiro nos estudos sobre o folclore brasileiro. Naquele mesmo ano de 1873, o livro seria publicado novamente em *O Domingo*, jornal maranhense.

A experiência intelectual de Celso Magalhães na capital de Pernambuco, em boa parte, esteve concentrada em seus estudos acadêmicos e na continuidade da obra poética já iniciada no Maranhão. Em Recife, deu um refinamento formal a seus poemas, que prosseguiram marcados por uma forte conotação social, e ao mesmo tempo se preocupou com a modernização do direito, sobretudo no âmbito criminal. Porém, como já afirmado nesta obra, o interesse de Celso extrapolou, e muito, esses campos. Em solo pernambucano, estudou profundamente arqueologia, folclore, geologia, história da arte, matemática, física, música e teatro, além de se dedicar à tradução de poetas estrangeiros.

Na exploração dessas diferentes áreas, a vivência cultural fora do Maranhão foi certamente tão relevante quanto suas investigações de cunho acadêmico. Residindo por seis anos numa Recife caracterizada por "novas atitudes culturais e acadêmicas [...], na qual uma geração de jovens intelectuais promoveu uma insurreição literária", segundo Saldanha, Celso participou ativamente daquele movimento de renovação cultural.

Nas artes, foram diversas as influências por ele recebidas, muitas delas perceptíveis através dos textos que traduziu para o português e dos escritores que levou à discussão no *Boemia Literária*. Fincou boa parte de seus estudos de poesia e dramaturgia em autores franceses, com destaque para Alfred de Musset – "Musset! Musset era o seu mais querido poeta", como afirmado pelo periódico carioca *O Repórter* –, Victor Hugo, Michel Sedaine, Henri Murger e Pierre Lachambeaudie.

Dedicou-se igualmente às obras do poeta e ensaísta lusitano Teófilo Braga e do romancista brasileiro José de Alencar. De maneira não menos intensa, foi estudioso e crítico de seus contemporâneos maranhenses Joaquim Serra, Gentil Homem de Almeida Braga e Odorico Mendes.

Na música, enquanto pesquisador e cantor – era barítono –, dedicou-se ao estilo erudito, sobretudo à ópera, sendo diretamente tocado pela obra dos italianos Gaetano Donizetti, Giuseppe Verdi e Vincenzo Bellini, do alemão Giacomo Meyerbeer e do brasileiro Carlos Gomes. Como referido na primeira parte desta obra, após retornar a São Luís, Celso Magalhães idealizou e fundou o grupo *Sociedade musical*, que executava saraus na noite ludovicense. Desses encontros, nos quais havia predomínio das obras dos músicos acima citados, Celso participou com regularidade, geralmente compondo duetos ou tercetos.

À trajetória literária e cultural de Celso em Recife se somou um frutífero contato com o novo referencial cientificista gestado naquele ambiente. O clima por ele experimentado não poderia ser mais reformista. Nas décadas de 1860 e 1870, a capital pernambucana funcionou como porta de entrada e laboratório de adaptação de importantes doutrinas, sendo palco, conforme Lilia Schwarcz, de uma "guinada teórica" que redirecionou o debate sobre o modelo político, a religião, o regime de trabalho, o ensino e a ciência em voga no Império.

Com efeito, há em nossa historiografia uma concordância em ter sido a década de 1870 marco na renovação da política e das ciências no Brasil. Para Schwarcz, distintos foram os fatores que contribuíram para essa mudança, sendo um deles o processo de descentralização intelectual iniciado na década de 1820, que possibilitou às elites uma formação acadêmica em diferentes locais do Império. A renovação esteve igualmente atrelada a outras transformações sociais aceleradas em meados do Oitocentos e mais evidentes nos anos 1870, tais como a urbanização, a imigração de estrangeiros, o visível desmantelamento do regime escravista e a reconfiguração das elites regionais, que passaram a ter plataformas ideológicas e políticas mais bem definidas.

No caso de Recife, a demanda pela renovação adquiriu especial significado. As elites da capital pernambucana percebiam a evidente reorientação do vértice político e econômico para o Centro-Sul do Império. Era preciso uma reação. Não coincidentemente, essas elites incorporaram a seu discurso princípios liberais e a crítica ao monarquismo.

Considerável parte do reformismo se concentrou na Faculdade de Direito de Recife. No início dos anos 1870, a instituição teve seus estatutos questionados em sua forma e quanto a seu paradigma científico. Foi o início da campanha pela *liberdade de ensino*, que ganharia mais fôlego apenas nas décadas seguintes, quando houve concretamente a renovação de parte do corpo docente. A premissa era de que não poderia haver uma consciência efetivamente livre e uma concreta prática de ensino sem a maior autonomia dos professores e dos alunos.

Especificamente no curso jurídico em Recife, a proposta defendeu a diminuição do regime disciplinar aplicado aos discentes, a liberdade de frequência às aulas e a eliminação dos exames parciais. Doutrinariamente, o pensamento jurídico também enfrentou uma consistente transformação. A década de 1870 acelerou o rompimento definitivo com o modelo da Escola da Exegese e com a perspectiva pandectista. Sobretudo por meio de Tobias Barreto, uma nova geração de juristas reivindicou a reformulação metodológica e a crítica aos tradicionais modelos português e francês de ensino do direito. As principais influências recebidas foram dos filósofos do direito Hermann Post e Rudolf von Ihering.

Inequivocamente, Celso foi influenciado por esse ambiente. A "reforma social" através da ciência foi uma ambição fortemente alimentada por Magalhães. Na homenagem póstuma que prestou ao amigo, do qual era confidente inclusive quanto a suas aspirações intelectuais, Rangel de Sampaio mencionou que "uma das ideias das mais tenazes que o acompanhavam [a Celso Magalhães]" era a de, com bases cientificistas, servir como "chefe da propaganda da reforma necessária à sua província natal – o Maranhão".

No âmbito das doutrinas políticas, Celso absorveu a crítica ao regime monárquico. Como estudante, tornou-se, nas palavras de Fran Paxeco, "sinceramente republicano", provavelmente em decorrência de seu abolicionismo e pelo contato, a partir de Recife, com a proposta de reestruturação da nação defendido pelo Partido Republicano, fundado na capital do Império em 1870.

Um fato basta para evidenciar o republicanismo de Celso. Em abril de 1870, criou e recitou publicamente versos de conotação antimonarquista. O ambiente não poderia exigir do jovem poeta uma atitude mais ousada. Era uma cerimônia formal que homenageava a presença do general Osório em Recife, reunindo no teatro do Coimbra a elite política pernambucana, incluindo o presidente da província, senadores e deputados gerais por Pernambuco, além do próprio Osório, sabidamente amigo pessoal do Imperador.

Manuel Luís Osório, marquês de Herval (1808-1879), foi um importante militar e político do Império. Na política, chegou a ser senador pela Província do Rio Grande do Sul. Na carreira militar, tornou-se general, sendo aclamado como herói da Guerra do Paraguai, por lhe ter sido atribuída a vitória em diferentes batalhas daquele conflito, inclusive em Tuiuti (1866).

Provavelmente devido à amizade de Celso com Fernando Luís Osório, filho do general e colega de turma de Magalhães em Recife, o futuro promotor foi escolhido como um dos oradores que iriam homenagear o militar na cerimônia. Proferiu então um discurso declaradamente político e corrosivo à Monarquia.

O discurso nunca foi publicado em sua íntegra. Parte dele, porém, teve reprodução na obra de Fran Paxeco:

> Osório não precisa de púrpuras, porque tem o seu manto crivado de balas, que atestam o seu civismo. Osório não precisa de trono,

porque já levantou um trono em todos os corações. Osório não precisa de cetro, porque tem a sua espada, que vale mais do que todos os cetros do mundo.[125]

Já o poema criado para a ocasião foi reproduzido por Celso Magalhães em seu livro *Versos*, publicado naquele mesmo ano de 1870. O tom foi ainda mais corrosivo do que o apresentado no discurso, chegando a anunciar a derrocada do Império, além de declarar expressamente sua ideologia abolicionista:

Vede-lhe o vulto homérico [de Osório],
maior que o do monarca:
a topetar com o éter,
o infinito abarca.

Ante ele o brilho efêmero
do trono, que estremece
olhando a queda próxima
também desaparece.

Maior quem é? Dizei-o:
O soberano? Não!
De grande não tem título
quem nutre a escravidão.

A monarquia? Egrégio[126]
não pode ser o braço
que tem na garra trêmula
a ponta do balanço,

Que o dente agudo, esquálido,
para morder aguça
e tem sob os pés, pálido,
um povo que soluça.

---

[125] MAGALHÃES, Celso *apud* PAXECO, Fran, op. cit., p. 90.
[126] Sinônimo de nobre, ilustre.

> Maior quem é? Dizei-o,
> maior que a majestade
> de Osório – o vulto heroico;
> Só Deus e a Liberdade![127]

Segundo a narrativa de Antônio Lopes, a reação do público à fala de Celso foi de espanto, embora parte dos presentes o tenha aplaudido. O mais ofendido teria sido o presidente da província, que chegou a pedir que o chefe da Polícia se postasse ao lado de Celso, anunciando uma possível prisão. O general Osório, percebendo o imbróglio, ficou de pé, agradeceu as palavras do orador e bradou por diferentes vezes vivas a D. Pedro II, sendo apenas na terceira vez seguido pela plateia. O acontecimento, apesar de impactante, parece não ter trazido maiores consequências para Celso Magalhães.

Com efeito, o republicanismo de Celso esteve evidente nos anos de sua formação em Recife. Após o retorno ao Maranhão, porém, não há registros dessa tendência. Difícil crer que o personagem tenha se tornado monarquista. Entendo que as causas desse silêncio estiveram muito mais relacionadas a seu atrelamento aos conservadores e como decorrência dos projetos de ascensão profissional que nutria, como o de se tornar juiz de direito, cuja nomeação estava vinculada ao aceite do Imperador. Se continuava a ser republicano, certamente não era interessante evidenciar tal preferência.

A crítica à religião foi outra tendência que, presente no ambiente acadêmico da Recife dos anos 1870, certamente influenciou o pensamento de Celso. Por certo, a década de 1860 já apresentava alunos da Faculdade de Recife com forte ideologia anticlerical. Em pesquisa sobre o promotor público Luiz Ferreira Maciel Pinheiro, paraibano que se graduou em Pernambuco, em 1867, o historiador Paulo R. Staudt Moreira localizou o periódico *O Futuro*, fundado por Pinheiro em 1864. O jornal serviu, sobretudo, como veículo para que jovens graduandos dirigissem severas críticas à Igreja Católica.

---

127 MAGALHÃES, Celso. *Os calhambolas. Carranquinhas...*, p. 197-198.

Na Faculdade de Direito, o anticlericalismo significava o questionamento da teoria da origem divina do poder do monarca e da combinação do ensino jurídico com o catolicismo. Filosoficamente, a absorção do positivismo, de forte conotação empirista, levou à censura da religiosidade metafísica.

O anticlericalismo de Celso era evidente. Em 1873, escreveu o prólogo de *O evangelho e o sílabus*, obra do amigo Rangel de Sampaio, que propunha uma crítica positivista à doutrina cristã. O livro foi publicado no Maranhão apenas em 1876, em diferentes edições de *O Paiz*. Pelo menos em terras maranhenses, a repercussão do texto de Celso acabou tendo maior amplitude do que a própria obra de Sampaio.

Entre outubro e dezembro de 1876, as folhas *Diário do Maranhão* e *O Paiz* veicularam uma série de cartas trocadas entre Celso Magalhães e o padre Raimundo Alves da Fonseca, posteriormente reunidas e reproduzidas n'*O Apóstolo*, folha impressa na Corte.

Raimundo Alves da Fonseca (1842-1883) era natural do Piauí, onde cursou seus primeiros estudos, vindo ainda jovem para São Luís. Na capital maranhense, frequentou o Seminário Santo Antônio, ordenando-se padre em 1867. Teve grande engajamento na crítica a doutrinas que reputava anticlericais, com destaque para o positivismo e para a maçonaria. Foi redator do periódico *A Civilização* e professor do Liceu Maranhense. Além da celeuma com Celso Magalhães, envolveu-se no início da década de 1880 em outro polêmico debate, dessa vez com Tobias Barreto.

O debate entre o jurista maranhense e o clérigo beirou a ofensa pessoal. A linguagem dirigida pelo padre a Magalhães foi bem mais crítica. De forma especial nos primeiros textos que publicou – talvez por não se identificar, assinando-os como "O Católico" –, Fonseca acusou diversas vezes Celso de ser "ateu de chapa sem cruz; ateu de casaca e chapéu redondo" e de possuir uma "requintada loucura" e uma "grita insana". Mencionou ainda que, por "professar o ateísmo e o politeísmo fetichista", teria Celso uma "postura impertinente e incompatível com um promotor público", razão pela qual Fonseca demandava do presidente da província sua exoneração do cargo.

Quanto a Magalhães, concentrou-se bem mais em elencar argumentos reputados por ele cientificamente adequados. A postura de Celso certamente decorreu do respeito que tinha por Alves da Fonseca como intelectual. Rangel de Sampaio narrou que, quando já residente no Rio de Janeiro, recebeu de Celso os textos publicados pelo padre no *Diário do Maranhão*, acompanhados de uma carta do amigo com o registro das impressões que Magalhães tinha sobre Alves da Fonseca: "É pena que este padre não tivesse obtido educação em outro grêmio. É inteligente, crê! Vês tu o que faz o seminário?"

Nada obstante, a discussão acabou concentrando-se, a partir da crítica feita por Alves da Fonseca ao texto de Magalhães, no embate entre concepções teológicas e cientificistas das ideias de Deus, fé, humanidade e sociedade.

Um dos artigos assinados por Celso Magalhães, publicado n'*O Paiz* de 22 de dezembro do referido ano, concentrou boa parte de sua crítica ao catolicismo. Nele, Celso defendeu a superioridade da concepção positivista de religião sobre a doutrina católica, registrando que a teoria de Comte propagava "a liberdade completa e o respeito absoluto para com a crença alheia". Não negou Celso a existência da fé ou de Deus, mas reconheceu a crença nesses elementos como manifestação eminentemente do "sentimento humano", e não da razão. Recusava, assim, a base cientificista para a comprovação dos dogmas religiosos.

> E sendo um fenômeno sentimental, não entra ela [a fé] de modo algum nas especulações científicas. É a crença e nada mais. Não se procura provar a sua existência; sente-se internamente a necessidade dela e aceita-se. Ou então, não se sente e recusa-se.
> É como que alguma coisa de admirável, que se não pode tocar, e sobre cuja essência não se agrupam raciocínios para prová-la, nem se admitem silogismos.[128]

---

128 MAGALHÃES, Celso de. Sobre o Evangelho e o sílabus. *O Paiz*. São Luís, p. 1, 22 dez. 1876.

De forma similar, o credo na existência de um "ente supremo" não poderia ser aceito como um argumento *a priori*, acima do método científico. A fé, para Celso, não devia predominar sobre a ciência. Os preceitos católicos, como a própria concepção de divindade, decorreriam das convicções morais do crente, "não se sustentando em provas de cunho racional".

Para além do republicanismo e do anticlericalismo, Celso encontrou na vivência em Recife todo um caldo de teorias cientificistas capaz de realçar convicções germinadas antes de sua formação acadêmica. O período de sua graduação coincidiu, segundo a análise do jurista Nelson Saldanha, com a chegada de novos "ismos" e com a implosão de outros. O carro-chefe das novas doutrinas científicas foi a influência do positivismo e do evolucionismo. A crítica recaiu, sobretudo, sobre o romantismo, o liberalismo clássico (não científico), o catolicismo e a metafísica.

Nesse contexto, os nomes que mais se destacaram foram certamente os de Tobias Barreto e, anos depois, Sílvio Romero. Tobias sofreu considerável influência do germanismo, absorvendo as doutrinas alemãs quase acriticamente. Romero foi um pouco mais cauteloso. Ambos, porém, centraram o recurso ao pensamento germânico como forma de promover uma "atualização científica" no Brasil. Foi esse o ambiente no qual perspectivas como o evolucionismo social, o positivismo, o naturalismo e o social-darwinismo fincaram fortes raízes no Império, tendo como principal norte as obras de Augusto Comte, Herbert Spencer, Ernst Haeckel, Henri Buckle e Émile Littré.

A mais relevante influência recebida por Celso Magalhães nas ciências veio do positivismo de Augusto Comte. Nesse sentido, a homenagem prestada pelo jornal carioca *O Mequetrefe* adjetivou Magalhães de "discípulo convencido de Comte". Antônio Lopes, de forma similar, afirmou que Celso "cultivava seu espírito na filosofia de Augusto Comte".

Rangel de Sampaio concordou com essa afirmação, reconhecendo, aliás, que o *Boemia literária* dedicou boa parte de seus encontros ao estudo da "filosofia positiva de Comte". Mas Sampaio foi além. Mencionou que Celso sempre esteve preocupado com a crítica e com a atualização da obra comteana, por tais razões envolvendo-se com a leitura de Spencer, Littré e John Stuart Mill.

Esse mosaico de novas ideias fez Celso Magalhães reafirmar sua ideologia abolicionista e, de forma igualmente relevante, desenvolver uma peculiar concepção racialista da sociedade.

PENSAMENTO RACIAL E ABOLICIONISTA EM CELSO MAGALHÃES

Celso Magalhães era abolicionista e racialista. Sua luta pela emancipação dos escravos conviveu com a ideia não menos presente de que indígenas e africanos, se comparados ao homem europeu, eram inferiores nos planos cultural e racial. Paradoxo? Não. No máximo, uma "duplicidade de representações", como afirmado pela historiadora Regina Faria. A crítica ao cativeiro não tinha como premissa o desapego às doutrinas raciais. Por outro lado, a crença no "cientificismo das raças" não levava necessariamente à negação do direito de liberdade dos negros.

Entendo que as convicções de Celso sobre raça e abolição se desenvolveram em momentos diferentes de sua trajetória, assim como tiveram condicionantes distintos. Certamente a censura ao cativeiro veio antes, nutrindo-se desde sua infância a partir da vivência em uma fazenda de escravos rodeada de quilombos e do contato com insurreições de cativos. Não por outra razão, a defesa da emancipação escrava já esteve bem evidente em seus primeiros poemas, escritos a partir de meados da década de 1860.

Por outro lado, a adesão a doutrinas raciais – e, em grande medida, o próprio conhecimento delas – foi parte da experiência intelectual obtida em Recife, quando lá esteve entre 1869 e 1873. Vistos dessa forma, o racismo de Celso é fruto de uma base notadamente acadêmica, ao passo que o abolicionismo, embora influenciado por sua formação intelectual, parece ideológica e culturalmente fundado em raízes mais profundas.

Como já referido neste trabalho, desde seus primeiros dias de vida, Celso foi morar com seu avô materno em uma fazenda localizada em Viana, cidade com considerável contingente de cativos e com numerosos quilombos. A propriedade de seu avô servia ao plantio e ao beneficiamento da cana-de-açúcar, possuindo engenho e escravaria. Nesse ambiente, facilmente se presume o contato próximo que Magalhães teve, desde muito jovem, com o cotidiano do regime servil.

Um fato em particular influenciou mais decisivamente seu posicionamento quanto ao cativeiro. Em 1867, já com dezessete anos, testemunhou em Viana o que seria um dos maiores levantes de escravos ocorridos no Maranhão. Nos primeiros dias de julho daquele ano, diferentes fazendas de sua cidade natal foram invadidas por negros aquilombados, predominando os escravos vindos do quilombo São Benedito do Céu. O clima de medo e de insegurança foi intenso. Nas palavras da pesquisadora Mundinha Araújo:

> As ameaças de uma insurreição de escravos pairavam em diversos pontos da província [...]. Na Baixada Ocidental, os senhores de engenho, lavradores e criadores de gado, proprietários de numerosa escravatura, presenciavam as constantes fugas de seus escravos, sem que chegassem os reforços solicitados ao governo para reprimi-las. Naquele momento, quando as comarcas e distritos viam-se desfalcados de tropas, armas e munições, os quilombolas abandonavam as matas, transitando armados pelas estradas e invadindo as fazendas, a fim de insuflar aqueles que permaneciam sob o jugo dos seus senhores a abandonar os estabelecimentos e segui-los para os quilombos.
> [...]
> Nos primeiros dias de julho de 1867, os lavradores de Viana viram os seus temores, em relação a uma insurreição da escravatura, concretizarem-se, quando centenas de pretos aquilombados saíram de seus refúgios e ocuparam, simultaneamente, diversas fazendas localizadas nos centros daquela comarca [...]. As notícias sobre o movimento insurrecional dos escravos propagar-se-iam rapidamente,

causando pânico não apenas aos habitantes de Viana, mas a todos os proprietários dos municípios da Baixada.[129]

A estabilidade da situação somente foi alcançada após um mês de conflito entre tropas oficiais e quilombolas. Celso Magalhães experimentou concretamente esse ambiente de apreensão, até mesmo porque, segundo registro de Fran Paxeco, alguns dos escravos amotinados pertenciam a seu avô. Sua vontade de investigar os fatos foi, porém, maior do que o provável medo gerado pela insurreição. Compilou informações sobre o levante, publicadas na imprensa ou conseguidas junto a autoridades policiais.

Celso foi adiante. Procurou na delegacia da cidade contato com os cativos envolvidos no motim. Conversou mais detidamente com Fabrício, segundo Paxeco, "[...] *fôlego vivo*[130] de Antônio Mariano de Matos que há mais de quatro anos era *padre* no mocambo São Benedito do Céu". A partir dos diálogos com Fabrício, registrou em um caderno de notas suas impressões sobre as principais lideranças dos insurretos, a evolução do conflito, as estratégias dos quilombolas nos embates travados, as características dos quilombos e mesmo acerca das "cantigas de São Benedito do Céu". O mais importante poema que escreveu de cunho abolicionista, *Os calhambolas*, foi inspirado igualmente em suas observações do conflito, como se verá logo adiante.

Embora observasse todos esses fatos a partir da casa-grande, Celso optou desde cedo pelo questionamento do regime servil. Seu abolicionismo, ao que tudo indica invariável por toda a vida, foi inscrito não apenas desde seus primeiros versos, mas também em alguns acontecimentos de sua trajetória.

Em 1869, Celso Magalhães teria convencido seu pai a transformar os escravos de sua fazenda em trabalhadores assalariados, negando assim o cativeiro. O primeiro registro do fato foi realizado por

---

129 ARAÚJO, Mundinha. *Insurreição de escravos em Viana, 1867*. 3. ed. São Luís [s.n.], 2014, p. 35-42.
130 Sinônimo de escravo, segundo expressão da época.

Antônio Lopes, em 1917, para quem Celso "meteu em execução, na fazenda paterna, um sistema de trabalho pelo qual os escravos tinham um salário". Um ano depois, Fran Paxeco indicou que, "no terreno prático, [Celso Magalhães] obtém que o seu pai estipule um salário aos ilotas[131] de sua fazenda, tal como se verificava com os indígenas". A afirmação foi reproduzida, tal como narrada por Lopes e Paxeco, na literatura posterior sobre Celso Magalhães.

Aproximadamente uma década depois, em expediente do governo da província datado de 2 de janeiro de 1878, foi registrado o agradecimento público a José Mariano da Cunha, que, "por intermédio de seu filho, o bacharel Celso da Cunha Magalhães, fez uma oferta à Sociedade Maranhense Protetora dos Alunos Pobres". O valor doado correspondeu à integralidade dos honorários que José Mariano receberia "como avaliador nos processos de arbitragem, feito no termo de Viana, para a libertação dos escravos pelo fundo de emancipação", conforme a seção oficial do jornal *Publicador Maranhense*.

Reputo provável que a atuação graciosa de José Mariano em processos para libertação de escravos tenha existido por influência de Celso Magalhães, que, afinal, era o procurador do pai junto ao governo provincial, sendo esse mais um fato da biografia de Celso digno de menção no que toca a suas convicções abolicionistas.

Um último acontecimento biográfico. Celso teria emancipado todos os escravos que herdou de seu pai, falecido em 1878. O fato foi narrado por Antônio Lopes, para quem a conduta de Magalhães foi símbolo de sua abnegação, tendo em vista que, por essa época, já demitido do cargo de promotor, achava-se em situação econômica bastante comprometida.

Dois foram os registros de Lopes desse fato, ambos veiculados n'*A Pacotilha*, em artigos datados de novembro de 1917: "Quando veio a morrer seu pai, tocando-lhe na partilha dos bens alguns cativos, libertou-os imediatamente sem a menor consideração às delicadas condições econômicas em que ficava a família, e ele próprio indivi-

---

131 Sinônimo de servos.

dualmente"; e "era paupérrimo, como paupérrimo morreu, pois até dos escravos da herança paterna se tinha despojado em generoso e humano impulso da sua ingênita fé republicana".

Ao menos do ponto de vista formal, a análise do inventário de José Mariano da Cunha não comprova a emancipação dos cativos. Concorrendo com uma dezena de outros herdeiros, Celso não teve tempo de saber o rol de escravos – ou de quaisquer outros bens – que lhe caberia, pois a avaliação definitiva do patrimônio do falecido e o respectivo auto de partilha foram produzidos apenas após sua morte, ocorrida em junho de 1879. Tanto que houve no inventário de José Mariano a habilitação da esposa de Celso como sua sucessora, mediante a apresentação da certidão de óbito do marido.

A afirmação de que Celso libertou imediatamente os escravos que herdou em Viana também pode ser questionada a partir do registro de seu último retorno a São Luís. O *Publicador Maranhense* anotou que, em 23 de maio de 1879, ou seja, duas semanas antes de sua morte, Celso embarcou de Viana a bordo do vapor *Dias Vieira*, acompanhado de "sua senhora, 1 irmão e *3 escravos*" (grifei).

O indício é de que Magalhães possuiu escravos até o fim da vida. Não afasto, porém, a possibilidade dos cativos referidos no *Publicador* pertencerem ao irmão que com ele viajava, Filadelfo Cunha, ainda criança nesse momento, ou mesmo de que os "escravos" que o acompanhavam o fizeram como negros livres ou *libertandos* – sujeitos a uma alforria condicionada –, não tendo essa circunstância sido registrada pelo controle alfandegário. A última hipótese me parece plausível, haja vista a quase certa impossibilidade de comprovação formal da libertação plena ou gradual dos escravos naquele momento, caso fossem oriundos, de fato, da herança deixada por José Mariano da Cunha, posto que o inventário ainda estava em aberto.

Os fatos da vida de Celso acima narrados possuem uma veracidade incerta. Não descarto, igualmente, terem sido objeto de uma valorização extremada por quem se preocupou em relatar as "façanhas" de Celso Magalhães. Nessas condições, deve-se ter cautela em os utilizar para uma espécie de autenticação do abolicionismo convicto e mesmo prematuro do personagem.

Seriam eles capazes de demonstrar que a conduta de Celso foi restrita ao que a socióloga Ângela Alonso denominou de *abolicionismo de elite*? O termo faz referência à uma elite social do Oitocentos, "ocupante de postos públicos de destaque e com acesso aos partidos políticos", que, na busca por uma modernização do país, defendeu a abolição gradual do cativeiro, além de outras máximas, como a imigração e a pequena propriedade. Não possuía essa elite radicalismos, mas nem por isso deixou de perturbar o sistema político do Império.

Ou, em outro sentido, os "feitos" de Celso aqui elencados concretizaram sua ideologia em ações que o levaram a dispor de bens e renda em prol da liberdade dos escravos? Possibilitariam, ainda, uma leitura da trajetória do personagem como alguém que tensionou seu contexto, na medida em que se tornou abolicionista, ainda que filho e neto de abastados senhores de escravos e mesmo tendo crescido numa fazenda com cativeiro?

A problematização da segunda pergunta leva ao questionamento se a crítica de Celso ao regime de trabalho escravo constituiu-se como "desvio ou singularidade" em relação ao contexto no qual viveu e se foi capaz de negar a *normalidade* daquele momento e desempenhar "movimentos individuais", capazes de "moldar e modificar relações de poder", como referido por Sabina Loriga.

Não possuo uma resposta acabada a tais indagações. De toda forma, se por um lado Magalhães passou sua infância em um ambiente escravista, por outro, provavelmente por influência de seu avô materno, conviveu desde cedo com o interesse pela literatura e pela imprensa. Nos estudos por ele realizados, o contato com ideias abolicionistas foi inevitável. Além disso, somado a um contexto internacional cada vez mais desfavorável à escravidão, o questionamento do cativeiro era naquele momento alimentado por fatores como a penetração de novas doutrinas cientificistas, o desenvolvimento da imprensa, a desarticulação do tráfico de africanos escravizados, a imigração e o crescimento das insurreições e aquilombamentos no campo.

A mudança de Viana para São Luís, em 1868, colocou Celso mais perto de uma cultura urbana na qual tais ideias circulavam com facilidade. Aproximou-se de uma jovem intelectualidade que adotava o antiescravismo como sinônimo de progresso, humanitarismo e civilização, fazendo da crítica ao regime servil uma das premissas de sua atividade.

Desde o final da década de 1840, vinha se consolidando na capital maranhense uma literatura abolicionista, inscrita em poemas, romances, crônicas e ensaios biográficos. Como principais exemplos, a obra de Gonçalves Dias (*Meditações* e *A escrava*), Sousândrade (*O príncipe africano*), Trajano Galvão (*O calhambola*, *Nuranjan* e *A crioula*) e João Lisboa (*Jornal de Timon*). Foi ainda o momento no qual se proliferaram entidades engajadas na libertação de negros, tais como a Irmandade de São Bento e a Sociedade Manumissora Vinte e Oito de Julho.

O julgamento que Celso Magalhães fez do cativeiro perpassou sua poesia, seus ensaios e sua atuação como promotor público. De forma similar a seu racialismo, foi incrementado pelos conhecimentos adquiridos em Recife. Na apreciação de Rangel de Sampaio, Celso desenvolveu no curso jurídico três principais premissas relacionada à escravidão: ser contra sua permanência perene, defendendo a abolição, ainda que gradual; a oposição à pena de morte aos escravos, "condenando o cadafalso"; e a "crítica ao reavivamento do Livro V das Ordenações Filipinas", entendendo estar revogada, desde a Independência, essa regulamentação, que, como já visto, durante algum tempo projetou um tratamento diferenciado e violento aos cativos no âmbito criminal.

Na prosa, temos como exemplo de sua visão sobre o cativeiro os folhetins *Carranquinhas*, veiculados n'*O Paiz*, através de seis textos, entre outubro de 1872 e outubro de 1873. A publicação das crônicas coincidiu com o período no qual Celso foi redator de *O Paiz*, entre 1872 e 1877. No mesmo período, assinou outros folhetins, a exemplo de *Caretas* e de *Parênteses*.

Os ensaios têm como base a fala do personagem *Simeão*, um macaco que se dirige sempre a seus "patrícios monos", não economizando censuras à política e à sociedade maranhense. As hierarquias sociais e o julgamento – geralmente irônico – aos hábitos das elites dão a tônica da maior parte dos textos.

O antiescravismo apresentado nas *Carranquinhas* fez-se acompanhado pela defesa de uma cidadania "mais justa", pautada em valores como liberdade e igualdade. O cativeiro foi apresentado como instituição arcaica, qualificada por Celso de "feudalismo". Nesses termos, a consciência do inevitável fim da escravidão e da necessidade de reorganização do sistema de trabalho emergiam como única alternativa à economia da província, diante de sua incontestável decadência.

> A riqueza antiga da província estancou sua fonte, fracionando-se entre muitos na partilha da lei da igualdade. O feudalismo africano da agricultura já desabou. Caminhamos mais depressa do que geralmente supõe-se para um viver novo em nosso estado social, realizada a emancipação do escravo. Se não nos preparamos com antecedência a entrar sem abalo no existir do futuro regime, veremos a sociedade profundamente removida e em sensível perturbação do modo de viver de cada um.[132]

Nesses folhetins, o abolicionismo de Celso veio entranhado a uma perspectiva civilizatória. O desapego ao cativeiro – "esse tronco murcho e sem folhas" – era condição para a entrada do Maranhão na modernidade. Por outro lado, a redefinição do trabalho seria "uma reforma de imenso alcance, capaz de regular as relações entre o capital e o salário do trabalhador". Nesse aspecto, Magalhães ostentou claramente a bandeira do liberalismo, atrelando o trabalho não compulsório à dignidade humana. Defendeu, assim, o que denominava de "reforma do estado servil", pautada na organização do trabalho livre. Isso porque, ainda que com fundamentos predominantemente da economia, a proposta reformista de Celso também esteve visivelmente direcionada à melhoria da qualidade de vida do negro.

> Disto há de provir a realização de uma lei muito sábia, que vem a ser o poupar as forças do agente do trabalho, diminuindo-lhe as

---

[132] MAGALHÃES, Celso. *Os calhambolas. Carranquinhas...*, p. 124.

horas de serviço e habilitando-o a poder trabalhar por mais tempo, e aumentar o valor do salário, a fim de que o agente veja de melhor modo satisfeitas as necessidades inerentes à conservação do bom estado de sua vida, da de sua mulher e filhos, que o ajudam com elementos ativos na devida proporção.[133]

Mas foi na obra poética de Celso Magalhães que seu abolicionismo ficou mais manifesto. As principais referências, *O escravo* e *Os calhambolas*, foram concluídos respectivamente em novembro de 1867 e em maio de 1869, o que torna evidente que sua crítica ao cativeiro teve raízes anteriores à ida a Recife.

Em Pernambuco, a postura abolicionista de Magalhães continuou encontrando vazão em sua poesia. O contato com o ambiente cultural e político de Recife, porém, reorientou os fundamentos dessa ideologia. A ojeriza ao cativeiro foi direcionada, predominantemente, ao questionamento da Monarquia enquanto regime político adequado à nação, já que Celso reputava ser o Imperador o principal responsável pela manutenção da escravidão. Após o retorno definitivo ao Maranhão, a crítica social e o pensamento abolicionista de Celso ficaram mais evidentes em suas crônicas, aqui já referidas, e em sua atuação como promotor público, conforme será destacado na última parte deste livro, arrefecendo-se no plano da poesia.

O escravo apresenta o relato de um africano sujeitado ao cativeiro. Na África, o personagem não apenas experimentou a liberdade em meio à natureza exuberante de seu continente natal, sendo também príncipe e guerreiro de sua tribo. Escravizado, encontrava-se no Brasil há trinta anos, onde nutriu a saudade de retornar à uma terra visivelmente idealizada e o plano, não menos intenso, de se vingar violentamente dos brancos.

Já *Os calhambolas*, poema bem mais extenso, tem como pano de fundo a insurreição de escravos ocorrida em Viana, em 1867. No entanto, não teve o propósito de ser um relato fiel da insurreição.

---

133 Ibidem, p. 125.

Para Jean Yves Mérian, "os fatos narrados por Celso Magalhães não são conformes à realidade histórica. Muitas cenas nasceram da imaginação do poeta".

Cito um exemplo. Ainda que tenha tido acesso aos depoimentos das lideranças da insurreição de 1867, Celso optou claramente por modificar seus nomes. José Crioulo, conhecido comandante do quilombo de São Benedito do Céu, foi identificado no poema apenas como "Chefe". Feliciano Corta-Mato, auxiliar de Crioulo, surgiu no texto como "Antônio Corta-Mato".

No mais, não há nenhuma correspondência entre os nomes apresentados por Celso e os das lideranças. Sobre a identificação dos líderes quilombolas, Josenildo Pereira informou que o quilombo de São Benedito era comandado por José Crioulo, que "dividia a autoridade com três capitães, Daniel, Bruno e Feliciano Corta-Mato". Outras lideranças dos insurretos foram "Benedito, Vicente, Martiniano e Severino", conforme registro de Mundinha Araújo.

Com efeito, em *Os calhambolas* Celso descreveu a história de uma centena de negros aquilombados que, em meio às matas, ouviam o discurso de seu líder. Na fala do chefe, é anunciada a apreensão pela possível descoberta do quilombo, decidindo-se que os negros deveriam efetivamente lutar por sua liberdade, deixando de se esconder em mocambos. A luta armada foi iniciada pela invasão da fazenda Tauá, pertencente à Sinhá Severa. O ataque foi marcado pela violência e pela perda de controle dos escravos amotinados, que assassinaram o irmão daquela senhora. Seguiu-se a repressão. O quilombo foi invadido e, após sangrento conflito, com inúmeras mortes e fugas de escravos, alguns negros foram levados à cadeia de Viana, dentre eles o chefe quilombola. Sinhá Severa, que conseguira fugir durante a invasão à sua propriedade, procurou o chefe na prisão, convencendo-lhe de que não tinha nada contra os negros e de que era contra o cativeiro. Os negros que escaparam da investida miliciana, agora comandados por Antônio Corta-Mato, têm o plano de libertar seu chefe da cadeia, mas, quando ali chegam, encontram um homem totalmente resignado e entregue ao amor que acabou alimentando por Sinhá Severa. O chefe, em meio a delírios que dificultavam seu discernimento entre sonhos e a realidade, pede que ali o deixem, que fossem para longe e que fundassem um novo quilombo, onde os sonhos de liberdade dos escravos pudessem continuar sendo cultivados. Tempos depois, o chefe morre, encerrando-se a poesia.

Na avaliação de Mérian, ambos os poemas abarcam as duas ideias-chave que caracterizaram a poesia abolicionista de Magalhães: a crítica à escravidão e a exaltação da liberdade. As referências, no entanto, são bem distintas.

Em *O escravo*, a África é representada como algo idealizado. A terra natal do príncipe escravizado foi descrita sem economia de adjetivos. Era uma "adusta e ardente África", preenchida por "infindos prainos", onde as matas exalavam um "agreste odor balsâmico", cercada por um "mar horríssono" e na qual passeavam "virgens feiticeiras", como citado por Celso. A perspectiva se aproxima de algumas das poesias abolicionistas de cunho romântico com as quais Magalhães teve contato ainda muito jovem, a exemplo de *Meditação*, de Gonçalves Dias (1849) e *O calhambola*, de Trajano Galvão (1863).

Já em *Os calhambolas*, não há referência a uma África mitificada. Os negros que perseguem sua liberdade possuem os recursos naturais e os alimentos necessários nas próprias matas que circundam os quilombos, embora isso não lhes baste. O líder quilombola, diferentemente de em *O escravo*, não é um guerreiro africano injustamente retirado de seu reinado tribal. Possui um passado de dor e sofrimento. Além disso, legitima-se no comando não pela nobreza de seu sangue, mas pela autoridade e pelo conhecimento adquiridos, bem como por sua história de luta em favor da liberdade.

As referências em *Os calhambolas* são indubitavelmente mais realistas. Do romantismo, Celso parece nutrir-se apenas da estética, desenvolvendo um poema similar a uma epopeia. Por outro lado, descreveu a natureza e a sociedade em Viana, tocou na crise da lavoura algodoeira e debateu os fatores que impediam a organização racional do trabalho e o progresso da nação. Os personagens, negros ou brancos, são verossímeis. Sem maiores maniqueísmos, concentram atributos bons e maus. O próprio desenlace da narrativa possuiu um tom de cores mais reais. A revolta dos negros foi frustrada, os escravos se aquilombaram novamente e o líder se encantou pela senhora de escravos.

A perspectiva realista do abolicionismo de Magalhães foi reconhecida por Sílvio Romero, para quem Celso "aproximava-se muito mais da vida psicológica e real do cativo", sobretudo se comparado a outros poetas que fizeram uma "demorada e consciente literatura da escravidão", a exemplo de Castro Alves, Trajano Galvão e Melo Morais Filho.

No entanto, em ambos os poemas aqui tratados, a principal marca do abolicionismo foi a própria concepção de liberdade dos negros escravizados. Se em *O escravo* tal elemento foi idealizado através do retorno à África e da vingança de sangue com relação aos brancos, em *Os calhambolas* a ideia de liberdade teve uma conotação bem distinta. O direito de emancipação dos escravos esteve fundamentado em princípios liberais e de equidade, mas sem o desapego a uma base religiosa.

> A onça que na mata vaga errante
> é livre, não conhece a escravidão,
> a cobra, o mar, a folha, a planta, os astros,
> Os animais são livres, e nós não?
>
> Eia pois, o pendão da liberdade
> Se levante entre nós bem sobranceiro;
> Tomemos tudo aquilo que nos roubam;
> Seja rápido o golpe, mas certeiro.
>
> De nada receeis, o Deus Supremo
> protege a nossa causa com bondade,
> pois que ela é sacrossanta, e ele justo;
> Meus irmãos, liberdade! liberdade!...[134]

---

[134] Ibidem, p. 60.

Além disso, no mesmo poema, Celso Magalhães deixou claro que a libertação dos negros através do sonho com uma África idealizada de nada servia, como também seria infrutífera uma emancipação através do derramamento de sangue. O término da escravidão devia ir além disso, sendo condição imprescindível para a reorganização das relações de trabalho, para o reerguimento da economia e para o próprio progresso do Brasil. O fim do cativeiro apareceu, em sua obra, como a melhor alternativa tanto para os negros escravizados quanto para os brancos.

Não por outro motivo, Yves Mérian entendeu que as ações e aspirações do chefe quilombola de *Os calhambolas* servem como a melhor expressão do abolicionismo de Magalhães.

> A revolta corresponde a um ideal: não procura a violência pela violência, a vingança cega e inconsiderada; não deseja se transformar em senhor dos antigos senhores, nem por umas horas; pelo contrário, com um espírito cavalheiresco ele [o chefe] se torna paladino da liberdade; trata-se de conquistar a liberdade e os outros Direitos Fundamentais reconhecidos pela Natureza e por Deus a todos os homens de todas as raças. Não sonha com um paraíso perdido, com uma pequena África no Brasil, luta para que os escravos pretos sejam reconhecidos como cidadãos com todos os direitos num Brasil livre da escravidão.[135]

De fato, o personagem funciona como síntese da crítica de Celso ao cativeiro, sobretudo quando tentou controlar a turba de negros amotinados, evitando o assassinato de senhores de escravos. O ideal de vingança do chefe não se confunde com violência, mas com o reconhecimento, pelo homem branco, do valor dos negros.

Nas palavras do personagem:

> Eu quero vingança, mas quero-a completa,
> não sangue nem prantos, nem mortes, nem ais,
> vingança de nobre – olhar os algozes
> curvados dizerem: valeis muito mais![136]

---
135 MÉRIAN, Jean Yves. *Celso Magalhães...*, p. 30-31.
136 MAGALHÃES, Celso. *Os calhambolas. Carranquinhas...*, p. 61.

O líder quilombola aos poucos se integrou à civilização dos brancos. Assimilou a escrita do português, passou a crer no Deus cristão e, finalmente, nutriu um impossível amor pela mulher branca que, no fundo, também desejava a libertação dos escravos. O destino do comandante escravo seria o próprio desenlace desejado por Magalhães ao cativeiro. O propósito maior da emancipação devia ser a integração dos negros ao trabalho livre e, irmanados com os brancos, sua inserção no processo civilizador do país, sempre tendo como referência de civilidade a cultura erudita e eurocêntrica.

Creio, aliás, que a inconteste defesa dos valores europeus por Magalhães derivou de outra representação central a seu pensamento sobre a escravidão e, por isso mesmo, relevante a esta obra. Refiro-me à sua concepção racialista de mundo, com forte conotação cientificista.

Como antes sugerido, foi em Recife que Celso mergulhou a fundo em um conjunto de doutrinas que deram um maior acabamento a seu pensamento racial. Sem dúvida, Magalhães compôs uma jovem elite de estudantes que, em paralelo à adesão a uma retórica liberal, absorveu doutrinas como o positivismo, o evolucionismo social, o naturalismo e o social-darwinismo, tendo como principal consequência o incremento de um discurso científico na análise da sociedade brasileira.

Na percepção de Lilia Schwarcz, a partir dos anos 1870, o discurso evolucionista e determinista teve em Recife um de seus principais polos de penetração no Império. Responsável já há algum tempo pela legitimação do imperialismo europeu, tais doutrinas foram utilizadas como um novo e eficiente argumento para explicar as diferenças internas do Brasil. Foi um contexto no qual "os mesmos modelos que explicavam o atraso brasileiro em relação ao mundo ocidental passavam a justificar novas formas de inferioridade".

Nesse debate, o ponto central foi a questão da *raça*. O principal critério de análise das diferenças sociais passou a ser a variação racial, num momento no qual os jovens teóricos de Recife:

> Encontravam no "critério etnográfico" a chave para desvendar os problemas nacionais. Nele, o princípio biológico da raça aparecia como o denominador comum para todo o conhecimento. Tudo

passava pelo fator raça, e era a ela que se deveria retornar se o que buscava explicar era justamente o futuro da nação.[137]

Celso Magalhães foi certamente um dos principais propagadores dessas ideias. Na avaliação do historiador Mário Meireles, ao lado do médico psiquiatra Nina Rodrigues, Magalhães foi o principal responsável pela disseminação de doutrinas raciais e eugenistas no Maranhão das últimas décadas do Oitocentos. Outros maranhenses referidos por Meireles como relevantes na divulgação dessas teorias: Euclides Faria, Enes de Sousa, José Antônio de Freitas, Marcelino Bara, Juvêncio Pereira, Oscar Galvão, Teixeira de Sousa, José Henrique Vieira da Silva, José Augusto Corrêa, Teófilo Dias, Teixeira Mendes, Artur Azevedo, Fernando Mendes de Almeida, Aluízio Azevedo, Hugo Leal, Higino Cunha, Hemetério dos Santos, João Batista Corrêa, Américo Azevedo, Raimundo Corrêa, Sá Viana, Almin Nina, Pacífico Bessa, Dunshee de Abranches Moura, Fábio Morais Rego, Augusto Rodrigues e Coelho Neto.

Tudo indica que teve Celso, em Recife, rápido e intenso contato com as doutrinas raciais, sobretudo através dos escritos de Charles Darwin, Hippolyte Taine e Teófilo Braga. Rangel de Sampaio registrou, por exemplo, que na Faculdade de Direito "os estudos em frenologia desde cedo mereceram por ele [Celso Magalhães] particular cultivo". Talvez tal influência, ainda que não evidenciada em seus textos até então, já o acompanhasse desde os estudos no Maranhão. O certo é que seu primeiro poema com evidente cunho racialista foi concluído em maio de 1869, quando se encontrava na capital pernambucana havia um ano.

Reporto-me novamente a *Os calhambolas*, poesia na qual a tendência abolicionista de Magalhães veio impregnada por uma visão eurocêntrica de civilização e progresso, moldando, inclusive, a própria representação do escravo. Para Regina Faria, as características atribuídas por Celso aos quilombolas "seguem o modelo europeu

---

137 SCHWARCZ, op. cit., p. 201-202.

na estrutura familiar, nos hábitos da vida cotidiana, na religião, na linguagem e na maneira de expressar os sentimentos". De forma similar, Jean Yves Mérian reconheceu em *Os calhambolas* uma "presença difusa da cultura africana", na qual o próprio sincretismo era raro, pois dominado pelo referencial europeu.

> Não há referência a nenhum símbolo ou cerimônia de religiosidade africana [...]. Não há tradições africanas dignas de interesse.
> No poema, os escravos fugidos só adquirem valor humano na medida em que adquirem os valores próprios à civilização dos brancos. Até na linguagem eles parecem com os brancos. Os calhambolas dão a impressão de serem totalmente aculturados. Celso Magalhães apresenta-nos escravos falsamente autênticos para ilustrar as suas ideias abolicionistas. Para ele, não é através da luta como africanos transplantados para o Brasil que eles podem afirmar a sua igualdade com os brancos. Ele ignora a civilização africana em nome da civilização europeia sobre cujos princípios ele não se faz perguntas.[138]

De fato, a principal proposta de Celso para a superação da escravidão foi a integração dos negros à civilização branca, sobretudo através da redefinição das relações de trabalho, mas, igualmente, a partir da absorção de valores "civilizados", como a língua e a religiosidade de tradição europeia.

A atração dos negros por elementos da cultura branca ficou evidente na fala do chefe quilombola, quando descreveu o momento de sua vida em que, por influência de um jovem senhor, teve contato com o referencial de mundo que entendia digno de aspiração pelos negros:

> Um dia ouvi um mancebo
> falar, e o moço era branco,
> porém que nobreza d'alma,
> e que caráter tão franco!
> falou-me da liberdade!

---

[138] MÉRIAN, op. cit., p. 29.

> Eu estava nessa idade
> em que a mente é vigorosa.
> Plantada a pingue[139] semente,
> brotou logo de repente
> robusta forte e viçosa.
>
> Achava tanta doçura
> ouvindo as palavras dele!
> Que pensamentos sublimes!
> meu Deus, que moço era aquele!
> com ele aprendi a ler,
> depois também a escrever,
> e tudo ele me ensinou!
> O que a ele devo não posso
> dizer-vos... aquele moço
> depois de Deus me salvou.[140].

Sobre esse trecho em particular, uma observação. A figura do jovem branco, intelectual e abolicionista que instruiu e "libertou" o chefe quilombola me parece uma espécie de autoelogio construído por Celso. Surge como uma afirmação literária de que seriam corretos e revolucionários os passos seguidos pelo próprio Celso Magalhães, que, afinal, concentrava os diferentes atributos do jovem senhor de escravos desenhado em sua poesia.

Por certo, os escravos descritos por Celso não possuíam características étnicas ou culturais africanas. Mesmo as manifestações religiosas, como a festa de São Benedito executada no quilombo, eram marcadas por traços nitidamente eurocêntricos, apenas absorvendo da África os tambores e a sensualidade das negras dançarinas. O elemento africano, quando raramente presente, esteve sempre "controlado [...], de forma que não colocava em risco a ordem do mundo senhorial", como destacado por Regina Faria.

---

139 Sinônimo de fértil, fecundo, produtivo.
140 MAGALHÃES, Celso. *Os calhambolas. Carranquinhas...*, p. 58-59.

No entanto, a despeito da relevância do poema *Os calhambolas*, entendo que a obra que melhor sintetiza o pensamento racialista de Celso, já com contornos científicos e de maneira sistematizada, surgiu apenas em 1873, ou seja, no último ano de sua residência em Recife. Nesse sentido, *A poesia popular brasileira* consistiu na expressão mais acabada de sua concepção sobre a contribuição das diferentes *raças* para a formação da sociedade brasileira.

A perspectiva racialista de Celso Magalhães ficou clara desde a apresentação da premissa com a qual analisou a literatura popular no Brasil. Para ele, "em literatura como em política, a questão da raça é de grande importância e é ela o princípio fundamental, a origem de toda a história literária de um povo, o critério que deve presidir o estudo dessa mesma história". Por isso mesmo, a poesia popular seria a "manifestação necessária e fatal do gênio de um povo e a definição de sua índole, de seu caráter". Sobre o tema, em artigo publicado no periódico carioca *A Semana*, o escritor cearense Franklin Távora descreveu Celso Magalhães como o primeiro literato que decidiu explorar "o estudo de nossas origens históricas e de nossa poesia popular [...] pelo cruzamento das raças que entram na formação do brasileiro".

A máxima serviu de base para um estudo que, supostamente intercruzando as diferentes contribuições das *raças* para a formação de nossa poesia popular, estabeleceu uma hierarquia dessas influências, demarcando o papel do branco, do negro e do índio para a literatura nacional. Segundo tais hierarquias, a única raça que verdadeiramente contribuiu para a poesia brasileira foi a de origem europeia, havendo apenas "rastros" das demais, e ainda assim tendentes à incivilidade.

Nesse debate, Celso apresentou seu específico referencial de civilização europeia, orientando-o para a influência das raças germânica, anglo-saxã e céltica. Negou, inclusive, a qualidade da civilização portuguesa, que, imersa em uma "raça latina degenerada", seria "dos ramos da grande família ariana, a mais fraca [...], pesada e menos ativa". Para Magalhães, tivemos no Brasil um processo civilizacional de pouco mais de três séculos, o que impossibilitou o desenvolvimento de uma cultura autenticamente letrada. Nessas condições, a história de nossa civilização seria a história de um malsucedido processo de transplantação cultural guiado pelos portugueses que, se comparados às "tradições célticas e dos povos do Norte da Europa", possuíam expressões inferiores na política, na arte, na literatura e na religião.

Na crítica emprestada à obra de Celso, Yves Mérian percebe o tratamento dos índios como "vítimas de uma inferioridade hereditária, nos planos fisiológico, psicológico e cultural", compondo uma raça de pouca vitalidade e, segundo a lei da seleção natural, condenados por defeitos hereditários, do clima, da nutrição e da fecundação, dentre outros. Nessas condições, em praticamente nada contribuíram para a civilização brasileira.

O posicionamento produziu não apenas a invisibilidade de elementos da cultura indígena na composição de nossa sociedade, mas também a suposição de que, caso presentes, trariam somente prejuízos.

> O que queremos tirar a limpo é, por ora, o fato de que na nossa poesia popular não existe um só resquício de população indígena, e que por consequência, ela deveu a sua formação a elementos novos, a leis excepcionais e quase somente de transplantação. Que o índio nenhuma tradição nos legou é fato sabido e não carece de prova. Ninguém o lamenta, esse é o fato, e só um ou outro procura fazer renascer esse anacronismo.[141]

A opinião de Celso com relação aos negros era ainda mais pejorativa. Reconhecia uma maior influência da língua, da música e dos hábitos de origem africana no Brasil, todos, porém, sendo "repulsivos", no sentido de afastarem a nação da civilidade idealizada por Magalhães, na medida em que se aproximavam do "fetichismo" e da "bestialidade".

> Se há na raça humana coisa bestial, o africano a possui. Entretanto ele entrou, cruzando-se, na formação de nossa população, e com

---

[141] MAGALHÃES, Celso. (1873) *A poesia popular brasileira*. Rio de Janeiro: Biblioteca Nacional, 1973, p. 40.

ele entraram também os seus costumes, as suas festas, os seus instrumentos, o seu fetichismo e até a sua língua. Este cruzamento não nos podia trazer bem algum: trouxe mal.[142]

Magalhães chegou a reduzir alguns elementos da cultura africana a "trejeitos e macaquices". Tal avaliação ficou mais evidente a partir das impressões por ele anotadas quando, em Salvador, observou manifestações de dança popular.

> Na Bahia, onde temos visto predominar mais o elemento africano, tivemos ocasião de reparar nisto. Os bailados, os bandos de São Gonçalo, os "sambas", os "maracatus", as cantigas, tudo é um agregado de saltos e pulos, trejeitos e macaquices, gritos roucos e vozes ásperas, um espetáculo a causar vergonha aos habitantes de uma cidade civilizada... O elemento africano acabou a obra que o português tinha começado.[143]

É inegável que a valoração do estágio civilizacional dos negros decorreu das concepções científicas que marcaram os estudos de Celso, além, obviamente, da própria ideologia eurocêntrica que, como homem branco de origem abastada, nutriu por toda a vida. Nas palavras de Mérian, "Celso nunca renunciou ao seu complexo de superioridade cultural e racial [...] e só podia julgar em função e seus critérios de *civilizado*".

Mas há outro relevante elemento. Uma perspectiva que ajuda, inclusive, a entender como seu abolicionismo desenvolveu-se paralelamente à crença em hierarquias raciais, sem que houvesse uma necessária incompatibilidade entre essas duas concepções.

Na explicação da inferioridade racial dos negros, Celso apresentou sua interpretação histórica sobre o cativeiro. Acreditava que, diferentemente da escravidão existente em Portugal, que decorreu sobretudo da guerra entre cristãos e mouros, o Brasil experimentou uma forma de trabalho servil bem mais degradante. Segundo Maga-

---

142 Ibidem, p. 44-45.
143 Ibidem, p. 45.

lhães, na América Portuguesa, os negros escravizados estiveram sujeitos a um cativeiro que, com suas "circunstâncias fatalmente corruptoras", promoveu um mais intenso processo de embrutecimento.

A degeneração racial encontraria sua causa primeira na escravidão. A impossibilidade de contribuir para nosso processo civilizacional, ou mesmo a dificuldade de absorver elementos dessa civilização, foram ditados pelo cativeiro. Na escala das hierarquias raciais determinadas pela lei da seleção natural, conforme o pensamento de Celso, os escravos estiveram renegados a um estágio inferior da evolução humana, beirando a desumanidade.

> Aqui [no Brasil] eram já as levas do africano embrutecido nos porões infectos e miasmáticos dos navios negreiros; era a ignorância do escravo, a falta de dignidade do negro, que sujeitava-se, como um animal, ao serviço pesado dos engenhos e das minas. A bestialização inoculava-se na população e o sentimento de personalidade perdia-se. O estado dessa classe era repulsivo então. Ora, um elemento corrupto desse modo nada podia produzir, e não produziu.[144]

De outra parte, o pensamento racial de Celso Magalhães não apontou para a miscigenação como modo de superar as hierarquias raciais. A hibridização não seria uma alternativa, pois a "mistura de raças" traria, tão somente, a transgressão dos elementos "puros" de cada cultura. Não há indícios, em sua obra, de que via no mestiço um aprimoramento civilizacional, pois, para Celso, "é uma lei da história natural" que o cruzamento de raças com visíveis desníveis culturais só podia produzir "a degeneração e mesmo a extinção da mais fraca". Tal processo, aliás, seria provado a partir dos indígenas, segundo exemplo de Magalhães.

Nesse ponto, não obstante terem iniciado os estudos de doutrinas raciais no mesmo contexto e sob as mesmas influências, é perceptível a diferença entre as concepções de Celso Magalhães e as que, alguns anos depois, seriam apresentadas por Sílvio Romero. Na vi-

---

144 Ibidem, p. 72.

são de Lilia Schwarcz, Romero acreditava que a mestiçagem, tão temida por alguns, seria o único fator de "viabilidade nacional". O mestiço apareceria como "produto final de uma raça em formação", como prova das teorias da seleção natural e evolucionistas aplicadas ao povo brasileiro.

As doutrinas raciais encontraram em Celso Magalhães duas principais formas de radicalismo. A primeira ao negar qualquer contributo dos índios e africanos à civilização no Brasil, prendendo-se a um ideal eurocêntrico que relativizou a própria validade da colonização portuguesa se comparada à cultura do Norte europeu. A segunda ao projetar como único resultado da miscigenação o extermínio da raça "mais fraca", silenciando-se quanto ao mestiço e apresentando como alternativa a incorporação, por negros e índios, de valores da cultura europeia.

O olhar sobre a sociedade brasileira a partir da casa-grande teve na obra de Celso a crítica ao cativeiro como ponto-limite. O questionamento da escravidão foi incapaz de diluir suas crenças no evolucionismo e nas hierarquias entre raças, assim como de afastar um parâmetro civilizacional radicalmente europeu. A dualidade de suas concepções, mais do que expressão de um paradoxo, evidenciam a individualidade de um personagem que tentou alçar novos voos, sem porém desprender-se das ideologias que experimentou e da concepção de ciência em voga naquele contexto.

IV - JUSTIÇA INFAME

Não há direito que não se escreva sobre corpos. [...] Os livros são apenas as metáforas do corpo. Mas, nos tempos de crise, o papel não basta para a lei, e ela se escreve nos corpos novamente.

Michel de Certeau

ESCRAVIDÃO E JUSTIÇA NO OITOCENTOS

O PROCESSO-CRIME DA BARONESA DE GRAJAÚ

A trajetória dos autos judiciais do "crime da baronesa" se iniciou, por evidente, no momento de sua formação. Como processo judicial, foi um registro contemporâneo ao julgamento do delito que procurou apurar, em uma ação inaugurada logo após a morte do escravo Inocêncio, ocorrida em 13 de novembro de 1876.

As peças que compõem os autos foram produzidas pela Chefatura de Polícia do Maranhão, por varas criminais da capital e pelo Tribunal da Relação da província entre 14 de novembro de 1876 e 10 de agosto do ano seguinte, quando, já na fase recursal, o processo teve seu definitivo encerramento. A ação possui dois volumes, com 435 páginas no total.

Apesar da grande repercussão do crime na época de sua investigação, inclusive com veiculação diária de notícias sobre os fatos investigados e sobre o julgamento de Ana Rosa Viana Ribeiro, não se tem registro de que o Poder Judiciário tenha dado especial atenção à conservação ou mesmo à guarda do documento.

Após concluídos e arquivados, durante aproximadamente setenta anos os autos-crime permaneceram em meio ao amontoado de manuscritos que compunham o acervo histórico do Tribunal de Justiça do Maranhão. Apenas no início da década de 1950 teria sido a ação localizada por José Sarney, então funcionário daquele tribunal, que soube reconhecer a relevância histórica do processo, retirando-o de um conjunto de documentos que seriam incinerados, por não possuírem mais serventia.

Como referido na primeira parte deste livro, a versão aqui descrita sobre a descoberta e a conservação dos autos foi recentemente ratificada por José Sarney, em dois artigos jornalísticos d'*O Estado do Maranhão*, publicados após a provocação deste pesquisador. A história institucional do Ministério Público maranhense alimenta a mesma vertente, assim como as poucas outras fontes que comentaram o tema, a exemplo de Josué Montello. Não localizei outra variante sobre o caminho percorrido pelos autos criminais.

Sarney manteve por pelo menos vinte anos os autos sob sua guarda. Em meados da década de 1970, entregou-os ao escritor Josué Montello, que procurava informações históricas para a redação de um novo romance, cujo tema central seria a escravidão no Maranhão imperial. Montello nutria um particular interesse pelo "crime da baronesa", tanto pela considerável repercussão do delito, quanto pelo fato de ter a morte de Inocêncio ocorrido no mesmo prédio onde, como reitor da Universidade Federal do Maranhão, despachava o romancista, já que o gabinete da Reitoria situava-se no sobrado antes habitado pelos Ribeiro, na Rua de São João, Centro de São Luís.

Eis o relato de Montello sobre esses fatos:

> Eu havia pensado em incluir no livro, como um de seus episódios capitais, o famoso crime da baronesa de Grajaú, de tanta repercussão na sociedade maranhense do tempo do Império. Onde encontrar o seu relato? E eis que um dia, de passagem por Brasília, nas

minhas andanças administrativas de reitor, fui almoçar na casa do senador José Sarney. Conversa vai, conversa vem, [...] falei-lhe do crime, para ver se ele poderia ajudar-me a recompô-lo. Sarney saiu da mesa e voltou daí a momentos com dois volumes compactos de papéis velhos, que passou às minhas mãos:
– Aí tem você o processo da baronesa. É seu.
Volvidos alguns dias, estava eu no meu gabinete da Reitoria, às voltas com problemas universitários, quando franzi a testa, olhando à minha volta, no gabinete vazio. Levantei-me, andei pelo casarão, estendi o olhar por seu pátio e por suas escadas: naquele sobrado morava a baronesa de Grajaú, e fora ali, precisamente ali, que ela praticara o seu crime![145]

De fato, *Os tambores de São Luís*, cuja primeira edição é de 1975, apresentou uma versão ficcional do crime atribuído a Ana Rosa Ribeiro. Os fatos envolvendo a morte do jovem escravo e a apuração do suposto homicídio preenchem boa parte da obra de Montello, compondo, inequivocamente, a primeira utilização dos autos-crime após seu encerramento.

Concluído o uso do documento, ainda em 1975, Josué Montello entregou os autos ao Museu Histórico e Artístico do Maranhão, onde permaneceu durante mais de três décadas. Ali nunca esteve continuamente em exposição, já que, sem restauração, encontrava-se em estado de conservação impróprio para o manuseio ou para a vista do público.

Somente em dezembro de 2008, após a formalização de pedido pelo Ministério Público do Estado do Maranhão, o então governador Jackson Lago cedeu o documento ao Programa de Memória Institucional daquela instituição, que, como já referido, tem como patrono o promotor Celso Magalhães.

Integrado ao acervo do Ministério Público, os autos criminais passaram por um processo de restauração e digitalização, possibilitando tanto a exposição permanente do documento no memorial

---
145 MONTELLO, op. cit., p. 614-615.

da instituição, quanto a apresentação, em março de 2009, de uma versão transcrita, utilizada na análise feita nesta investigação.

Dada a procedência do documento, seu caráter oficial e os critérios utilizados para sua transcrição, não há razões para se questionar a autenticidade da fonte investigada. A reprodução feita pelo Ministério Público obedeceu às normas técnicas de transcrição e edição de documentos manuscritos, mantendo a integralidade das peças processuais. Conservou, ainda, a ortografia de época e a numeração original das páginas.

O processo criminal instaurado para apurar a conduta de Ana Rosa Viana Ribeiro teve uma curta duração. Não superou três meses o tempo entre a denúncia oferecida contra a senhora, datada de 30 de novembro de 1876, e a reunião do Tribunal do Júri, que, em 22 de fevereiro do ano seguinte, absolveu-a por unanimidade.

A ação judicial foi antecedida de um inquérito policial igualmente célere, com duração de apenas 15 dias. Como já referido, a denominação *inquérito policial* foi consolidada com a reforma da legislação criminal ocorrida em 1871. Tratava-se, como semelhante às regras até hoje vigentes, de fase presidida pela Polícia e antecedente à atuação do Poder Judiciário. Tinha como principal função identificar se havia indícios consistentes da ocorrência de crime e determinar sua suposta autoria, instruindo o oferecimento de denúncia pela Promotoria de Justiça.

O processo seguido por um mais dilatado recurso de apelação, oferecido contra a absolvição de Ana Rosa. Em 7 de agosto de 1877, a senhora foi definitivamente inocentada pelo Tribunal da Relação do Maranhão, julgando-se improcedente o recurso, também por unanimidade.

A denúncia do Ministério Público veio das mãos do promotor adjunto Antônio Gonçalves de Abreu, substituto de Celso Magalhães, que esteve licenciado do cargo entre 6 de novembro e 9 de dezembro de 1876. Na pesquisa feita junto ao acervo de correspondências oficiais do Arquivo Público do Estado do Maranhão, localizei os ofícios da Promotoria Pública ao presidente da província que comunicaram, respectivamente: o licenciamento de Celso e a correspondente assunção interina do cargo por Gonçalves de Abreu; a instauração de inquérito "para descobrir o culpado da morte do escravo Inocêncio, de propriedade de D. Ana Rosa Viana Ribeiro", datado de 27 de novembro de 1876; e o retorno de Celso Magalhães a suas funções, para tal "renunciando ao restante da sua licença". Suponho que a abdicação do restante da licença, por Magalhães, deu-se justamente para que pudesse atuar na acusação de Ana Rosa Ribeiro, já que, superada a fase de inquérito policial, sua volta ao cargo possibilitou a participação no interrogatório das principais testemunhas do processo.

A peça de acusação atribuiu a Ana Rosa Ribeiro a conduta prevista no artigo 193 do Código Criminal do Império, ou seja, o crime de homicídio "sem circunstâncias agravantes", para o qual era estipulada a pena de "galés perpétuas no grau máximo, de prisão com trabalho por doze anos no médio, e por seis no mínimo".

O seguinte trecho da denúncia sintetiza as acusações que recaíram sobre a ré:

> [...] e, com efeito, das inquirições e pesquisas constantes dos autos anexos, resultam os mais veementes indícios de terem sido esses castigos e maus-tratos, mais de uma vez verificados no cadáver do menor Inocêncio, infligidos pela senhora do mesmo, a denunciada, D. Ana Rosa Viana Ribeiro, na ausência de seu marido, o Dr. Carlos Fernando Ribeiro, o que bem e claramente se evidencia das diligências que ela empregou exigindo a prontificação do caixão, de modo que o enterro se fizesse antes das 6 horas da manhã daquele dia 14, e da recomendação expressa de se não abrir o caixão, se não no ato da encomendação do cadáver, fechando-se depois, e logo metido na sepultura, isto sem dúvida para subtrai-lo às vistas do público; sendo também para notar, que tendo estado o cadáver de Inocêncio insepulto desde o dia 14 até 15, por ordem do subdelegado, afim de proceder-se ao corpo de delito, a denunciada, que tudo sabia dos rumores espalhados, guardava a maior indiferença acerca do que se passava a respeito de seu escravo, quando era natural que ela procurasse convencer ao público de que de outra causa, que não os castigos, provinha a morte de Inocêncio.[146]

---

146 MARANHÃO. Ministério Público do Estado. *Autos do processo-crime da baronesa*

Inocêncio tinha oito anos quando veio a óbito no sobrado da família Ribeiro. Era irmão de Isaura e Jacinto, todos filhos de Geminiana e nascidos quando tal escrava pertencia ao Sr. Luiz Miguel Quadros, dono de um engenho denominado *Recurso*, localizado no interior da província. A morte de Luiz Miguel, ocorrida em meio a dívidas pessoais, fez com que seus bens fossem a juízo, o que obrigou sua viúva a desfazer-se de parte considerável do patrimônio do marido, incluindo Geminiana e seus filhos.

A mãe de Inocêncio, porém, alcançou a alforria pagando em juízo o preço de sua avaliação. Tudo indica que, para alcançar a liberdade, valeu-se de um dos preceitos da Lei imperial nº 2.040, de 28 de setembro de 1871 (Lei do Ventre Livre), que autorizava a formação de um pecúlio pelo escravo, "com o que lhe provier de doações, legados e heranças, e com o que, por consentimento do senhor, obtiver do seu trabalho e economias". A norma ainda previa que "o escravo que, por meio de seu pecúlio, obtiver meios para indenização de seu valor, tem direito a alforria", bem como que, "nas vendas judiciais ou nos inventários, o preço da alforria será o da avaliação". Por certo, o pecúlio e o pagamento pelo escravo de seu preço de avaliação no inventário de seu senhor eram um direito costumeiro anterior à lei de 1871.

Passou então Geminiana a acompanhar, em liberdade, o destino de sua prole. Seus filhos não tiveram a mesma sorte. Foram anunciados em periódicos locais como produto de venda judicial, porém a pequena idade dos escravos inviabilizou a negociação. Como alternativa, deu-se a venda particular.

Em maio de 1876, a firma Ferreira & Silva adquiriu as três crianças escravas. A separação dos irmãos ocorreu pouco tempo depois, em 9 de agosto de 1876, quando Ana Rosa Viana Ribeiro comprou Jacinto e Inocêncio. A razão do negócio, segundo narrou a acusada, foi o fato de seu esposo, Carlos Ribeiro, ter se mudado para Alcântara, "levando consigo escravos para trabalhar na lavoura".

---

do Grajaú..., p. 50.

Jacinto morreu em 27 de outubro de 1876. Menos de um mês depois, em 13 de novembro, Inocêncio igualmente faleceu.

Pelo que ficou provado na investigação, poucas horas depois da morte de Inocêncio, Ana Rosa pediu a um escravo que procurasse a firma Romeo & Silva para a encomenda do caixão e sepultamento. Por volta das três horas da manhã do dia 14 de novembro, foi acordado João Marcelino Romeu, dono da referida firma. Ana Rosa exigia que o caixão fosse prontificado de imediato, de forma a viabilizar o enterro do escravo "antes das 6 horas da manhã". Solicitou, igualmente, que não se abrisse o caixão, exceto "no ato da encomendação do cadáver, fechando-se depois, e logo fosse metido na sepultura". As ordens de Ana Rosa, por óbvio, foram posteriormente interpretadas como tentativa de subtrair o cadáver dos olhos de todos.

O corpo de Inocêncio chegou ao Cemitério da Santa Casa de Misericórdia, sendo ali entregue por quatro escravos que prestavam serviço à firma de João Marcelino: Primo, Anísio, Geraldo e João. O primeiro, de posse das chaves, reproduziu à administração do cemitério as exigências de Ana Rosa. As ordens da senhora foram recebidas com desconfiança. Não era costume enterrar crianças, mesmo escravas, com o caixão fechado, sendo seu cortejo, tal como o de militares, "donzelas" e padres, realizado com o ataúde aberto. Além disso, o corpo não veio acompanhado de registro ou bilhete de sepultura, o que, além de inviabilizar o imediato sepultamento, gerou a comunicação do fato à Subdelegacia de Polícia do 2º Distrito da Capital.

Ao receber a notícia de que o cadáver se encontrava na Santa Casa, a autoridade policial notificou o capelão para que suspendesse o enterro. O corpo de Inocêncio ficou insepulto até o dia 15 de novembro. Nesse ínterim, Geminiana e Simplícia, respectivamente mãe e avó de Inocêncio, chagaram ao cemitério. Num primeiro momento lhes foi negado ver o corpo. O capelão, porém, após insistência, acolheu o pedido. O cadáver foi sepultado depois de realizado exame pericial pelos médicos Augusto José de Lemos e Raimundo José Pereira de Castro, a mando da Subdelegacia.

Apresentado o laudo dos médicos à autoridade policial, instaurou-se o respectivo inquérito em 19 de novembro de 1876. A investigação da Polícia ouviu um total de 19 testemunhas e 7 informantes, além de interrogar Ana Rosa Ribeiro, ato realizado na própria residência daquela senhora.

Na interpretação do subdelegado responsável pelas apurações, o bacharel Antônio José da Silva Sá, a autópsia realizada no cemitério, somada aos depoimentos nos autos, indicava ser a senhora Ana Rosa responsável pela morte do escravo. Não apenas os ferimentos encontrados em Inocêncio dariam indícios da autoria do crime, como igualmente as circunstâncias que antecederam e que sucederam sua morte.

Na fase policial, foram preponderantes para as investigações os depoimentos de João Francisco Carlos Barbosa, capelão do cemitério da Santa Casa de Misericórdia; Jacinto Antônio da Silva, tipógrafo residente próximo ao cemitério; João Marcelino Romeu, negociante e dono da firma contratada para realizar o enterro de Inocêncio; Primo, Anísio e João, escravos que conduziram o corpo da vítima ao cemitério; Geminiana e Simplícia Maria da Conceição Teixeira Belfort, respectivamente mãe e avó de Inocêncio; e Antônio dos Santos Jacinto, médico da família Ribeiro e principal responsável pela tese de que a vítima faleceu de "causas naturais".

Paralelamente ao inquérito policial, foi instaurada junto à 3ª Vara Cível da Capital uma ação de justificação, "a bem de direito de terceiro", oferecida pelo advogado Francisco de Paula Belfort Duarte. A *ação de justificação* (ou *justificação judicial*) é até hoje presente no ordenamento jurídico brasileiro. Corresponde a uma provocação dirigida ao Poder Judiciário com a finalidade de provar a existência de um fato ou de determinada relação jurídica. Regra geral, como no caso do crime atribuído à Ana Rosa Ribeiro, visa à produção de prova que seja útil em outro processo regular, ao qual será juntada quando achar conveniente o interessado, ou seja, o proponente da justificação.

Na ação que correu paralelamente não houve, de modo proposital, a indicação de quem era representado pelo defensor. Já o objeto da justificação foi evidente: "Ordenar a exumação do cadáver do escravo Inocêncio, pertencente ao Dr. Carlos Fernando Ribeiro, de modo a nele proceder-se a exame médico no intuito de ser determinada a causa da morte".

A justificação foi iniciada em 15 de novembro de 1876, mesma data na qual houve o deferimento judicial do pedido, a realização da exumação e a produção de um segundo exame cadavérico em Inocêncio. O ato foi presidido diretamente pelo chefe de Polícia do Maranhão, José Mariano da Costa. Nos dias seguintes, os profissionais envolvidos na nova perícia, com destaque para o médico Antônio dos Santos Jacinto, confirmaram suas impressões em juízo. Atribuíram causas naturais à morte de Inocêncio, em clara divergência ao primeiro laudo. Encerrou-se então a justificação, entregando-se seus autos ao Dr. Francisco Belfort Duarte.

Como se verá logo adiante, a referida ação de justificação somente foi anexada à acusação de Ana Rosa em sua fase judicial. Dessa forma, tanto a autoridade policial dela não serviu para relatar o inquérito da Polícia quanto o promotor-adjunto não se valeu daqueles autos para, no último dia de novembro de 1876, oferecer denúncia contra a senhora de escravos, principiando-se a fase judicial da investigação.

Já no início do processo criminal de homicídio, que correu no 3º Distrito Criminal da Capital, a acusada foi intimada para depor perante o juiz. Sua defesa apresentou pedido para que ela, supostamente adoentada, fosse ouvida em sua residência, além da suspensão do processo até a completa recuperação da ré. Os pedidos foram negados e Ana Rosa, por não ter apresentado defesa formal, passou a ser considerada revel. Apesar disso, ainda que em dissonância aos efeitos da revelia, o magistrado ordenou que houvesse sua intimação em todas as fases da investigação, optando a senhora em não participar da maioria dos atos da ação.

Na fase de coleta de depoimentos, foram ouvidos em juízo, no total, oito testemunhas e oito informantes, além de realizada uma acareação entre dois escravos. Se comparada à fase de investigação policial, a ação perante o juiz dispensou a oitiva de testemunhas e informantes tidos como irrelevantes. Por outro lado, inovou quanto aos depoimentos de José Antônio do Vale, Zuraida Guterres, João Batista, Anísio Antônio de Jesus e Geraldo, todos informantes, que não foram ouvidos pela Polícia.

Foi durante a inquirição das testemunhas, mais precisamente a partir do dia 9 de dezembro de 1876, que passou Celso Magalhães a atuar no processo, guiando a acusação, como promotor, até o momento final dos autos-crime.

Concluídos os testemunhos, foi acatado novo pedido da ré para que fosse interrogada em sua casa. Deferido o pleito, o ato foi realizado em 15 de dezembro de 1876. Celso Magalhães negou-se a assinar o auto de qualificação e interrogatório da acusada, afirmando "ser o mesmo irregular, pois já declarada a revelia".

A versão narrada por Ana Rosa Ribeiro atribuiu causas naturais à morte de seu escravo. Segundo a ré, "Inocêncio comia terra desde antes da mesma o comprar" e "nunca nele bateu nem nunca mandou bater, sendo as escoriações provavelmente decorrentes das diferentes quedas que ele tomou no quintal".

Colhido o interrogatório da acusada, houve manifestação do advogado de defesa pela primeira vez. As alegações foram redigidas por Paula Duarte em um arrazoado com extensa referência a precedentes judiciais e constante uso de doutrinadores estrangeiros e nacionais. Nesse mesmo momento, foi acrescentada ao processo judicial a justificação que culminou na exumação do cadáver de Inocêncio, acompanhada de uma dezena de outros documentos.

Os autos foram então conclusos ao juiz com atribuição para decidir se a ré seria pronunciada, ou seja, se havia indícios suficientes para levá-la a júri popular. O magistrado José Manoel de Freitas decidiu então que, diante de dois exames cadavéricos com conclusões divergentes, era mais cauteloso designar nova junta médica, agora composta por "pessoas que de nenhuma forma têm interesse no processo, para, com base nos dois exames, pronunciar-se sobre a causa da morte de Inocêncio". Houve, em sequência, seguidas recusas de profissionais na realização do ato pericial, que acabou frustrado. O juiz justificou a não realização da diligência no fato de "inexistir, na cidade, profissionais com as características e isonomia desejadas no número mínimo exigido por lei".

Antes ainda da decisão de pronúncia, Celso Magalhães requereu a prisão da ré, por haver "veementes indícios de sua criminalidade". Sob o fundamento de que tal pedido não satisfazia o critério de conveniência previsto em lei, houve o indeferimento judicial do pleito de prisão. Ato contínuo, o promotor apresentou nova peça processual, com as razões pelas quais requeria o pronunciamento de Ana Rosa Ribeiro.

As alegações de Celso Magalhães não surtiram o efeito esperado. Em 23 de janeiro de 1877, foi proferida sentença de impronúncia, ou seja, o juiz decidiu não haver indícios suficientes do crime de homicídio, determinando a extinção do processo sem levar a acusada a júri. O principal fundamento registrado nessa decisão foi de que o primeiro laudo produzido pelos peritos, ao qual se prendeu a tese da acusação, era inconclusivo no que tange às causas da morte de Inocêncio.

Celso recorreu da decisão ao Tribunal da Relação do Maranhão. A partir do argumento de que o juiz da causa se apegou demasiadamente ao laudo pericial e desprezou quase por completo o depoimento das testemunhas, aquela corte, em 13 de fevereiro, reformou por completo a decisão recorrida, encaminhando a ação à apreciação do júri popular. Como consequência dessa decisão, decretou ainda a prisão de Ana Rosa Ribeiro, executada naquele mesmo dia.

Superada a fase de pronúncia da acusada, a ação judicial foi preparada para sua apreciação pelo corpo de jurados. A Promotoria apresentou nova acusação, com a síntese de seus argumentos, tecnicamente denominada *libelo-crime acusatório*. A defesa de Ana Rosa achou por bem juntar aos autos uma peça singela, negando genericamente as acusações.

A sessão do Tribunal do Júri ocorreu integralmente no dia 22 de fevereiro, na sala do fórum de São Luís reservada para aquele tipo de causa. O ato foi presidido pelo juiz do 1º Distrito Criminal da Capital, Umbelino Moreira de Oliveira Lima.

Sala onde ocorreu a sessão do júri que julgou o "crime da baronesa", situada na atual Câmara Municipal de São Luís.
Fonte: MARANHÃO. Ministério Público do Estado. Autos do processo-crime da baronesa do Grajaú..., p. 28.

Seguiu-se a sequência de procedimentos previstos em lei. Houve definição do conselho de sentença, ou seja, dos jurados que apreciariam o caso. As testemunhas e os informantes arrolados pela defesa e pela acusação foram identificados. A única testemunha que deixou de comparecer foi o tenente Valério Segisnando de Carvalho. Para que não houvesse o adiamento do júri, as partes concordaram com sua dispensa.

Fez-se então a leitura das principais peças do processo. O debate e a inquirição de testemunhas e informantes foram realizados. Por fim, retiraram-se os jurados para uma sala reservada, para que, sigilosamente, formassem seu veredito.

O corpo de jurados deveria responder afirmativa ou negativamente aos seguintes quesitos:

1º A ré D. Ana Rosa Viana Ribeiro, no espaço de tempo de 9 de agosto do ano *último* [1876] a 13 de novembro do mesmo, infligiu

castigos, sevícias e maus-tratos em seu escravinho de nome Inocêncio, resultando de tal fato os ferimentos que narra o libelo?
2º Estes ferimentos produziram no paciente grave incômodo de saúde?
3º Estes ferimentos produziram a morte de Inocêncio em 13 de novembro de 1876?
4º O crime foi cometido com premeditação, tendo decorrido entre o desígnio e a execução mais de 24 horas?
5º Pelo crime foi aumentada aflição ao aflito? e
6º Existem circunstâncias atenuantes em favor da ré?[147]

As três primeiras indagações foram respondidas negativamente pela unanimidade dos jurados, prejudicando os demais quesitos e eximindo Ana Rosa Viana Ribeiro de toda e qualquer conduta criminosa. Logo após o veredito, o juiz que presidiu a sessão declarou a inocência da acusada nos seguintes termos: "Em vista da decisão do júri, absolvo a ré, D. Ana Rosa Viana Ribeiro, da acusação que lhe foi intentada, mando que se risque seu nome do rol dos culpados e se lhe passe alvará de soltura".

Posta a ré em liberdade, restava à Promotoria apelar para o Tribunal da Relação. A opção em recorrer foi registrada na própria ata de sessão do júri, sendo as razões do recurso protocoladas um pouco mais de um mês adiante. Paula Duarte permaneceu na defesa de Ana Rosa Ribeiro, apresentando peça que contrariava o recurso de Celso Magalhães.

A decisão da Relação veio somente em agosto de 1877. Os desembargadores, unanimemente, afastaram os argumentos da acusação. À acusação caberia ainda a interposição do chamado *recurso de revista* ao Supremo Tribunal de Justiça, sediado no Rio de Janeiro. O recurso vinha previsto no art. 164 da Constituição do Império e foi regulamentado pela Lei de 18 de setembro de 1828. A norma determinava que a revista pudesse ocorrer "nas causas cíveis e crimes, quando se verificar um dos dois casos: *manifesta nulidade* ou *injustiça notória*" (grifei).

---

147 Ibidem, p. 611.

À luz dos argumentos apresentados pela Promotoria junto ao juiz criminal e à Relação do Maranhão, havia subsídio para a interposição do recurso, mas preferiu não o fazer o Ministério Público que atuava junto à Relação, deixando a absolvição de Ana Rosa Ribeiro tornar-se irrecorrível.

Da decisão colegiada não houve, porém, novo recurso. Teve o processo seu fim.

OLHARES DO DIREITO SOBRE A ESCRAVIDÃO (II): O ESCRAVO PERANTE A JUSTIÇA

O Império do Brasil não conheceu uma instituição especializada no julgamento de escravos, o que não significou a ausência de disposições legais e de práticas judiciárias que atingissem os cativos em particular. Por outro lado, o tratamento dado aos escravos pelos tribunais não era o mesmo conferido aos "cidadãos". Isso se deu, em parte, pelas incongruências que a oscilação do trato formal do cativo como sujeito ou como propriedade trazia consigo, sendo ainda decorrência da variação e da corrupção que as normas sofriam nos casos especificamente levados ao Judiciário.

A análise das representações sobre a escravidão a partir do "crime da baronesa de Grajaú" desafia o estudo de algumas das singularidades que atingiam os escravos quando, como autores, réus ou testemunhas de um processo, eram postos perante as autoridades judiciais do Império.

Nesse particular, a investigação que baseou esta obra encontrou sérias limitações. Assim como pude identificar tendências, devo, ao mesmo tempo, reconhecer que a maior parte do tratamento conferido aos escravos pela Justiça talvez tenha derivado das necessidades e da inventividade daqueles aos quais interessava a presença (ou a ausência) de sujeitos escravizados nas barras dos tribunais.

Na tentativa de evidenciar padrões e exceções no cotidiano dos tribunais, apresentarei ao longo deste tópico casos nos quais, em diferentes condições, cativos foram levados ao Judiciário maranhense da segunda metade do Oitocentos. Alguns confirmam as regras quanto ao tratamento do escravo em juízo, outros se opõem diretamente a esses modelos. Os exemplos são meramente ilustrativos, não sendo, por isso mesmo, aprofundados.

Por certo, a forma de participação do escravo em ações judiciais dependia da natureza do processo e, mais particularmente, do objeto da demanda. Nesse sentido, foram os feitos cíveis e criminais os dois grandes grupos de ações a orientar o sistema de normas aplicado aos cativos quando levados a juízo.

Nas ações civis, duas eram as principais causas que levavam escravos aos tribunais. A primeira tocava na discussão de sua propriedade, no sentido de se definir a quem pertencia o escravo, qual a natureza do direito de domínio ou mesmo se, por alguma razão, a liberdade do cativo deveria predominar sobre a propriedade de alguém. A outra hipótese, fortalecida ao longo do Oitocentos, consistia no debate sobre o direito dos escravos em constituir e manter uma família.

Sobre as ações de liberdade no Maranhão oitocentista, em estudo específico sobre o tema, a historiadora Daylana Lopes afirmou que teriam esses feitos predominado nas décadas de 1870 e 1880, recebendo direta influência da legislação emancipacionista da segunda metade do século XIX. Tomando como base processos que tramitaram nas comarcas de São Luís e de Alcântara, a pesquisadora analisou pelo menos treze ações de liberdade, algumas delas bem-sucedidas, além de duas ações de escravidão.

Acerca dos elementos debatidos nessas ações, com destaque para a celeuma em torno do valor do cativo, assim indicou Lopes:

> Vários são os conflitos que ocorreram no espaço da Justiça envolvendo embates relacionados à alforria. Libertos que tiveram sua carta de alforria roubada ou destruída por antigos proprietários; escravos que se "diziam" libertos com cartas falsas; proprietários que acionavam a Justiça para invalidar a alforria de algum escravo; escravos que ficaram na promessa de receber alforria e não receberam nada, etc. Dentro destes embates insere-se o estudo das ações

de liberdade e das ações relacionadas à prática de reescravização. No primeiro caso, o ponto central nos embates jurídicos estava em torno de duas grandes questões: o valor da indenização a ser paga pelo escravo e a defesa do direito de propriedade.[148]

E, adiante:
Nas ações de liberdade analisadas [...], proprietários lutaram até o último recurso para manter seus escravos no cativeiro. O valor das indenizações exigidas por estes correspondia a valores avaliados em inventários com contextos diferentes e em datas em que os preços dos escravos não correspondiam aos valores de mercado da época de início das ações.[149]

Além dos casos referidos por Lopes, pude localizar duas outras ações de liberdade na documentação do Arquivo do Tribunal de Justiça do Maranhão. No primeiro caso, a escrava Bernardina provocou a Justiça em Viana, em 1853, alegando ter sido "deixada livre e forra com a morte de sua antiga dona", juntamente com seus dois filhos. A pretensão da cativa foi questionada por Mateus José Rodrigues, que figurou no processo como réu. Na segunda, datada de 1856, Martiniano requereu sua liberdade junto ao Juízo Único de Alcântara. Nesse caso, a ação foi movida contra a Fazenda Pública. Ambas as ações foram infrutíferas, mantendo-se seus autores na condição de escravos.

Se comparada à esfera criminal, nas ações cíveis era extremamente mais passiva a condição formal do escravo, reduzindo-se, regra geral, ao estado de propriedade. E era proposital essa tendência, já que admitir o cativo como sujeito de direitos e obrigações no âmbito das relações privadas significaria conferir o mesmo tratamento destinado aos homens livres.

---

148 LOPES, Daylana Cristina da Silva. *Direito e escravidão: embates acerca da liberdade jurídica de escravos na Província do Maranhão (1860-1888)*. 2013. Dissertação (Mestrado em História Social) – Universidade Federal do Maranhão, São Luís, MA, p. 71.
149 Ibidem, p. 79.

No entanto, houve exceções, ainda que não numerosas. A presença do escravo como pessoa, mesmo que de maneira mitigada, foi aceita em determinadas demandas civis, a exemplo de processos que versavam sobre matrimônio, nas ações consideradas "de interesse público" e nas relativas à liberdade.

Já nas ações criminais, os escravos poderiam ocupar a condição de vítima (paciente) ou autor (agente) do crime, a ele sendo aplicável, como regra, a integralidade da legislação penal.

Na interpretação de Perdigão Malheiro, todas as disposições do Código Penal eram aplicáveis aos escravos, salvo aquelas que expressamente indicassem o contrário. O autor exemplificou seu posicionamento citando o art. 60 da referida lei, que cominava penas particulares aos cativos. Por outro lado, ainda que não fosse algo consensual entre os juristas do Império, defendeu que o benefício do art. 45 do mesmo código – que proibia a pena de galés a mulheres e a menores de 21 ou maiores de 60 anos – deveria alcançar os escravos, uma vez que, ao não trazer qualquer exceção à punição desses sujeitos, presumia-se a eles aplicável.

A esfera criminal demandou o reconhecimento, sem maior resistência, de certa autonomia do cativo. A parcial subjetivação do escravo envolvido em um delito manteve, aliás, estreita harmonia com os interesses das elites.

Levado a juízo como autor do crime, o cativo afastava a possibilidade de seu senhor responder nessa condição, ainda que pudesse arcar patrimonialmente com os danos advindos do delito praticado. Nesse aspecto, durante todo o Império foi inquestionável a capacidade jurídica do cativo para o cometimento de delitos e, como réu, ser levado ao julgamento dos tribunais.

Sempre tendo como referência a Justiça do Maranhão na segunda metade do Oitocentos, as ações judiciais localizadas nesta investigação confirmaram a tendência de não haver maior resistência ao aceite dos escravos como réus de processos-crime. Mesmo sem indicar ações específicas, localizei dezenas de ações movidas contra escravos acusados da prática de crimes contra homens livres, libertos ou outros cativos. As ações tramitaram, predominantemente, nas comarcas de São Luís, Alcântara, Caxias, Itapecuru-Mirim e Viana, sendo esse rol bastante condicionado pelo acervo judiciário que hoje remanesce para consulta. Os principais delitos atribuídos a escravos foram, nessa ordem, roubo, homicídio, lesão corporal, danos materiais, injúria e uso de nome suposto (falsa identidade).

No entanto, o aceite do escravo como agente do crime encontrou relevantes particularidades, de forma destacada quando ia de encontro ao direito de propriedade senhorial. As penas de degredo e de desterro, por exemplo, não eram aplicáveis aos cativos, por gerarem o afastamento definitivo do condenado do domínio de seu senhor. Por isso mesmo, essas sanções eram convertidas em pena de prisão.

Além disso, a possibilidade de cominação de multa aos escravos infratores trazia sérios embaraços, sendo substituída pelas penas de prisão ou açoites. O Aviso nº 109, de 13 de abril de 1855, retirou do senhor o ônus de arcar diretamente com essa multa. O argumento jurídico utilizado para afastar a obrigação foi de que, tendo natureza de sanção estritamente penal, a imposição da multa não poderia passar da pessoa do acusado, no caso, do escravo.

Na prática, levado o escravo aos tribunais como réu, os imbróglios produzidos a partir da fragmentação legislativa escalonavam a projeção do Judiciário sobre a esfera patrimonial dos donos de cativos. Por outro lado, evitavam que o senhor fosse condenado ao pagamento de valores em duplicidade, posto que era indiscutível possuir o dever de indenizar o dano decorrente da conduta criminosa de seu escravo, bem como das custas do processo e da execução da pena. Com efeito, o dano produzido pelo ilícito não era reparado na esfera criminal. Deveria o proprietário ser acionado no âmbito da jurisdição civil, em ação própria.

Não por acaso, boa parte da jurisprudência do Império esteve preocupada em delinear a responsabilidade patrimonial dos senhores quando seus escravos figurassem como réus em ações criminais. Os pontos de debate foram variados. Malheiro elencou, por exemplo, a possibilidade de o senhor entregar o escravo – ou o produto de sua venda – diretamente ao ofendido, como forma de indenizar o dano ocasionado pelo crime. A hipótese foi ordinariamente aceita pela Justiça imperial.

Bem mais controversas foram outras situações, como a possibilidade de afastamento do dever de indenizar, pelo senhor, caso o escravo infrator falecesse ou fosse condenado à pena de morte ou perpétua. O debate ganhou espaço porque, nessas hipóteses, ficava patente que o senhor deixara de ter, definitivamente, a disposição sobre o escravo, seja por conta de sua morte (falecimento natural ou condenação à pena capital), seja porque a pena aplicada pelo Judiciário tinha caráter permanente (penas de prisão ou galés perpétuas).

A propósito, a perda definitiva do escravo parecia inconciliável com a regra prevista no art. 28, §1º, do Código Criminal, que limitava a obrigação de indenizar do senhor ao *valor* do escravo condenado. Na visão de Malheiro, nesses casos, "não ficava o senhor obrigado a indenizar [...], porque seria inócuo que, além de perder o escravo, pagasse ao ofendido quantia igual ao valor do mesmo, quando já semelhante valor ele não conserva". Nas fontes levantadas, localizei um caso no qual a referida estratégia ficou manifesta. Trata-se de ação criminal instaurada em São Luís no ano de 1852, na qual foi apurado o assassinato de Águida Maria do Espirito Santo. O autor do crime, segundo provado naquela ação, foi Rufino, escravo de Candido da Costa Caldas. No curso do processo, quando evidente a condenação de Rufino, Candido assinou um "termo de desistência", por meio do qual abriu mão "de todo e qualquer direito que pudesse ter sobre seu escravo", livrando-se, assim, das repercussões patrimoniais do delito. Ao fim, Rufino foi condenado à pena capital.

Outras normas específicas eram aplicáveis ao escravo acusado de crime. Como exemplo, a existência de delitos somente atribuídos a cativos, como o de insurreição. Na letra do art. 113 do Código Criminal do Império, "julgar-se-á cometido este crime, reunindo-se vinte ou mais escravos para haverem a liberdade por meio da força. Penas – aos cabeças – de morte no grau máximo; de galés perpetuas no médio; e por quinze anos no mínimo; – aos demais – açoites". Havia ainda o específico delito de violência contra o senhor do escravo ou seu familiar. Previsto em norma própria, a Lei imperial de 10 de junho de 1835, assim estava registrado na norma:

> Art. 1º Serão punidos com a pena de morte os escravos ou escravas que matarem por qualquer maneira que seja, propinarem veneno, ferirem gravemente ou fizerem outra qualquer grave ofensa física a seu senhor, à sua mulher, a descendentes ou ascendentes, que em sua companhia morarem, a administrador, feitor e às suas mulheres, que com eles viverem. [...] Se o ferimento ou a ofensa física forem leves, a pena será de açoites na proporção das circunstâncias mais ou menos agravantes.[150]

Houve ainda a previsão de procedimentos judiciais próprios, como o "célere julgamento" ou a vedação de recursos em ações movidas contra cativos acusados de assassinar ou de ferir gravemente seu senhor, os familiares de seu dono ou prepostos.

Quanto às penas aplicáveis aos escravos, apesar das punições cruéis terem sido abolidas pela Constituição de 1824, art. 179, §19, proibindo que qualquer cidadão recebesse "açoites, tortura e marca de ferro quente", a sanção aos escravos não esteve incluída nessa regra, pois o Código Criminal de 1830, em seu art. 60, previu expressamente a possibilidade de aplicação de açoites a cativos pela autoridade judicial. Os flagelos somente foram abolidos pela Lei imperial de 15 de outubro de 1886, que revogou a mencionada disposição do Código Criminal. A nova legislação impôs ao réu escravo "as mesmas penas decretadas para outros quaisquer delinquentes", mantendo, como exceção, as penas de degredo ou de desterro, que deveriam ser convertidas em prisão.

---

[150] BRASIL, *Lei imperial de 10 de junho de 1835*, art. 1º). Sobre a lei de 1835, cf. RIBEIRO, João Luiz. *No meio das galinhas as baratas não têm razão: a Lei de 10 de junho de 1835 - os escravos e a pena de morte no Império do Brasil (1822-1889)*. Rio de Janeiro: Renovar, 2005, p. 462.

Houve, ainda, como regra aplicável ao escravo, a proibição da substituição (*comutação*) da pena de morte em prisão perpétua ou a de galés em prisão com trabalhos forçados.

No entanto, na interpretação do historiador Leandro Daronco, as punições aplicadas concretamente aos escravos passaram ao largo do rol previsto na legislação:

> Além das penas determinadas oficialmente pelo Código Criminal do Império, diversas outras modalidades de castigos e punições fizeram parte do cotidiano escravista no Brasil [...]. Entre elas destaca-se a palmatória, o tronco, a máscara, o ferro em brasa e o ferro no pescoço, entre outras.[151]

Para o mesmo pesquisador, algumas sanções foram impostas em processos judiciais, embora sem previsão legal, sendo outras inscritas formalmente em códigos de posturas de câmaras municipais, quando essa casa legislativa se entendia competente para regulamentar a matéria.

De outra parte, se comparada à situação do escravo como réu, a concordância em ser ele vítima do crime não foi tão uníssona. Porém, de toda forma, igualmente mitigou o reconhecimento do cativo enquanto propriedade. Como já referido, ser paciente de um delito significava, inequivocamente, possuir algum direito, atributo que dependia da *personalidade*, da qual, por óbvio, estavam despidos os bens. Isso ocorria, por exemplo, no caso de violência cometida contra o escravo, que não era encarada como crime de dano, mas de ofensa física ou homicídio. A regra, na interpretação do jurista Perdigão Malheiro, colocava a agressão contra o cativo como "uma questão de *personalidade*".

No entanto, embora relativizada a reificação do escravo quando paciente do crime, em várias hipóteses ainda predominava sua representação como propriedade. Como regra principal, somente

---

[151] DARONCO, Leandro Jorge. *Campos esquecidos: experiências sociais de cativeiro em uma zona rural e fronteiriça – Norte e Noroeste do Rio Grande do Sul, 1840-1888*. 2012. Tese (Doutorado em História) – Universidade do Vale do Rio dos Sinos, São Leopoldo, RS, p. 89.

através de seu senhor o escravo podia prestar queixa de crime contra ele cometido.

Sobre o tema, parece que os escravos tiveram maior liberdade para provocar as autoridades na esfera policial do que na judicial. Não era rara a possibilidade de cativos procurarem por conta própria a Polícia e conseguirem delas algum auxílio. Um procedimento policial instaurado na Comarca de São Luís, em 5 de novembro de 1884, talvez ilustre a questão.

A denúncia que iniciou o procedimento foi feita por Bernardo Pedro de Paiva Dias, escravo de Joaquim Airoso. O cativo se queixava de ter sofrido ferimentos na cabeça por parte de Manoel Alexandre. O delegado determinou que o escrivão tomasse o depoimento do escravo e que, ainda no mesmo dia, fossem convocados dois médicos para realização de corpo de delito na vítima. O delegado também concordou em chamar as testemunhas citadas por Bernardo Pedro.

O procedimento foi conduzido tendo exclusivamente como base os elementos apresentados pelo escravo, embora fosse o suposto agressor homem livre. Todos os depoentes no inquérito, de nomes Sebastião, Jeremias, Benedito e Sebastião Soré, eram cativos que trabalhavam como pedreiros na obra onde ocorreu a agressão. Assim o delegado conduziu o processo, mesmo ciente de que o senhor do escravo nada sabia sobre a denúncia ou mesmo sobre a agressão: "Perguntado se seu senhor sabe o ocorrido, respondeu que não sabe".

Em outro caso, o auxílio da Polícia veio através da provocação direta da administração provincial. Também em 1884, José Alexandre Mendes do Nascimento e Mariana da Conceição Martins, escravos residentes em São Luís, alegando "extrema pobreza", suplicaram ao presidente da Província do Maranhão a instauração de procedimento policial para a localização de dois de seus filhos. Os suplicantes alegaram que Caetano e Manoel, nascidos escravos, mas já libertos, foram ilicitamente vendidos a senhores que moravam fora do Maranhão. Pediram que fosse utilizado o aparato policial de fora da província para localizar as crianças e punir os responsáveis pela venda.

O presidente da província oficiou à Chefatura de Polícia do Maranhão, "para proceder às diligências necessárias", instaurando-se inquérito policial presidido pelo próprio chefe de Polícia. Na letra do despacho do presidente: "Se digne de oficiar ao Exmo. Sr. Dr. chefe de Polícia para proceder a inquérito a fim de descobrir ao certo para onde foram remetidos os filhos dos suplicantes e oficiar às justiças desses lugares a fim de fazê-los regressar a esta capital".

Do procedimento policial, incompleto, não consta o desenlace das apurações. Porém, o aceite de apelo formulado diretamente por escravos, pelo presidente da província, e o envolvimento da maior autoridade policial do Maranhão demonstram o acesso que cativos, em tese, poderiam ter a autoridades no âmbito administrativo.

Os casos referidos, apesar de sugestivos, converteram-se em evidentes exceções. Na documentação pesquisada, predominou, de fato, a representação do escravo através de seu senhor perante autoridades policiais e judiciais. No âmbito policial, apenas a título de exemplo, em 12 de dezembro de 1884, José Gomes de Souza Gaioso, "cidadão brasileiro, empregado público e residente em São Luís", procurou a subdelegacia de Polícia a fim de que fosse assinado "termo de segurança" por Maria do Carmo Ferreira, acusada de reiteradamente ofender o escravo Elisiano, a ele pertencente: "Isto porque o mesmo escravo não quer continuar as relações ilícitas que com ela suplicada possuía".

Retomando o comentário sobre as normas do Império, caso fosse o cativo retirado de seu dono por terceiro, não estava configurado o crime de cárcere privado, que protege a liberdade das pessoas, mas de furto ou roubo, salvaguardando a propriedade do senhor. O mesmo raciocínio serve para o crime de estelionato, caracterizado quando alguém, por exemplo, vendia, como seu, escravo que pertencia a terceiro.

Por certo, a punição daqueles que produzissem algum mal ao cativo gerava efeitos interessantes a seus senhores e ao ordenamento. Uma das principais consequências desses delitos era, aliás, o dever de indenizar o senhor pelo valor patrimonial perdido com a morte do escravo, no caso de homicídio, ou pelo período de afastamento do trabalho, na hipótese de lesões ou roubos que atingissem cativos.

A vitimização do escravo na esfera penal era igualmente relevante ao arranjo jurídico como um todo. A ausência de apuração e de punição a delitos sabidamente previstos na legislação penal traria insegurança à ação de uma Justiça pública que tentava se institucionalizar e se legitimar. Nesse particular, o século XIX foi palco de variadas práticas e discursos que, influenciados pelo apego à letra da lei ou por interesses particulares, digladiavam-se na afirmação/negação do cativo como sujeito habilitado a ser vítima do crime.

As ambiguidades no tratamento judicial dado ao escravo adquiriram semelhante projeção quando figurava ele como testemunha de um delito. O aceite, a recusa ou relativização da fala dos cativos perante a Justiça igualmente desafiaram os limites da subjetivação do escravo, por vezes sendo seu testemunho vital para o convencimento do juiz, e em outras sendo sua fala extraída do processo ou colocada em segundo plano.

O ordenamento do Brasil imperial buscou normalizar os testemunhos em juízo, delimitando explicitamente os sujeitos cuja fala possuía legitimidade para tal. Foi o Código de Processo Criminal de 1832 que regulou o tema, conferindo autoridade a um rol limitado de sujeitos. Pela lei, não poderia ser testemunha "ascendente, descendente, marido ou mulher, parente até segundo grau" da vítima ou do autor do crime, assim como "o escravo e o menor de 14 anos".

A incapacidade do escravo para testemunhar decorria de sua condição formal de *coisa*, pois tal qualificação despia-o da autonomia de vontade, confundindo-se suas pretensões e opiniões com as de seu senhor. Nas formas jurídicas do Oitocentos, predominou o monopólio da manifestação de vontade do escravo por seu dono, que, ao fim e ao cabo, era seu representante legal para diferentes atos da vida civil e, como regra, para o testemunho perante o Judiciário. A regra era semelhante ao que previa a legislação quanto aos pais com relação aos filhos e ao marido com relação à mulher.

Com efeito, o depoimento senhorial, ao menos formalmente, não substituía o do escravo, legitimava-o, dando-lhe validade. Alguns casos localizados durante a pesquisa ilustram essa tendência.

Um primeiro é a ação criminal instaurada em maio de 1867, na Comarca de Viana, para investigar as causas do assassinato do tenente Teodoro Alves Pinheiro. A principal testemunha do processo foi o tenente José Feliciano de Campos, que, em verdade, não presenciou o crime, tendo apenas informações sobre o delito a partir de sua cunhada, Ana Marcelina dos Reis, esposa da vítima. Tal senhora, por sua vez, soube do ocorrido pela escrava Veridiana, de propriedade do tenente morto, que, junto com outros cativos, soube do fato logo após o ocorrido.

Durante o processo, a "reconstituição" dos fatos se fez com base num depoimento de alguém que ouviu dizer o que outra pessoa ouviu dizer sobre os fatos: "Quem disse isto [os fatos] a ele testemunha foi sua cunhada Dona Ana Marcelina dos Reis, que o soube da mulata Veridiana". A mediação ocorreu apesar dos escravos presentes no local do crime estarem igualmente à disposição da Justiça.

Certamente, o que esteve em jogo não foi o quanto o depoimento de alguém poderia estar "mais próximo" ou não dos fatos, mas a condição jurídica de quem depunha. Como homem livre, José Feliciano podia dar testemunho. De modo contrário, os escravos apenas prestariam informações. No caso, a possibilidade de tais informações transformarem-se em testemunhos residia na intermediação que José Feliciano fizesse de tais falas, conferindo validade às declarações dos cativos.

Caso similar ocorreu em processo-crime instaurado em 1874, também em Viana. Nos autos, Manoel Raimundo, escravo do desembargador Manoel Cerqueira Pinto, foi acusado de ter matado Marcos, escravo do mesmo desembargador. Os fatos, ocorridos no início de fevereiro do referido ano, foram apresentados por três escravos que presenciaram o assassinato: Balbino, Maria e Ana Inácia. A sentença proferida pelo juiz, após manifestação do Júri popular, condenou Manoel Raimundo a 12 anos de prisão com trabalhos forçados e a seiscentos açoites.

Conforme destacado pelo magistrado, o fundamento da sentença foi o testemunho do homem livre Francisco Raimundo da Silva, administrador da fazenda do desembargador Cerqueira Pinto, que "ratifica, como testemunha, a falação dos informantes, uma vez que não presenciou, como eles, o crime".

Outro caso: em setembro de 1868, foi interposto recurso contra decisão que condenou Raimundo Soares de Souza, natural da Vila de Brejo, por assassinar seu irmão, Plácido Rodrigues, no dia 16 de novembro de 1865. Raimundo Soares alegou em sua defesa ter disparado acidentalmente na direção da vítima. Consoante citado no processo, a única pessoa que presenciou o crime foi Gonçalo, escravo do capitão Cândido Honório Ferreira. Em 25 de novembro de 1868, o delegado de Polícia de Brejo mandou intimar Gonçalo para prestar informações sobre o caso.

Após uma única tentativa de intimação, as informações que seriam prestadas por Gonçalo foram substituídas pelo testemunho de João Bispo de Amorim, genro da vítima, que "relatou a participação do escravo Gonçalo nos acontecimentos". João Bispo, autorizado a falar sobre o crime por supostamente ter ouvido o relato de Gonçalo, dias após o ocorrido, descreveu os fatos como se os tivesse presenciado:

> O mencionado Raimundo Soares, sem que se desse atenção alguma, lançou-se de improviso sobre a vítima que conduzia uma espingarda carregada, e apoderando-se dela deu um tiro em meu infeliz sogro [...] nessa ocasião chegou tão bem um escravo do capitão Cândido Honório, de nome Gonçalo.[152]

De toda forma, houve pelo menos três hipóteses nas quais os tribunais do Império entendiam como possível o depoimento do ca-

---

152 MARANHÃO, Tribunal da Relação da Província. Câmara Criminal. Autos-crime de apelação criminal. Homicídio. São Luís, 23 de março de 1868. Apelante: o réu Raimundo Soares de Souza. Apelado: a Promotoria Pública da Comarca de Brejo. In: _____. Arquivo do Tribunal de Justiça do Maranhão. *Autos-crime*. Caixa "1860-1899". São Luís, 1868, fl. 42v.

tivo perante um juiz, ainda que tal permissão, via de regra, fosse discutida entre as partes nas ações judiciais.

A primeira, menos controversa, dava-se quando o escravo depunha na condição de *informante*, sendo a hipótese prevista expressamente em lei. A norma estendia-se para qualquer pessoa proibida de testemunhar cujo relato, porém, parecesse útil para a solução da causa. O artigo 89 do Código de Processo Criminal estipulava que o juiz poderia tomar como "informações" o depoimento daqueles aos quais era vedado o testemunho. Nesse caso, não era exigido o juramento do informante, o que afastava sua responsabilidade pela acusação de falso testemunho.

Pela letra da lei, a informação teria o "crédito que o juiz entender que lhe deve dar". A condição de informante era o que, por exemplo, diferenciava o depoimento prestado por um escravo do de um liberto. Os negros forros poderiam jurar e testemunhar, ao contrário dos cativos, que apenas "informavam", sem compromisso com a verdade.

Como exemplo de aplicação da regra, cito novamente o processo-crime que investigou a morte de Teodoro Alves Pinheiro, ocorrida em 1867. Naquela ação, uma negra de nome Joaquina foi arrolada inicialmente na condição de escrava. Posteriormente, descobriu-se que ela era uma "preta forra", sendo a partir daí referida como "testemunha jurada". A condição de alforriada conferiu à Joaquina a possibilidade de que sua fala fosse utilizada como testemunho. Naqueles autos, ficou claro que o depoimento de Joaquina foi valorado com destaque se comparado aos dos demais escravos ouvidos no processo, todos como informantes. A fala da liberta serviu, inclusive, como único fundamento da Promotoria Pública para requerer a prisão dos acusados.

Como segunda possibilidade de aceite do depoimento judicial de escravos, seria válido o testemunho do cativo nas causas em que "fosse havido geralmente por livre", ou seja, quando desconhecida a condição servil do depoente no momento em que esteve em juízo, desvelando-se apenas posteriormente essa qualidade. A regra vinha da tradição portuguesa. As Ordenações Filipinas, no título LXXXV do Livro IV, previam que "sendo [o escravo] reputado por livre ao tempo do testemunho, e depois se achasse ser cativo, não deixará por isso de valer o testemunho, pois pelo erro comum, em que todos com ele estavam, era tido como livre". No entanto, tal exceção não era aplicada em respeito ao depoente, mas como forma de alcançar a segurança jurídica, pois a invalidade do testemunho poderia levar ao posterior questionamento de todo o processo.

A terceira hipótese foi bem mais controversa. Dava-se, nas palavras de Perdigão Malheiro, "quando a verdade não pudesse ser descoberta por outro modo". A possibilidade não vinha expressa em nenhuma norma, sendo aos poucos introduzida no dia a dia dos tribunais, sempre vindo acompanhada de intenso debate jurídico.

Entre os processos do Oitocentos hoje disponíveis no Arquivo do Tribunal de Justiça do Maranhão localizei apenas um caso no qual escravos foram ouvidos como testemunhas, seguindo-se o procedimento a elas destinado. Em 1864, foi instaurado processo-crime na Comarca de Caxias, para investigar a morte de Eleutério, escravo de Joaquim Dias Carneiro.

A ação judicial foi iniciada através de uma carta encaminhada ao subdelegado de Polícia do local e assinada por aquele senhor. Na correspondência, foram relatados os fatos supostamente ocorridos no primeiro dia do ano de 1864, na residência do subscritor. Eleutério, fugido havia alguns dias, teria retornado à propriedade de Carneiro e exigido deste sua alforria. Negado o pedido, teria o escravo agredido seu senhor, sendo, porém, detido por Miguel de tal, "pessoa desconhecida que havia dito ser residente na Província do Piauí, e que se dirigia para os Matões, neste termo, para receber a importância de uma dívida".

Segundo a defesa de Dias Carneiro, suspeito de ter cometido o assassinato, Miguel teria matado o escravo com o emprego da arma de fogo que carregava. Quatro escravos, de nomes André, Elesbão, Jacinto e Valdivino, foram arrolados no processo como testemunhas e, posteriormente, com a anuência do juiz, ouvidos nessa condição pelo júri.

Segundo os depoimentos, Eleutério teria sido morto por seu senhor, nunca tendo existido um viajante de nome Miguel. Mesmo com o aceite do testemunho dos cativos, nenhum valor os jurados conferiram à versão deles, decidindo o caso com base no relato de outra testemunha e absolvendo Dias Carneiro.

Não ficaram claros na ação quais os motivos pelos quais foi excepcionada a regra que vedava o testemunho de cativos. Comprovadamente, porém, prestaram juramento e não tiveram sua fala registrada como mera informação, apesar de sabidamente escravos.

De certo, ao longo do Brasil Império, as diferentes referências no tratamento do escravo levado a juízo não tiveram uma constância. Ainda que perpetuada a regra que restringia o aceite do cativo como sujeito de direitos, salvaguardando os interesses de uma elite socialmente branca e escravocrata, é inegável que houve certas modificações.

A mitigação das penas aplicadas aos escravos foi uma delas. O regramento esparso e a jurisprudência dos tribunais cuidaram de promover essa transformação. Em 1861, a aplicação de açoites foi limitada à quantidade de 50 golpes por dia, devendo sua execução ser necessariamente acompanhada por um médico. Adiante, houve normalização quanto ao tempo e à maneira de trazer o escravo ao ferro. De forma similar, prevista no Código Criminal de 1830 e regulamentada pelo Aviso nº 264, de 27 de novembro de 1852, a aplicação da pena de morte aos escravos sofreu relevante diminuição a partir de 1850, extinguindo-se em meados da década de 1870, sobretudo pela comutação da punição capital em outras sanções.

Como tendência predominante na segunda metade do Oitocentos, existiu uma crescente interferência do Estado na repressão e no controle de ações delituosas atribuídas aos escravos, bem como quanto ao aceite do cativo como vítima ou testemunha do crime. Dessa forma, a supervalorização da propriedade privada, pedra angular na manutenção do cativeiro, teve de conviver com instituições e autoridades cujo aval influenciava o uso senhorial de sua escravaria.

Na interpretação da historiadora Maria Helena Machado:

> A tendência predominante ao longo do século XIX parece ter sido de uma crescente penetração das leis penais na esfera privada, com objetivo de mediar as relações entre senhores e escravos. A evolu-

ção da legislação referente aos cativos, sobretudo a partir de 1850, que lhes assegurava alguns direitos, como a interdição em 1869 da venda de escravos em leilões públicos e a regulamentação do pecúlio. A libertação dos nascituros, a interdição da separação de pais e filhos com menos de 12 anos, pela Lei de 1871, e a abolição dos castigos corporais nas penas de escravos indicam essa tendência.[153]

No entanto, creio que a investida da ordem pública sobre o poder dos senhores não se fez, necessariamente, como embate entre forças antagônicas. No tratamento conferido aos escravos, não houve, como regra, uma oposição de interesses entre a Justiça do Oitocentos e as elites escravistas, sendo específicos os pontos de colisão.

Numa sociedade em que havia vínculos estreitos entre a magistratura e os donos de escravos, quando não a literal coincidência entre esses sujeitos, predominou a cumplicidade de vontades, servindo o Judiciário como instância formal na qual o recrudescimento do regime servil foi sendo sistemática e casuisticamente (re)produzido.

DINÂMICA DO PROCESSO: O QUE SE JULGA QUANDO SE JULGA UM SENHOR DE ESCRAVOS?

AS TESES EM CONFRONTO

Quanta verdade se pode extrair dos autos-crime que julgaram a senhora Ana Rosa Viana Ribeiro?

A pergunta é desafiadora e provavelmente de resposta impossível. Lançar tal questionamento, entretanto, é fundamental para a investigação dos discursos construídos naquela ação judicial.

Por certo, boa parte dos fatos apurados no processo foi conduzida segundo um complexo jogo de interesses, nem sempre inscrito nas páginas dos autos. De outra parte, mesmo que os procedimentos e

---

[153] MACHADO, Maria Helena. *Crime e escravidão: trabalho, luta e resistência nas lavouras paulistas (1830-1888)*. 2. ed. São Paulo: Edusp, 2014, p. 79-80.

as manifestações da Justiça tenham sido viciados pela ingerência das elites, entendo inquestionável que o referencial de *verdade*, inerente às fontes judiciárias, fez-se presente na investigação, sendo elemento relevante à crítica do documento.

Quando observados o momento e a finalidade de sua elaboração, as fontes judiciárias emergem como algo propositalmente útil ao desvelamento da veracidade dos fatos. Na apropriação dos sujeitos legitimados a guiar tais procedimentos, tais fontes são tomadas como elemento de prova e como testemunho escrito que autentica a própria ocorrência daquilo que é apurado, sobretudo se produzidas para investigar crimes e identificar culpados.

Por certo, os documentos judiciários do Oitocentos, a exemplo dos "autos-crime da baronesa de Grajaú", foram tomados como ferramenta de construção da verdade. São, assim, *instrumentais*, na medida em que se relacionam a um paradigma discursivo de alcance da veracidade construído e aprimorado durante séculos, denominado por Michel Foucault de *inquérito*.

Foucault concebe que, desde meados da Idade Média, o Ocidente construiu uma prática judiciária oposta a outras estratégias então predominantes de revelação da verdade, a exemplo da *prova* ou da *ordália*, que "produziam a certeza" através da violência ou mesmo da sorte. Dentre as novas formas, tornou-se hegemônico o inquérito.

Como instrumento de aferição da autenticidade dos fatos, o inquérito possui regras para o alcance dessa finalidade. A primeira, segundo Foucault, é de que a verdade é desvelada, sobretudo, através de um contínuo e repetitivo jogo de perguntas e respostas. Daí o amontoado de depoimentos, inquirições e acareações que preenchem os processos judiciais. A verdade seria, ainda, o resultado de um *procedimento*, com um início, um meio e um fim predefinidos, e não fruto de um único ato, como acontecia com as ordálias. Outra regra consiste na definição da verdade ser feita por *notáveis*, ou seja, por sujeitos que, em razão da idade, riqueza ou conhecimento, são legitimados a realizar a dicção do que é direito, concentrando a *jurisdição*.

Dando destaque à função política dos inquéritos, assim Foucault encerra seus argumentos sobre a natureza desse instrumento:

> Como conclusão, poderíamos dizer: o inquérito não é absolutamente um conteúdo, mas uma forma de saber. Forma de saber situada na junção de um tipo de poder e de certo número de conteúdos de conhecimentos [...]. Parece-me que a verdadeira junção entre processos econômico-políticos e conflitos de saber poderá ser encontrada nessas formas que são ao mesmo tempo modalidades de exercício de poder e modalidades de aquisição e transmissão do saber. O inquérito é precisamente uma forma política, uma forma de gestão, de exercício do poder que, por meio da instituição judiciária, veio a ser uma maneira, na cultura ocidental, de autenticar a verdade, de adquirir coisas que vão ser consideradas como verdadeiras e de as transmitir. O inquérito é uma forma de saber-poder.[154]

As distintas relações de poder que orbitam o inquérito condicionam as regras através das quais as fontes aqui analisadas foram construídas. É preciso, por isso mesmo, definir até que ponto a documentação judiciária, como "instrumento da verdade", consegue representar a veracidade dos fatos que pretende concentrar e desvelar.

Tendo como parâmetro a teoria foucaultiana, a historiadora francesa Arlette Farge entende que a crítica ao discurso presente nos documentos judiciários não deve confundir a "pretensão de verdade", a partir da qual foram tais documentos produzidos, com a (errônea) ideia de que essas fontes realmente "carregam a verdade" sobre os fatos que relatam.

Nesse sentido, sobre os arquivos judiciais e policiais franceses do século XVIII, comenta a autora:

> Mesmo que o discurso feito seja confuso, misturando a verdade com a mentira, o ódio com a astúcia, a submissão com o desafio, isso não o compromete em sua "verdade". Talvez o arquivo não diga a verdade, mas ele diz *da* verdade, tal como entendia Michel

---

154 FOUCAULT, Michel. *A verdade e as formas jurídicas*. 3. ed. Rio de Janeiro: NAU, 2002, p. 77-78.

> Foucault, isto é, dessa maneira única que ele tem de expor o *Falar* do outro, premido entre relações de poder e ele mesmo, relações às quais ele se submete, mas que também concretiza ao verbalizá-las. O que se vê aí, nessas palavras esparsas, são elementos da realidade que, por sua aparição em um determinado momento histórico, produzem sentido. É sobre sua aparição que é preciso trabalhar, é nisso que se deve tentar decifrá-lo.[155]

Com efeito, a perspectiva *cumulativa* dos processos judiciais, que aglomera informações, provas, depoimentos, perícias, etc., tende a reunir e a justapor fatos contraditórios e, no caso das ações criminais, versões contrapostas sobre o evento encarado como delito. Os agentes de acusação e de defesa buscam convencer as autoridades que um crime existiu ou não, e, existindo, se sua autoria pode ser atribuída a este ou àquele sujeito. Identificada a autoria, passa-se a debater qual a punição mais justa ao criminoso. Enfim, cada parte manipula discursivamente os fatos segundo seus interesses e, ao final, a autoridade julgadora igualmente adequa o ocorrido (ou o não ocorrido) a uma síntese narrativa capaz de produzir o *veredito*, ou seja, a "dicção da verdade".

Por isso mesmo, conforme Daronco:

> Nos processos-crime, a verdade ou aquilo que os historiadores chamam de plausibilidade pode ser apenas o ponto de partida para a interpretação e compreensão do fato – pois alcançar a verdade em meio a interesses tão divergentes que convergem no decorrer de um processo é tarefa quase utópica [...]. Afinal, "diante da Justiça todos falam a verdade".[156]

Para além do embate entre versões dos fatos apurados no processo judicial, não se deve esquecer que os documentos judiciários são registros oficiais e institucionais e, por isso mesmo, estão imersos em regras procedimentais preestabelecidas. Exteriorizam um for-

---

155 FARGE, Arlette. *O sabor do arquivo*. São Paulo: Edusp, 2009, p. 35.
156 DARONCO, op. cit., p. 145.

mato, uma finalidade e uma linguagem que interessa ao Estado e aos agentes autorizados a inscrever suas impressões nos autos. Mesmo quando registram a fala de terceiros – testemunhas, vítima, autores – o fazem por meio de um agente oficial, principalmente do escrivão, produzindo o que Maria Helena Machado denomina de "intermediação imposta".

Sobre tal (inter)mediação, assim comentou o sociólogo Karl Monsma:
> As categorias da lei e os valores e estratégias dos profissionais da Justiça – delegados, escrivães, promotores, advogados e juízes – filtram o que entra em um processo e modificam o vocabulário dos depoimentos, escritos na terceira pessoa. Em geral, quanto mais adiantado o processo no percurso inquérito-julgamento-recurso, mais esses valores, categorias e estratégias influenciam a reconstrução do conflito.[157]

Como documentação judiciária criminal, a ação criminal que apurou o suposto delito de Ana Rosa Ribeiro deve ser analisada enquanto fonte formada pelo acúmulo de versões sobre eventos postos à apreciação das autoridades. Estiveram aqueles autos, igualmente, influenciados pela forma e pela finalidade oficiais com as quais a investigação foi dirigida e, ainda, por elementos externos à ação judicial.

As teses favoráveis e contrárias à condenação de Ana Rosa foram delimitadas, respectivamente, pela Promotoria e pela defesa da senhora. Na acusação, o principal personagem foi Celso Magalhães. Para sua defesa, Ana Rosa Ribeiro contratou o advogado Francisco de Paula Belfort Duarte, mais conhecido como Paula Duarte.

Dada a relevância da participação do advogado naqueles autoscrime, o personagem merece uma apresentação mais detida. Duarte era natural de São Luís, tendo nascido em 1841. Descendia de uma linhagem abastada e com sólidas carreiras no Poder Judiciário do

---

[157] MONSMA, Karl. História de violência: inquéritos policiais e processos criminais como fontes para o estudo de relações interétnicas. In: DEMARTINI, Zeila de Brito Fabri; TRUZZI, Mário Serra (Orgs.). *Estudos migratórios: perspectivas metodológicas*. São Carlos: EdUFSCar, 2005, p. 160.

Império. Pelo lado materno, pertencia aos Belfort, família nobiliárquica irlandesa, cujo patriarca no Maranhão foi Laurence Belfort (ou "Lourenço" Belfort), que, a pedido de D. José I, veio para a América Portuguesa em meados do Setecentos.

Segundo a investigação de Antônia da Silva Mota, os Belfort figuraram como uma das três maiores fortunas do Maranhão durante o apogeu da economia agroexportadora colonial. Pelo lado paterno, suas raízes iniciaram em solo maranhense quando seu avô, Francisco de Paula Pereira Duarte (1784-1855) – de quem Paula Duarte herdou o nome –, veio de Minas Gerais para assumir o cargo de magistrado, na década de 1810. Seu avô paterno, aliás, trilhou destacada carreira no Judiciário, sendo juiz de direito em São Luís, desembargador e presidente do Tribunal da Relação do Maranhão e Ministro do Supremo Tribunal de Justiça, assumindo igualmente a presidência daquela corte. Em abril de 1842, chegou a ser vice-presidente da Província do Maranhão.

Não menos importante foi a atuação profissional do pai de Paula Duarte, o ludovicense Viriato Bandeira Duarte (1819-1893), advogado, magistrado, chefe de Polícia, deputado provincial e geral, desembargador da Relação do Maranhão e que findou sua carreira igualmente no Supremo Tribunal de Justiça.

Formado em ciências sociais e jurídicas pela Faculdade de São Paulo, em 1864, o advogado Paula Duarte foi um dos mais renomados patronos que atuaram no Maranhão da segunda metade do Oitocentos. Nessa carreira, tinha um nome que trazia consigo duas principais famas, a de ser um excepcional orador – "O expoente máximo da eloquência da tribuna forense", na narrativa do historiador Jerônimo de Viveiros – e a de "nunca ter perdido uma causa", como mencionou o literato Josué Montello. Por isso mesmo, segundo o jurista José Eulálio Almeida, "sempre foi chamado, no Maranhão, para as grandes causas que exigiam alto conhecimento jurídico".

Como jurista, foi ainda procurador-fiscal do Tesouro Público Provincial durante largos anos, bem como fez parte da Comissão Revisora do Código Criminal do Império, em 1890.

Com convicções liberais e republicanas, na política foi deputado provincial e geral entre as décadas de 1860 e 1880, sempre pelo Partido Liberal maranhense. Após o advento da República, integrou a primeira junta governativa do Maranhão, sendo o único componente civil daquele colegiado. A junta foi dissolvida em dezembro de 1889, quando Paula Duarte tornou-se membro e presidente do governo provisório de São Luís.

No final da vida, mudou-se para o Rio de Janeiro, então Distrito Federal, onde ocupou o cargo de redator do Senado Federal e, segundo César Marques, não conseguiu, como advogado ou jornalista, o mesmo destaque alcançado em sua terra natal. A imprensa foi um de seus principais focos de atuação, seguindo o caminho jornalístico iniciado por seu pai e avô maternos, acima referidos. Colaborou intensamente com os periódicos *A Tribuna* e *O Liberal* e dirigiu o *Publicador Maranhense* e *O Globo*, todos impressos em São Luís.

Além da contribuição em jornais, escreveu pelo menos três obras literárias, *O romance de um moço rico*, *O caleidoscópio* e *Uma festa da indigência*, todos da década de 1860.

Faleceu na primeira década do século XX, em data desconhecida.

O processo-crime que julgou Ana Rosa Ribeiro não seria o primeiro embate entre Celso Magalhães e Paula Duarte. Encontrei dois outros casos, datados de 1875, nos quais os personagens ocuparam posições antagônicas em ações criminais.

No primeiro, foi submetido a julgamento Joaquim Antônio Ramos, acusado do crime de "ofensas físicas praticadas no seu escravo, de nome Quirino". O réu foi acusado por Magalhães e defendido por Paula Duarte, sendo absolvido, em janeiro do referido ano, por unanimidade do júri.

O segundo caso foi bem mais célebre. Trata-se do processo que apurou o assassinato da jovem Maria da Conceição, a "Mariquinhas", por seu amante, o desembargador da Relação do Maranhão José Cândido Pontes Visgueiro, crime já referido nesta obra. Além da ação que acusou e condenou o magistrado, foi instaurado um segundo processo criminal, tendo como objetivo investigar a participação de dois outros sujeitos no delito: Amâncio José da Paixão Cearense – pai do poeta e compositor Catulo da Paixão Cearense –, compadre do desembargador que supostamente o ajudou a enterrar o corpo da vítima, e o "pardo" Guilhermino de Souza Borges, contratado por Pontes Visgueiro para o acompanhar na agressão a Mariquinhas. Celso Magalhães atuou na acusação de ambos. Paula Duarte, por sua vez, defendeu apenas Amâncio. A sessão do Tribunal do Júri ocorreu no dia 4 de março de 1875, sendo absolvido o cliente de Paula Duarte e condenado Guilhermino. Magalhães recorreu da absolvição parcial, sendo infrutífero seu apelo.

Com efeito, o embate entre Celso Magalhães e Paula Duarte não teve nos "autos-crime da baronesa" sua primeira expressão, mas, certamente, ali obteve seu ápice.

A versão que acabou conduzindo ao desenlace do processo possui raízes imbricadas com o discurso médico, já que, como se verá em tópico específico, predominou o debate sobre a causa natural (verminoses) ou violenta (maus-tratos) da morte do escravo Inocêncio.

A defesa de Ana Rosa Ribeiro sustentou que Inocêncio faleceu em decorrência da *hipoemia intertropical*, atualmente denominada cientificamente *ancilostomíase* ou *ancilostomose*, sendo popularmente conhecida como *amarelão*. Trata-se de doença parasitária intestinal causada por duas espécies de vermes nematoides (Ancylostoma duodenale e Necator americanus) e que, no ser humano, provoca grave anemia.

A observação não afasta, porém, a relevância das demais teses apresentadas em juízo, que contribuíram para as diferentes manifestações da Justiça e para o convencimento final dos jurados.

Os argumentos da defesa e da acusação construíram uma complexa malha de provas aceitas ou repudiadas na investigação, além de apresentar os fatos postos à apreciação das autoridades como verídicos ou falaciosos. Cada circunstância envolvendo o caso teve sua existência ou validade testada pela acusação e pela defesa, conforme a versão apontava para os interesses protegidos por uma ou outra parte. Destaco aqui apenas as principais.

A defesa de Ana Rosa Ribeiro concentrou esforços em desqualificar o primeiro exame cadavérico feito em Inocêncio, realizado um pouco antes do enterro do escravo, em 15 de novembro de 1876. A estratégia era interessante à valorização do segundo exame, elaborado na ação de justificação proposta por Paula Duarte. Por esse viés, exigiu-se do juízo a declaração de nulidade da primeira perícia, por "erro irreparável", já que "desobedeceu às solenidades da lei e aos preceitos científicos".

O ataque ao primeiro laudo cadavérico foi realizado com os seguintes argumentos: o local do exame não foi devidamente isolado dos expectadores, que a ele tiveram livre acesso, "contaminando a perícia"; não foram seguidos procedimentos exigidos pela medicina para casos dessa natureza, sendo o principal a forma de abertura do crânio, do tórax e do intestino do cadáver, o que possibilitaria verificar as causas da morte a partir de indícios internos ao corpo, "escapando de uma análise exclusivamente externa e detida a impressões gerais de contusões e equimoses"; alguns atos do exame, como a própria abertura da caixa craniana do cadáver, teriam sido executados por profissionais não juramentados e que deixaram de assinar o laudo pericial; e a resposta, pelos peritos, do quesito relativo à causa da morte de Inocêncio foi baseada em "conjecturas e probabilidades", já que não enfrentada de maneira objetiva e de forma categórica.

O pedido de nulidade da primeira perícia foi contrariado por Celso Magalhães, dando o promotor especial atenção ao fato de, em harmonia à "atual literatura francesa sobre autópsias", não existir regras absolutas a orientar um exame técnico dessa natureza.

> O médico designado e juramentado obra como julga conveniente, conformando-se com os preceitos da ciência. Os preceitos científicos são os que aponta a defesa, é certo, mas são conselhos genéricos, regras gerais, que estão sujeitas a circunstâncias ocasionais e que não são absolutas, como não podem ser as regras de uma ciência experimental, como é a medicina. Sujeitar o médico legal a fórmulas e meios de ação, das quais se não

poderá arredar, seria mais perigoso para a sociedade do que a prática contrária.[158]

O segundo laudo cadavérico, feito mediante a exumação do cadáver de Inocêncio, teve igualmente sua regularidade questionada. A Promotoria alegou nos autos que não poderia ter ali atuado Santos Jacinto, já que, sendo médico de confiança da família Ribeiro e tendo tratado o escravo durante sua enfermidade, possuía interesse quanto ao resultado da perícia. Por essa razão, Celso concluiu que "o segundo exame não passou de uma peça de defesa". Contra o argumento, Paula Duarte registrou que, segundo a literatura especializada, não havia óbices a esse procedimento, "desde que existissem outros médicos assistentes participando do exame, como de fato ocorreu".

Além disso, a conduta de Ana Rosa logo após a morte de Inocêncio, da forma narrada pela acusação, demonstraria a consciência do crime pela ré. Eis os atos da acusada que geraram essa interpretação: retirada do cadáver de sua casa ainda durante a madrugada; pedido de que o falecido escravo fosse enterrado "o mais cedo possível, [e] antes das seis da manhã"; translado do corpo em caixão fechado, o que contrariava os costumes quanto ao sepultamento de crianças; e orientação de abrir o caixão apenas quando fosse o capelão "encomendar o cadáver", lacrando-se logo em seguida e devolvendo-se as chaves a Ana Rosa.

Acerca desses fatos, foi fundamental a oitiva de escravos no processo, sobretudo quanto ao pedido de que o sepultamento ocorresse às pressas e de que o caixão permanecesse lacrado o maior tempo possível. Celso Magalhães chegou a requerer do juiz uma acareação entre os informantes Primo e João Batista, ambos cativos, chamados à casa de Ana Rosa com a finalidade de preparar o corpo e de levá-lo para o sepultamento. A acareação foi deferida, sendo os

---

158 MARANHÃO. Ministério Público do Estado. *Autos do processo-crime da baronesa do Grajaú...*, p. 388.

escravos novamente intimados e tendo eles comparecido em juízo. Creio que tal procedimento demonstra não apenas o aceite ordinário do depoimento de cativos pela Justiça, como informantes, mas a possibilidade de valorização de suas declarações, quando reputadas como única via para se chegar à veracidade dos fatos apurados.

Replicando tais alegações, Paula Ribeiro afirmou que sua cliente não teve qualquer conduta suspeita após a morte da criança escrava. Arguiu que, ainda que existentes, seriam as ações de Ana Rosa meramente circunstanciais, não denotando comportamento criminoso.

A atuação da autoridade policial que dirigiu a fase de inquérito foi outro ponto criticado nas alegações da defesa. Os diferentes atos da Polícia foram identificados como arbitrários – "uma devassa difamatória contra D. Ana Rosa Viana Ribeiro" –, já que não passariam de uma perseguição àquela senhora, dedicando-se a Polícia menos à investigação do crime e muito mais à exposição "da vida privada, da conduta doméstica e das relações íntimas da acusada". O desrespeito ao prazo legal para conclusão das apurações, os "amplos poderes" concedidos à Promotoria Pública, o interrogatório de Ana Rosa mediante "violação de seu domicílio", a "quantidade exagerada de testemunhas e informantes" ouvidos pela Polícia e a forma induzida da coleta de seus depoimentos seriam outros elementos a demonstrar a finalidade desviada do inquérito.

Acerca da forma supostamente viciada pela qual houve a inquirição das testemunhas e dos informantes, a peça de defesa da ré os tomou como:

> Nulos ou despojados de critério, difamatórios uns, inverossímeis outros – eles darão a este juízo a medida do conceito em que devem ser tidos a autoridade que os provocou, ora inquirindo as testemunhas sobre circunstâncias estranhas, ora abrindo-lhes largos horizontes da calúnia e da maledicência, outras vezes pedindo-lhes a confirmação do corpo de delito ou a análise científica das peças em que se fundamenta o processo. Não em fatos, mas em hipóteses sutis e capciosas, expostas em linguagem confusa e por isso mesmo mais perigosa, se tem buscado apoiar o frágil edifício da culpa, para

escorar o qual tudo falece menos a paixão que perturba, a vaidade que obceca, o ódio que apenas fere e a ignorância que apenas vê.¹⁵⁹

Como resultado, segundo alegado por Paula Duarte, o relatório policial que instruiu a denúncia ocasionou "a perversão da Justiça, a obliteração do senso moral e a violação acintosa do direito". Consequentemente, todo o processo judicial deveria ser declarado nulo, por não passar de uma "cópia de um inquérito policial viciado".

De acordo com a Promotoria, a fase de inquérito e o processo judicial que dela derivou não estariam prejudicados por nenhuma nulidade ou pelo sugerido interesse difamatório das autoridades que os presidiram. Para tal, citou Celso disposições legais e doutrinárias que, em tese, permitiam a execução de cada procedimento. Após a réplica, Magalhães conclui que "a base do processo é válida e juridicamente deve ser aceita [...]. As insinuações feitas no que diz respeito às formalidades legais do processo são destituídas de provas e inexatas".

Outras alegações apresentadas pela acusação e pela defesa tiveram um caráter menos expressivo.

Arguiu-se, pela defesa, a "irregularidade na decretação da meia-revelia da acusada" logo no início da fase judicial, já que Ana Rosa encontrava-se "comprovadamente enferma". A declaração teria tolhido a possibilidade de a ré apresentar peças em juízo e de reperguntar as testemunhas ouvidas na ação. Celso replicou a alegação mencionando que Ana Rosa, mesmo pronunciada revel, foi notificada de todos os atos processuais, permitindo-se sua participação no processo assim que o quisesse.

Já na fase recursal, a Promotoria ventilou a possibilidade de que fosse a ré condenada, subsidiariamente – ou seja, caso afastado o crime de homicídio sem circunstâncias agravantes, previsto no art. 193 do Código Criminal –, às penas do art. 194 da mesma lei, que prevê o assassinato causado por mal que, por si só, não produza a

---

159 Ibidem, p. 310.

morte, mas que tenha concorrido com outras causas para o falecimento da vítima. Para a defesa da ré, o aceite de acusação secundária não poderia ocorrer naquela fase processual, por depender da alteração da primeira denúncia oferecida pela Promotoria.

Por fim, contra o veredito do Tribunal do Júri que inocentou Ana Rosa Ribeiro, Celso Magalhães interpôs recurso de apelação ao Tribunal da Relação do Maranhão. Quatro foram os seus principais argumentos, todos capazes, por si só, de gerar a nulidade do procedimento e de ensejar novo julgamento. Segundo registrou o promotor: as testemunhas não foram adequadamente isoladas, de forma que uma pôde ouvir o depoimento da outra; o interrogatório da ré desrespeitou a lei, na medida em que lhe foi possível consultar o advogado quanto a suas respostas; não foi resguardada a incomunicabilidade entre os jurados que compuseram o conselho de sentença; e, por fim, houve irregularidade dos quesitos elaborados, consequentemente viciando as respostas apresentadas pelos jurados. Paula Duarte entendeu por bem não rebater as alegações. Ao fim, embora o Ministério Público junto à Relação tenha reforçado, ainda que parcialmente, o pedido de nulidade apresentado por Magalhães, os desembargadores refutaram, integralmente, as alegações da Promotoria, confirmando a absolvição de Ana Rosa Ribeiro.

Apresentados os argumentos lançados pelas partes na ação judicial, cumpre agora analisar os elementos exteriores ao processo que, de forma não menos relevante, influenciaram na sua condução. Com efeito, alguns deles tangenciaram os autos-crime instaurados a partir da morte de Inocêncio, tendo sua inscrição parcial no processo. Outros não chegaram a ter ali registro, por serem, de fato, estranhos aos procedimentos judiciais, ou talvez por não interessar sua evidência.

A questão externa aos autos que mais influenciou a apuração do delito foi, certamente, o embate entre liberais e conservadores. Como já desenvolvido nesta obra, o "crime da baronesa" serviu como cena privilegiada para que o tradicional antagonismo partidário do Maranhão oitocentista encenasse mais um de seus capítulos. O envolvimento direto do principal líder liberal na ação, Carlos

Fernando Ribeiro, esposo da ré, e a ampla repercussão do processo atiçaram essa nuance.

A ingerência de fatores políticos na ação não é algo muito evidente nos autos. Entretanto, entendo inequívoca sua presença. Como estratégia de poder, tal influência se fez por meios indiretos, mas com propósitos muito claros. Os conservadores desejavam expor ao máximo a esposa de Carlos Ribeiro e, ao fim, condená-la. Já os liberais pretendiam encerrar a ação criminal o quanto antes ou, caso perdurasse a investigação, conseguir a absolvição da ré.

Na literatura dedicada ao assunto, não é consensual a interseção de causas políticas na apuração do "crime da baronesa".

Segundo uma primeira linha interpretativa, aqui exemplificada n'*O meu próprio romance*, de Graça Aranha, a ação judicial não passou de uma etapa da longínqua e dinâmica história de disputas políticas entre liberais e conservadores no Maranhão. A atuação de Celso Magalhães teria sido guiada pela reafirmação de seu comprometimento com o Partido Conservador. A ingerência política sobre o processo seria bilateral, influenciando tanto a defesa quanto a acusação.

Outra vertente reconhece que a condução do processo teve causas políticas, porém, apenas unilateralmente. Celso teria tido conduta isenta do ponto de vista político-partidário. Para Antônio Lopes da Cunha, por exemplo, o promotor percebeu desde o início do caso a explícita intervenção do Partido Liberal, mas, deixando suas convicções políticas de lado, teve "uma conduta balizada apenas pelo ideal de justiça". A política provincial, nessa segunda concepção, demarcou os interesses da defesa de Ana Rosa, viciando o julgamento, porém nenhuma influência trouxe à atuação da Promotoria.

Uma terceira interpretação coloca o processo-crime como imune às influências da política que o circundou. José Eulálio de Almeida, ilustrando essa perspectiva, não atribuiu a absolvição de Ana Rosa a fatores políticos. O resultado do processo teria sido conduzido por aspectos exclusivamente formais, do ponto de vista da técnica jurídica. Nesse sentido, a ação teve o desenlace conhecido porque os argumentos e a retórica da defesa foram "visivelmente superiores" à sustentação das teses de acusação. A superioridade profissional de Paula Duarte sobre Celso Magalhães, espelhada na diferença de qualidade das peças apresentadas em juízo, seria o principal motor da decisão dos jurados.

Para o magistrado José Eulálio, as formas jurídicas predominaram sobre a influência política dos personagens envolvidos direta ou indiretamente no processo. Nas palavras do autor:

> Comparando as peças escritas por Celso Magalhães e por Paula Duarte, no trabalho da acusação e da defesa respectivamente, vê-se perfeitamente a superioridade dos arrazoados do advogado sobre os do promotor, circunstância que nos autoriza a concluir que a absolvição da ré Ana Rosa Viana Ribeiro não resultou de qualquer injunção política do seu marido, mas do julgamento soberano e isento do conselho de sentença, o qual foi levado a esse desiderato pela força da argumentação da defesa e pela timidez do discurso acusatório. A fragilidade da prova existente nos autos também foi fator decisivo para a decisão do júri, posto se revelar imprópria para convencer da culpabilidade da ré e autorizar a sua condenação.[160]

Conforme já evidenciado neste livro, dentre as três vertentes ora apresentadas, concordo com a primeira, reconhecendo, em ambas as direções, a imersão dos "autos-crime da baronesa" no jogo político provincial.

Particularmente, a partir da análise dos autos judiciais, entendo mais evidente a projeção da política liberal sobre a condução do processo. Isso não significa que o Partido Conservador deixou de investir politicamente naquela ação judicial. Apenas acredito que sua abordagem foi mais sutil.

Com interesses atrelados à acusação da ré, aos conservadores bastava protelar a ação, pois o efeito difamatório das apurações contra Ana Rosa era evidente. Além disso, a condenação pela morte de um escravo era sabidamente algo improvável, o que reforçava o empenho em tornar a ação duradoura.

---

160 ALMEIDA, José Eulálio Figueiredo de. *O crime da baronesa*. 3. ed. São Luís: Lithograf, 2009, p. 183-184.

Acerca da influência conservadora sobre os autos-crime, *A Reforma* e o *Jornal do Commercio*, ambos impressos na Corte, veicularam um mesmo artigo subscrito por "Um Liberal", respectivamente em 10 e 20 de março de 1877. O texto foi endereçado ao ministro da Justiça do Império e teceu severas críticas aos líderes conservadores maranhenses. Em particular, afirmou a atuação parcial de Celso Magalhães no caso. Mencionando o promotor, o artigo registrou que a ação criminal contra Ana Rosa "nasceu das maquinações de um miserável que vive das questões relativas a escravos e que há pouco tempo levantou igual perseguição contra um irmão dessa senhora e se encheu de grande despeito por ter sido mal sucedido". Referiu-se, nesse particular, à denúncia oferecida por Celso, em 1874, contra Raimundo José Lamagnère Viana pela morte da escrava Carolina, que ainda será mais detidamente comentada nesta obra.

No entanto, o articulista entendeu que a principal ingerência do Partido Conservador sobre os "autos-crime da baronesa" veio das mãos de Francisco Sá e Benevides, líder político que presidiu a Província do Maranhão entre dezembro de 1876 e março de 1878. Apesar de não ter conseguido conduzir a opinião do juiz que declarou a impronúncia de Ana Rosa Ribeiro, Sá e Benevides teria sido bem-sucedido ao "pressionar toda a Relação", alcançando a reforma da sentença de impronúncia pelos desembargadores, inclusive em contradição a precedentes daquele tribunal. O chefe da província teria ainda, "valendo-se do cargo", interferido no trabalho da Polícia, promovendo "abusos", como a transferência de Ana Rosa para a cadeia pública, adiante comentada, e o retardamento da comunicação de atos ao juiz pela autoridade policial.

Por fim, o impresso reconheceu como principal tática dos conservadores o "emprego de todos os meios para fazer adiar o julgamento da causa, a fim de prolongar o martírio da acusada".

Com efeito, alguns atos do processo-crime evidenciam mais diretamente a influência de fatores políticos sobre a ação, sobretudo a partir da ingerência dos liberais. Um deles foi a conduta do chefe de Polícia da província, José Mariano da Costa, que, mesmo sem ser obrigado, tomou a frente da ação de justificação proposta pelo advogado Paula Duarte em nome de terceiro interessado e não identificado, tendo ido presencialmente ao cemitério acompanhar a exumação e a perícia do corpo de Inocêncio. Depôs ainda em juízo, atestando a regularidade do segundo exame cadavérico. Após esse procedimento, José Mariano, declarando-se impedido, deixou de despachar em diferentes atos do inquérito policial que investigou o suposto delito cometido por Ana Rosa Ribeiro, o qual deveria presidir, dadas suas atribuições como chefe. Chegou, para essa finalidade, a nomear chefe de Polícia interino, cargo que se encontrava vago.

Outro elemento que, a meu ver, denota a influência dos Ribeiro nos autos foi a recusa de vários médicos de São Luís em participar do processo criminal. Por duas vezes isso ocorreu. Inicialmente em 15 de novembro de 1876, quando a autoridade policial, ciente do suposto homicídio de Inocêncio, decidiu realizar o primeiro corpo de delito, tendo grande dificuldade em localizar quem o realizasse, pois "não se encontrou médicos que quisessem fazer o procedimento". Em segundo lugar, nos primeiros dias do ano seguinte, momento em que o juiz decidiu designar uma nova junta de peritos, "composta por cinco ou seis médicos", para se manifestar sobre possíveis incongruências entre os dois exames cadavéricos realizados na vítima. Após inúmeras notificações e a sistemática recusa dos profissionais da medicina residentes em São Luís, o magistrado declarou impossível a realização da diligência.

Entendo que a recusa de diferentes autoridades e cidadãos em participar do processo que julgou Ana Rosa dá ideia do reflexo que fatores políticos tiveram sobre aquela ação. A não atuação em autos judiciais que pudessem ir de encontro aos interesses de Carlos Fernando Ribeiro, aliás, parece ter sido algo evidente no Maranhão oitocentista.

Nesse sentido é a conclusão de Daylana Lopes, ao estudar ação de liberdade interposta em 1874 por uma escrava de nome Carolina. O processo foi movido contra o irmão de Ana Rosa Ribeiro, Raimundo José Lamagnère Viana, e, segundo Lopes, seria de resolução bem simples, pois Carolina teria comprovado sofrer maus-tratos e dispunha de razoável valor para sua emancipação. Entretanto, após ser desconstituído seu advogado, que se recusava a propor recurso contra sentença que declarou o valor de Carolina excessivo, não havia mais quem a representasse. O juiz chegou a notificar diversos outros advogados, que seriam pagos pelos cofres públicos. A tentativa foi frustrada, pois, como registrado nos próprios autos, "não há ninguém que se queira incumbir dessa causa".

Qualquer que tenha sido o grau de influência política naquela ação, outros elementos exteriores ao processo – esses mais evidentes – compuseram o mosaico de fatores a intervir no julgamento de Ana Rosa Ribeiro. Nesse sentido, a imprensa da província e de outras localidades do Império serviu como palco para a construção de uma opinião pública sobre o assunto. Em meio aos temas explorados, destacaram-se a culpa/inocência da acusada e o vício/correição dos autos-crime que investigaram sua conduta.

As referências a jornais ora apresentadas concentram sua atenção em impressos que criticaram mais diretamente a ação judicial, alguns deles apontando para uma conotação visivelmente abolicionista, outros tão somente se valendo dos fatos para acirrar a censura à facção liberal. O destaque a periódicos preocupados com a simples transcrição de peças do processo, a ilustrar a repercussão que o crime teve na imprensa, já foi exposto na Parte I desta obra. De forma similar, não darei relevo ao debate na imprensa com caráter puramente difamatório, ou seja, a notas e a artigos voltados exclusivamente ao ataque dos personagens envolvidos nos "autos-crime da baronesa", sem debater teses jurídicas ou interpretar fatos relacionados àquela ação judicial.

Sobre o embate difamatório, inequivocamente presente nos jornais maranhenses, registro apenas a opinião veiculada no *Diário do Maranhão* de 21 de fevereiro de 1877, ou seja, no dia anterior à sessão do júri que inocentou Ana Rosa Ribeiro. O artigo, subscrito por "O Júri", rogava aos membros do conselho de sentença que "não se nivelassem pela desmoralização que recentemente marcou os jornais

[...], a insultar juízes, desembargadores, médicos, promotores e até o presidente da província".

No tocante ao debate de natureza técnica, foram os impressos da província e da Corte utilizados para a publicação de pareceres de juristas sobre o processo. As investidas da defesa da ré foram mais bem-sucedidas nesse âmbito. Advogados de renome nacional chegaram a se manifestar sobre o caso. Os pareceristas dedicaram-se, predominantemente, à desqualificação do primeiro laudo cadavérico realizado em Inocêncio, superestimando os resultados obtidos na segunda autópsia.

Sobre tais manifestações e seus redatores, registrou José Ribeiro de Oliveira, sobrinho do barão de Grajaú, em novembro de 1917:

> Antes que o tribunal popular fizesse a justiça devida no caso e que o Tribunal da Relação o secundasse, foram sobre o processo ouvidas as maiores sumidades nas letras jurídicas, não só na nossa então província, como fora dela, na Corte do Império; e os pareceres que emitiram todos vieram corroborar eloquentemente o despacho do íntegro juiz singular.
>
> Estes ajustes foram, entre outros, Francisco de Vilhena, então o nosso maior advogado, mestre eminentíssimo na ciência do direito; Francisco Otaviano, que se nos apresentava como um espírito rutilante; Almeida e Oliveira, cujo espírito cintila hoje nas obras jurídicas que nos legou; Zacarias de Góes e Vasconcelos, emérito professor, grande estadista, consciência que não conhecia transações com interesses de qualquer natureza, fora da linha reta do seu dever, católico de uma sinceridade profunda, do que deu mostras positivas, quando, perante o Supremo Tribunal de Justiça, compareceram os bispos do Pará e Olinda; Antônio Joaquim Ribas, que foi na fase do grande Lafayette, o mestre de todos nós; Andrade Figueira, varão de Plutarco, como lhe chamou Rui Barbosa, espírito cultíssimo, todo voltado ao direito; do que nos deu os mais notáveis documentos, ainda pouco tempo antes de sua morte, na memorável discussão do Código Civil; Abílio Ferreira Franco, que recolheu aqui a sucessão de Vilhena, e era membro proeminente do partido oposto ao barão de Grajaú; Encarnação e Silva e Ricardo

Décio Salazar, advogados de renome, pela sutileza de espírito que sempre revelaram.

O que se vê dos substanciosos pareceres desses juristas é que o primeiro corpo de delito, no qual a denúncia se baseara, constituía uma peça contraditória, imprestável, onde não se poderia estribar um despacho de pronúncia, senão por "despotismo" [...].

Contrastando com "esse chamado corpo de delito", a que esses mesmos termos se refere um dos pareceres citados, foi feito novo exame, onde os peritos, acordes, declararam à Justiça que não encontraram indícios de um delito, mas a certeza de um acidente natural, isto é, que a morte fora o termo inevitável de uma moléstia fatal.[161]

Outro elemento técnico discutido na imprensa foi o "sigilo" da ação de justificação que correu em paralelo à investigação policial da morte de Inocêncio. Como visto, essa ação foi patrocinada por Paula Duarte, representando os interesses de "terceiro interessado". Nela foi produzido um segundo laudo pericial do cadáver, com participação protagonista do médico Santos Jacinto. Tal documento, fundamental para o rumo tomado pelo processo judicial, somente veio integralmente a público quase um mês após sua produção, quando o advogado o juntou aos autos, como anexo às alegações finais da ré.

Para os críticos da confidencialidade, a ação de justificação foi utilizada para, em procedimento alternativo ao inquérito policial e valendo-se da falta de publicidade daqueles autos, burlar os procedimentos previstos na lei.

Sobre o assunto, reproduzo trechos da matéria veiculada pelo *Publicador Maranhense*, em 23 de novembro de 1876. Inicialmente, a crítica é feita à presença, na justificação, de autoridades da província, que viriam a fortalecer os interesses da ré, incompatibilizando-se com a investigação realizada pela Polícia.

Ao mesmo tempo que a Polícia trabalhava por sua parte, requeria o Dr. Paula Duarte perante o juiz criminal da 1ª Vara uma justificação sobre este fato, na qual figuram como testemunhas pessoas muito

---
161 OLIVEIRA, J. R. de. Restabelecendo a verdade. *A Pacotilha*. São Luís, p. 1, 13 nov. 1917.

> importantes, principiando o depoimento pelo Exmo. Dr. chefe de Polícia, que inutilizou-se neste negócio, sobre o qual lhe cabia tomar a principal parte.[162]

A ação de justificação serviria igualmente para, em desvio da lei, aceitar a participação de quem estava impedido de contribuir para a produção de provas.

> Atenda que alguns dos médicos do segundo corpo de delito não eram os mais competentes para funcionar nele. E se não vejamos: o Dr. Santos Jacinto foi o médico encarregado do tratamento do menor, tomou parte no negócio depois do falecimento deste e forneceu o atestado de óbito; devia, portanto, declinar de si a competência para o exame como fez quando foi chamado a primeira vez no Liceu, segundo se vê do seu depoimento.
> O Dr. Fábio Baima, por parentesco com o indigitado criminoso [Carlos Fernando Ribeiro], figurou indebitamente no corpo de delito.
> Restam os Drs. Faria de Matos e Ribeiro da Cunha. Pode, portanto, no terreno dos bons princípios, ser aceito, sem censura, um tal modo de proceder?[163]

A imprensa cuidou ainda de levar ao debate público outras questões pouco visíveis nos autos do processo. Uma delas foi o possível plano de fuga de Ana Rosa Ribeiro, que se daria rumo à Europa. Em matéria veiculada em 15 de dezembro de 1876, noticiou *O Paiz* ter ocorrido "os preparativos da prisão da ré no dia 11 daquele mês", sendo "notoriamente sabido haver o Sr. Dr. juiz substituto, preparador do sumário de culpa de D. Ana Rosa Viana Ribeiro, requisitado toda a vigilância da Polícia de prevenir a sua fuga pelo vapor inglês".

O articulista, que se identificou no jornal com o pseudônimo de "Um do foro", criticou ferrenhamente a ordem do magistrado, sob a alegação de que o único ato judicial cabível, caso devidamente fundamentado, seria a prisão da acusada, e nunca sua vigilância

---

162 MORTE DE INOCÊNCIO (A). *Publicador Maranhense*. São Luís, p. 1, 23 nov. 1876d.
163 Ibidem, p. 1.

permanente. A ordem judicial teria a natureza de verdadeiro constrangimento ilegal, podendo mesmo ser sua execução recusada pelo chefe de Polícia: "Não parece legal o seu procedimento, porquanto o juiz formador da culpa não tem competência para exigir que a autoridade policial conserve em constante vigilância a locomoção de qualquer pessoa, sobre quem se esteja já formando culpa".

A notícia da possível fuga da acusada deixou de ser informada nos autos-crime que investigaram sua conduta. Entretanto, sobre a suspeita de evasão, localizei ofício encaminhado por Celso Magalhães ao chefe de Polícia da província, assinado em 11 de dezembro de 1876, ou seja, na mesma data referida na notícia de *O Paiz*. No documento, o promotor solicitou da autoridade policial "medidas para garantir a prisão de D. Ana Rosa Viana Ribeiro", alegando "ter recebido informações que a dita senhora fugiria no dia seguinte no vapor *Brumwich* para a Europa".

Tudo indica que a ordem judicial de vigilância da ré tenha derivado da provocação feita por Celso. De outra parte, a suposta fuga de Ana Rosa não serviu como fundamento para o requerimento de sua prisão. O único pedido de encarceramento feito por Celso Magalhães na ação, datado de 21 de dezembro de 1876, não mencionou tal suspeita, justificando a necessidade de sua detenção no fato de, "tanto do inquérito policial, como do sumário, resultam veementes os indícios de sua criminalidade [...]. Sendo conveniente, pois, que a referida acusada seja recolhida à prisão, a fim de não ser burlada a ação da Justiça Pública". No dia seguinte, houve recusa ao requerimento pelo juiz, sob a alegação de que a prisão, naquela fase do processo, não teria amparo legal.

Consoante já citado, a prisão de Ana Rosa Ribeiro somente ocorreu em 13 de fevereiro de 1877, como efeito da decisão do Tribunal da Relação que, modificando a sentença do juiz da causa, entendeu que a ré deveria ser pronunciada e levada a júri popular. O procedimento de detenção da acusada foi também reprovado nos jornais.

Em 16 de fevereiro, o periódico *Diário do Maranhão* sintetizou a celeuma. Ao ser presa, Ana Rosa foi levada "em caráter provisório" para a "sala do estado maior do 5º Batalhão de Infantaria, por determinação do Dr. chefe de Polícia". No dia subsequente, a conduta policial foi bastante criticada nos impressos, pois não haveria previsão legal quanto ao procedimento. A pressão parece ter surtido efeito. Ainda em 14 de fevereiro de 1877, Ana Rosa foi transferida para a cadeia pública da cidade, onde aguardou seu julgamento.

Ocorreram manifestações em sentido contrário, ou seja, afirmando ser indevida a transferência de Ana Rosa para a cadeira pública. Segundo artigo assinado por "O Liberal" e publicado no *Jornal do Commercio* de 20 de março de 1877, a retirada da ré da sala de estado maior foi "ato de perseguição política", tendo como finalidade encarcerar a acusada em lugar degradante e insalubre: "E talvez fosse [Ana Rosa] atirada em alguma célula [cela] imunda e quem sabe se em companhia de mulheres perdidas, se lhe não houvesse o carcereiro cedido um quarto do aposento de sua família".

Igualmente ausente dos autos-crime, um último fato foi debatido na imprensa maranhense. O magistrado que presidiu a sessão do júri, Umbelino Moreira de Oliveira Lima, não poderia ter realizado o ato. A denúncia foi feita pelo *Diário do Maranhão* no dia anterior ao julgamento, ou seja, em 21 de fevereiro de 1877.

Segundo "Herodes", pseudônimo, signatário do artigo, o impedimento era claro e por diferentes motivos. Em primeiro lugar, Umbelino, como titular da 1ª Vara Cível da Capital, presidiu e homologou a ação de justificação proposta por Paula Duarte, o que o tornava impedido de dirigir os trabalhos do júri em outra ação criminal relacionada aos mesmos fatos. Além disso, o magistrado seria, "sabidamente, amigo dedicado da família Ribeiro", o que também ensejava seu impedimento. Como terceiro e último argumento, o articulista citou um precedente – identificado como "justificação do Dr. Tavares Belfort contra o Sr. Nunes Paes" –, no qual, havendo interesse dos Ribeiro, o magistrado "jurou suspeição", por ter "relações de cumprimento" com aquela família. Por fim, o impresso registrou sua crítica com uma indagação: "Poderá [Umbelino] ser presidente do júri e formular quesitos?".

Gravados ou invisíveis na ação criminal em debate, esses diferentes elementos compuseram um emaranhado de indícios apropriados pelas instituições e pelos personagens do processo. Nesse enredo de provas e ilações, adquiriu especial destaque as representações em torno da escravidão e das prerrogativas das elites sobre os cativos.

A COMPOSIÇÃO IMPOSSÍVEL: LIMITES ENTRE A HUMANIZAÇÃO DO ESCRAVO E A CONDENAÇÃO DO SENHOR

São Luís, capital da Província do Maranhão, 9 de março de 1875. O Tribunal do Júri chegou a um veredito, respondendo às três perguntas formuladas pelo juiz. A vítima do crime, uma escrava de aproximadamente vinte anos, teria sido castigada em novembro do ano anterior, "resultando tal violência em ferimentos e ofensas físicas". A agressão não seria, porém, excessiva, adequando-se ao permitido pela legislação criminal. Para tal, a referência utilizada foi a definição de *crime justificável*, prevista no art. 14 do Código Criminal de 1830: "Será o crime justificável, e não terá lugar a punição dele: [...] 6º *Quando o mal consistir no castigo moderado*, que os pais derem a seus filhos, *os senhores a seus escravos*, e os mestres a seus discípulos; ou desse castigo resultar, *uma vez que a qualidade dele, não seja contrária às leis em vigor*" (grifei). Por fim, unanimemente, decidiu-se que o réu deveria ser absolvido.

A escrava em questão tinha o nome de Carolina, e seu senhor, levado a julgamento popular, era Raimundo José Lamagnère Viana, que viria a óbito menos de um ano após ser inocentado. A absolvição do acusado foi festejada em jornais da província, que reconheceram a justiça do veredito e elogiaram a "defesa brilhante" do advogado do réu. A acusação foi proposta e sustentada pelo promotor Celso Magalhães, por entender que o tratamento dado pelo acusado à sua escrava tipificava sevícias. Refiro-me aqui, especificamente, à ação criminal movida pela Promotoria com base nos castigos infligidos na escrava Carolina. A mesma agressão fundamentou ação de liberdade, apresentada por advogado particular em favor da cativa, já comentada nesta obra.

No processo, a querela jurídica buscou definir se as agressões infligidas em Carolina teriam produzido ferimentos a caracterizar o crime de ofensa física (lesão corporal) de natureza leve, na forma prevista na legislação criminal, mais especificamente no art. 201 do Código Criminal. Pela letra da lei, ainda que de questionável aplicação quando a vítima fosse um escravo, lesão corporal leve seria toda aquela que ocasionasse "aflição ou grave incômodo da saúde" sem que houvesse a "destruição de algum membro, órgão dotado de um movimento distinto ou de uma função especifica, que se pode perder sem perder a vida", a "inabilitação de membro ou órgão sem que contudo fique ele destruído", que "resulte em deformidade" ou, ainda, a "inabilitação de serviço por mais de um mês", todas elas tidas como ofensas médias ou graves.

Os castigos não foram negados pela defesa, mas por ela identificados como "justos", por ser a escrava "viciosa e insolente", além de restritos aos limites e à forma permitida por lei, ou seja, 50 açoites diários, o que tornaria o delito justificável. No fim, como mencionado, predominou a segunda versão, sendo absolvido o réu.

No entanto, não é o debate jurídico em torno da inocência ou da culpa de Raimundo Lamagnère que interessa a esta pesquisa. Entendo que o fato mais digno de atenção seja a simples existência dessa ação criminal.

Explico. A acusação movida contra o dono de Carolina, como mencionado, teve por fundamento o delito de ofensa física leve, crime de natureza "particular" e, por isso mesmo, iniciado necessariamente por meio de *queixa* do ofendido. Por certo, o Código de Processo Criminal, em seu art. 100, trazia a ofensa física no rol de delitos inafiançáveis e, devido a esse motivo, sujeito a *denúncia*, modalidade de provocação ao Judiciário mais formal e que independia da vontade da vítima. No entanto, o Decreto imperial nº 1.090, de 19 de setembro de 1860, incluiu a lesão corporal leve como crime particular, demandando, para a instauração da respectiva ação criminal, o oferecimento de *queixa* pelo ofendido. Como regra vigente até os dias atuais, a queixa é o instrumento que inicia ações relativas a crimes mais brandos, nos quais se deve respeito ao interesse particular do ofendido em ver o ilícito investigado ou não, reservando-se a denúncia para os demais delitos, tidos como graves e, exatamente por isso, a desafiar o interesse público na sua apuração.

Nessas hipóteses, quando vitimado um escravo, somente seu senhor tinha autorização para provocar a Justiça em nome do cativo, por ser seu "representante natural", na letra do art. 72 do Código de Processo Criminal.

Ocorre que a legislação processual trazia expressa previsão de que os escravos não poderiam oferecer denúncia ou queixa contra seus senhores. Na prática, segundo entendimento sedimentado pelos tribunais do Império, uma ofensa física leve infligida por um senhor a seu escravo estaria afastada da apreciação judicial. A barreira era formal, já que a queixa do escravo – ou de terceiro em seu favor – era inadmissível. Como efeito, nem sequer se chegava a discutir em juízo a existência das agressões, fulminando-se qualquer ação criminal dessa natureza desde seu nascimento, por ser manifestamente baseada em um ato nulo (recebimento da queixa).

Mas o que de específico ocorreu no caso da escrava Carolina? Como uma ação dessa natureza não apenas foi recepcionada pelo Judiciário, mas conduzida até a manifestação final de um conselho de jurados, tendo sua validade sido, inclusive, confirmada pelo Tribunal da Relação?

O caminho trilhado pela Promotoria passou pela interpretação de específicas disposições legais. O art. 73 do Código de Processo Criminal admitia que o promotor público ou qualquer cidadão apresentasse a queixa no lugar do ofendido na hipótese de ele ser "pessoa miserável" ou quando, "pelas circunstâncias [em] que se achar, não possa perseguir o ofensor".

A segunda hipótese nunca foi aplicada aos escravos. Em verdade, o Judiciário pouco debateu o tema. Aos olhos dos magistrados, a vedação parecia inquestionável. A vulnerabilidade dos cativos para com seus senhores não derivava de uma "circunstância", mas de uma *condição*, produzida pelo próprio cativeiro, "que o coloca [o escravo] sobre o poder do outro, que tem sobre ele o domínio, e a quem cabe defendê-lo e perseguir aqueles que o ofendem", nas palavras do jurista Lenine Nequete, autor de *O escravo na jurisprudência brasileira*.

Quanto à primeira possibilidade, decorrente da aplicação do conceito de "pessoa miserável" aos escravos, chegou a ser objeto de regulamentação através do Aviso de 27 de abril de 1853, exarado pelo ministro dos Negócios da Justiça. À vista do art. 73 do Código de Processo de 1832, tal autoridade interpretou que "o escravo não pode ser considerado pessoa miserável para que o promotor denuncie por ele, porque a lei deu ao senhor o direito de por parte dele apresentar queixa ou denúncia, não podendo por si só apresentar-se o escravo em juízo".

O art. 72 da referida legislação processual previa que a queixa cabia ao ofendido ou, sendo cativo, a seu senhor. Porém, tal entendimento derivava menos de uma expressa previsão normativa, fincando suas raízes, muito mais, em um consolidado entendimento do Judiciário do Império.

Cabe aqui uma observação de ordem mais técnica. A denúncia é uma provocação ao Judiciário elaborada por quem tenha legitimidade para o fazer e intentada em nome da *ordem pública*, ou seja, resguarda o interesse de toda a sociedade. Por isso a ação judicial que dela advém é tida como *pública*. Já a queixa é feita em defesa das pretensões do *ofendido*, por ele mesmo ou por quem tenha a capacidade de o representar, tendo a ação criminal dela derivada uma natureza *particular* (ou *privada*). No caso dos escravos, admitir uma queixa em seu favor, ainda que por interposta pessoa, significava reconhecer que o próprio escravo batia às portas da Justiça na proteção de interesse seu. Como é presumível, houve grande resistência ao aceite dessa possibilidade.

Sobre as razões pelas quais os tribunais não consideravam o escravo "pessoa miserável", para fins de que outrem pudesse apresentar queixa em seu nome, observou Nequete:

> Em primeiro lugar, o escravo, segundo as nossas leis, não tinha o direito de queixar-se contra pessoa alguma por ofensas que, porventura, recebesse [...]. Ora, se ele mesmo não poderia dar queixa, se a lei não lhe conferia essa faculdade, era evidente que a Promotoria Pública não poderia substituí-lo no exercício de um direito que lhe falecia. Em segundo lugar, porque se os ferimentos no escravo, não sendo daqueles que ensejavam a denúncia, fossem ocasionados por outrem que não o seu senhor, a punição do culpado ficaria dependente da vontade ou arbítrio daquele, o qual, assim, poderia deixá-lo impune, sem que – nessa hipótese – coubesse intervir a Justiça Pública. Em outras palavras, se assim era, se somente ao senhor incumbia promover a ação penal, destinada a punir aquele que cometesse algum delito particular contra os seus escravos, constituiria um flagrante contrassenso dar-se a quem quer que fosse o direito de queixa, pelo escravo, contra o senhor.[164]

O entendimento levava à premissa de que apenas nos crimes de natureza pública – quando caberia denúncia, e não queixa – poderia um senhor ser responsabilizado pelo delito cometido contra seu escravo. Nos ilícitos de natureza particular, dentre eles as lesões corporais leves e mesmo o defloramento, nada a Justiça poderia fazer contra o senhor. Se o legislador assim previu, não caberia ao executor da lei – o juiz – modificar as normas em vigor.

Mas a interpretação lançada por Celso Magalhães naqueles autos apontou para direção diametralmente oposta. A previsão contida no art. 72 do Código de Processo, ao determinar que poderia o senhor prestar queixa em nome de seu escravo, deixava claro que a legislação não encarava como impuníveis delitos que vitimassem cativos, ainda que de natureza particular. O paradoxo estaria, jus-

---

164 NEQUETE, Lenine. *O escravo na jurisprudência brasileira: magistratura e ideologia no segundo reinado*. Porto Alegre: Tribunal de Justiça do Rio Grande do Sul, 1988, p. 69-70.

tamente, em aceitar como criminosos atos contra o escravo praticados por terceiros e, ao mesmo tempo, concebê-los como lícitos quando perpetrados pelo proprietário. Segundo Celso, a suposta licitude da lesão corporal leve perpetrada pelos donos de escravos deveria ser objeto de norma expressa, o que não existia.

Além disso, quanto à agressão do escravo por seu senhor, haveria uma considerável gama de violências compreendidas entre os "castigos moderados", autorizados por lei e as ofensas físicas médias e graves, consideradas inafiançáveis e, por isso, sujeitas à denúncia pela Promotoria. Tais castigos, por imoderados, não poderiam ser afastados da apreciação judicial. Do contrário, ficaria o escravo exposto a inúmeros atentados e crueldades, dentre eles as sevícias e a tortura.

A despeito da absolvição de Raimundo Lamagnère, a vitória de Celso Magalhães na ação aqui comentada foi indiscutível. Funcionou o processo como um dos primeiros precedentes do Império – e, por certo, o inicial no Maranhão – no qual foi aceito por um Tribunal da Relação a tese defendida pela acusação, ou seja, de que poderia o promotor oferecer queixa em nome de escravo, contra seu senhor, pelo crime de ofensa física leve. Nesse sentido, a partir daqueles autos-crime, foi pioneiramente o cativo encarado como "pessoa miserável" para esse fim.

A referência ao caso como relevante precedente foi feita por Lenine Nequete. Segundo o autor, após o posicionamento da Relação do Maranhão na ação que apurou as agressões a Carolina, outros magistrados e tribunais do Império passaram a citá-lo, modificando aos poucos seu entendimento sobre a questão. O precedente construído por Magalhães foi igualmente de encontro ao Supremo Tribunal de Justiça, que, desde agosto de 1866, consolidara seu posicionamento no sentido de que, em tais casos, não apenas era descabida a queixa pela Promotoria Pública em favor do escravo, mas, ainda, de que "as ofensas físicas leves não seriam de considerar-se castigo imoderado, em ordem de enquadrar o senhor nas penas do art. 201 do Código Criminal". A interpretação até então assumida pelo mais importante tribunal do Império, nesse sentido, ia além do reconhecimento de vício formal no oferecimento de queixa na defesa de escravo por cidadão ou autoridade que não fosse seu senhor. Extrapolava, ainda, a ideia de que tal ofensa física configurava crime, embora impunível. Reconhecia, isso sim, a inexistência do próprio crime de lesão corporal leve do senhor contra o escravo.

Pois bem, as conexões entre o caso até aqui debatido e a ação que apurou a morte do escravo Inocêncio passam, segundo meu entendimento, por três principais elementos: o embate político entre conservadores e liberais construído a partir dessas ações judiciais; as teses jurídicas e a postura antiescravista adotadas por Celso Magalhães nos processos; e, por fim, as transformações operadas no campo jurídico na segunda metade do Oitocentos, que levaram à ampliação da possibilidade de se discutir o direito de escravos e a punição a senhores.

Os meandros políticos que envolveram o processo criminal movido em desfavor de Ana Rosa Viana Ribeiro foram debatidos na segunda parte deste trabalho. Cabe aqui observar que foi igualmente inevitável a apropriação política da ação dirigida contra Raimundo Lamagnère.

Sendo irmão de Ana Rosa, o acusado era cunhado de Carlos Fernando Ribeiro, à época, maior liderança liberal da província. Não coincidentemente, a defesa do réu foi patrocinada por Felipe Franco de Sá, também líder liberal e primo do futuro barão de Grajaú.

Conforme assinalado no tópico anterior, a ação criminal contra Raimundo Lamagnère foi citada como precedente na crítica à ingerência dos conservadores sobre a apuração do "crime da baronesa". Os liberais se referiram à acusação em desfavor do irmão de Ana Rosa enquanto "mais uma das maquinações feitas pelos conservadores", no caso, Sá e Benevides, presidente da província, e Celso Magalhães, na condição de promotor. Nesse cenário, a participação de Magalhães no caso foi interpretada pelos liberais como atuação orquestrada pelo Partido Conservador, além de tecnicamente desqualificada.

No concernente à postura de Celso nas ações, cumpre destacar como a tendência abolicionista do personagem manifestou-se em sua atuação como promotor. Nesse particular, observo inicialmente que Magalhães desempenhou sua função junto a varas criminais da capital. Dessa forma, a investigação passa, predominantemente, pela visão que Celso tinha das responsabilidades da Promotoria Pública para com os escravos no âmbito penal.

Como já referido a partir do processo movido contra Raimundo Lamagnère Viana, Magalhães atribuía uma peculiar interpretação à norma que autorizava aos promotores de Justiça oferecer queixa em favor de "pessoas miseráveis" ou de quem, devido à circunstância em que se encontre, não possa se defender de seu agressor. Assim parece ter atuado inúmeras vezes, inclusive, como visto, levando os tribunais a ampliar a proteção prevista nesse dispositivo de lei.

Nas fontes pesquisadas, localizei o registro de pelo menos cinco ações movidas por Celso em defesa de mulheres vulneráveis, regra geral, por agressões sofridas de seus maridos ou amantes. Foram duas queixas por lesão corporal leve, uma denúncia por ofensa física grave seguida de morte, na qual, inclusive, a agredida estava grávida, e outras duas denúncias por homicídio. De forma similar, encontrei outras cinco referências a ações criminais iniciadas por Magalhães para a apuração de delitos que vitimaram menores. Foram duas queixas em nome de jovens que sofreram "espancamentos", duas denúncias por ofensas físicas de natureza grave, uma, aliás, movida contra uma mãe que, agredindo violentamente sua filha, induziu na menor um aborto, e mais uma provocação da Justiça por assassinato de criança. Além dessas ações, identifiquei outra na qual o promotor acionou o Judiciário pela violência contra uma pessoa com deficiência, no caso, o homicídio de um surdo-mudo. Entre esses casos, destaco aqueles em que Celso ofereceu queixa, ou seja, os referentes a delitos de natureza particular, pois, nos dependentes de denúncia, era mais evidente a ação obrigatória do promotor.

Particularmente quanto aos escravos, há indícios de que Magalhães procurou conciliar o ofício de promotor com a ideologia antiescravista por ele nutrida. Parte desse trabalho, por certo, foi impulsionada pelo dever de atuação que tinha, já que inserido nas atribuições típicas da Promotoria, inclusive quanto ao oferecimento de denúncia em desfavor de escravos.

Achei na documentação investigada três casos nos quais Celso denunciou escravos, levando-os a Júri popular. Em um dos processos, recaiu sobre Possidônio, pertencente a João Martins de Carvalho, a acusação de ter ferido gravemente terceira pessoa, sendo o réu inocentado. As outras duas denúncias tiveram como base o delito de homicídio. O primeiro caso, já mencionado neste trabalho, decorreu de atuação excepcional de Celso Magalhães, quando compôs comitiva designada para apurar a morte do tenente Antônio Estevão de Almeida na cidade de Guimarães. Após meses de investigação, a acusação recaiu sobre Francisco, escravo de outro militar, que teria assassinado Antônio Estevão por vingança, sendo por esse fato julgado e condenado o cativo. O segundo foi a denúncia de "Olavo, pertencente a José Miguel Pereira", que "foi a Júri pelo assassinato do surdo-mudo Isidoro Ribeiro da Mota", havendo a absolvição do cativo.

No entanto, entendo que a interpretação dada à lei por Celso, sobretudo quando não obrigatória sua intervenção, é sinal da sua crítica ao cativeiro.

Em pelo menos quatro investigações criminais Celso buscou consolidar, na Promotoria, sua postura antiescravista. O primeiro foi o caso que inicia este tópico, ou seja, a queixa movida contra Raimundo José Lamagnère Viana pelas agressões a Carolina. Logo em seguida, Celso valeu-se dos mesmos argumentos – e certamente do importante precedente criado no caso anterior – para levar a julgamento popular Joaquim Antônio Ramos, acusado de seviciar um escravo de nome Quirino, pertencente ao acusado. O réu foi absolvido por unanimidade. O terceiro exemplo decorre da atuação de Celso nos próprios "autos-crime da baronesa da Grajaú", já que ali o promotor pugnou que a Relação do Maranhão acolhesse a submissão de Ana Rosa Viana Ribeiro ao júri popular pelo crime de lesão corporal leve. O pedido foi subsidiário, pois deveria ser acolhido apenas na hipótese de o tribunal desprezar as acusações por homicídio e por lesão grave. O último caso localizado ocorreu bem próximo à demissão do promotor. Trata-se de ofício expedido por Celso ao chefe de Polícia da província, requerendo informações que pudessem subsidiar o oferecimento de queixa em favor do escravo Fabricio pelas agressões sofridas de seu proprietário, Raimundo José Muniz. Não sei ao certo se Celso teve tempo de levar à Justiça essa última acusação. De toda forma, parece que houve outros casos similares. A imprensa dedicada à crítica ao promotor, certamente na defesa dos interesses do Partido Liberal, chegou a se referir a Magalhães como "um indivíduo que vive nesta cidade de insuflar escravos para proporem ações de liberdade contra seus senhores, com dinheiro, pecúlio, ou sem eles".

Além do alargamento da atuação da Promotoria em favor de escravos nas ações criminais de natureza particular, Celso encontrou outras formas de defender os interesses de cativos. Nesse sentido, como promotor, ajudou a organizar duas juntas municipais para "classificação dos escravos a serem libertos", uma em São Luís e outra em Paço do Lumiar. Além disso, por mais de uma vez atuou como representante (curador) de escravos ou libertos cujas correspondentes ações de liberdade foram levadas ao Tribunal da Relação do Maranhão, a despeito de seu ofício como promotor, ao menos ordinariamente, não abarcar a atuação perante aquela corte. Em tais casos, obteve autorização junto à Relação para assim proceder.

Tal como nos autos-crime instaurados contra Raimundo Lamagnère, o promotor traduziu seu engajamento contra o cativeiro na atuação em face de Ana Rosa Ribeiro. Nos "autos-crime da baronesa", Celso negou incisivamente o discurso de reificação do escravo. Talvez por uma questão de tática processual – já que a principal acusação que recaiu sobre Ana Rosa foi a de homicídio –, o promotor sempre tratou Inocêncio como "vítima", "infeliz" ou "indivíduo", quando não se referia a ele pelo próprio nome, claramente humanizando-o. Ademais, quando se valeu da referência ao cativeiro, empregou sempre o termo "escravinho", provavelmente na tentativa de levar o magistrado da causa e os jurados a representarem a morte de Inocêncio como o martírio de uma criança.

Além disso, por diferentes vezes Celso pugnou no processo que o Judiciário desse tratamento adequado aos negros libertos chamados a depor. Desejava que fossem inquiridos como testemunhas, "visto que entende esta Promotoria que as referidas pessoas não estão proibidas de jurar em juízo no caso vertente, de acordo com o art. 89 do Código de Processo Criminal, e, por consequência, não podem depor como meros informantes". O requerimento foi acolhido apenas parcialmente pela Justiça, já que vários negros libertos continuaram depondo como informantes. Não obstante, parece que o pedido de Celso manteve harmonia com suas convicções, pois, inclusive, prejudicava a Promotoria, na medida em que, ao arrolar os libertos como testemunhas, teve que dispensar alguns dos depoimentos, por extrapolarem o quantitativo máximo indicado na legislação.

De outra parte, a ação judicial que investigou Ana Rosa Ribeiro serviu para que Celso Magalhães materializasse seus princípios sobre os limites do direito de punição aos escravos. Houve um claro escalonamento dos requerimentos apresentados pelo promotor. Pediu que a Justiça, prioritariamente, condenasse Ana Rosa por homicídio, por entender que os castigos por ela aplicados em Inocêncio foram a principal causa de sua morte. No entanto, deixou bem claro em suas alegações que não seria apenas punível o assassinato, devendo aquela senhora responder, subsidiariamente, pela ofensa física à vítima, seja ela de natureza grave ou leve. Nas palavras de Magalhães, *"o crime existirá, ainda mesmo que as pancadas e ferimentos tenham somente apressado a morte.* Nada pode haver de mais claro!"

E, adiante, em expressa defesa à punibilidade de lesões corporais leves causadas pelo senhor de escravo, à legitimidade da Promotoria para propor a queixa em nome do cativo e ao precedente construído pela Relação do Maranhão a partir dos autos-crime que acusaram Raimundo Lamagnère:

> Concedendo, apenas por hipótese, que não estivesse provado dos autos ter sido a morte de Inocêncio proveniente de castigos, não haveria neles prova bastante de que tinha sido ele seviciado?
> Sendo assim, não deveria a acusada ir perante o Tribunal do Júri responder pela imoderação desses castigos?
> Perante as leis do nosso processo não é o escravo pessoa miserável e, como tal, não está sob a proteção do Ministério Público?
> [...]
> A questão cifrar-se-ia então ao caso de serem consideradas leves as ofensas e ferimentos.
> Mas neste caso ainda estaria previsto e reconhecida a legitimidade da Promotoria para proceder. Foi este mesmo venerando Tribunal que assim o resolveu, no processo em que era acusado Raimundo José Lamagnère Viana, em acórdão de 5 de janeiro de 1875.[165]

A despeito das convicções de Celso Magalhães levadas a cabo em defesa dos escravos, não se pode desprezar que o momento no qual exerceu a Promotoria – 1874 a 1878 – oportunizava, ainda que parcialmente, a provocação ao Judiciário com demandas que buscassem tutelar direitos de cativos, e mesmo que tais investidas conseguissem algum sucesso.

Com efeito, desde meados do Oitocentos, novas nuances passaram a influenciar a forma como os tribunais brasileiros se pronunciaram sobre o cativeiro. O Judiciário foi certamente um dos ambientes em que a crítica à legitimidade do regime servil teve reflexos.

> Foi a partir do contexto gerado pelo fim do tráfico atlântico e pelo aumento do comércio interprovincial de cativos que escravos passaram a exercer diversas formas de pressão para conquistar a liberdade, inclusive na área jurídica. Embora ainda fosse legal, do ponto de vista jurídico, a escravidão era cada vez mais considerada menos legítima para alguns setores da sociedade brasileira de então. Neste contexto, o direito de propriedade de um indivíduo sobre outro ainda era garantido pela lei, ao mesmo tempo que o direito

---

[165] MARANHÃO. Ministério Público do Estado. *Autos do processo-crime da baronesa do Grajaú...*, p. 464.

de liberdade era considerado cada vez mais legítimo, embora não fundamentado em lei.[166]

Parte das mudanças empreendidas pelo Judiciário teve relação com os já conhecidos marcos legislativos "abolicionistas" da segunda metade do Oitocentos. Para além da discussão se essa legislação teve, de fato, um viés emancipacionista ou se funcionou como estratégia de manutenção do cativeiro, o certo é que tais normas introduziram uma nova dinâmica no entendimento da escravidão.

O término do tráfico transatlântico de cativos, formalmente decretado em 4 de setembro de 1850, surgiu como primeiro ato legislativo que, de forma mais consistente, lançou limites ao futuro da escravidão. O aumento do preço do escravo e a reorganização do comércio interno de cativos foram imediatos. Além disso, a vedação ampliou as hipóteses de ilicitude do cativeiro, pois uma das origens clandestinas do trabalho servil era justamente o tráfico ilegal, ensejando o direito de liberdade do sujeito irregularmente comercializado. De forma igualmente relevante, introduziu a figura do *africano livre*, ou seja, o negro ilicitamente traficado ao Brasil, cuja situação jurídica alimentou amplo debate nos tribunais do Império.

Os reflexos da chamada Lei do Ventre Livre, de 28 de setembro de 1871, foram ainda mais profundos. A regulamentação da liberdade aos descendentes de escravos significou que a reprodução do cativeiro teria um término inevitável, ainda que não houvesse precisão quanto ao seu momento. Por outro lado, ampliou mais uma vez as hipóteses de ilicitude da escravidão, já que o direito de liberdade baseado no nascimento adquiriu expressa previsão normativa. Tais questões não passaram despercebidas no cotidiano do Judiciário.

Outra modificação trazida pela lei de 1871, igualmente sensível à Justiça do Império, foi a possibilidade de se alforriar um escravo independentemente da vontade de seu dono, instrumentalizada por diferentes institutos previstos naquela lei, como o pecúlio do

---

166 GRINBERG, Keila. *O fiador dos brasileiros...*, p. 222.

escravo, a possibilidade de "auto compra", o fim da revogação da alforria por ingratidão e a criação do Fundo de Emancipação.

> Até a promulgação da Lei de 28 de setembro de 1871, as alforrias se constituíam em um poderoso instrumento de domínio senhorial, na medida em que eram concessões feitas pelos senhores aos escravos que se mostrassem merecedores de recebê-las; portanto, leais, obedientes e trabalhadores. Mesmo que fossem concedidas mediante pagamento, não deixavam de ser um instrumento de dominação, pois caberia ao senhor deliberar se o escravo merecia ou não o direito de se resgatar. Além disso, concedida a liberdade, a relação de domínio não cessava, já que fazia parte das prerrogativas senhoriais o direito de cassar a alforria de um liberto se este desse demonstrações de ingratidão.[167]

Com a nova legislação, o sentido do cativeiro mudou bastante, assim como as possibilidades de discussão do direito de liberdade. Multiplicaram-se as oportunidades de provocação do Judiciário sobre o tema. Da mesma forma, municiaram-se os magistrados com novas alternativas para, quanto aos escravos, aplicar princípios, respeitar regras e conduzir procedimentos.

Uma ressalva. Independentemente da tendência legislativa, o caminho à ampliação de direitos dos cativos foi algo de difícil construção e certamente inacabado até a abolição formal do trabalho servil, em 1888. Nesse ínterim, a resistência e o conservadorismo dos juízes foram predominantes e o resultado das ações judiciais não escapou à casuística que marcava o Judiciário. Muito embora a segunda metade do século XIX tenha conhecido um incremento da *jurisprudência*, ou seja, da consolidação de determinados (e reiterados) entendimentos pelos tribunais, muito do desfecho de cada processo continuava sujeito a sutilezas e a artifícios que escapavam à letra da lei.

---

[167] AMARAL. Sharyse Piroupo do. *Escravidão, liberdade e resistência em Sergipe: Cotinguiba, 1860-1888*. 2007. Tese (Doutorado em História) – Faculdade de Filosofia e Ciências Humanas, Universidade Federal da Bahia, Salvador, BA, p. 160.

A demanda pelo enfrentamento de novos temas relacionados ao cativeiro foi indiscutível. Se existiu uma grande variação na interpretação da lei pela Justiça imperial, houve igualmente um crescente espaço para a penetração de novas teses jurídicas em defesa do direito de liberdade dos cativos.

    A diferença nos resultados também aponta para uma mudança no padrão de argumentação e julgamento aceito ao longo do século XIX. Se até meados desse período defesas baseadas nos conceitos de equidade e justiça eram aceitas com relativa frequência, e a tentativa de vinculação de jurisprudência era rejeitada, esta situação parece ter começado a mudar a partir da metade daquele século, quando o movimento em prol da codificação do direito civil, da interpretação com base no texto da lei e da formação de jurisprudência fortalecia-se no Brasil.[168]

Outra importante janela aberta para discussão foi a coletivização de algumas ações levadas ao Judiciário. Isso porque, segundo Hebe Mattos, a década de 1850 projetou as já corriqueiras ações de liberdade individuais para outro patamar. Passou a ser discutido o direito de liberdade de determinados grupos de escravos. Predominantemente, tais ações foram malsucedidas, porém, converteram-se em importante estratégia política de combate ao cativeiro.

Em meio a essas novas referências jurídicas, uma modificação, peculiar ao direito criminal, interessa mais detidamente à análise dos processos que julgaram Raimundo José Lamagnère Viana e Ana Rosa Viana Ribeiro, como sabido, acusados de agredirem os escravos Carolina e Inocêncio, respectivamente.

Havia muito, a prerrogativa senhorial de castigar o escravo era entendida como corolário do direito de propriedade. Enquanto regra geral, esse postulado não sofreu alteração e continuou tendo como manifesto limite a proibição de matar o cativo.

O Brasil imperial não enfrentou o debate sobre o direito do senhor sobre a vida de seu escravo, havendo tal vedação desde o direito da

---

168 GRINBERG, Keila. *O fiador dos brasileiros...*, p. 248.

Roma Antiga. De forma similar, a tradição jurídica que balizou a organização das normas penais do Império consolidou o entendimento de que o proprietário não poderia castigar imoderadamente seu cativo. As Ordenações Filipinas, no título 36, §1º, do seu Livro V, autorizava o castigo dos senhores a seus escravos, isentando o proprietário de pena, desde que não "o ferisse com arma".

Contudo, a segunda metade do Oitocentos lançou novas condicionantes sobre essa premissa. Por certo, nunca foi revogada a autorização para que o proprietário infligisse "castigos moderados" em seu cativo, prevista expressamente no art. 14, §6º, do Código Criminal de 1830. A punibilidade do excesso de violência, entretanto, entrou mais incisivamente na pauta de discussão do Judiciário, assim como foram dilatadas as repercussões jurídicas da desmedida agressão a escravos.

A partir da década de 1850, passou a ser estendida aos donos de escravos a aplicação do art. 125 do Código de Processo Criminal, tornando-se possível a autoridades policiais e judiciais determinarem que senhores assinassem *termo de segurança*, responsabilizando-se publicamente em não levar a cabo ameaças de violência dirigidas a seus cativos. De igual sorte, embora com aplicação mitigada na prática dos tribunais, houve a permissão de que a Justiça determinasse a venda de cativos "desproporcionalmente agredidos" por seus senhores. Ambas as modificações foram possíveis a partir da interpretação legislativa inscrita na Circular nº 263, de 25 de novembro de 1852, do Ministério do Império.

A preocupação principal dos tribunais passou a ser a difícil delimitação entre punições "moderadas" e sevícias (maus-tratos) praticadas pelos senhores. A primeira hipótese, mesmo discriminada na lei como crime, não ensejava punição ao agressor. Já a segunda era encarada como delito e, além disso, possibilitava a aplicação da respectiva pena ao autor da violência.

Segundo Perdigão Malheiro, a tendência seguida pelo Judiciário para essa intrincada demarcação foi definir que não apenas os suplícios imoderados eram puníveis, mas igualmente "qualquer castigo que afronte as leis em vigor [...], proibindo-se usar de certos instrumentos ou modos para castigar", segundo a pesquisadora Maria Helena Machado. Coube então à jurisprudência estabelecer as hipóteses de agressão que iam de encontro à lei – ainda que não viessem expressamente previstas no texto legislativo –, criminalizando atos equiparados à crueldade e à tortura contra escravos, como o emprego de fogo, a utilização de punhal ou o lançamento do cativo ao mar.

Evidentemente, a nova economia dos castigos desenhada pela Justiça atingiu aqueles que, na dinâmica das ações judiciais, estiveram a serviço dos interesses da elite escravocrata. Não faltaram argumentos aos advogados criminalistas para contrariar a tendência à limitação do poder disciplinar dos senhores sobre seus cativos. Algumas teses foram baseadas na letra da lei e numa tradição jurídica dos tempos coloniais. Outras inovaram o campo jurídico, indo além da técnica processual e apelando para as "terríveis consequências" que a nova postura da Justiça traria ao serviço judiciário e à "ordem estabelecida".

Na defesa de proprietários acusados de ofensa física a seus cativos, foi recorrente, por exemplo, argumentar que a acusação (queixa) de terceiro na defesa do escravo tornaria inviável não apenas o trabalho do Judiciário, mas o sistema escravista como um todo. O jurista Perdigão Malheiro buscou reproduzir tais argumentações:

> Que milhares de processos não se organizariam, pois, todos os dias, indo a maior parte deles ao Tribunal do Júri para decidir se o crime não seria justificável – por consistir a ofensa no castigo moderado que a lei lhes permitia?! Ora, tamanha e cotidiana aluvião de processos só teriam os senhores um meio de evitá-la – deixarem o escravo sem o freio do castigo, indisciplinados, vadios, viciosos, turbulentos, e, entretanto, responderem, até o valor deles, pela indenização dos furtos e mais crimes que cometessem.[169]

O raciocínio apontava para distintas direções, todas condizentes com os discursos que permeavam o debate abolicionista – e a resis-

---

169 MALHEIRO, Perdigão. (1866) *A escravidão no Brasil: ensaio histórico, jurídico, social*, v. 1. 3. ed. Petrópolis: Vozes, 1976, p. 70.

tência a ele – na década de 1870. Cada avanço rumo à punibilidade dos senhores foi lido como incremento ao risco de corrupção da ordem pública, sobretudo porque fomentava a indisciplina dos escravos e o perigo da barbárie.

Por outro lado, não caberia ao Judiciário, e nem mesmo ao legislador, limitar desarrazoadamente a prerrogativa dos senhores de castigar seus escravos, sob pena de direta afronta ao valoroso direito de propriedade. Essas foram, aliás, representações caras às elites do Império até o ultimato formal do cativeiro no Brasil.

O DERRADEIRO ATO: A ABSOLVIÇÃO DA ACUSADA E AS CONFLUÊNCIAS ENTRE OS DISCURSOS MÉDICO E JURÍDICO

São Luís, capital da Província do Maranhão, 29 de junho de 1856. O jornal *O Estandarte* listou o nome de Carolina – homônima à escrava de Raimundo José Lamagnère Viana, referida no tópico anterior – na seção reservada ao registro de óbitos na cidade. A falecida foi ali identificada como "escrava do Dr. Carlos Fernando Ribeiro". Sua morte teria ocorrido quatro dias antes, no sobrado da família daquele senhor, localizado na Rua São João. As causas do óbito foram registradas como decorrentes do tétano.

A morte de Carolina permaneceu sem investigação por aproximadamente três meses, após os quais a Secretaria de Polícia da província decidiu apurar as circunstâncias do falecimento. Entre 29 de setembro e 30 de outubro de 1856, sete depoimentos foram colhidos na investigação policial, dentre vizinhos dos Ribeiro, negros libertos que trabalhavam próximos ao local do falecimento e um médico que supostamente tratou da vítima.

Nas falas, houve registro de que Carolina possuía cerca de 18 anos e que trabalhava no imóvel da Rua São João, prestando serviços diretamente à Ana Rosa Viana Ribeiro, com quem Carlos Fernando casara havia aproximadamente três anos. A escrava sofria maus-tratos constantes de sua senhora, "sendo tal fato conhecido por todos". A situação incomodava bastante os cativos que conviviam no entorno do casarão, levando inclusive um grupo de escravos, indignado, a apedrejar o imóvel poucos dias antes da morte da vítima.

Não raramente, a violência contra Carolina a deixava machucada e incapacitada para o trabalho, tendo a escrava desenvolvido até mesmo claros sinais de distúrbio mental. Nessas ocasiões, médicos e boticários eram chamados para tratar os ferimentos, ou mesmo barbeiros, que realizavam sangrias na cativa. O auge dos suplícios ocorreu em junho de 1856, quando a reiteração e a violência dos castigos comprometeram totalmente a saúde de Carolina, levando-a a óbito.

O caso repercutiu na imprensa local e da Corte nos últimos meses de 1856 e no início do ano seguinte. Em 20 de novembro de 1856, *O Estandarte* publicou artigo que acusou o então presidente da província, Antônio da Cruz Machado, de perseguir seus opositores, dentre eles Carlos Fernando Ribeiro. Conforme referido na segunda parte deste livro, justamente no ano de 1856, Machado iniciou uma particular disputa com Carlos Ribeiro. As razões do embate teriam sido o apoio dado por Cruz Machado ao líder conservador Viveiros Sobrinho, o barão de São Bento, nas eleições locais daquele ano. Viveiros, como igualmente visto, foi o maior adversário político de Carlos Ribeiro.

Segundo o periódico, Cruz Machado se valeu da ajuda de autoridades sobre as quais tinha influência. Além de "violentas prisões" e de "ameaças de recrutamento" levadas a cabo pela Polícia de algumas cidades, como forma de garantir o resultado de eleições locais a mando de Machado, o presidente foi acusado de produzir "crimes imaginários" e "processos caluniosos". Dentre os delitos supostamente inventados, estaria o assassinato de Carolina, que levou à instauração de processo pela Chefatura de Polícia, ainda que logo arquivado.

> Para vingar-se do Sr. Dr. Carlos Fernando Ribeiro, [Cruz Machado] mandou que se lhe instaurasse processo por ter ele morto com sevícias a uma sua escrava! A indignação geral que atraiu sobre si a feroz pandilha[170] com a lembrança desta

---

[170] Sinônimo de biltre, pulha, trapaceiro.

horrorosa calúnia devia ter-lhe servido de escarmento[171] para não prosseguir no emprego de tais meios; mas os canibais obedecem forçosamente os seus instintos carniceiros.[172]

Cerca de um mês antes, em 14 de outubro de 1856, o próprio Carlos Fernando Ribeiro usou as páginas do mesmo periódico para responsabilizar Cruz Machado de ter iniciado o inquérito a partir de sua influência sobre a Chefatura de Polícia.
Segundo Carlos Ribeiro, o presidente da província:
> Apropriando-se da simples circunstância de me haver falecido em casa uma pobre e boa escrava em junho deste ano, engendrou e mandou que se propalasse um invento terrível contra mim, no empenho diabólico de denegrir minha reputação para nivelar-me a muitos malvados da rodinha infame a que se entregou em tão má hora para a província.
> S. Exa. deu ordem a seus desprezíveis espoletas[173] para fazer com honras de voz pública o boato de haver o assassínio, com sevícias sem nome, de uma escrava minha, que faleceu.[174]

A documentação policial investigada atesta que o inquérito que apurou a morte de Carolina foi iniciado e presidido pelo chefe de Polícia da província, Antônio Marcelino Nunes Gonçalves, que, inclusive, coletou pessoalmente o depoimento de todas as testemunhas. A condução tendenciosa da acusação, no entanto, não fica clara a partir dos documentos. Se, por um lado, a Chefatura de Polícia instaurou a investigação somente após três meses do crime e concentrou na maior autoridade policial da província a direção do inquérito, por outro, penso que as narrativas coletadas nos depoimentos possibilitariam, no mínimo, o oferecimento de denúncia

---

171 Sinônimo de experiência, provação ou sofrimento que leva à perda do desejo de repetir algo.
172 ESTANDARTE (O). *O Estandarte*. São Luís, p. 3, 20 nov. 1856.
173 No sentido aqui empregado, sinônimo de fuxiqueiro, leva-e-traz.
174 CARTAS. *O Estandarte*. São Luís, p. 1-2, 14 out. 1856.

contra os Ribeiro, já que, para isso, seria necessário apenas indícios do delito. No entanto, preferiu a autoridade policial arquivar as acusações, por falta de provas do crime.

Além disso, nos termos aqui já anotados, lembro que Antônio Marcelino foi um político vinculado ao Partido Liberal, chegando por essa agremiação a ser deputado provincial, deputado geral, presidente de três províncias (Ceará, Pernambuco e Rio Grande do Norte) e senador do Império. Apesar de liberal, compôs no Maranhão um grupo que rivalizou com Carlos Fernando Ribeiro, fracionando boa parte do Partido Liberal em torno dessas duas lideranças. Essa cisão, entretanto, somente ocorreu na década de 1860, quando se deu a disputa pelo comando da facção após o afastamento dos importantes dirigentes liberais João Pedro Dias Vieira e Francisco José Furtado. Dessa forma, não localizei nada que indique que Antônio Marcelino e Carlos Ribeiro, nos idos de 1856, possuíam alguma desavença de ordem pessoal ou política.

Outras notícias foram publicadas acerca do caso Carolina, todas a explorar ingerências políticas sobre a acusação aos Ribeiro. O texto publicado por Carlos Fernando Ribeiro n'*O Estandarte*, por exemplo, foi reproduzido na folha carioca *A Patria*, em 25 de novembro de 1856. Em 12 de dezembro daquele mesmo ano, o *Diário do Rio de Janeiro* registrou críticas similares a Cruz Machado, responsabilizando-o pela invenção de crimes "para ferir os caráteres mais nobres e puros dos membros da imensa oposição que o próprio criou contra si". Em resposta a esse último artigo, o jornal maranhense *A Nova Epocha*, no dia 17 de janeiro de 1857, buscou apresentar uma versão oposta, exaltando o trabalho da Polícia, que teria lançado mão "de todos os recursos disponíveis para desvelar o crime".

De toda forma, a investigação não evoluiu além da coleta de testemunhos. A autoridade policial decidiu pelo arquivamento do inquérito, deixando de recomendar a denúncia a eventuais suspeitos. Mesmo que as apurações tenham colhido depoimentos a descrever pormenorizadamente o histórico de violência sofrida pela escrava e as circunstâncias de sua morte, o chefe de Polícia entendeu por bem, após meses de paralização dos autos por "falta de testemunhas", adotar como versão predominante a fala do médico que ali testemunhou, arquivando o inquérito por ausência de indícios do crime.

O que interessa mais detidamente a esta pesquisa é justamente o desenlace dado ao caso, pois creio haver uma relevante aproximação entre o *discurso* que conduziu ao arquivamento das apurações do óbito de Carolina e o que levou à absolvição de Ana Rosa Ribeiro no caso da morte de Inocêncio.

A categoria *discurso* é aqui trabalhada segundo a proposta de Michel Foucault, sobretudo a partir da obra *A ordem do discurso*, atentando-se para a complexidade que o teórico procurou dar ao conceito. Para Foucault, o discurso não é algo desligado das práticas sociais, devendo ser percebido enquanto *acontecimento enunciativo*, ou seja, como algo que, mais do que meramente reproduzir uma experiência vivida pelo narrador, constitui-se enquanto estratégia política de posicionamento dentro dos embates sociais: "O acontecimento não é nem substância nem acidente, nem qualidade, nem processo; o acontecimento não é da ordem dos corpos. Entretanto, ele não é imaterial; é sempre no âmbito da materialidade que ele se efetiva, que é efeito". Tomar o discurso enquanto acontecimento demanda a análise de como ele é produzido e reproduzido, ou seja, do emaranhado de regularidades, causalidades, descontinuidades, dependências e transformações a ele inerentes. Dessa forma, só é possível a crítica ao discurso através da análise do contexto que lhe dá sentido e das idiossincrasias de quem o anuncia.

Ainda que a primeira acusação tenha sido estancada já na fase policial e a segunda colocado Ana Rosa perante o Tribunal do Júri, em ambos os processos, foram as interseções entre discurso médico e enunciados de ordem jurídica que possibilitaram o controle do resultado das acusações.

Parto da premissa de que houve um *ordenamento* dos discursos ali inscritos, mesmo quando existentes partes com pretensões visivelmente antagônicas, como nos "autos-crime da baronesa". As manifestações de delegados, promotores, advogados e magistrados – e, até certo ponto, mesmo as de testemunhas e informantes –, realizaram um complexo jogo de seleção, organização e controle da discussão posta em debate. Tal arranjo, ao fim e ao cabo, observou os temas sensíveis levados à apreciação do Judiciário, buscando conduzir os rituais e os procedimentos de investigação sem uma "dispersão aleatória das falas", conforme noção emprestada de Foucault.

Era preciso governar os perigos do que estava colocado em discussão, administrando, minimamente, as possíveis consequências daquelas apurações criminais. Era necessário criar uma *unidade de discurso* no trato da escravidão e da criminalidade a ela relacionada, pois, sobre esses temas, nem tudo poderia ganhar evidência nos autos, ou, ainda que algo interdito fosse enunciado, deveria ser rapidamente repelido ou silenciado.

Nesse sentido, o conceito de *unidade discursiva*, ainda em Foucault, procura dar conta da complexidade inerente à análise do discurso que buscou desenvolver aquele teórico. Não significa a *síntese* ou a *identidade* de enunciados. Pelo contrário, a unidade faz-se abarcando a *dispersão discursiva*, já que esses elementos – unidade e dispersão – não se opõem: "A dispersão – com as suas lacunas, falhas, desordens, superposições, incompatibilidades, trocas e substituições – pode ser descrita, em sua singularidade [...]. Se há unidade, ela não está na coerência visível e horizontal dos elementos formados; reside, muito antes, no sistema que torna possível e rege sua formação".

Quanto ao objeto desta obra, entendo ser tal observação metodológica útil para compreender que o antagonismo das teses de defesa e de acusação no caso Inocêncio não inviabiliza a investigação do quanto compuseram essas falas uma unidade, na medida em que compartilharam referências similares para a elaboração de enunciados sobre o crime e a escravidão.

Não tenho a pretensão de penetrar na análise do discurso com a profundidade do método arqueológico proposto por Foucault. Isso demandaria um exame bem mais exaustivo dos sujeitos que falam no processo, de suas estratégias, dos lugares institucionais de onde manifestam seus enunciados e do emaranhado de relações por eles construídas. A ambição aqui não é tamanha.

Com efeito, a análise do discurso, segundo a teoria foucaultiana, deve abarcar a investigação dos "sistemas de dispersão e de formação discursiva". Do ponto de vista metodológico, a operação compreende o trato com uma complexa rede de conceitos e procedimentos que vão além dos limites do presente trabalho. Dessa forma, não procurarei dar conta das *regras de formação* do discurso aqui criticado. Sobre esse conceito, assim Foucault sintetizou:

> No caso em que se puder descrever, entre um certo número de enunciados, sistemas de dispersão, e no caso em que os objetos, os tipos de enunciados, os conceitos, as escolhas temáticas, se puder definir uma regularidade (uma ordem, correlações, posições e funcionamentos, transformações), diremos, por convenção, que se trata de uma *formação discursiva* [...]. Chamaremos de *regras de formação* as condições a que estão submetidos os elementos dessa repartição (objetos, modalidade de enunciação, conceitos, escolhas temáticas). As regras de formação são condições de existência (mas também de coexistência, de manutenção, de modificação e de desaparecimento) em uma dada repartição discursiva.[175]

Diante da complexidade da proposta metodológica de Foucault, tentarei demonstrar como o desenlace dado às investigações criminais comentadas na presente obra respeitou a ordem do discurso enredada pelos diferentes sujeitos daqueles autos. A ideia é perceber a regularidade discursiva que acabou controlando os resultados das apurações, apreendendo, pelo menos, o objeto da discussão e as principais formas enunciativas ali constantes.

Penso que a ordem do discurso aqui tratada teve sua construção a partir do entrelaçamento de falas nos campos da medicina e do direito. Foi essa interlocução que possibilitou, em última análise, a organização e o controle de um debate que, lançando mão de

---

175 FOUCAULT, Michel. *A arqueologia do saber*. Rio de Janeiro: Forense Universitária, 2000, p. 43.

conceitos e interpretações semelhantes, decidiu entre a inocência e a culpa da acusada.

Mas, antes de aprofundar os comentários às falas direcionadas contra ou a favor de Ana Rosa Ribeiro, é preciso localizar o discurso médico sobre o qual se está falando.

Os últimos anos do século XVIII são tidos como um marco para a modernização da medicina no Ocidente. Para Michel Foucault, duas variantes contribuíram para essa modernização. Na Alemanha da segunda metade do Setecentos – leia-se Prússia e estados vizinhos –, houve o advento da chamada *polícia médica* (ou *medicina de Estado*), colocada em execução naquele período. O policiamento promoveu uma estreita aproximação entre a atividade médica e o planejamento estatal, operando como principais transformações: a reordenação da análise da morbidade, inclusive por meio do desenvolvimento de uma contabilidade dos nascimentos, das doenças e dos óbitos naquele país; a normalização de práticas e saberes médicos, que delegou às universidades as tarefas de programar o ensino da medicina e de conceder diplomas que habilitassem esses profissionais; a constituição de uma burocracia administrativa para o controle da atividade dos médicos; e a criação de funcionários médicos nomeados pelo governo, que tinham suas responsabilidades e seus poderes circunscritos a regiões específicas.

Por outro lado, em paralelo à estatização da medicina promovida na Alemanha, a França do final do século XVIII estruturou uma *medicina social* (ou *medicina urbana*), atrelada, sobretudo, ao crescimento das grandes cidades francesas. No contexto francês, os saberes e as práticas médicas foram eleitos como estratégia de controle das massas urbanas e de definição de alguma unidade de comando em meio à fragmentação política que marcava as aglomerações populacionais, com destaque para Paris. A cidade foi esquadrinhada em distritos sanitários. Os indivíduos eram identificados, registrados e vigiados, promovendo-se sua internação compulsória no caso de suspeita ou de confirmação de doenças. A localização de zonas perigosas à saúde, a exemplo dos cemitérios, e o ordenamento da circulação das pessoas pela malha urbana passaram a ser ditados por políticas médicas.

De fato, a profissionalização do médico e a medicalização de uma série de eventos individuais e coletivos, que passaram a ser encarados como "distúrbios do corpo e da alma", fizeram emergir uma nova forma de exercício da medicina, cada vez mais próxima do Estado. Os médicos se tornaram agentes públicos. O combate das enfermidades e da morte extrapolou a atuação sobre o doente, projetando-se sobre grandes intervenções urbanas, que passaram a combater epidemias e a fortalecer biologicamente a população das cidades.

Por certo, a medicina praticada no Império do Brasil repousou suas bases ainda na tradição portuguesa, já que a maior parte dos médicos que aqui atuaram teve sua formação pela Universidade de Coimbra, onde, nas palavras de Lilia Schwarcz, "a pesquisa e o trabalho empírico eram ainda pouco usuais". Por isso mesmo, é necessário delimitar em que proporção a atividade médica, no Império, foi atingida pela modernização irradiada a partir da Europa de fins do século XVIII e, em particular, pela emergente *medicina legal*.

No Brasil, a influência dessas novas referências recaiu primeiramente sobre o combate a epidemias de doenças contagiosas. Sobre o tema, porém, não houve o mesmo tratamento por parte das instituições de ensino médico no país. A Faculdade de Medicina da Bahia, autorizada a funcionar em 1808 e instalada no início da década seguinte, desde meados do Oitocentos concentrou seu currículo na discussão acerca da higiene pública, que demandava do médico a atuação sobre o cotidiano das populações contaminadas por doenças infectocontagiosas. A partir da década de 1880, passou a voltar sua atenção à medicina legal, valorizando as interseções entre a criminalidade e as doenças de ordem mental. Já a Faculdade do Rio de Janeiro, instalada em 1832, lançou esforços no estudo da descoberta e do combate de doenças tropicais, como a febre amarela e o mal de Chagas. Na segunda metade do século XIX, a escola situada na Corte foi pioneira na construção de uma demografia sanitária, responsável por associar a maior parte da mortalidade no Brasil a moléstias como a tuberculose, a febre amarela, a varíola, a malária e a cólera.

Num desenho que somente encontraria maior nitidez nas primeiras décadas do século seguinte, a Bahia valorizou no Oitocentos o *doente* e os perigos na miscigenação, enquanto o Rio de Janeiro teve como foco a *doença* e a higienização urbana. Porém, ressalvadas tais divergências, as academias concordavam que o novo saber médico deveria direcionar sua atenção muito mais para a prática profissional do que para o dogmatismo que marcou a medicina até meados do século XIX. Além disso, como ciência em construção, era preciso diferenciar o conhecimento médico de outras áreas do saber.

Foi nesse contexto que o diálogo entre medicina e direito adquiriu maior evidência. Ambos os campos apontavam para concepções distintas dos "problemas do Império" e da adequada formação da nação. No fundo, o que estava em questão era a hegemonia de um saber sobre outro.

> Na ótica médica, o objetivo era curar o país enfermo, tendo como base um projeto médico-eugênico, amputando a parte gangrenada do país, para que restasse uma população de possível "perfectibilidade". O "homem do direito" seria um assessor que colocaria sob forma de lei o que o perito médico já diagnosticara e com o tempo trataria de sanar.
> Nas faculdades de direito, as posições praticamente se invertem: cabia ao jurista codificar e dar uma forma unificada a esse país, sendo o médico entendido como um técnico que auxiliaria no bom desempenho desses profissionais das leis.[176]

Mas a possível oposição entre direito e medicina estava longe de impedir o diálogo entre esses dois campos. O mais profícuo ponto de interseção entre os saberes médico e jurídico foi exatamente a medicina legal.

Nesse sentido, os campos jurídico e médico foram construídos de forma complementar, e não necessariamente antagônica. Para

---
[176] SCHWARCZ, op. cit., p. 249.

o sociólogo Robert Castel, a medicina legal surgiu na modernidade como um braço do saber médico dedicado ao auxílio de magistrados na interpretação das leis. Entretanto, ainda que aplicada predominantemente em casos específicos postos à apreciação do Judiciário, não deixou de dialogar com o problema da saúde pública, construindo padrões de higiene e orientando os legisladores na elaboração de normas.

Desde o final da década de 1830, as primeiras faculdades de medicina do Império começaram a produzir estudos sobre temas como a profissionalização do perito, a relação entre determinados distúrbios – a exemplo do alcoolismo, da epilepsia e da alienação mental – e a criminalidade e, ainda, a análise do perfil do criminoso.

Por certo, o referencial de *medicina estatal* e *social*, na forma pensada por Foucault, evidenciou-se no Brasil apenas nas primeiras décadas do século XX, quando, por exemplo, foi incrementada a burocracia sanitária e intensificadas as intervenções higienistas em cidades como o Rio de Janeiro. Não obstante, entendo que parte dos novos referenciais da medicina moderna influenciou profissionais do Império, trazendo reflexo na prática por eles desenvolvida.

Dessa forma, embora ainda pouco avançada no Maranhão da segunda metade do Oitocentos, a medicina legal possibilitou a introjeção de um saber específico nos autos que apuraram as mortes dos escravos Carolina e Inocêncio, sendo essencial para seu desenlace.

O contato se evidenciou de diferentes maneiras naqueles processos judiciais. Os principais peritos que atuaram, respectivamente, nos casos Carolina e Inocêncio, os médicos Paulo Saulnier e Santos Jacinto, adiante apresentados, tiveram sua formação acadêmica na França do início do século XIX (Saulnier) e na Bahia de meados do Oitocentos (Santos Jacinto), ambientes sob grande influência da moderna medicina europeia. Ambos, no Brasil, especializaram-se no estudo de doenças tropicais e das epidemias causadas por essas enfermidades, inclusive com trabalhos científicos premiados na Corte sobre o tema.

Por outro lado, compuseram o que o historiador Agostinho Coe definiu como uma elite médica com relevante influência política no Maranhão da segunda metade do século XIX, justamente quando presente a figura do higienista enquanto autoridade responsável pelo planejamento da cidade. Nesse particular, Santos Jacinto teve maior destaque, já que, em 1869, compôs comissão que planejou a utilização da água e a distribuição de cemitérios em São Luís.

No que se refere particularmente aos "autos-crime da baronesa de Grajaú", não faltaram referências mais diretas a questões técnicas relacionadas à nova medicina que emergia, sobretudo no âmbito da anatomia humana, da autópsia e das doenças tropicais. No depoimento prestado perante a autoridade policial, Santos Jacinto registrou, por exemplo, a certeza de que a presença do ancilóstomo no interior de Inocêncio significava que sofria o escravo de *hipoemia intertropical*, pois aqueles vermes "são constantes nessa moléstia, e não aparecem em outras que não essa, como está hoje reconhecido por autoridades na matéria, entre outras os docentes de anatomia patológica da Faculdade de Medicina do Rio de Janeiro". Mais adiante, o mesmo profissional discutiu as "atuais referências científicas da autópsia" para se fazer incisões e aberturas no crânio, abdômen e tórax de um cadáver periciado.

O mesmo debate foi retomado pelo advogado da ré, quando referenciou seus argumentos nas "regras atuais dos médicos legistas quanto ao exame de cavidades na cabeça, peito e abdômen". Para isso, valeu-se da então contemporânea literatura francesa sobre autópsias, transcrevendo citações de Charles Sédillot (*Traité de médecine opératoire*, de 1866); Joseph Briand e Ernest Chaudé (*Manuel complet de médecine légale*, de 1863); e J. L. Casper (*Traité pratique de médecine légale*, de 1863).

A acusação replicou os argumentos com literatura semelhante. Na última manifestação antes da sessão do júri, Celso Magalhães reproduziu a obra de Dechantre (*Dicionário enciclopédico de ciências médicas*, de 1867). O juiz do caso, como fundamento da decisão de impronúncia de Ana Rosa Ribeiro, igualmente recorreu ao livro de Sédillot acima citado, datado de 1866. Dessa forma, não creio haver razões para desvencilhar o debate travado nos processos aqui referidos com os novos rumos que o saber médico tomava na Europa naquele momento.

Nas duas ações judiciais aqui debatidas, o discurso médico serviu como catalizador de poder, sobretudo no que dialogou com o campo jurídico. Em meio a suas articulações com a técnica do direito, os enunciados da medicina delimitaram a maior parte dos temas decisivos naqueles autos. Mais do que isso, delinearam procedimentos e definiram uma específica terminologia, circunscrevendo um *saber-poder* estranho a outras ciências.

Enfim, nos processos aqui debatidos, foi o discurso médico capaz de estabelecer uma *engenharia da nominação,* tendo como local de inscrição de sua verdade o próprio corpo do seviciado, conforme expressão de Michel de Certeau. Afinal, seriam as marcas e os vestígios nos cadáveres de Inocêncio e Carolina que enunciariam a palavra final sobre a doença, a vida e a morte dos escravos, influenciando consequentemente o destino dos acusados.

No caso da escrava Carolina, duas versões predominaram. A primeira associou seu falecimento a complicações decorrentes do tétano. A segunda descreveu o óbito como assassinato, causado pela sucessão de sevícias executadas por Ana Rosa Ribeiro.

A morte pelo tétano foi apresentada no inquérito e defendida publicamente pelo profissional que supostamente tratou de Carolina, Paulo Saulnier de Pierrelevée, médico afamado no Maranhão e amigo próximo de Carlos Fernando Ribeiro.

Indagado se cuidou da escrava e quais as circunstâncias de sua morte, eis, em sua íntegra, a versão registrada nos autos a partir do depoimento de Saulnier.

> Sem poder determinar precisamente o tempo, recorda-se porém de que fora chamado pelo Dr. Carlos Fernando Ribeiro para medicar uma sua escrava que ele dissera chamar-se Carolina, ao que prestando-se ele respondente ter de fazer-lhe duas visitas, falecendo a escrava logo depois da última visita no mesmo dia. Quanto à natureza da enfermidade, tendo ele respondente atendido a preta doente, como lhe cumpria, pois que a enfermidade consistia na fratura

transversal da rótula do joelho esquerdo, que já nessa ocasião apresentava sinais de tétano, como sobressinais e contrações espasmódicas dos braços e ligamentos dos membros, consequências quase necessárias de todos os ferimentos das articulações e causa iminente de morte. Quanto à causa da enfermidade que pode ter sido de uma queda, que lhe disseram ter dado a preta em uma escada de pedra na ocasião que lutava com um pote d'água, [e que] quase sempre causa de tais ferimentos. Disse mais que tendo-lhe alguém perguntado se esse ferimento de pancadas que sofria a escrava no lugar ferido, ele respondera que não era isso possível, porque as contusões de um pau ou de outro qualquer instrumento nesses lugares ou nesse órgão produzem quase sempre uma desorganização do órgão contuso e feridas, e não uma simples fratura transversal, que só podia ser determinada pela queda estando o corpo carregado. Perguntou-lhe mais que se por ocasião do [...] [ilegível] que fez na preta doente não abriram alguns outros ferimentos na dita nos pés, nas mãos e nas costas embora não tenha sido eles coisa eficiente. Respondeu negativamente observando apenas grande infecção no membro afetado. Perguntou-lhe também se ele respondente não conhece nela sinais de alienação mental, respondeu que não observou os sinais de alienação porque a preta não podia falar, podendo quando muito ter o delírio que pelas febres traumáticas que sofria ela por efeito do ferimento.[177]

Paulo Saulnier de Pierrelevée era francês, nascido em 1788. Formou-se em medicina pela Faculdade Médica de Paris (1818) e em Ciências Naturais e Filosóficas na Universidade de Leipzig, na Alemanha (1821). Em meados da década de 1820 veio para a América, desempenhando, como médico, serviços em campos de batalha de exércitos de diferentes países, a exemplo do Peru e da Bolívia, onde chegou a chefiar divisões armadas.

---

177 MARANHÃO. Secretaria de Polícia. Chefatura de Polícia. Termo de interrogatório feito a Paulo Saulnier, acerca da morte da escrava Carolina, pertencente a Carlos Fernando Ribeiro, 18 out. 1856. In: _____. Arquivo Público do Estado do Maranhão. *Autos de Interrogatório*. Doc. n.p., São Luís, 1856f.

A entrada no Brasil ocorreu a partir do Mato Grosso, em 1833, "para o tratamento de febres ali reinantes". Dois anos depois esteve no Pará, tendo participado ativamente, em 1835, da Cabanagem.

Sua vinda a São Luís se deu justamente pelo receio de represálias ao seu envolvimento com os cabanos. No Maranhão, teve seus dois únicos filhos e se estabeleceu de maneira mais definitiva. Tornou-se afamado na Corte e em Portugal por suas pesquisas e publicações sobre a febre perniciosa.

Segundo César Marques, Paulo Saulnier fez grande fortuna como médico em terras maranhenses, decidindo em certo momento retornar para a França e gozar de sua aposentadoria. Por falência do banco no qual guardava o que acumulou, teve sua situação financeira bastante comprometida, optando em retornar a São Luís, onde trabalhou até falecer, em 1865.

A versão exposta por Saulnier nos autos judiciais foi veiculada em periódicos maranhenses. Em 14 de outubro de 1856, *O Estandarte* reproduziu cartas trocadas entre Carlos Fernando Ribeiro e Paulo Saulnier. Na correspondência assinada por Saulnier, além de reconhecer ser amigo próximo dos Ribeiro e ter por hábito tratar os familiares e escravos daquela família, foram narrados com detalhes os esclarecimentos de ordem médica sobre a morte de Carolina. A conclusão quanto à inexistência de sevícias e à morte por tétano ganhou um tom mais enfático.

> Examinei minuciosamente a doente [Carolina] e nela nada vi senão uma ligeira lesão num joelho, creio que era o esquerdo. O resto do corpo não tinha traço nenhum de ferimento [...]. A sua escrava estava atacada de tétano e febre traumática consecutiva da lesão no joelho, que consistia em uma quebradura que foi procedida de uma queda que deu a preta sobre os joelhos, estando ela carregada com pote de água, o que quase sempre é causa de tal quebradura. Todos sabem que aqui a mínima ferida pode produzir o tétano, quanto mais uma lesão de uma grande articulação. Portanto, a preta morreu de tétano.[178]

---

178 CARTAS, op. cit., 2.

Como resta evidente, a narrativa de Saulnier justificou cada possível sinal de maus-tratos com argumentos da medicina. A lesão no joelho só poderia ter sido provocada por uma queda brusca e "estando o corpo carregado"; o ferimento seria suficiente para a contaminação por tétano; o grande comprometimento da saúde da escrava seria decorrência do agravamento daquela doença; e, por fim, os sinais de alienação mental corresponderiam, em verdade, a delírios decorrentes da "febre traumática" ocasionada pelo estado clínico da enferma.

Já nos chamados "autos-crime da baronesa", o discurso médico adquiriu maior profundidade, possibilitando uma análise mais detalhada. Isso por duas principais razões. Por um lado, a apuração da morte de Inocêncio foi muito além da de Carolina, já que ocasionou a instauração de um inquérito policial bem mais robusto, de uma ação de justificação e de uma ação criminal que culminou na apreciação do caso pelo corpo de jurados e, ainda, a reavaliação do caso pelo Tribunal da Relação do Maranhão. De outra parte, também em expressiva diferença do caso de 1856, a acusação referente à morte de Inocêncio veio acompanhada de um forte e organizado antagonismo de discursos médicos, que se enredaram com interpretações do campo jurídico.

No "processo da baronesa", as controvérsias de ordem médica foram assentadas, basicamente, na qualidade técnica entre os dois laudos periciais realizados no cadáver de Inocêncio e nas conclusões científicas advindas desses exames. Conforme já mencionado, a primeira autópsia foi realizada em 15 de novembro de 1876, antes do sepultamento do cadáver. Empreendida por determinação da Polícia, contou com a participação, como peritos, de Augusto José de Lemos e Raimundo José Pereira de Castro, ambos identificados nos autos como cirurgiões do Exército. Já o segundo exame foi realizado em 16 de novembro, mediante autorização judicial em ação de justificação que determinou a exumação do cadáver. Dela participaram os médicos Antônio dos Santos Jacinto – que visivelmente conduziu os trabalhos, por ter tratado anteriormente de Inocêncio, inclusive redigindo seu atestado de óbito –, José Maria Faria de Matos, Fábio Augusto Baima e Manoel José Ribeiro da Cunha, todos indicados pelo autor da justificação, além dos dois outros peritos que dirigiram a primeira autópsia. Como igualmente já referido, um terceiro laudo, capaz de evoluir para uma interpretação técnica conclusiva, foi determinado pelo juiz do processo. Porém, nunca foi executado, por ausência de um número mínimo de profissionais em São Luís habilitados para tal e isentos de interesse na ação.

Antônio dos Santos Jacinto era natural de Laranjeiras, Província de Sergipe, nascido em 3 de maio de 1827. Concluiu sua graduação pela Faculdade de Medicina da Bahia em dezembro de 1852. Em julho do ano seguinte, mudou-se para o Maranhão, residindo inicialmente na Vila de São Bento, atual Município de São João Batista, onde casou-se pela primeira vez. Ali exerceu a medicina e trabalhou, pela Guarda Nacional, como cirurgião-mor do Comando Superior daquela localidade. Ainda em São Bento, foi proprietário de uma bem-sucedida fazenda, pioneira na plantação de algodão herbáceo, que acabaria se tornando um dos principais produtos agrícolas da Baixada maranhense.

No ano de 1869, já reformado na atividade militar, decidiu morar na capital da província, onde desempenhou entre as décadas de 1860 e 1870 as funções de médico do Corpo de Polícia da cadeia pública, inspetor e delegado interino da Inspetoria Geral de Instrução Pública, professor e diretor do Liceu e comissário vacinador da Freguesia de Nossa Senhora da Vitória. No mesmo ano em que chegou a São Luís, foi nomeado pela administração provincial como membro de comissão responsável pelo planejamento do abastecimento de água na capital, o que incluía definir a localização dos cemitérios públicos da cidade.

Segundo Dunshee de Abranches, foi decisiva na vida do médico a participação nos autos-crime que apurou o suposto assassinato de Inocêncio. A defesa técnica de que a vítima teria morrido de verminose rendeu a Santos Jacinto grande antipatia pública e, mais particularmente, agressões por parte de seus alunos do Liceu, que o apelidaram de "Doutor Anquilóstomo" – variação de *ancilóstomo*. Incomodado com a constante hostilidade que passou a sofrer, materializada, inclusive, em inscrições de seu apelido em prédios próximos à sua moradia, Santos Jacinto pediu demissão da diretoria do Liceu e retornou a São Bento, dedicando-se até o final da vida à agricultura, à criação de gado e ao tratamento gratuito de pessoas das redondezas. Rebatizou sua fazenda com o nome de "Boa Fé", que, para José Eulálio Almeida, era uma referência à resposta utilizada pelo médico sempre que o indagavam sobre a defesa dos interesses da futura baronesa de Grajaú: "Agi de boa fé". Faleceu em 29 de janeiro de 1906, em sua fazenda, que até hoje existente no local.

Quanto aos exames efetivamente realizados no cadáver de Inocêncio, houve leituras distintas dos sinais de violência existentes e das causas da morte. O primeiro laudo, após descrever pormenorizadamente sinais internos e externos ao corpo, assim concluiu:

> No cadáver, conquanto estivesse insepulto para mais de vinte e quatro horas e em um clima como o nosso, a putrefação era pouco adiantada. O estado do corpo da infeliz criança demonstrava que a morte aparecera não em virtude de uma moléstia e longa consunção e sim por uma causa qualquer rápida que pouco lhe alterou o seu estado físico. Em consequência, responderam ao 1º quesito: sim, houve morte. Ao 2º, que a sua causa imediata foi provavelmente maus-tratos e castigo. Ao 3º, que quanto ao meio que produziu a morte, satisfazem com a resposta ao segundo. Ao 4º, que a morte não foi causada por castigos imoderados, mas provavelmente por castigos repetidos e maus-tratos continuados, a que o infeliz não pode suportar. Ao 5º, que os castigos foram praticados provavelmente com cordas, chicote e qualquer outro instrumento contundente de maior peso. Ao 6º, pode-se dizer que todo o corpo foi maltratado com castigos repetidos, e se houvesse cuidado de certo não teria havido a morte. Ao 7º, que os hábitos exteriores do cadáver não denotam que o menor estivesse em abandono de cuidados humanitários, ao menos pelo

que parecia na ocasião. Ao 8º, finalmente, que o dano causado foi a perda da vida.[179]

Já o laudo de exumação é bem mais pormenorizado, até por registrar relevante divergência entre os peritos. Por parte de Santos Jacinto e dos demais médicos designados segundo o interesse de quem solicitou o novo exame, assim restou registrado:

> Ao primeiro quesito, [responderam que] a morte foi natural. Ao segundo, que a autópsia, tendo demonstrado a existência de *ancylostoma duodenale*, confirma a moléstia qualificada de *hipoemia intertropical*, que é por si só suficiente para produzir a morte. [...] Ao quarto, sim, que o cadáver tem contusões, que são por si sós insuficientes para causar a morte. Ao quinto, que [Inocêncio] foi castigado, mas não podem determinar o número de vezes; que se houve abandono ou carência de tratamento, o que não podem reconhecer, era isto suficiente para produzir a morte. Ao sexto, que o alimento encontrado no estômago não era adequado à natureza da moléstia, mas ignoram se foi sempre essa a alimentação empregada. Ao sétimo, que há uma contusão na cabeça, mas que não podem precisar a natureza dela.[180]

De outra parte, e agora tocando nos indícios de verminose e na presença de terra no estômago do cadáver, os peritos que assinaram igualmente o primeiro exame registraram suas impressões em separado:

> Respondem aos quesitos pela forma seguinte. Ao primeiro quesito, que, conquanto tivessem encontrado no duodeno quatro ancilóstomos e no estômago terra envolta com os alimentos, respondem que sim, os vermes podiam trazer a morte, pela mesma forma os castigos infligidos à criança. Quem nos diz que, não obstante a presença da moléstia *hipoemia intertropical*, não teria a criança sucumbido pela pancada que recebeu na cabeça e que lhe podia trazer como consequência uma comoção cerebral e depois a morte? Quem nos

---

179 MARANHÃO. Ministério Público do Estado. *Autos do processo-crime da baronesa do Grajaú...*, p. 72-73.
180 Ibidem, p. 325-326.

afiança ainda que a pancada exercida sobre a região lombar e provada pela grande equimose que aí se notava, não tivesse comprometido a substância modular rachidiana e trazido como consequência a morte? Ao segundo [ser a verminose suficiente para causar a morte], que talvez. [...]. Ao quarto [se o cadáver apresentava contusões e se seriam capazes de gerar por si só a morte], sim, provavelmente. Ao quinto, que pode-se provar que por vezes foi corporalmente castigado. Creem que, ao menos pelo que se notava no cadáver na ocasião do exame, não estivesse ele entregue ao abandono. Ao sexto, que não demonstrava ter deixado de ser alimentado, mas que parecia sê-lo de uma maneira inconveniente, atendendo-se ao diagnóstico do médico assistente e à apreciação alimentícia, que provavelmente fizera a pessoa encarregada do doente. Ao sétimo, sim, que há contusão na cabeça, e que sendo demonstrado que qualquer pancada na cabeça um tanto mais forte, conquanto não traga solução de continuidade, devem ser bem atendidas, visto a consequência que pode acarretar.[181]

Conforme as transcrições acima apresentadas, o debate médico girou em torno das causas do enfraquecimento e morte do escravo. De uma parte, o óbito foi associado à violência perpetrada por sua senhora, ainda que os maus-tratos "fossem mais reiterados do que imoderados" – diga-se, desgastaram a criança mais pela sua repetição do que por sua agressividade extrema. Os sinais exteriores ao cadáver justificariam essa versão. De outra, a morte teria se dado de forma natural, causada por verminoses e pelo hábito de comer terra, decorrência própria daquela moléstia. Nesse caso, seria o interior do corpo, principalmente suas vísceras, o que fundamentava a interpretação.

Assim, as duas principais versões do discurso médico foram alicerçadas sobre argumentos técnicos e lógicos contrapostos, a sustentar uma morte não violenta ou um assassinato. Como forma de confirmar cada ponto de vista, diferentes fatos foram lidos cientificamente de maneira distinta e, regra geral, em sentido diametralmente oposto.

---

181 Ibidem, p. 326-327.

A contração das verminoses era natural em locais com o clima e a situação sanitária do Maranhão ou seria fruto das precárias condições de higiene às quais Ana Rosa Ribeiro submetia seus escravos? O vício de comer terra era uma decorrência esperada das verminoses ou um recurso extremo utilizado pela criança diante da falta de uma alimentação regular? A ingestão de "garapa azeda" poucos dias antes do falecimento do escravo, que contribuiu para o agravamento da moléstia, demonstrava o absoluto descaso de Ana Rosa com o enfermo, ou foi apenas uma tentativa, embora errônea, daquela senhora de nutrir seu escravo adequadamente? As sucessivas quedas de Inocêncio no quintal, como a do dia em que acabou morrendo, poderiam ser compreendidas como mais um sinal da fraqueza inerente à sua doença ou eram consequência da falta de alimentação devida? O "prolapso do reto" – termo até hoje empregado na medicina para denominar o extravasamento, pelo ânus, de parte do intestino para fora do organismo – foi produto do esforço da criança em expelir os vermes de seu intestino ou sequela da introdução violenta de um objeto em seu ânus, a evidenciar prática de tortura? Os demais sinais de violência identificados no corpo de Inocêncio eram efeito de sevícias ou da tentativa de sua senhora em, mediante castigos moderados, retirar-lhe o hábito de comer terra, prezando assim por sua saúde?

Além disso, diante de dois fundamentos para a morte de Inocêncio – a doença ou a violência –, instalou-se nos autos-crime a relevante discussão médica sobre ser uma ou outra dessas causas suficiente para a consumação do óbito, se ambas necessariamente concorreram para o falecimento da criança escrava, e mesmo se seria possível identificar, tecnicamente, a independência de causas ou o somatório delas. Por óbvio, a resposta a tais questões acabou sendo central ao desfecho da ação judicial.

No embate médico travado naquele processo, tanto quanto as justificativas da morte do escravo, foram protagonistas as técnicas empregadas para o exame do cadáver, o que desembocou no próprio questionamento da qualidade dos peritos e de seus métodos.

Nesse sentido, a destreza da primeira autópsia em Inocêncio foi bastante questionada na ação judicial. Em seu depoimento, Santos Jacinto afirmou que o crânio do cadáver foi aberto "contra os preceitos recomendados em todos os tratados de medicina legal", sobretudo no que se refere ao tamanho e ao sentido das incisões realizadas. A suposta imperícia impediria, por exemplo, ter certeza se a contusão existente na cabeça da criança produziu ou não sangramento em seu cérebro. Em verdade, o erro nos cortes impossibilitaria, inclusive, identificar se eventual hemorragia teve sua origem antes ou durante o exame pericial.

Santos Jacinto criticou ainda a primeira autópsia por registrar que a literatura médica considera como "morte violenta" aquela decorrente de uma má ou insuficiente alimentação, quando, cientificamente, um falecimento dessa espécie deve ser encarado como "natural". Além disso, refutou a técnica de reconhecimento de equimoses empregada pelos primeiros peritos, entendendo que o método seria insuficiente para diferenciar tais contusões de "falsas equimoses" – hematomas produzidos após o falecimento – ou de "hipóstases cadavéricas" – manchas naturais que surgem no cadáver após algumas horas da morte.

O advogado de defesa da ré também recorreu a enunciados técnicos da medicina para replicar as conclusões do primeiro exame realizado em Inocêncio. Segundo Paula Duarte, os médicos que assinaram aquela perícia deixaram de seguir o adequado procedimento "para a abertura das três cavidades no cadáver", essenciais para o desvelamento das causas do óbito quando se supõe morte violenta. Os cortes deveriam ter sido feitos no crânio, no abdômen e no tórax, nessa sequência. No caso, não teria sido realizada a perícia do tórax.

Já o segundo exame pericial, executado mediante exumação do cadáver, foi tecnicamente contestado por outros fatores. Questionou-se ao longo dos autos-crime como Santos Jacinto conseguiria distinguir os supostos anciló stomos encontrados no corpo da criança de outras larvas oriundas da putrefação do cadáver, "visto serem tais vermes muito semelhantes", até mesmo porque, para uma possível diferenciação, "não empregou instrumentos de ótica adequados", no caso, o microscópio.

Indagou-se também como poderia aquele médico manifestar-se acertadamente sobre a gravidade da lesão que Inocêncio possuía na cabeça, já que, quando da segunda autópsia, o crânio do escravo estava separado do couro cabeludo, por assim terem deixado os primeiros peritos. Foi ainda identificado como "manifesto erro médico" de Santos Jacinto sustentar a causa da morte por verminoses quando se preocupou em coletar apenas quatro ancilóstomos, quantidade tecnicamente insuficiente para se chegar àquela conclusão. Essa última crítica foi particularmente explorada por Celso Magalhães nas alegações finais da acusação.

Todas essas censuras foram rebatidas pela outra parte com supostos argumentos científicos. De uma forma ou de outra, independentemente da variedade de interpretações e de alegações médicas, os enunciados técnicos permitiram que ao longo do processo fossem se sedimentando discursos legitimados pela medicina.

Todavia, para além da leitura médica dos fatos postos à prova, as versões fornecidas pela medicina legal foram traduzidas em resultados jurídicos. O *diagnóstico* deveria ser convertido em um *veredito*. Afinal, inscritas as impressões médicas em investigações policiais ou judiciais, era preciso que a última palavra viesse do campo jurídico, produzindo o que Pierre Bourdieu chama de "confinamento discursivo", no qual, inclusive pelo emprego de uma linguagem própria, o sentido de toda aquela discussão fosse transmutado em enunciados do direito.

No inquérito que examinou a morte de Carolina, a tradução jurídica do discurso médico de Paulo Saulnier foi mais simples e evidente. Possibilitou relacionar a morte da escrava ao enlace de uma sucessão de causas naturais, afastando a existência de sevícias e de assassinato. Como visto, a fala do profissional não encontrou réplica, mesmo por parte dos adversários de Carlos Fernando Ribeiro. Seu depoimento foi suficiente para o não prosseguimento das investigações, arquivando-se o inquérito policial sem o oferecimento de denúncia contra qualquer pessoa, "por falta de provas de ilícito".

Nos "autos-crime da baronesa", a transposição entre a fala dos campos médico e jurídico foi mais complexa. As marcas encontradas no corpo de Inocêncio, seu acometimento por verminoses, as informações sobre o padrão de alimentação da vítima e quanto a seu acesso a medicamentos, dentre outros elementos influenciados pela fala dos peritos, seriam somados a nuances com relevância para o campo jurídico, direcionando a interpretação dos fatos apurados para caminhos díspares.

De uma parte, a acusação buscou representar Ana Rosa Ribeiro como uma senhora sádica e com considerável histórico de violência contra escravos, o que mais facilmente comprovaria a culpabilidade da acusada e a premeditação do assassinato de Inocêncio, convencendo os jurados da existência do crime.

Nessa perspectiva, a Promotoria explorou nos autos símbolos da conduta "violenta e desumana" de Ana Rosa. Destacou outras acusações de agressão e de assassinato de escravos que sobre ela recaíam, quase sempre relacionadas a castigos cruéis. Tais querelas, inclusive, teriam levado aquela senhora, alguns anos antes, a assinar termo de responsabilidade perante a Polícia, comprometendo-se a não mais agredir uma cativa de sua propriedade. Além disso, segundo a acusação, o conhecido histórico de violência da ré justificou a decisão de seu marido de retirar todos os cativos que trabalhavam em sua residência do convívio de Ana Rosa, levando-os para Alcântara.

No que se refere à morte de Inocêncio, a crueldade e a premeditação da acusada seriam evidentes por sua conduta após o delito. O pedido de sepultamento do corpo ainda pela madrugada, o lacre do caixão com chave e a ordem de que não fosse aberto, tudo a indicar a consciência da culpa.

Em alternativa, a defesa tentou construir a imagem da futura baronesa de Grajaú como vítima, já que, além de perder seu pequeno escravo por "causas naturais" e independentemente do esforço que fez para tratá-lo, ainda foi por isso levada ao banco dos réus. Segundo essa lógica, a absolvição seria o único veredito justo.

Sustentou a tese defensiva a afirmação de que Ana Rosa já havia comprado Inocêncio e seu irmão "cheios de verminoses" e "com marcas e sinais de pancadas", inclusive somente percebendo após alguns dias que possuíam os cativos o hábito de comer terra. As alegações foram sustentadas a partir do testemunho dos vendedores dos escravos. Além disso, ao contrário do alegado pela Promotoria, a ré sempre teria prestado a Inocêncio a melhor alimentação, nutrindo-lhe, por expressa recomendação médica, com "carne, pão, bolachas, café e algumas vezes lhe dando chocolate". Ademais, segundo essa mesma leitura, a preexistência da enfermidade e sua gravidade teriam gerado grande prejuízo material a Ana Rosa Ribeiro, que acabou perdendo seus escravos.

Na confluência entre os discursos nos campos médico e jurídico, outro elemento merece especial destaque. A definição do grau de violência de Ana Rosa Ribeiro contra Inocêncio era vital para a existência do crime e para a identificação de sua modalidade. Num dos extremos, as agressões seriam suficientes para a morte da criança, evidenciando-se o homicídio. Concorrendo com a doença que o jovem escravo possuía, os castigos poderiam ser interpretados como sevícias ou maus-tratos, permanecendo o crime de homicídio, ainda que em menor grau, ou caracterizando o delito autônomo de ofensas físicas. Em menor medida, a violência da senhora contra o escravo não passaria de "castigos moderados", permitidos pela lei, tornando impunível a ação de Ana Rosa.

A permissividade do trato violento de senhores com os seus escravos, indiscutivelmente, era vista como prerrogativas do direito de propriedade. Creio que tal premissa encorajou o médico Santos Jacinto a aceitar a hipótese de que as agressões e o tratamento conferido pela ré concorreram para o falecimento do escravo. Nesse particular, a decisão em não alimentar ou medicar adequadamente o cativo enfermo parecia convergir para uma conduta lícita, que não mereceria, sequer, ser considerada ato de violência. Talvez por isso mesmo o perito, tanto no laudo por ele subscrito quanto nos testemunhos apresentados, foi claro ao enfatizar que:

> O escravo Inocêncio morreu de hipoemia intertropical, mas está convencido que concorreu para agravar esta moléstia e levá-la rapidamente a uma terminação fatal a falta de uma alimentação fortificante e apropriada à natureza debilitante da moléstia [...]. Caso Inocêncio já sofresse desta moléstia em pequeno grau, é muito provável que se daí em diante tivesse uma alimentação suficiente, reparadora e dado a tempo e à hora, quando não ficasse curado desse princípio de moléstia, pelo menos não teria morrido dela em tão pouco tempo.
> [...] Considerou a morte natural por não ter sido efeito de violências e porque não se considera como morte violenta aquela que resulta de uma alimentação má e insuficiente, embora esta concorra juntamente com a moléstia para a morte.[182]

E, em outro depoimento,

> sua convicção é que Inocêncio morreu da hipoemia intertropical, que é moléstia muito grave e bastante por si só para matar; mas também está convencido que a falta de uma alimentação suficientemente reparadora e ministrada a tempo e à hora, concorreu para apressar a morte, não podendo negar que os castigos que ele testemunha está convencido de que não foram aplicados, senão para um bom fim, também tiveram a sua parte no apressamento da morte.[183]

A fresta estava aberta pelo discurso médico para que os técnicos do direito encarassem a conduta de Ana Rosa como criminosa, ainda que por omissão. A acusação lançou esforços para que os cuidados da ré com seu escravo – ou a ausência deles – fossem representados juridicamente como possível causa do óbito, ainda que concorrentemente à ancilostomíase: "A hipoemia é uma mo-

---

[182] Ibidem, p. 137.
[183] Ibidem, p. 230.

léstia de marcha crônica, não podia matar tão rapidamente a Inocêncio, por si só, se não houvessem atuado outras causas para a morte". E, em outra peça assinada por Celso Magalhães: "O crime existirá, ainda mesmo que as pancadas e ferimentos tenham somente apressado a morte".

Como já referido neste tópico, Magalhães sustentou a tese de que caberia ao Tribunal do Júri apreciar o crime de lesões corporais, caso não caracterizado o homicídio. A proposta da análise subsidiária de um segundo crime foi rechaçada pela defesa sob a alegação de que um pedido dessa natureza somente poderia prosperar caso houvesse alteração da denúncia pela Promotoria, pois o único crime ali ventilado foi o de assassinato. A alteração, entretanto, não poderia mais ser realizada naquele momento do processo. O imbróglio nunca recebeu expressa atenção do juiz, que deixou de se manifestar sobre ele. Por outro lado, os quesitos apresentados aos jurados deixaram claro que o único crime em julgamento foi, de fato, o de homicídio, desprezando-se uma possível condenação por ofensas físicas.

Já a defesa de Ana Rosa Ribeiro buscou tumultuar os conceitos utilizados pelos peritos, que, se no plano médico pareciam conciliáveis, na lógica jurídica não teriam sentido algum. Em sua principal peça, Paula Duarte arguiu:

> Resulta da [primeira] autópsia que a morte de Inocêncio fora *provavelmente* devida a maus-tratos e castigos moderados, mas repetidos; que ditos castigos e maus-tratos não produziriam a morte se houvessem sido cuidados; finalmente, que o hábito externo não denotava a carência de cuidados *humanitários*. De que estas asserções são diametralmente opostas nenhuma dúvida pode subsistir. No conceito dos peritos, a cessação da vida foi causada por maus-tratos e castigos, aos quais não presidiu o cuidado subsequente, logo a falta dos cuidados foi um motivo sem o qual a morte se não daria. Mas tais cuidados, continuam eles, foram prestados. Portanto, a morte não se deveria apresentar – mas é certo que ela sobreveio. Que causa, pois, deve-se procurar para ela? A conclusão a exaurir não pode

> ser outra senão que a um agente estranho aos maus-tratos e castigos foi devido o termo da vida de Inocêncio, porque aqueles, por si sós, sem a concomitante falta dos cuidados, o não poderia determinar.[184]

De uma forma ou de outra, a teia discursiva construída a partir do diálogo entre a medicina e o direito permitiu às autoridades envolvidas na investigação e aos jurados se posicionarem fundamentadamente sobre a morte de Inocêncio. Não afasto aqui as ingerências de natureza política naquela ação, que serviam aos interesses da acusação e da defesa, conforme já tratado. Tal influência, porém, teve que ser convertida em enunciados juridicamente aceitáveis, envolvendo-se no discurso sobre a verdade dos fatos elaborado pelos diferentes sujeitos do processo.

Na conclusão do inquérito policial, Antônio José da Silva Sá, autoridade policial responsável pelas apurações, decidiu que deveria predominar a versão dos peritos que realizaram o primeiro exame cadavérico. Em sua fundamentação, utilizou bastante o depoimento do médico Santos Jacinto, mas entendeu serem contraditórias algumas de suas declarações. Assim o delegado justificou o indiciamento de Ana Rosa por homicídio:

> Preexistindo as sevícias e concorrendo as circunstâncias expostas pelo Dr. Santos Jacinto no seu depoimento neste inquérito, é força confessar que a morte de Inocêncio foi violenta. [...]. Estando perfeitamente provada a existência das sevícias e maus-tratos em Inocêncio; provando-se pelo depoimento das testemunhas que foram elas aplicadas pela indiciada, D. Ana Rosa Viana Ribeiro, sobre quem, como afirmam algumas das testemunhas do inquérito, recai suspeitas mui pronunciadas da sua reincidência no cometimento de crimes desta ordem, devo concluir, tendo em vista o grave depoimento do Dr. Santos Jacinto, que D. Ana Rosa Viana Ribeiro é a principal motora da morte do seu escravo Inocêncio, quer se atenda para as sevícias encontradas como resultado dessa morte, quer para a existência provada, dos

---

184 Ibidem, p. 297.

maus-tratos e falta de alimentação suficiente para conservação da vida de Inocêncio.[185]

Concordando integralmente com o relatório da Polícia, a Promotoria Pública ofereceu denúncia contra Ana Rosa. No entanto, como visto, o primeiro pronunciamento judicial naqueles autos foi no sentido da impronúncia da ré, afastando o julgamento do Tribunal do Júri. Em sua manifestação, José Manoel de Freitas, magistrado responsável pela decisão, deliberou de forma oposta ao entendimento do delegado e do promotor. Na justificativa de suas conclusões, o juiz entendeu ser o primeiro laudo cadavérico bem mais inconclusivo que o segundo, devendo, por isso mesmo, predominar a versão apresentada por Santos Jacinto.

> O [primeiro] corpo de delito tornou-se deficiente para provar que o escravinho Inocêncio morrera em consequência das ofensas físicas nele descritas, porque, não afirmando o crime, apenas diz que a morte foi provavelmente o resultado de maus-tratos e castigos.
> [...]
> Por outro lado, a afirmativa dos quatro médicos, no citado exame [segunda autópsia], gera convicção no espírito do julgador [...]. [E] não *é* no estado de dúvida sobre o crime que se pode pronunciar alguém como delinquente desse crime, porque não pode haver delinquente de crime não provado, não certo ou não existente.[186]

Através de recurso apresentado por Celso Magalhães, o Tribunal da Relação teve a oportunidade de rever esse posicionamento judicial, retornando os autos à Justiça de primeira instância. Os desembargadores embasaram sua manifestação na ideia de que, para a pronúncia, bastava haver indícios do crime e da autoria, já que caberia ao júri decidir sobre a certeza desses elementos. Quanto aos indícios até aquele momento levantados, deu o tribunal razão à Promotoria, ou seja, reconheceu como plausíveis as

---

185 Ibidem, p. 188-189.
186 Ibidem, p. 433-436.

conclusões apresentadas no primeiro laudo pericial: "Do exame e confrontação das diversas peças dos autos e dos depoimentos das testemunhas resultam veementes indícios de haver a denunciada praticado sevícias que, ainda quando provado fosse o estado mórbido do paciente, não podiam deixar de produzir ou pelo menos apressar-lhe a morte".

Mas a manifestação definitiva naquela ação judicial coube ao Tribunal do Júri, inclusive quanto à plausibilidade das teses jurídicas e médicas ali apresentadas. Sempre por unanimidade de votos, o corpo de jurados entendeu que Ana Rosa Ribeiro não praticou sevícias ou maus-tratos em Inocêncio, presumindo que as marcas de violência constatadas nas perícias teriam outra origem. Como consequência, não poderia a morte do escravo ou mesmo o agravamento de sua saúde serem atribuídos à acusada.

O júri não precisou se manifestar quanto às perguntas restantes, que tratavam da premeditação do delito, de ter sido ele executado provocando aflição à vítima ou da eventual existência de circunstâncias que atenuassem a pena. Tendo os jurados declarado inexistir o crime, os demais quesitos foram tidos por prejudicados.

Não houve nova mudança de entendimento daí adiante, mesmo com a reapreciação do caso pela Relação. Em agosto de 1878, Ana Rosa Viana Ribeiro foi definitivamente absolvida.

O CORPO DE JURADOS

O desenlace obtido na apuração do "crime da baronesa" era esperado. Em verdade, converto a afirmação num questionamento, aqui apresentado enquanto provocação final sobre o caso: havia, concretamente, a possibilidade de Ana Rosa Viana Ribeiro receber do júri a condenação pela morte de Inocêncio?

As variantes políticas e jurídicas nos autos-crime tornam essa pergunta de difícil resposta. A fusão do processo com interesses dos grupos conservador e liberal, ambos aparentemente sem forças para eliminar por completo a ingerência de seus rivais, não sugere o veredito como mero espelho da influência partidária. Da mesma forma, as informações colhidas na ação, com destaque para as provas levantadas a partir das confluências entre discurso médico e jurídico, poderiam sustentar a plausibilidade de resultados diferentes, dando vazão à condenação ou à absolvição da ré sem escapar por completo da coerência e da legalidade.

Somando-se a tais questões, penso que outro elemento entrou em cena para a solução do caso. Se as formalidades do procedimento judicial caminhavam para que o Tribunal do Júri desse a palavra final sobre os fatos investigados, é preciso indagar quem constituiu o corpo de jurados. Por óbvio, há sérios limites quanto ao mapeamento das ideologias e dos interesses políticos que influenciaram os membros daquele júri – sem mencionar as idiossincrasias que inspiraram a postura de cada indivíduo –, mas penso ser possível, minimamente, identificar tendências.

Naquele contexto, a legislação previa que o veredito do tribunal popular fosse declarado pelo chamado *conselho de sentença*, formado por 12 membros, estando "aptos para serem jurados todos os cidadãos, que podem ser eleitores, sendo de reconhecido bom senso e probidade", nos termos do art. 23 do Código de Processo Criminal de 1832.

A estreita relação entre as condições de cidadão e de jurado fazia com que o regramento eleitoral definisse as pessoas aptas a compor um conselho de sentença. Pela letra da Constituição de 1824, seriam "cidadãos ativos", ou seja, qualificados para votar nas eleições, brasileiros ou estrangeiros naturalizados, com 25 anos ou mais – essa regra comportava algumas exceções – e, além disso, que comprovassem determinada renda líquida anual, "por bens de raiz, indústria, comércio ou empregos", na letra da Constituição do Império. Dessa forma, não poderiam ser jurados os menores de 25 anos, as mulheres, os escravos, os libertos e os que não atestassem o patrimônio ou o rendimento exigido.

As listas dos cidadãos habilitados a participar do júri eram publicadas periodicamente, sendo elaboradas pela respectiva divisão judiciária (distrito), que compunha juntas para tal finalidade, das quais também participavam representantes eclesiásticos e da Câmara Municipal. A natureza restritiva da cidadania e as proibições previstas em lei faziam com que a relação de cidadãos qualificados para o Júri não fosse extensa na capital do Maranhão, reduzindo-se a poucas centenas de indivíduos.

Pelo Código de Processo Criminal, ainda que habilitados como cidadãos, não poderiam integrar o júri "os senadores, deputados, conselheiros e ministros de Estado, bispos, magistrados, oficiais de Justiça, juízes eclesiásticos, vigários, presidentes e secretários dos governos das províncias, comandantes das Armas e dos corpos da 1ª linha". Além disso, havia impedimentos e suspeições de outras ordens, regra geral geradas pelo parentesco ou amizade com as partes do processo ou pela existência de algum interesse no resultado da ação judicial.

Nesse cenário, era comum a repetição de nomes nas listas de jurados. Não raramente, um mesmo cidadão participava de diferentes júris em sequência. Da mesma forma, a composição similar de distintos conselhos de sentença era algo corriqueiro.

Um exemplo ilustrativo. Dois dias após a sessão do júri que julgou Ana Rosa Ribeiro, ou seja, em 24 de fevereiro de 1877, formou-se conselho de sentença em face de Emília Florinda Marques, "por haver esta, por castigos infligidos à sua filha Filomena, feito abortar uma criança que nasceu morta". Um terço dos jurados desse processo era idêntico aos dos "autos-crime da baronesa", participando de ambos os veredito Bernardino do Rego Barros, João Tomás de Melo, José Maria Honorato Fernandes e Ricardo Rodrigues Sodré.

Entre os jurados que compareceram ao julgamento de Ana Rosa, foram sorteados para o conselho de sentença, nessa ordem, Antônio Silvério Ribeiro da Silva, Leonel Militão de Brito, Joaquim José Alves Junior, Ricardo Rodrigues Sodré, Leopoldo Alberto de Moraes Rego, Francisco Antônio Correia, Maximino Manoel Briones, José Joaquim da Costa Machado, José João de Matos, João Tomás de Melo, José Maria Honorato Fernandes e Bernardino do Rego Barros.

Para além da reiteração desses nomes em listas de cidadãos e de jurados em diferentes freguesias da capital da província, as informações que consegui levantar sobre cada um dos membros do júri foram aqui compiladas (Quadro 4).

Na organização dos dados levantados, procurei valorizar a principal ocupação, a idade e a renda dos jurados no momento em que proferiram o veredito de Ana Rosa Ribeiro, ou seja, no início de 1877. O propósito foi mapear um possível perfil desses indivíduos. Quanto à renda, os valores estão expressos em réis e foram colhidos a partir de listas com informações de eleitores da capital da província, publicadas anualmente em jornais. Valendo-se da referência utilizada ao longo deste livro, em 1877, mil réis (Rs 1$000) equivalia a uma média de duzentas e quarenta e cinco libras esterlinas (£245) e um escravo custava em média setenta e cinco mil réis (Rs 75$000).

Quadro 3: Jurados do conselho de sentença que absolveu Ana Rosa Viana Ribeiro.

Nome	Idade, Principal ocupação, Renda mensal em (1877)	Outras informações
Antônio Silvério Ribeiro da Silva	33 Negociante --	Comercializava artigos alimentícios (década de 1860 e 1870); negociador de escravos, inclusive representando, como procurador, outros traficantes (décadas de 1870 e 1880); alferes e tenente do 1º Batalhão da Guarda Nacional em Paço do Lumiar (décadas de 1860 a 1880); vereador da Câmara Municipal de São Luís (início da década de 1880).
Bernardino do Rego Barros	42 Músico 600$	Clarinetista especialista em ópera; diretor da banda de música do 2º Batalhão da Guarda Nacional (1862); organizava concertos na capital da província (décadas de 1870 e 1880); professor de música instrumental e vocal no Colégio Perdigão, em São Luís (décadas de 1870 e 1880).
Francisco Antônio Correia	60 Lavrador	Exercia também o pequeno comércio (décadas de 1860 e 1870); fez parte da diretoria da Sociedade Beneficente Protetora dos Caixeiros (1876).
João Tomás de Melo	46 Guarda da Alfândega 900$	Guarda da Alfândega ("Força do Mar") na capital da província (década de 1870).

Joaquim José Alves Junior	50 Vereador da capital 3$000	Comerciante de produtos têxteis e de derivados da pedra e da madeira; vereador da capital da província nas décadas de 1860 e 1870; foi tenente-coronel e comandante da Guarda Nacional (década de 1870), diretor do Banco do Maranhão (1870), deputado provincial (1879) e secretário de Polícia da Província do Maranhão (1881); autorizado pelo governo da província, investiu em uma fábrica de tecidos movida a vapor, não conseguindo lucrar com o negócio (1874).
José João de Matos	29 Negociante --	Alferes da 5ª Companhia da Guarda Nacional na capital (1875); negociou 3 escravos de São Luís para Recife (1881); foi redator de periódicos locais (décadas de 1870 e 1880).
José Joaquim da Costa Machado	-- Negociante --	Comerciante que representava diferentes firmas, atuando principalmente na venda de carne e na administração de matadouro público (década de 1870); filiado ao Partido Conservador, chegou a ser suplente da diretoria dessa agremiação (1884).
José Maria Honorato Fernandes	-- Capitão da Guarda Nacional --	Capitão do 1º Batalhão de Artilharia da Província do Pará, sendo agregado ao 2º Batalhão da Guarda Nacional da capital do Maranhão (1876); retornou posteriormente ao Pará, onde exerceu a função de escriturário da Tesouraria da Fazenda daquela província (1886).
Leonel Militão de Brito	-- Negociante --	Fabricante e comerciante de roupas de algodão, inclusive sendo proprietário de firma nesse ramo (década de 1870); alferes da Guarda Nacional da capital (1874).
Leopoldo Alberto de Moraes Rego	-- Guarda da Alfândega 900$	Guarda da Alfândega ("Força do Mar") na capital da província (década de 1870); foi alferes da Guarda Nacional na capital (1882).
Maximino Manoel Briones	-- Negociante --	Comercializava produtos diversos entre o Piauí e a capital maranhense, sobretudo couro, peixe, azeite e farinha (década de 1870).
Ricardo Rodrigues Sodré	-- Negociante 900$	Dono de uma taverna situada na Rua dos Remédios, Centro de São Luís (década de 1870).

Fontes: MARQUES, César Augusto. Dicionário histórico-geográfico..., p. 113-249, e periódicos de São Luís.

Alguns elementos parecem aproximar os jurados. As próprias exigências legais para compor um tribunal popular já denotam certa conformidade de perfil. Nesse sentido, todos os que julgaram Ana Rosa Ribeiro eram "cidadãos" e homens livres, residiam na sede do júri – no caso, nas freguesias da capital da Província do Maranhão –, possuíam mais de 25 anos e tinham uma renda comprovável e no quantitativo exigido por lei.

Outros aspectos emergem das informações levantadas nesta pesquisa. Apesar de o letramento não ser exigência para o júri, constatei que a maior parte dos jurados sabia ler e escrever. Em verdade, talvez todos soubessem, mas não localizei tal informação com relação a alguns.

A metade do corpo de jurados era composta por negociantes – Antônio Silvério Ribeiro da Silva, José João de Matos, José Joaquim da Costa Machado, Leonel Militão de Brito, Maximino Manoel Briones e Ricardo Rodrigues Sodré –, alguns mais bem-sucedidos, possuindo firmas e dedicando-se ao comércio com outras províncias. Porém, a maior parte desses profissionais vivia mesmo de uma mercancia intermediária, não tão destacada para gerar seu enriquecimento, mas suficiente o bastante para comprovar uma renda mínima anual junto às autoridades da província.

Outros três tinham como principal atividade remunerada o trabalho em corporações de segurança ou militares, sendo um capitão da Guarda Nacional (José Maria Honorato Fernandes) e dois guardas da Alfândega (João Tomás de Melo e Leopoldo Alberto de Moraes Rego). Dos três remanescentes, Joaquim José Alves Junior era vereador da capital da província, Francisco Antônio Correia era lavrador e Bernardino do Rego Barros era músico.

Com exceção de Maximino Briones e Ricardo Sodré, dedicados exclusivamente ao comércio, os demais jurados compuseram em algum momento a burocracia do Estado. Ocuparam o que se pode chamar de segundo ou terceiro escalão do funcionalismo público, aqui encarados como "uma classe intermediária que tentava ir além das repartições públicas", mas que, numa sociedade extremamente hierarquizada, "não conseguia adentrar concretamente na classe política", conforme expressão de Antônio Candido.

Como era comum, paralelamente à principal atividade remunerada, alguns dos jurados serviram à Guarda Nacional, exercendo baixas patentes, como a de alferes ou tenente. Foram eles: Antônio Silvério Ribeiro da Silva, Bernardino do Rego Barros, José João de Matos e Leonel Militão de Brito. Somente Joaquim José Alves Junior (tenente-coronel e comandante) e José Maria Honorato Fernandes (capitão) compuseram o oficialato dessa corporação.

Se o corpo de jurados não pertencia estritamente à elite abastada da província, certamente com ela mantinha grande aproximação, embrenhando-se na dinâmica relação entre favores, proteção e vínculos de parentesco que alimentava a aspiração de ascensão social ou, pelo menos, garantia a sobrevivência dos que orbitavam a aristocracia.

Pelos elementos aqui levantados, entendo razoável acreditar que os jurados que proferiram o veredito nos "autos-crime da baronesa" compartilhavam os valores de uma elite socialmente branca. Acreditavam nas hierarquias sociais e no jogo entre fidelidade e recompensa, defendiam o superdimensionamento do direito de propriedade e entendiam o cativeiro como instituição legal e legítima.

Nesse particular, pelo menos dois jurados tinham uma mais estreita relação com o tráfico de cativos. Antônio Silvério da Silva foi comerciante de escravos nas décadas de 1870 e 1880, desempenhando sua atividade em diferentes regiões do Maranhão e representando outros traficantes na mercancia com as províncias do Centro-Sul do Império. Localizei também registro de que José João de Matos, em 1881, negociou três escravos com um comprador de Recife. Quanto ao segundo, entretanto, não posso afirmar que exercia o comércio de escravos com regularidade.

Compunham os jurados, enfim, um conselho de sentença do qual dificilmente poderia se esperar uma manifestação distinta da unânime e ampla negação de que Ana Rosa Ribeiro tenha cometido homicídio ou mesmo agressões imoderadas contra seu escravo.

AGONIA E MORTE DE CELSO MAGALHÃES

Concluída a ação criminal que investigou a morte de Inocêncio, Celso Magalhães ficou meses sem sofrer reverberações em decorrência da acusação que dirigiu contra Ana Rosa Viana Ribeiro. A retaliação, quando ocorreu, foi, porém, fulminante.

Em 29 de março de 1878, Celso foi demitido da função de promotor "a bem do serviço público". Como já mencionado, o ato levou a assinatura de Carlos Fernando Ribeiro, que assumira, havia apenas um dia, o exercício da presidência da província.

A exoneração de Celso simbolizou, segundo creio, o quanto a gestão de Carlos Ribeiro teria como prioridade não apenas reorganizar a burocracia da província segundo os interesses liberais, mas, particularmente, ir à desforra contra aqueles supostamente responsáveis pelo vexatório processo criminal instaurado em face de sua esposa. Registro que, além de Celso Magalhães, as dezenas de exonerações realizadas no início da administração de Carlos Ribeiro incluíram Antônio José da Silva e Sá, delegado de Polícia, e Antônio Joaquim Ferreira de Carvalho, 3º suplente de delegado. Ambos tiveram decisiva participação na condução do inquérito que antecedeu a denúncia de Ana Rosa.

A natureza estritamente política da demissão de Celso me parece incontestável, ainda que, obviamente, tal fundamento não conste da respectiva portaria. As nuances do ato exoneratório confirmam a finalidade vingativa da demissão. Foi a primeira atitude formal da gestão daquele que viria a se tornar o barão de Grajaú; coincidiu com a ascensão de um gabinete liberal na Corte e com suas consequentes implicações na política provincial; seguiu-se de outras demissões, constituintes de uma das maiores "derrubadas" promovidas pelo Partido Liberal no Maranhão; e, principalmente, foi dirigido contra a autoridade entendida como causadora do processamento e da prisão da esposa de Carlos Ribeiro.

As razões políticas da destituição de Celso Magalhães foram exploradas pelos conservadores à saciedade, sempre mediante a exaltação da figura de Magalhães. Um dos argumentos em defesa de Celso foi a reputada ilegalidade do ato, por não se sustentar em qualquer motivação prevista em lei. Como punição exemplar e vexatória, a demissão por interesse público precisaria ter por base vícios de conduta da autoridade exonerada.

Sobre o tema, Antônio Lopes escreveu:
> Ora, a demissão a bem do serviço público não era, como não é, medida de que se possa lançar mão contra funcionário, senão em caso de grave falta deste, de malversação, de suborno, de manifesta imoralidade. Degradante, ela só se aplicava e se aplica aos degradados na escola moral, aos funcionários relapsos, de má nota evidente, aos reincidentes incorrigíveis da peita. Quem apontará o ato cometido por Celso que o tornasse passível de semelhante punição? Ninguém, ontem, como hoje, e em qualquer tempo.[187]

A despeito da suposta ilegalidade, a principal crítica à demissão de Celso Magalhães foi realmente ter sido motivada por interesse imoral e vingativo. Por isso mesmo, na visão dos conservadores, o ato foi seguido de uma imediata e negativa repercussão na Província do Maranhão, "colocando do lado de Celso toda a opinião pública", segundo relatado por Fran Paxeco.

Com efeito, a natureza punitiva e política da destituição de Celso predomina na literatura sobre o assunto, como também houve o reconhecimento da relevante repercussão do ato no Maranhão imperial. Poucos meses após a morte de Magalhães, o amigo Alfredo Saldanha mencionou que, "por via de um pleito ruidosíssimo, o governo exonerou Celso Magalhães do cargo de promotor". Na década de 1910, Fran Paxeco falou em uma "escandalosa demissão", decorrente do "estrondoso pleito judiciário", referindo-se à ação que julgou Ana Rosa Ribeiro. No centenário de nascimento de Celso, José Sarney registrou ter sido tal personagem "expulso de seu emprego público pela vingança de seus inimigos". Mais recentemente,

---

187 LOPES, A. Celso Magalhães. *A Pacotilha*. São Luís, p. 2, 19 nov. 1917b.

Lago Burnett qualificou Magalhães como "vítima direta da política partidária", fazendo alusão a seu ato demissional.

Creio, no entanto, que a síntese dessa versão veio do escritor Antônio Lopes:

> Logo há uma transformação política, indo as rédeas do governo provincial ao partido de Carlos Fernando Ribeiro, o principal interessado na causa célebre ["crime da baronesa de Grajaú"], homem vingativo e cobarde [...]. Sem a menor hesitação na consciência, mal assume a presidência, o mandão descarrega a brutalidade dos ódios de sua alma de escravista sobre Celso de Magalhães, demitindo-o da Promotoria Pública, a bem do serviço público.[188]

E, em outro registro, distante poucos dias do anterior:

> Traduzia, pois, a demissão do promotor a bem do serviço público, uma perseguição, uma incoercível vindita exercida por autoridade que absolutamente não podia servir-se do seu posto para tomar vinganças pessoais e, no entanto, a tomava, no caso vertente, dando ao seu ato o máximo de violência possível, mas – bem entendido – violência exercida em segurança, acobertada por uma posição poderosa, de onde podia pronunciar imperativamente o *noli me tangere*[189] aos indefesos.[190]

O próprio Celso Magalhães participou do debate que tomou lugar junto a periódicos locais e nacionais a partir de sua demissão. Em 30 de maio de 1878, o *Jornal do Commercio*, folha impressa na Corte, publicou uma carta de Celso intitulada *O ex-promotor da capital ao público*. O texto criticou jornais que o teriam caluniado por ocasião da exoneração, com destaque para um artigo publicado no *Democrata*, em 10 de abril daquele ano. Segundo Celso, tais periódicos responderiam pela calúnia na forma da lei, bem como seriam seus redatores "conhecidos representantes do Par-

---
188 LOPES, A. Celso Magalhães. *A Pacotilha*. São Luís, p. 2, 10 nov. 1917a.
189 Expressão latina que significa "não me toques".
190 LOPES, A. Celso Magalhães. *A Pacotilha*. São Luís, p. 2, 19 nov. 1917b.

tido Liberal na imprensa", sendo mesmo "parentes próximos do Sr. Dr. Carlos Ribeiro".

Alguns meses depois, Magalhães publicou n'*O Paiz* artigo voltado mais especificamente ao ato que o demitiu da função de promotor. Afirmou que os motivos de sua destituição do cargo foram de ordem estritamente privada e ilegal. Replicou, ainda, os comentários do liberal Felipe Franco de Sá, que, alguns dias antes, no *Jornal do Commercio*, teria insinuado que sua exoneração havia sido consentida pelo conservador Francisco Maria Correia de Sá e Benevides, que presidia à época a província, sendo substituído temporariamente por Carlos Fernando Ribeiro.

Por certo, nas décadas que seguiram à demissão e morte de Celso Magalhães, sua exoneração foi lembrada como símbolo da política agressiva entre liberais e conservadores no Maranhão oitocentista. Na memória institucional do Ministério Público maranhense, a destituição de Celso é representada como retaliação ao destacável ato de coragem do promotor no contexto de nascimento da instituição, constituindo tal exoneração, inclusive, uma espécie de marco fundador do Ministério Público do Maranhão.

Apenas como ilustração, destaco artigo veiculado n'*O Paiz* em junho de 1886. O texto, de autoria não identificada, criticou atos políticos "odiosos" cometidos no embate entre conservadores e liberais na Província do Maranhão, com destaque para as "demissões do funcionalismo público em massa". As dispensas promovidas por Carlos Fernando Ribeiro em 1878, segundo o texto, representaram a "mais terrível de todas as reações liberais". Dentre as dezenas de demissões, o afastamento de Celso Magalhães do cargo de promotor seria a mais significativa das exonerações.

> O Sr. Carlos Ribeiro, no primeiro dia de seu governo, assinou 68 demissões. E entre essas demissões havia algumas realmente revoltantes. Foi demitido a bem do serviço público o promotor da capital, o Sr. Celso de Magalhães, que era uma glória desta província [...]. Apesar da integridade de seu caráter, da cultura de sua inteligência privilegiada, foi o Sr. Celso de Magalhães demitido

para satisfação de uma vingança pessoal pelos mesmos homens que hoje pregam a tolerância.[191]

Demitido, Celso Magalhães morreu aproximadamente um ano depois. O curto período de tempo que lhe restou de vida, porém, foi marcado por fatos que merecem destaque.

Três dias após a exoneração, ou seja, em 1º de abril de 1878, Celso tornou-se redator do periódico *O Tempo*, de propriedade do líder conservador Gomes de Castro. Naquele jornal, como já referido neste trabalho, Magalhães redigiu artigos com clara conotação antiliberal.

Desde então, a aproximação com o Partido Conservador ficou mais evidente. Conforme igualmente já mencionado, os laços alimentados com Gomes de Castro renderam a Magalhães sua indicação como candidato a deputado geral pela facção conservadora. As eleições ocorreriam em outubro de 1879, mas Celso faleceu alguns meses antes.

A perda da função de promotor levou Celso Magalhães a enveredar igualmente pela advocacia. Já em março de 1878, estabeleceu escritório próximo à sua residência, na Rua das Hortas, transferindo-o para o Largo do Carmo poucos dias depois.

A atuação como advogado não se deu, porém, sem grande resistência. Desde seus primeiros casos, teve questionada a habilitação para advogar perante o Tribunal da Relação do Maranhão. O registro do fato foi feito por Antônio Lopes, que deu razão a seu tio:

> Numa das primeiras questões que teve no foro suscitaram a nulidade do feito, por não ter Celso registrado na Relação a sua carta de bacharel, registro que, então, como hoje, raro faziam os diplomados em direito, e do qual nem os juízes, nem os governos faziam caso, quer para o exercício da advocacia, quer para o provimento em cargos de Justiça, tanto assim que o próprio Celso de Magalhães fora, sem o haver feito, nomeado promotor da capital e exercera a função por quatro anos a fio.[192]

---

191 OPOSIÇÃO (A). *O Paiz*. São Luís, p. 2, 14 jun. 1886.
192 LOPES, A. Celso Magalhães. *A Pacotilha*. São Luís, p. 2, 19 nov. 1917b.

Superado o embaraço junto à Relação, Celso teve semelhante contratempo na Justiça de primeira instância. No início de 1879, tentou advogar em sua cidade natal, mas o juiz municipal de Viana, na interpretação do literato Jomar Moraes, Carlos Jansen Pereira, "criou-lhe diversos entraves ao exercício profissional". Para Moraes, tais embaraços acabaram inviabilizando a advocacia de Celso naquela cidade.

No acervo do Arquivo do Tribunal de Justiça do Maranhão, localizei nove processos judiciais em que o juiz Carlos Jansen Pereira atuou na Comarca de Viana. O magistrado respondeu pelos juízos municipal, de órfãos e da provedoria daquela localidade em 1878 e 1879. Dentre as ações encontradas, consta o inventário dos bens de José Mariano da Cunha, pai de Celso Magalhães.

A origem da celeuma com Magalhães foi identificada pelo próprio Jansen Pereira. Em artigo datado de 15 de fevereiro de 1879, defendeu-se de "infundadas acusações" dirigidas por Celso, que atribuía àquele juiz a ilegal recusa em receber um recurso interposto por Celso em favor de Jacinto José Gomes, o barão de Monção, negando possuir Magalhães a "regular habilitação para o exercício da advocacia junto ao juízo de Viana". Segundo Jansen Pereira, tais alegações eram inverídicas, tendo o referido recurso sido negado "por outras razões processuais". Interessante ressaltar, ainda, que no mesmo artigo o juiz se reconhece como, "de fato, um *liberal*".

Há indícios de que a ida de Celso a Viana não ocorreu exclusivamente por questões profissionais, assim como de ter sido duradoura, "ali se demorando consideráveis meses", segundo Lopes. O retorno a São Luís deu-se apenas em maio de 1879, pouco antes de falecer, com a finalidade de estruturar a banca de advocacia que havia aberto na capital.

Não consegui localizar a data precisa da saída de Celso de São Luís para Viana. O certo é que se deu após sua demissão, ocorrida em 29 de março de 1878 e que, em 21 de julho daquele ano, ali já se encontrava, tendo datado de Viana um artigo jornalístico publicado nesse dia. Já o retorno à capital da província ocorreu em 23 de maio de 1879, conforme registro do vapor que o trouxe.

De fato, o período coincidiu com o falecimento de seu pai e com a abertura do correspondente processo de inventário, no qual Celso atuou como representante dos interesses de sua mãe e irmãos. Não é improvável, ainda, até mesmo pela situação financeira na qual se encontrava após a demissão, que Magalhães tivesse interesse em assumir, de imediato, parte do patrimônio que lhe cabia por herança.

Em Viana, Celso fez seu último investimento intelectual. Desenvolveu, para Rangel de Sampaio, "investigações científicas no lago Cajari, onde encontrou os mais belos documentos de uma cidade palustre[193] a cuja memória escreveu e ia publicar". O Cajari é o maior lago da Baixada maranhense e um dos mais ricos em biodiversidade. Localiza-se atualmente no Município de Penalva, em região pertencente, na época em que viveu Celso Magalhães, ao Município de Viana. O interesse de Celso recaiu mais particularmente sobre fósseis de palafitas pré-históricas ali localizadas. Seus escritos sobre o tema permaneceram inéditos, tendo em vista o falecimento prematuro de Magalhães.

As anotações realizadas por Celso Magalhães acerca das habitações lacustres do lago Cajari foram registradas no *Dicionário histórico-geográfico* de César Marques como o primeiro estudo arqueológico feito no Maranhão. Teriam servido de base para a investigação bem mais especializada de Raimundo Lopes, sobrinho de Magalhães, que, em 1919, "estudou o lago Cajari [...], verificando tratar-se de uma verdadeira aldeia ou cidade lacustre e retirando do fundo do lago e suas cercanias esteios, cerâmica, armas e outros artefatos de pedra". A pesquisa de Raimundo Lopes foi difundida em revistas e eventos científicos nacionais e internacionais.

Além disso, casado com Maria Amélia Leal havia menos de um ano, Celso teria escolhido a região lacustre de Viana como abrigo para sua família e para o tratamento da enfermidade que supostamente já o atingia. Essa foi a versão narrada por Rangel de Sampaio poucos meses após o falecimento de Celso. Teria Magalhães, já

---

193 Sinônimo de pantanosa, encharcada.

doente, "procurado refúgio na família", razão pela qual, para Sampaio, "retirou-se para a fazenda paterna nas margens do lago Cajari, em busca de novos alentos".

Suponho que, com o falecimento de José Mariano da Cunha, Celso Magalhães tenha optado em habitar, pelo menos de forma temporária, uma das propriedades deixadas em Viana por seu genitor. No que se refere especificamente à propriedade rural localizada às margens do Cajari, destaco que foi mencionado no inventário de José Mariano, como já citado nesta obra, "sete quartos quadrados de 750 braças de terra cada, situados no lugar denominado Redondo, às margens do Rio Cajari". Tal imóvel, aliás, constituiu a sesmaria que foi do capitão José Feliciano Botelho de Mendonça, bisavô de Celso na linha paterna.

A respeito da doença que acabou vitimando Celso Magalhães, as fontes levantadas não possuem um consenso sobre sua exata natureza e quanto ao fato de ter atingido o personagem repentinamente ou a longo prazo. O registro eclesiástico de seu falecimento mencionou, como causa, apenas a expressão "febre". Já a certidão de óbito, juntada por Maria Amélia ao inventário do pai de Celso, anotou ter sido Celso vítima de uma "febre perniciosa".

A menção de que Celso foi atingido por um mal súbito, como denota a expressão *febre perniciosa*, foi particularmente reforçada por Antônio Lopes.

> Faleceu [Celso Magalhães] de uma febre álgida[194] [...]. Inesperadamente, adoeceu às 5 horas da manhã e expirou às 11 do mesmo dia 9 de junho de 1879. A causa de sua morte foi, sem a menor dúvida, um acesso de febre perniciosa. De uma organização franzina e delicada, abalada por contínuo esforço mental, não resistiu ao mal, cedendo-lhe à ação ao primeiro embate.[195]

Em estudo dedicado à história da saúde na Província do Paraná na segunda metade do Oitocentos, a historiadora Márcia Siqueira

---

194 Sinônimo de frio, gelado, glacial. Segundo expressão da época, servia como adjetivo que indicava uma febre aguda e repentina.
195 LOPES, A. Celso Magalhães. *A Pacotilha*. São Luís, p. 2, 19 nov. 1917a.

analisou o uso da expressão *febre* na literatura médica de então. Para tal, distinguiu diferentes modalidades dessa enfermidade, sendo as principais: *febre intermitente, febre perniciosa, febre amarela, febre tifoide* e *febre puerperal*. Márcia anotou que a febre perniciosa, segundo o discurso médico de então, "dependia da maior atividade dos miasmas paludosos, os quais, além de produzirem as mesmas alterações que se manifestam na febre intermitente simples, estendem a sua ação até os centros nervosos, apresentando por isso maior gravidade, que é ao mesmo tempo auxiliada por uma marcha mais rápida".

O adoecimento de Celso em decorrência dos desgostos sofridos a partir de sua demissão não servia à conotação que Lopes desejou dar aos últimos anos de vida de seu tio, já que poderia evidenciar sinais de derrotismo e fraqueza.

De fato, acabou sendo bastante difundida a ideia de que os dissabores experimentados por Celso em seu último ano de vida teriam originado a doença que o matou ou, pelo menos, contribuído para seu agravamento. Concordou com essa assertiva o amigo Rangel de Sampaio, que mencionou ter sido Celso vitimado pelo "desgosto e pela injustiça", que "dizimam mais vidas que as baionetas nos campos das batalhas!". Alfredo Saldanha falou dos "dissabores que o afligiam" e que acabaram por piorar sua doença. Fran Paxeco registrou sua crença de que "a escandalosa demissão do cargo de promotor houvesse influído para seu passamento". Já Lago Burnett, bem mais recentemente, assim se expressou: "Essa circunstância [demissão], evidentemente, só poderia causar-lhe grande traumatismo moral, transformando quase que completamente o homem alegre e comunicativo que era, num cidadão casmurro, fechado e pouco dado a expansões. Neste estado, a morte haveria de o encontrar".

Por outro lado, não interessava a sugestão de que, havia muito, Magalhães possuía tuberculose, enfermidade estigmatizada àquela época e por pelo menos um século adiante. A hipótese de uma doença repentina acabou sendo mais atraente a Lopes.

Um ano depois [da demissão], Celso morria. Não de tuberculose, como erroneamente afirmou Artur Azevedo, que, aliás, só o viu em uma única vez na sua vida, de passagem, nem tampouco de um traumatismo moral resultante das perseguições que lhe moveram te à beira do túmulo, senão de uma febre perniciosa, apanhada durante a estação anormal de [18]78, nos campos de Viana.[196]

Lopes se referiu ao relato realizado pelo escritor Artur Azevedo em fonte por mim não localizada, mas referida em texto de Fran Paxeco: "Quando, em agosto de 1873, estive com ele no Recife, e foi essa a primeira e única vez que nos encontramos, Celso já apresentava os sintomas característicos da tuberculose, que cinco anos depois o assassinou".

Além do registro de Artur Azevedo referido por Lopes, há outros registros que afirmam ser Celso portador de tuberculose havia bastante tempo, assim como de que era conhecedor da doença e que, inclusive, buscou diferentes tratamentos. A referência à enfermidade foi feita diretamente por Rangel de Sampaio, mencionando que, em seu último ano de vida, "a tuberculose era muito poderosa" e que "não lhe dava mais tréguas", decidindo buscar tratamento na região lacustre de sua cidade natal.

Além disso, artigo de *O Repórter*, datado de 19 de junho de 1879 e assinado por "R.", identificou a "tísica" como a causa do falecimento de Celso. Tísica era uma expressão utilizada no jargão médico para o diagnóstico de manifestações clínicas posteriormente identificadas como tuberculose. De forma similar, Fran Paxeco anotou que, "apesar das notícias veiculadas à época darem uma febre perniciosa como causa do óbito de Magalhães, era há bastante tempo tuberculoso", combatendo a doença através dos cuidados dos "médicos e amigos Augusto Roxo e Correia Leal".

Observo que relativas ao ano de 1877, há fontes que registram o afastamento de Celso das funções de promotor público por motivo de doença. Ainda que não especifique qual a sua enfermidade, indicam, a meu ver, já estar Magalhães com a saúde fragilizada,

---

196 LOPES, A. Celso Magalhães. *A Pacotilha*. São Luís, p. 2, 19 nov. 1917b.

tanto que o levou a deixar temporariamente seu trabalho. Uma dessas fontes é o ofício que Celso Magalhães enviou ao presidente da província, "comunicando que encontra-se doente e está deixando o cargo de promotor público da capital", datado de 5 de setembro daquele ano. Um dia depois, conforme veiculado no *Diário do Maranhão*, "o Tribunal do Júri da capital não funcionou, por estar o promotor Celso de Magalhães doente e não ter comparecido".

Independentemente da real natureza da doença de Celso e se foi ela majorada pelas decepções profissionais, o certo é que faleceu em 9 de junho de 1879, em São Luís. O *Livro de Registro de Óbitos da Freguesia de São João Batista da Capital* anotou que Celso recebeu as homenagens típicas do catolicismo, sendo sepultado no Cemitério da Misericórdia, na capital da província. Já a certidão de óbito registrou, ainda, não ter deixado Magalhães filhos ou testamento.

A notícia da morte de Celso Magalhães foi publicada em diferentes periódicos do Maranhão e do Rio de Janeiro, quase sempre destacando ter ocorrido o óbito repentinamente. No que se relaciona à capital do Império, localizei na pesquisa notas sobre o falecimento de Celso Magalhães veiculadas na *Gazeta da Noite*, n'*O Repórter*, no *Monitor Campista*, n'*O Apóstolo* e no *Jornal do Commercio*, todas na semana subsequente à morte.

Nos meses que sucederam ao falecimento, alguns jornais veicularam artigos em homenagem ao personagem, inclusive com a (re)composição de sua biografia. Dentre essas homenagens, entendo que três foram as mais relevantes, sobretudo pela quantidade de informações apresentadas sobre a vida do ex-promotor: o artigo publicado por Rangel de Sampaio na *Gazeta de Notícias* do Rio de Janeiro, a homenagem prestada pelo periódico carioca *O Mequetrefe* e o texto de Alfredo Saldanha veiculado na folha maranhense *O Paiz*.

No entanto, as principais representações em torno de Celso Magalhaes seriam construídas no século seguinte, elegendo o personagem como referência para diferentes campos. Uma vida de apenas 29 anos seria apropriada por discursos que, quase sempre inconstantes e mesmo arbitrários, seguiram distintas direções.

CONCLUSÃO

Desejo, antes de descer à cova,
escrever qualquer coisa cujo efeito
passe além do desejável [...].
Almejo só causar algum espanto.
As intenções que eu tenho são sublimes,
mas não sei se ao fim, ao qual aspiro, chegarei.

Celso Magalhães

Era um final de tarde de junho. Carregado por seis *crioulos*, o caixão de Celso Magalhães deixou o sobrado onde o ex-promotor havia residido em São Luís, situado na Rua das Hortas. O ataúde foi colocado sobre uma imponente carruagem negra, guiada por um elegante cocheiro e movida por dois cavalos vistosos, de guizos no pescoço e plumas na cabeça. Desde o início do percurso, além de outras carruagens, um grande número de pessoas seguiu o cortejo, que se projetou pelas vias da cidade, superando lentamente o Largo da Cadeia, a Rua dos Afogados e o Largo do Quartel. A princípio, o silêncio marcou a procissão fúnebre. Ouvia-se somente o barulho das ferraduras dos cavalos e das rodas das carruagens colidindo contra as pedras do caminho.

No percurso até o Cemitério da Misericórdia, outros se juntaram ao funeral. Eram professores, deputados, senadores, jornalistas, poetas, comerciantes, alunos do Liceu, todos com semblante de imenso pesar. Muitos dos que seguiram o corpo de Celso eram negros. Vinham na calda da multidão, sem que ninguém os tivesse convidado.

O cortejo alcançou o cemitério nas primeiras sombras da noite. Nesse momento, a massa de pessoas era composta em sua grande maioria por homens e mulheres negros. O silêncio que marcara o trajeto não mais existia. O choro dos pedestres mesclou-se aos comentários sobre a verdadeira causa da morte de Magalhães. Em meio aos lamentos, manifestações mais exaltadas clamaram por justiça.

O enterro foi concluído. As carruagens desapareceram, seguindo diferentes rotas. Já a multidão de andarilhos permaneceu em frente ao túmulo, inicialmente atônita, como se procurasse algum sentido para si mesma.

Aos poucos, as conversas desencontradas convergiram para uma única direção. Apelidado de "Barão", um negro já idoso tomou a dianteira. Gritou palavras de ordem e proferiu discurso que fez todos lembrarem da maior liderança negra já conhecida no Maranhão, Cosme Bento das Chagas, comandante dos escravos insurretos na Balaiada. Pela honra dos negros, era preciso ir atrás de quem matou Celso Magalhães... Era fundamental, para isso, retornar à Rua São João...

O amontoado de negros seguiu uma rota certa, avançando sobre a Rua do Norte e a Rua da Misericórdia. No caminho, muitos decidiram se armar. Juntaram paus, pedras, pedaços de ferro, navalhas e facas. Para seu ato final, a turba aglomerou-se no Largo da Igreja de São João, em frente ao sobrado da família Ribeiro. A vingança de Celso se daria no mesmo local do martírio do escravinho Inocêncio, porém, dessa vez, o sangue derramado seria o de Carlos Fernando Ribeiro e sua esposa.

O plano não foi executado. A desforra foi impedida pela cavalaria do Corpo de Polícia, que rapidamente chegou ao local e, munida de lanças afiadas, travou um embate mortal com a massa de negros. Durou pouco o confronto, gerando danos para ambos os lados. A multidão foi dispersada e o casarão mantido intacto. No centro do campo de guerra, permaneceu apenas o corpo do líder negro. O Barão jazia morto sobre uma poça de sangue...

A narração acima descrita é inverídica. Foi construída pelo romancista Josué Montello nas páginas d'*Os tambores de São Luís*. A versão apoteótica do funeral de Celso Magalhães não existiu.

O velório e o sepultamento de Celso Magalhães foram bastante simples. O falecimento repentino fez com que boa parte dos amigos e familiares não pudesse vir do interior da província, como registrado na imprensa. Por outro lado, a situação econômica de sua família impedia rituais mais pomposos. Por certo, seu enterro não passou de uma modesta solenidade religiosa.

Nunca houve uma multidão seguindo seu caixão. Os negros não se organizaram nem se rebelaram em seu nome. O sangrento embate entre a turba de negros e a força policial é igualmente fictício, como também imaginário é o personagem do Barão.

Para além da liberdade literária do romancista, que nada – ou muito pouco – deve à realidade dos fatos, entendo que a ficção construída por Montello representa o desenlace que o autor gostaria de dar à trajetória de Celso Magalhães. Serve enquanto desfecho ideal não apenas para o personagem construído n'*Os tambores*, mas para a vida do homem de carne e osso narrada pelo literato.

No romance, Celso não poderia ter seus últimos momentos associados à derrota como promotor, à demissão, ao empobrecimento, à doença e, por fim, à uma morte repentina. Mesmo após o falecimento do personagem, era preciso construir uma peripécia. Nesse sentido, creio que Montello intercruzou algumas das principais referências que tinha sobre Celso, concentrando-as, a partir do funeral do promotor, no epílogo criado para o romance.

Alguns desses referenciais: o imediato reconhecimento da sociedade à importância de Celso Magalhães, destacando-se autoridades da província e do Império a compor seu cortejo; a consciência dos negros e negras de que morrera um dos maiores representantes do abolicionismo no Maranhão, somando-se igualmente à massa que formava a procissão; o surgimento de uma liderança capaz de reavivar a história de batalhas dos escravos da província, trazendo de volta o espírito do Negro Cosme; a conformação de interesses dos negros e a decisão de, em nome de Magalhães, agir violentamente contra membros da elite escravocrata; e, finalmente, a coragem e a ousadia dos negros que resistiram à força policial, lutando por seu objetivo até quando possível, ainda que com o sacrifício definitivo de seu líder. Percebo todos esses elementos compondo a alternativa criada literariamente por Montello para dar o devido sentido à vida (e à morte) de Celso Magalhães.

A versão ficcional serve ainda como desfecho ideal para o "crime da baronesa de Grajaú". Não por coincidência, o casal Ribeiro foi eleito pela turba de negros como responsável pela morte de seu defensor. De forma igualmente relevante, o cenário da luta final foi o próprio sobrado no qual Inocêncio morreu. Não poderia existir palco simbolicamente mais privilegiado para esse confronto.

Se o crime da baronesa acabaria representado como síntese do embate entre escravismo e abolicionismo no Maranhão oitocentista, o desenlace imaginado por Montello possibilitou a reencenação daquele conflito. Dessa vez, a contenda não mais seria intermediada pela formalidade e pelos rituais da Justiça ou pelos personagens que atuaram na polêmica ação criminal. Afastaram-se os magistrados, os promotores, os advogados, as testemunhas e a ré. O confronto era direto e, por isso mesmo, elevado a outro patamar. A multidão de negros confrontou uma força policial que representava as elites. Por fim, tal como na absolvição de Ana Rosa Viana Ribeiro, reiterou-se a vitória do escravismo, mas não sem uma concreta demonstração de organização e de destemor pelos negros.

Montello desejou a morte de Celso Magalhães como algo repleto de significado, inclusive quanto a suas repercussões mais imediatas. Mas os acontecimentos foram bem outros.

Após seu falecimento, uma memória sobre Magalhães foi sendo paulatinamente construída, e mesmo assim de maneira descontínua e disforme. Para além das homenagens que recebeu de amigos e familiares contemporaneamente à sua morte, apenas nas primeiras décadas do século XX o campo literário começou a se interessar pela vida e pela obra de Celso. Sua ideologia abolicionista e seu pioneirismo em áreas como o estudo da cultura popular passaram a ser encarados como referências para a literatura maranhense e nacional.

Décadas depois, já nos últimos anos do século passado, foi o campo jurídico que se apossou do personagem. Celso Magalhães foi (e é) apresentado como promotor destemido e justo, tendo sacrificado sua carreira e sua própria saúde na defesa da causa abolicionista.

A pluralidade de referências a Celso contribuiu para a patrimonialização de seu nome. Literatos, jornalistas, políticos e juristas procuraram se apropriar de Celso Magalhães, transmutando seus supostos atributos e feitos na valorização de instituições de cunho acadêmico e jurídico, com destaque para a Academia Maranhense de Letras e para o Ministério Público do Estado do Maranhão.

A despeito dos exageros, das inventividades e das manipulações que marcaram parte das representações construídas sobre Celso Magalhães, entendo que a trajetória do personagem serve como relevante argumento para o debate acerca de algumas das nuances do Brasil Império. Nesse sentido, sua história de vida, ou pelo menos alguns recortes de seu percurso, imbricam-se com a história do escravismo na segunda metade do século XIX, da contestação do cativeiro e dos usos da Justiça pública para o tensionamento entre o direito de escravos e libertos e a manutenção de privilégios das elites.

É preciso, porém, encarar a biografia de Magalhães afastando-se de extremos. Sua existência não pode ser reduzida à vida de um sujeito-tipo, cuja trajetória espelhou um contexto. Por outro lado, não possuiu Celso uma experiência autônoma, como se pudesse estar desvinculado de elementos que influenciaram suas ideologias e seu comportamento. É necessário cuidado, ainda, para que os diferentes fatos da vida do personagem não sejam interpretados como o tracejado de um percurso linear e marcado, desde sempre, por um sentido.

A atuação do promotor no "crime da baronesa" não pode se afastar dessa cautela. Se o que ficou averbado naquele processo foi a oposição entre argumentos de diferentes matizes, o que esteve em julgamento foi algo bem mais complexo que o delito. Em meados da década de 1870, julgar uma senhora da elite pela violência executada contra um escravo era uma questão tão delicada quanto ruidosa. Não por outro motivo, a acusação contra Ana Rosa repercutiu imediatamente em diferentes províncias e na Corte do Império, bem como, conforme mencionado, serviu ao embate entre agremiações políticas adversárias.

  O veredito dos jurados sobre o "crime da baronesa" foi mais um elemento a demonstrar os usos da Justiça por uma elite social e politicamente preparada para (re)produzir seus valores e suas hierarquias. Ainda não era o tempo de superar essa infâmia. Talvez algum dia seja.

REFERÊNCIAS

BIBLIOGRAFIA:

ABRANCHES, Dunshee de. (1941) **O cativeiro**. 2. ed. São Luís: Alumar, 1992.

ALMEIDA, Alfredo Wagner Berno de. **A ideologia da decadência**: leitura antropológica a uma história de agricultura do Maranhão. 2. ed. Rio de Janeiro: Casa 8; Fundação Universidade do Amazonas, 2008.

ALMEIDA, José Eulálio Figueiredo de. **O crime da baronesa**. 3. ed. São Luís: Lithograf, 2009.

ALONSO, Ângela. **Flores, votos e balas**: o movimento abolicionista brasileiro (1868-88). São Paulo: Companhia das Letras, 2015.

_____. **Joaquim Nabuco**: os salões e a rua. São Paulo: Companhia das Letras, 2007.

AMARAL, José Ribeiro do. Biografias. In: Instituto Histórico Geográfico Brasileiro – IHGB. **Dicionário histórico, geográfico e etnográfico do Brasil**. Rio de Janeiro: Imprensa Nacional, 1922, p. 309-312.

_____. **O Maranhão histórico**: artigos de jornal (1911-1912). São Luís: Instituto Geia, 2003.

AMARAL, Sharyse Piroupo do. **Escravidão, liberdade e resistência em Sergipe**: Cotinguiba, 1860-1888. 2007. Tese (Doutorado em História) – Faculdade de Filosofia e Ciências Humanas, Universidade Federal da Bahia, Salvador, BA.

ARANHA, José Pereira da Graça. (1931) **O meu próprio romance**. 4. ed. São Luís: Alumar, 1996.

ARAÚJO, Mundinha. **Insurreição de escravos em Viana, 1867**. 3. ed. São Luís [s.n.], 2014.

ARENDT, Hannah. **Correspondance (1926-1969)**. Paris: Payot, 1996.

ASSUNÇÃO, Matthias Röhrig. Exportação, mercado interno e crises de subsistência numa província brasileira: o caso do Maranhão (1800-1860). In: CARVALHO, Claunísio Amorim; CARVALHO, Germana Costa Queiroz (Orgs.). **Pergaminho maranhense**: estudos históricos. São Luís: Café & Lápis, 2010, p. 143-183.

BARROSO JUNIOR, Reinaldo Santos. **Nas rotas do atlântico equatorial**: tráfico de escravos rizicultores da Alta-Guiné para o Maranhão (1770-1800). 2009. Dissertação (Mestrado em História) – Universidade Federal da Bahia, Salvador, BA.

BEVILÁQUA, Clóvis. **História da Faculdade de Direito do Recife**, v. I. Rio de Janeiro: Livraria Francisco Alves, 1927a.

_____. **História da Faculdade de Direito do Recife**, v. II. Rio de Janeiro: Livraria Francisco Alves, 1927b.

BITENCOURT, João Batista. Um agitador nos trópicos: Fran Paxeco e o Maranhão: subsídios históricos e corográficos. In: **Historiografia maranhense**: dez ensaios sobre historiadores e seus tempos. GALVES, Marcelo Cheche; BITENCOURT, João Batista (Orgs.). São Luís: Editora da UEMA; Café & Lápis, 2014, p. 151-167.

BLAKE, Augusto Victorino Alves Sacramento. **Dicionário bibliográfico brasileiro**, v. 3. Rio de Janeiro: Imprensa Nacional, 1895.

_____. **Dicionário bibliográfico brasileiro**, v. 4. Rio de Janeiro: Imprensa Nacional, 1898.

BORRALHO, José Henrique de Paula. **Terra e céu de nostalgia**: tradição e identidade em São Luís do Maranhão. São Luís: Café & Lápis, 2011.

BOURDIEU, Pierre. Condição de classe e posição de classe. In: AGUIAR, Neuma (Org.). **Hierarquias em classes**. Rio de Janeiro: Zahar, 1974, p. 51-76.

_____. **A distinção**: crítica social do julgamento. 2. ed. Porto Alegre: Zouk, 2013.

_____. A ilusão biográfica. In: _____. **Razões práticas**: sobre a teoria da ação. 11. ed. São Paulo: Papirus, 2011, p. 74-82.

_____. **O poder simbólico**. 5. ed. Rio de Janeiro: Bertrand Brasil, 2002.

BURNETT, José Carlos Lago. Discurso de posse na Academia Maranhense de Letras. **Revista da Academia Maranhense de Letras**. São Luís, ano 80, v. 18, p. 25-31, 1998.

CABRAL, Maria do Socorro Coelho. **Caminhos do gado**: conquista e ocupação do sul do Maranhão. São Luís: SECMA, 1992.

CAMPOS, Adriana Pereira. Magistratura leiga no Brasil independente: a participação política municipal. In: CARVALHO, José Murilo de; PEREIRA, Miriam Halpern; RIBEIRO, Gladys Sabina; VAZ, Maria João (Orgs.). **Linguagens e fronteiras do poder**. Rio de Janeiro: FGV, 2011, p. 257-279.

_____. **Nas barras dos tribunais:** direito e escravidão no Espírito Santo do século XIX. 2003. Tese (Doutorado em História Social) – Universidade Federal do Rio de Janeiro, Rio de Janeiro, RJ.

CAMPOS, Humberto de. Pontes Visgueiro. In: _____. **Destinos**. São Paulo: Opus, 1983, p. 174-177.

CAMPOS, Rafael Ramos. **Elites em guarda**: composição e atuação político-militar dos agentes da Guarda Nacional do Maranhão (1839-1855). 2013. Dissertação (Mestrado em Ciências Sociais) – Universidade Federal do Maranhão, São Luís, MA.

CANDIDO, Antônio. **Um funcionário da monarquia**: ensaio sobre o segundo escalão. Rio de Janeiro: Ouro Sobre Azul, 2002.

CANTANHÊDE, Washington. **Celso Magalhães**: um perfil biográfico. São Luís: Associação do Ministério Público do Estado do Maranhão, 2001.

CARBONI, Florence; MAESTRI, Mário. **A língua escravizada**: língua, história, poder e luta de classes. São Paulo: Expressão Popular, 2003.

CARDOSO, Patrícia Raquel Lobato Durans. **Lobo x Nascimento na "Nova Atenas"**: literatura, história e polêmicas dos intelectuais maranhenses na Primeira República. 2013. Dissertação (Mestrado em História Social) – Universidade Federal do Maranhão, São Luís, MA.

CARVALHO, José Murilo de. **A construção da ordem**: a elite política imperial. **Teatro de sombras**: a política imperial. 8. ed. Rio de Janeiro: Civilização Brasileira, 2013.

CASCUDO, Luís da Câmara. (1944) **Antologia do folclore brasileiro**, v. 1, 9. ed. São Paulo: Global, 2003.

CASTEL, Robert. Os médicos e os juízes. In: FOUCAULT, Michel. **Eu, Pierre Rivière, que degolei minha mãe, minha irmã e meu irmão**. 6. ed. Rio de Janeiro: Graal, 2000, p. 259-275.

CHAGAS, José. **Apanhados do chão**. São Luís: Edufma, 1994.

_____. **Os azulejos do tempo**: patrimônio da humana idade. São Luís: Sotaque Norte, 1999.

_____. O crime da baronesa ou a baronesa do crime. In: ALMEIDA, José Eulálio Figueiredo de. **O crime da baronesa**. 3. ed. Lithograf: São Luís, 2009, p. 23-28.

CHARTIER, Roger. Introdução: por uma sociologia histórica das práticas culturais. In: _____. **A história cultural**: entre práticas e representações. Lisboa: Difusão Editorial, 1990, p. 13-28.

COE, Agostinho Júnior Holanda. Higienizar para civilizar: a emergência de um discurso higienista em São Luís no século XIX. In: FARIA, Regina Helena Martins de; COELHO, Elizabeth Maria Beserra (Orgs.). **Saberes e fazeres em construção**: Maranhão, séculos XIX-XXI. São Luís: Edufma, 2011, p. 11-33.

_____. Questões de higiene pública? debates acerca de um bom cemitério nos periódicos ludovicense do século XIX. In: GALVES, Marcelo Cheche; COSTA, Yuri (Orgs.). **O Maranhão oitocentista**. 2. ed. São Luís: Editora da UEMA; Café & Lápis, 2015, p. 117-148.

CONNIFF, Michael L. A elite nacional. In: HEINZ, Flávio M. (Org.). **Por outra história das elites**. Rio de Janeiro: FGV, 2006, p. 99-121.

CORRÊA, Mariza. **As ilusões da liberdade**: a Escola Nina Rodrigues e a antropologia no Brasil. 2. ed. Bragança Paulista: Fapesp/Universidade São Francisco/CDAPH, 2001.

COSTA, Flaviano Menezes da. **Moradas e memórias**: o valor patrimonial das residências da São Luís antiga através da literatura. São Luís: Edufma, 2015a.

COSTA, Yuri. Criminalidade escrava: fala da civilização e urro bárbaro na Província do Maranhão. In: Wagner Cabral da Costa (Org.). **História do Maranhão**: novos estudos. São Luís: Edufma, 2004, p. 113-142.

_____. Os (des)caminhos da democracia: hierarquias sociais e direitos de cidadania no Brasil do século XIX. In: GONÇALVES, Cláudia Maria da Costa; JESUS, Thiago Allisson Cardoso de; COSTA, Yuri (Orgs.). **Biodiversidade, democracia e direitos humanos**. Rio de Janeiro: Lumen Juris, 2016, p. 213-246.

_____. Entre barões e escravos: agonia e morte de Celso Magalhães. In: COSTA, Yuri; GALVES, Marcelo Cheche (Orgs.). **Maranhão**: ensaios de biografia e história. São Luís: Editora da UEMA; Café & Lápis, 2011, p. 102-119.

_____. Por um conceito de elite judiciária no Maranhão do século XIX. In: CURY, Cláudia Engler; GALVES, Marcelo Cheche; FARIA, Regina Helena Martins de (Orgs.). **O império do Brasil**: educação, impressos e confrontos sociopolíticos. São Luís: Editora da UEMA; Café & Lápis, 2015b, p. 263-288.

_____. A transmutação da fala: uso e desuso de testemunhos de escravos nos tribunais do Maranhão imperial. In: GALVES, Marcelo Cheche; COSTA, Yuri (Orgs.). **O Maranhão oitocentista**. 2. ed. São Luís: Editora da UEMA; Café & Lápis, 2015c, p. 269-302.

COSTA, Yuri; GALVES, Marcelo Cheche. **O Epaminondas Americano**: trajetórias de um advogado português na Província do Maranhão. São Luís: Editora da UEMA; Café & Lápis, 2011.

COUTINHO, Afrânio; SOUSA, José Galante de. **Enciclopédia de literatura brasileira**, v. 2. Rio de Janeiro: Biblioteca Nacional; ABL, 2001.

COUTINHO, Milson. **Fidalgos e barões**: uma história da nobiliarquia luso-maranhense. São Luís: Instituto Geia, 2005.

_____. **História do Tribunal de Justiça do Maranhão**: Colônia, Império, República. São Luís: SECMA; Rio de Janeiro: Civilização Brasileira, 1982.

CRUZ, Mariléia Santos. **Escravos, forros e ingênuos em processos educacionais e civilizatórios na sociedade escravista do Maranhão no século XIX**. 2008. Tese (Doutorado em Educação) – Universidade Estadual Paulista Júlio de Mesquita Filho, Araraquara, SP.

CUNHA, Cleones Carvalho. **O Poder Judiciário do Maranhão**: subsídios para a história do recrutamento de juízes e da organização judiciária. São Luís: Academia Maranhense de Letras Jurídicas, 2002.

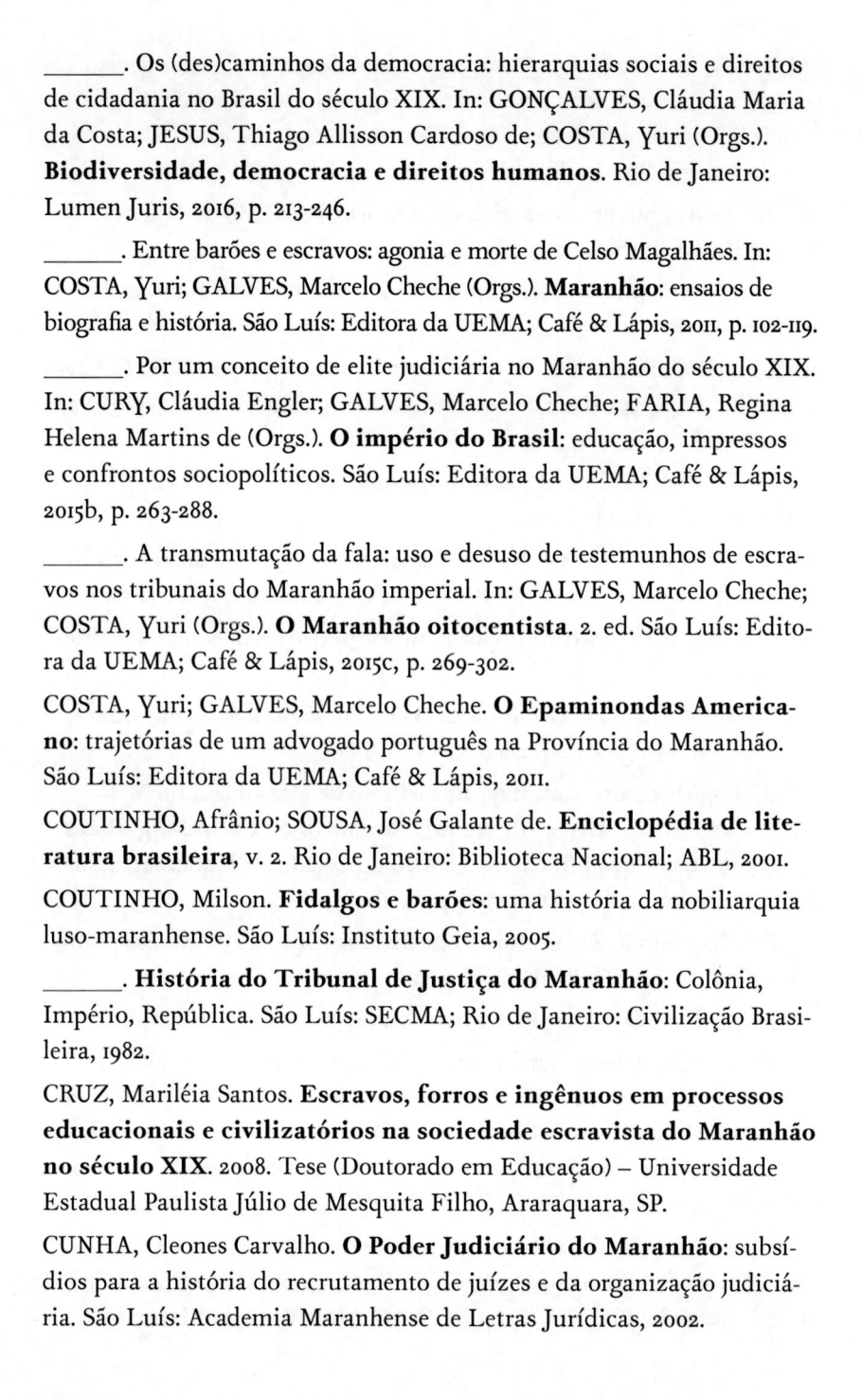

DARONCO, Leandro Jorge. **Campos esquecidos**: experiências sociais de cativeiro em uma zona rural e fronteiriça – Norte e Noroeste do Rio Grande do Sul, 1840-1888. 2012. Tese (Doutorado em História) – Universidade do Vale do Rio dos Sinos, São Leopoldo, RS.

DE CERTEAU, Michel. **A escrita da história**. 2. ed. Rio de Janeiro: Forense Universitária, 2008.

_____. **A invenção do cotidiano**, v. 1. Artes de fazer. Petrópolis: Vozes, 1994.

DIAS, Maria Odila Silva. A interiorização da metrópole. In: MOTA, Carlos Guilherme (Org.). **1822**: dimensões (1808-1853). São Paulo: Perspectiva, 1986, p. 160-184.

DOLHNIKOFF, Miriam. **O pacto imperial**: origens do federalismo no Brasil. São Paulo: Globo, 2005.

DOTTI, René Ariel. O caso Pontes Visgueiro. In: _____. **Casos criminais célebres**. 2. ed. São Paulo: Revista dos Tribunais, 1999, p. 32-50.

DUTRA, Pedro. **Literatura jurídica no Império**. 2. ed. Rio de Janeiro: Padma, 2004.

ELIAS, Norbert; SCOTSON, John L. **Os estabelecidos e os outsiders**. Rio de Janeiro: Jorge Zahar, 2000.

EULÁLIO, Alexandre. Carranquinhas: Celso de Magalhães. In: MORAES, Jomar (Org.). **Livro do sesquicentenário de Celso Magalhães (1849-1999)**. São Luís: Ministério Público do Estado do Maranhão; Academia Maranhense de Letras, 1999, p. 32-40.

FAORO, Raymundo. **Os donos do poder**: formação do patronato político brasileiro. 3. ed. São Paulo: Globo, 2001.

FARGE, Arlette. **O sabor do arquivo**. São Paulo: Edusp, 2009.

FARIA, Regina Helena Martins de. Confrontos e encontros sociais: policiamento e escravidão em São Luís nos anos de 1830. In: CURY, Cláudia Engler; GALVES, Marcelo Cheche; FARIA, Regina Helena Martins de (Orgs.). **O império do Brasil**: educação, impressos e confrontos sociopolíticos. São Luís: Café & Lápis; Editora da UEMA, 2015a, p. 361-386.

_____. Descortinando o Maranhão oitocentista. In: COELHO, Mauro Cézar; GOMES, Flávio dos Santos; QUEIROZ, Jonas Marçal; MARIN, Rosa E. Acevedo; PRADO, Geraldo (Orgs.). **Meandros da história**:

trabalho e poder no Pará e no Maranhão, séculos XVIII e XIX. Belém: UNAMAZ, 2005, p. 231-247.

_____. Escravos, livres pobres, índios e imigrantes e estrangeiros nas representações das elites do Maranhão oitocentista. In: COSTA, Wagner Cabral da (Org.). **História do Maranhão**: novos estudos. São Luís: Edufma, 2004, p. 81-111.

_____. Gênese do policiamento preventivo no Maranhão: um breve histórico. In: GALVES, Marcelo Cheche; COSTA, Yuri (Orgs.). **O Maranhão oitocentista**. 2. ed. São Luís: Editora da UEMA; Café & Lápis, 2015b, p. 81-115.

_____. **Mundos do trabalho no Maranhão oitocentista**: os descaminhos da liberdade. São Luís: Edufma, 2012.

FERREIRA, Márcia Milena Galdez. Epidemia de varíola em São Luís: amálgama de crenças, saberes e fazeres. In: FARIA, Regina Helena Martins de; COELHO, Elizabeth Maria Beserra (Orgs.). **Saberes e fazeres em construção**: Maranhão, séculos XIX-XXI. São Luís: Edufma, 2011a, p. 35-66.

FERREIRA, Ricardo Alexandre. **Crimes em comum:** escravidão e liberdade sob a pena do Estado imperial brasileiro (1830-1888). São Paulo: Unesp, 2011b.

FOUCAULT, Michel. **A arqueologia do saber**. Rio de Janeiro: Forense Universitária, 2000.

_____. **Em defesa da sociedade:** curso no Collège de France (1975-1976). São Paulo: Martins Fontes, 1999.

_____. **Microfísica do poder**. 3. ed. Rio de Janeiro: Graal, 1982.

_____. **O nascimento da clínica**. Rio de Janeiro: Forense Universitária, 1977.

_____. **A ordem do discurso**: aula inaugural no Collège de France, pronunciada em 2 de dezembro de 1970. 9. ed. São Paulo: Loyola, 2003.

_____. **A verdade e as formas jurídicas**. 3. ed. Rio de Janeiro: NAU, 2002.

FREYRE, Gilberto. (1957) **Ordem e progresso**, t. I. 3. ed. Rio de Janeiro: José Olympio; Brasília: INL, 1974.

GAMA, Décio Xavier. A baronesa e o instrumento do seu crime. **Revista da EMERJ**, v. 7, n. 26, p. 5-6, 2004.

GARCIA NETO, Paulo Macedo. O Poder Judiciário no crepúsculo do Império, 1871-1889. In: LOPES, José Reinaldo de Lima (Org.). **O Supremo Tribunal de Justiça do Império, 1828-1889**. São Paulo: Saraiva, 2010, p. 105-138.

GINZBURG, Carlo. O inquisidor como antropólogo. In: _____. **O fio e os rastros**: verdadeiro, falso e fictício. São Paulo: Companhia das Letras, 2007a, p. 280-292.

_____. Latitudes, escravos e a Bíblia: um experimento em micro-história. **ArtCultura**. Uberlândia, v. 9, n. 15, jul.-dez., p. 85-98, 2007b.

_____. Provas e possibilidades à margem de "Il ritorno de Martin Guerre" de Natalie Zemon Davis. In: _____ (Org.). **A micro-história e outros ensaios**. Lisboa: DIFEL; Rio de Janeiro: Bertrand Brasil, 1989a, p.179-202.

_____. Sinais: raízes de um paradigma indiciário. In: _____. **Mitos, emblemas e sinais:** história e morfologia. 2. ed. São Paulo: Companhia das Letras, 1989b, p. 147-181.

GOFFMAN, Erving. **Estigma**: notas sobre a manipulação da identidade deteriorada. 4. ed. Rio de Janeiro, LTC, 1988.

GOMES, Elisângela Pereira. **O mestiço nas obras de Celso Magalhães e Aluísio Azevedo**. 2007. Monografia (Graduação em História) – Universidade Estadual do Maranhão, São Luís, MA.

GOMES, Flávio dos Santos. **A hidra e os pântanos**: quilombos e mocambos no Brasil (séculos. XVII-XIX). 1997. Tese (Doutorado em História) – Universidade Estadual de Campinas, Campinas, SP.

_____. **Histórias de quilombolas**: mocambos e comunidades de senzalas no Rio de Janeiro, século XIX. Rio de Janeiro: Arquivo Nacional, 1995.

GOUVÊA, Maria de Fátima Silva. **O império das províncias**: Rio de Janeiro (1822-1889). Rio de Janeiro: Civilização Brasileira, 2008.

GRAHAM, Richard. **Clientelismo e política no Brasil do século XIX**. Rio de Janeiro, UFRJ, 1997.

GRINBERG, Keila. Alforria, direito e direitos no Brasil e nos Estados

Unidos. **Estudos Históricos**. Rio de Janeiro, n. 27, p. 63-83, 2001.

_____. **O fiador dos brasileiros**: cidadania, escravidão e direito civil no tempo de Antônio Pereira Rebouças. Rio de Janeiro: Civilização Brasileira, 2002.

GUIMARÃES, Maria Regina Cotrim. Chernoviz e os manuais de medicina popular no Império. **História, Ciências, Saúde**. Manguinhos, v. 12, n. 2, p. 501-514, maio-ago. 2005.

HEINZ, Flávio M. O historiador e as elites: à guisa de introdução. In: HEINZ, Flávio M. (Org.). **Por outra história das elites**. Rio de Janeiro: FGV, 2006, p. 7-15.

HESPANHA, Antônio Manuel. As cores e a instituição da ordem no mundo do antigo regime. **Phronesis**: Revista do Curso de Direito da FEAD, n. 6, p. 9-24, jan./dez. 2010.

HOLANDA, Sérgio Buarque de. (1936) **Raízes do Brasil**. 26. ed. São Paulo: Companhia das Letras, 1995.

JACINTO, Cristiane Pinheiro dos Santos. Fazendeiros, negociantes e escravos: dinâmica e funcionamento do tráfico interprovincial de escravos no Maranhão (1846-1885). In: GALVES, Marcelo Cheche; COSTA, Yuri (Orgs.). **O Maranhão oitocentista**. 2. ed. São Luís: Editora da UEMA; Café & Lápis, 2015, p. 241-267.

_____. **Laços e enlaces**: relações de intimidade de sujeitos escravizados, São Luís, século XIX. São Luís: Edufma: 2008.

JOHANN, Karyne. **Escravidão, criminalidade e justiça no Sul do Brasil**: Tribunal da Relação de Porto Alegre (1874-1889). 2006. Dissertação (Mestrado em História) – Pontifícia Universidade Católica do Rio Grande do Sul, Porto Alegre, RS.

KOZIMA, José Wanderley. Instituições, retórica e o bacharelismo no Brasil. In: WOLKMER, Antônio Carlos. **Fundamentos da história do direito**. 4. ed. Belo Horizonte: Del Rey, 2009, p. 366-385.

LACHAISE, Claude. **Les médecins de Paris jugés par leurs oeuvres**. Paris: Chez L'Auteur, 1845.

LACROIX, Maria de Lourdes Lauande. **A fundação francesa de São Luís e seus mitos**. 2. ed. São Luís: Lithograf, 2002.

LEANDRO, Eulálio de Oliveira. **Por trás da toga**: crime, violência e corrupção do desembargador Pontes Visgueiro. Imperatriz: Ética, 2000.

LEVI, Giovanni. **A herança imaterial**: trajetória de um exorcista no Piemonte do século XVII. Rio de Janeiro: Civilização Brasileira, 2000.

LIMA, Carlos de. **Caminhos de São Luís**: ruas, logradouros e prédios históricos. São Paulo: Siciliano, 2002.

_____. **História do Maranhão**, v. 2 (A monarquia). 2. ed. São Luís: Instituto Geia, 2008.

LIMA, Henrique Espada Rodrigues. **A micro-história italiana**: escalas, indícios e singularidades. Rio de Janeiro: Civilização Brasileira, 2006.

LIMA, Marcos Melo de. O trabalho como remição: os pretos pobres e o trabalho penal na cadeia pública de São Luís. In: FERREIRA, Márcia Milena Galdez; FERRERAS, Norberto O.; ROCHA, Cristiana Costa da (Orgs.). **Histórias sociais do trabalho**: usos da terra, controle e resistência. São Luís: Editora da UEMA; Café & Lápis, 2015, p. 183-217.

LISBOA, João Francisco. (1852-1854) **Jornal de Timon**: eleições na antiguidade, eleições na Idade Média, eleições na Roma Católica, Inglaterra, Estados Unidos, França, Turquia, partidos e eleições no Maranhão. Brasília: Senado Federal, 2004.

LOPES, Antônio. Celso Magalhães e Osório. In: _____. **Estudos diversos**. São Luís: SIOGE, 1973, p. 75-80.

LOPES, Daylana Cristina da Silva. **Direito e escravidão**: embates acerca da liberdade jurídica de escravos na Província do Maranhão (1860-1888). 2013. Dissertação (Mestrado em História Social) – Universidade Federal do Maranhão, São Luís, MA.

LOPES, José Reinaldo de Lima. Iluminismo e jusnaturalismo no ideário dos juristas na primeira metade do século XIX. In: JANCSÓ, István (Org.). **Brasil**: formação do estado e da nação. São Paulo: Hucitec; Fapesp, 2003, p. 195-218.

LORIGA, Sabina. A biografia como problema. In: REVEL, Jacques (Org.). **Jogos de escala**: a experiência da microanálise. Rio de Janeiro: FGV, 1998, p. 225-249.

LOUSADA, Wilson. Apresentação. In: MAGALHÃES, Celso de. **A poesia popular brasileira**. Rio de Janeiro: Biblioteca Nacional, 1973, p. 5-6.

LOVE, Joseph L.; BARICKMAN, Bert J. Elites regionais. In: HEINZ, Flávio

M. (Org.). **Por outra história das elites**. Rio de Janeiro: FGV, 2006, p. 77-97.

MACHADO, Maria Helena. **Crime e escravidão**: trabalho, luta e resistência nas lavouras paulistas (1830-1888). 2. ed. São Paulo: Edusp, 2014.

MAGALHÃES, Celso. (1870) Os calhambolas. Carranquinhas. In: MORAES, Jomar (Org.). **Livro do sesquicentenário de Celso Magalhães (1849-1999)**. São Luís: Ministério Público do Estado do Maranhão; Academia Maranhense de Letras, 1999, p. 49-154.

_____. (1873) **A poesia popular brasileira**. Rio de Janeiro: Biblioteca Nacional, 1973.

_____. **Versos**. São Luís: Tipografia Belarmino de Matos, 1870.

MAGNOLI, Demétrio. **Uma gota de sangue**: história do pensamento racial. São Paulo: Contexto, 2009.

MALHEIRO, Perdigão. (1866) **A escravidão no Brasil**: ensaio histórico, jurídico, social, v. 1. 3. ed. Petrópolis: Vozes, 1976.

MAMIGONIAN, Beatriz Gallotti. Razões de direito e considerações políticas: os direitos dos africanos no Brasil oitocentista em contexto atlântico. In: Universidade Federal do Rio Grande do Sul. **Encontro escravidão e liberdade no Brasil meridional**, 5, 2011. Porto Alegre: Universidade Federal do Rio Grande do Sul, 2011, p. 1-16.

MARANHÃO. Ministério Público do Estado. **Autos do processo-crime da baronesa do Grajaú**. Programa Memória Institucional do Ministério Público do Estado do Maranhão. São Luís: Procuradoria Geral de Justiça, 2009.

_____. Ministério Público do Estado. **Ministério Público do Estado do Maranhão**: fontes para sua história, v. 2 (Correspondência ativa dos promotores públicos do Império), Tomo 1: 1831-1841. São Luís: Procuradoria Geral de Justiça, 2004a.

_____. Ministério Público do Estado. **MP Memória**: edição comemorativa do lançamento do programa. Programa Memória Institucional do Ministério Público do Estado do Maranhão. São Luís: Procuradoria Geral de Justiça, 2004b.

_____. Ministério Público do Estado. **Ministério Público do Estado do Maranhão**: fontes para sua história, v. 1 (Marcos legais). São Luís: Procuradoria Geral de Justiça, 2003.

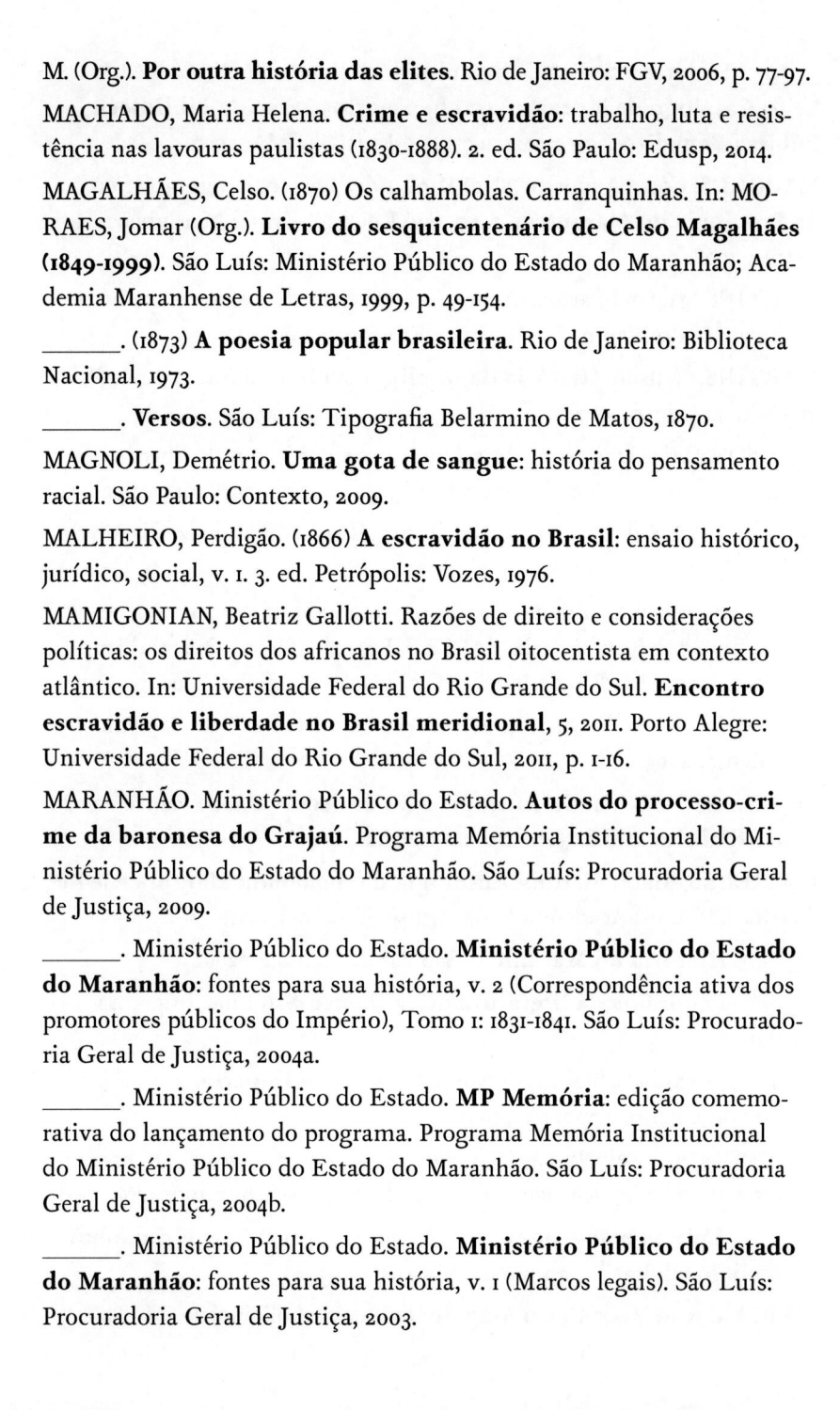

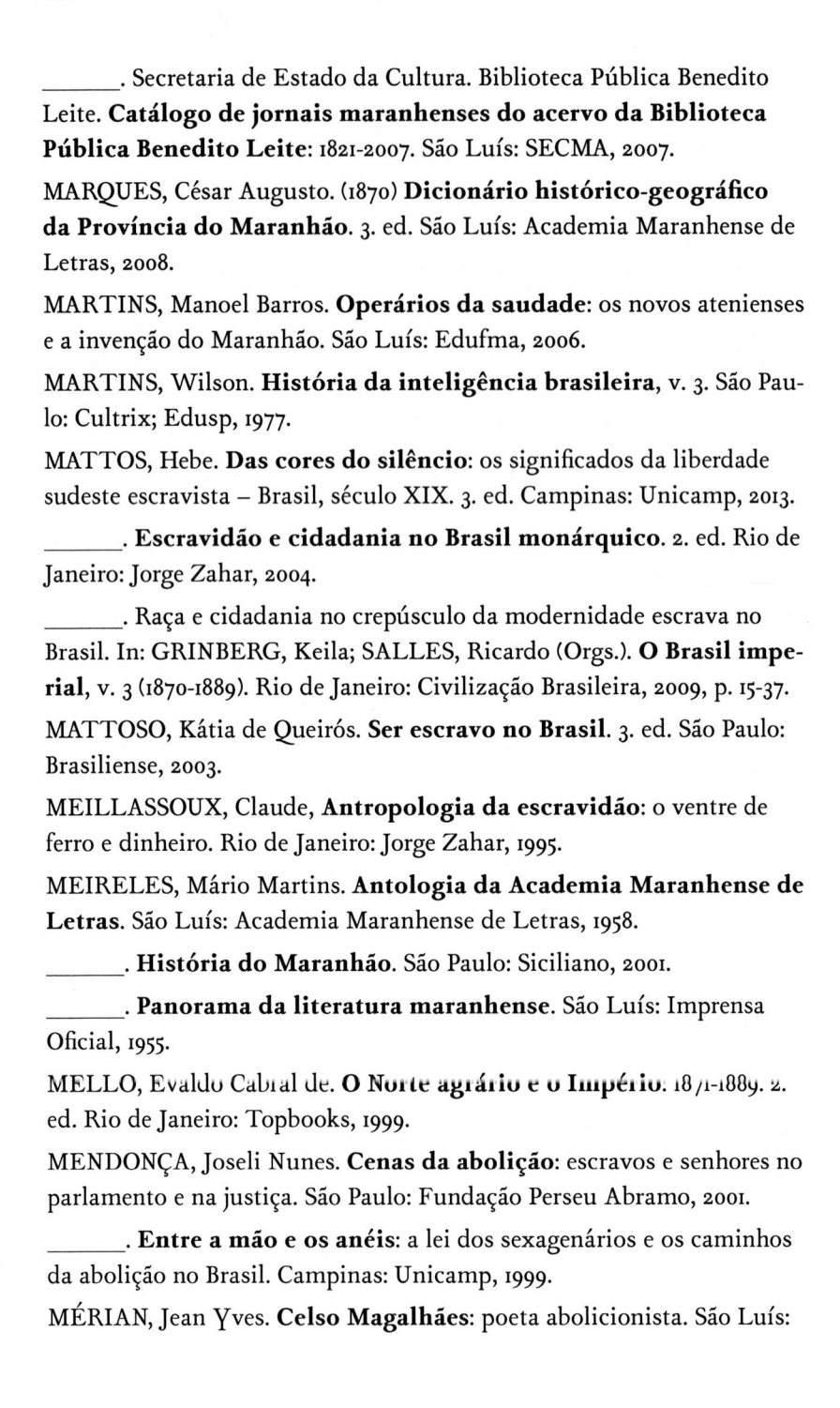

_____. Secretaria de Estado da Cultura. Biblioteca Pública Benedito Leite. **Catálogo de jornais maranhenses do acervo da Biblioteca Pública Benedito Leite**: 1821-2007. São Luís: SECMA, 2007.

MARQUES, César Augusto. (1870) **Dicionário histórico-geográfico da Província do Maranhão**. 3. ed. São Luís: Academia Maranhense de Letras, 2008.

MARTINS, Manoel Barros. **Operários da saudade**: os novos atenienses e a invenção do Maranhão. São Luís: Edufma, 2006.

MARTINS, Wilson. **História da inteligência brasileira**, v. 3. São Paulo: Cultrix; Edusp, 1977.

MATTOS, Hebe. **Das cores do silêncio**: os significados da liberdade sudeste escravista – Brasil, século XIX. 3. ed. Campinas: Unicamp, 2013.

_____. **Escravidão e cidadania no Brasil monárquico**. 2. ed. Rio de Janeiro: Jorge Zahar, 2004.

_____. Raça e cidadania no crepúsculo da modernidade escrava no Brasil. In: GRINBERG, Keila; SALLES, Ricardo (Orgs.). **O Brasil imperial**, v. 3 (1870-1889). Rio de Janeiro: Civilização Brasileira, 2009, p. 15-37.

MATTOSO, Kátia de Queirós. **Ser escravo no Brasil**. 3. ed. São Paulo: Brasiliense, 2003.

MEILLASSOUX, Claude, **Antropologia da escravidão**: o ventre de ferro e dinheiro. Rio de Janeiro: Jorge Zahar, 1995.

MEIRELES, Mário Martins. **Antologia da Academia Maranhense de Letras**. São Luís: Academia Maranhense de Letras, 1958.

_____. **História do Maranhão**. São Paulo: Siciliano, 2001.

_____. **Panorama da literatura maranhense**. São Luís: Imprensa Oficial, 1955.

MELLO, Evaldo Cabral de. **O Norte agrário e o Império**: 1871-1889. 2. ed. Rio de Janeiro: Topbooks, 1999.

MENDONÇA, Joseli Nunes. **Cenas da abolição**: escravos e senhores no parlamento e na justiça. São Paulo: Fundação Perseu Abramo, 2001.

_____. **Entre a mão e os anéis**: a lei dos sexagenários e os caminhos da abolição no Brasil. Campinas: Unicamp, 1999.

MÉRIAN, Jean Yves. **Celso Magalhães**: poeta abolicionista. São Luís:

Fundação Cultural do Maranhão, 1978.

MILLEGAN, Kris. **Fleshing out Skull & Bones**: investigations into America's most powerful secret society. Walterville: TrineDay, 2003.

MONSMA, Karl. História de violência: inquéritos policiais e processos criminais como fontes para o estudo de relações interétnicas. In: DEMARTINI, Zeila de Brito Fabri; TRUZZI, Mário Serra (Orgs.). **Estudos migratórios**: perspectivas metodológicas. São Carlos: EdUFSCar, 2005, p. 159-207.

MONTELLO, Josué. (1975) **Os tambores de São Luís**. 5. ed. Rio de Janeiro: Nova Fronteira, 1985.

MORAES, Evaristo de. **O caso Pontes Visgueiro**. Rio de Janeiro: Ariel, 1934.

MORAES, Jomar (Org.). **Livro do sesquicentenário de Celso Magalhães (1849-1999)**. São Luís: Ministério Público do Estado do Maranhão; Academia Maranhense de Letras, 1999.

MOREIRA, Paulo R. Staudt. Um promotor fora do lugar: justiça e escravidão no século XIX – Comarca de Santo Antônio da Patrulha, 1986. In: BARROSO, Véra Lúcia Maciel; LAUCK, Fernando (Orgs.). **Raízes de Santo Antônio da Patrulha**: mulheres patrulhenses fazendo História II. Porto Alegre: EST, 2012, p. 373-384.

MOTA, Antônia da Silva. **A dinâmica colonial portuguesa e as redes de poder local na Capitania do Maranhão**. 2007. Tese (Doutorado em História) – Universidade Federal de Pernambuco, Recife, PE.

_____. **As famílias principais**: redes de poder no Maranhão colonial. São Luís: Edufma, 2012.

MUGGE, Miquéias H. **Prontos a contribuir**: guardas nacionais, hierarquias sociais e cidadania (Rio Grande do Sul – século XIX). São Leopoldo: Oikos; Unisinos, 2012.

NASCIMENTO, Bráulio do. Introdução. In: MAGALHÃES, Celso de. **A poesia popular brasileira**. Rio de Janeiro: Biblioteca Nacional, 1973, p. 7-27.

NERIS, Wheriston Silva. O sacerdote paradigma: a trajetória do padre Raimundo Alves da Fonseca. In: COSTA, Yuri; GALVES, Marcelo Cheche (Orgs.). **Maranhão**: ensaios de biografia e história. São Luís: Editora da UEMA; Café & Lápis, 2011, p. 253-279.

NEQUETE, Lenine. **O escravo na jurisprudência brasileira**: magistratura e ideologia no segundo reinado. Porto Alegre: Tribunal de Justiça do Rio Grande do Sul, 1988.

_____. **O Poder Judiciário no Brasil a partir da independência**, v. 1. Porto Alegre: Tribunal de Justiça do Rio Grande do Sul, 1978.

ODON, Tiago Ivo. **A linguagem penal do contrato social brasileiro**: o inimigo, a guerra e a construção da ordem contra a sociedade no Brasil (1822-1890). Brasília: Senado Federal, 2013.

OLIVEIRA, Jéssica Manfrim de. **Entre "grandes" e titulares**: os padrões de nobilitação no Segundo Reinado. 2016. Dissertação (Mestrado em História) – Universidade de São Paulo, São Paulo, SP.

PAXECO, Fran. Celso Magalhães. **Revista da Academia Maranhense de Letras**. São Luís, ano 1, v. 1, p. 65-106, 1918.

PEREIRA, Josenildo de Jesus. **Na fronteira do cárcere e do paraíso**: um estudo sobre as práticas de resistência escrava no Maranhão oitocentista. 2001. Dissertação (Mestrado em História Social) – Pontifícia Universidade Católica de São Paulo, São Paulo, SP.

_____. **As representações da escravidão na imprensa jornalística do Maranhão na década de 1880**. 2006. Tese (Doutorado em História Social) – Faculdade de Filosofia, Letras e Ciências Humanas, Universidade de São Paulo, São Paulo, SP.

_____. "Vão-se os anéis e ficam os dedos": escravidão, cotidiano e ideias abolicionistas no Maranhão do Século XIX. In: GALVES, Marcelo Cheche; COSTA, Yuri (Orgs.). **O Maranhão oitocentista**. 2. ed. São Luís: Editora da UEMA; Café & Lápis, 2015, p. 303-339.

PRADO JUNIOR, Caio. (1942) **Formação do Brasil contemporâneo**: Colônia. 23. ed. São Paulo: Brasiliense, 1999.

REALE, Miguel. **Horizontes do direito e da história**. 3. ed. São Paulo: Saraiva, 2000.

REIS, Flávio. **Grupos políticos e estrutura oligárquica no Maranhão**. São Luís [s.n.], 2007.

REIS, João José; GOMES, Flávio dos Santos (Orgs.). **Liberdade por um fio**: história dos quilombos no Brasil. São Paulo: Companhia das Letras, 1996.

REIS, Luciana Meireles. **Um crime contra escravo numa sociedade escravista**: o caso da futura baronesa de Grajaú (São Luís, 1876). 2012. Dissertação (Mestrado em Ciências Sociais) – Universidade Federal do Maranhão, São Luís, MA.

RIBEIRO, João Luiz. **No meio das galinhas as baratas não têm razão**: a Lei de 10 de junho de 1835 – os escravos e a pena de morte no Império do Brasil (1822-1889). Rio de Janeiro: Renovar, 2005.

ROCHA, Cristiany Miranda. **História das famílias escravas**: Campinas, século XIX. São Paulo: Unicamp, 2004.

RODRIGUES, Raimundo Nina. **As raças humanas e a responsabilidade penal no Brasil**. Salvador: Livraria Progresso Editora, 1957.

ROMERO, Sílvio. (1888) **História da literatura brasileira**, v. 4. 7. ed. Rio de Janeiro: José Olympio; Brasília: INL, 1980a.

_____. (1888) **História da literatura brasileira**, v. 5. 7. ed. Rio de Janeiro: José Olympio; Brasília: INL, 1980b.

SALDANHA, Nelson. **A Escola do Recife**. 2. ed. São Paulo: Convívio, 1985.

SANTOS, Sandra Regina Rodrigues dos. **A balaiada no Sertão**: a pluralidade de uma revolta. São Luís: Editora da UEMA, 2010.

SCHWARCZ, Lilia Moritz. **O espetáculo das raças**: cientistas, instituições e questão racial no Brasil, 1870-1930. São Paulo: Companhia das Letras, 1993.

SILVA, Elimar Figueiredo de Almeida, Celso Magalhães. In: MORAES, Jomar (Org.). **Livro do sesquicentenário de Celso Magalhães (1849-1999)**. São Luís: Ministério Público do Estado do Maranhão; Academia Maranhense de Letras, 1999, p. 23-31.

SILVA, Nuno J. Espinosa Gomes da. **História do direito português**: fontes do direito. 3. ed. Fundação Calouste Gulbenkian: Lisboa, 2000.

SILVA, Régia Agostinho da. **A escravidão no Maranhão**: Maria Firmina e as representações sobre escravidão e mulheres no Maranhão na segunda metade do século XIX. 2013. Tese (Doutorado em História Econômica) – Universidade de São Paulo, São Paulo, SP.

SIQUEIRA, Márcia Teresinha Andreatta Dalledone. **Saúde e doença na Província do Paraná (1853-1889)**. 1989. Tese (Doutorado em História

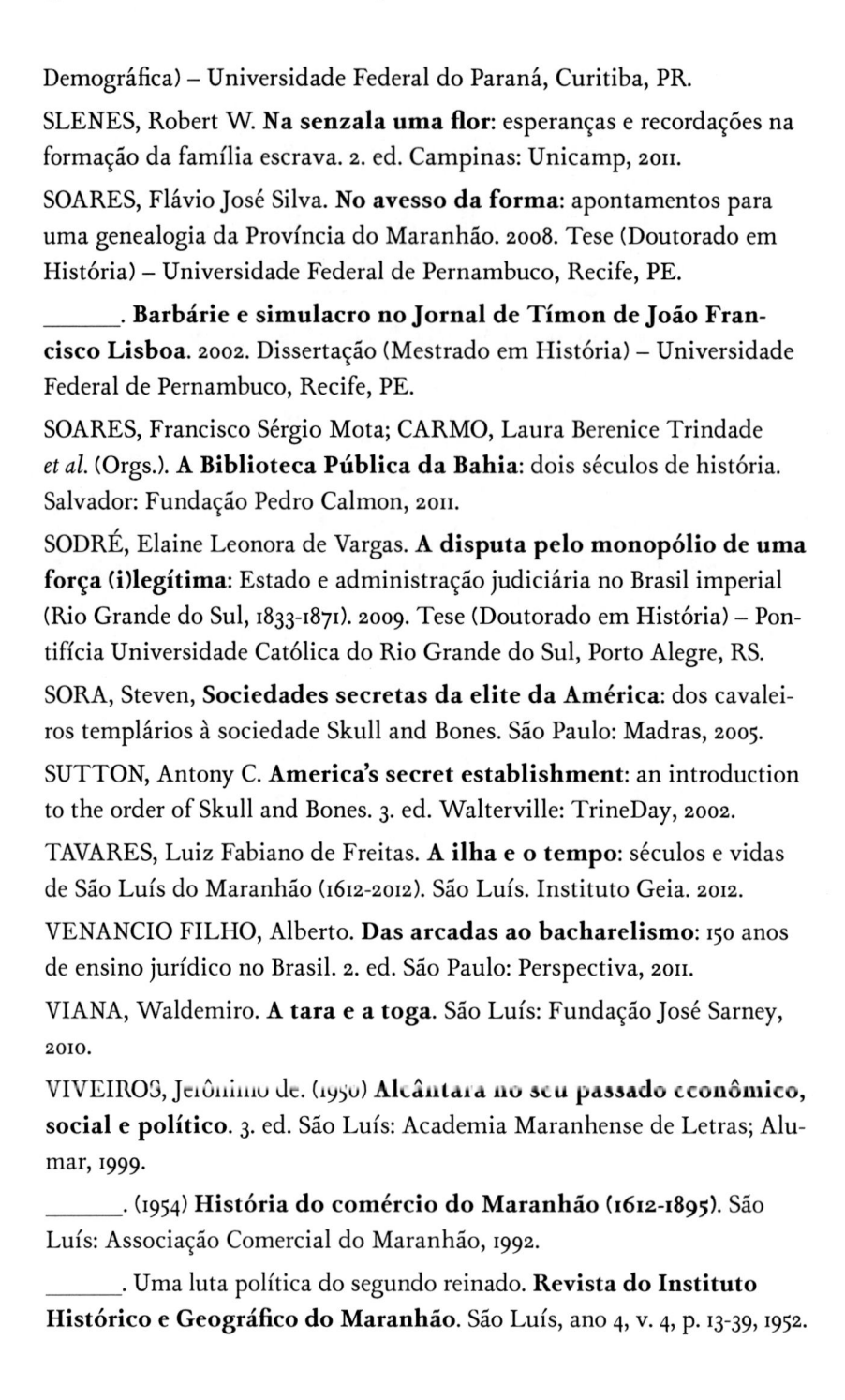

Demográfica) – Universidade Federal do Paraná, Curitiba, PR.

SLENES, Robert W. **Na senzala uma flor**: esperanças e recordações na formação da família escrava. 2. ed. Campinas: Unicamp, 2011.

SOARES, Flávio José Silva. **No avesso da forma**: apontamentos para uma genealogia da Província do Maranhão. 2008. Tese (Doutorado em História) – Universidade Federal de Pernambuco, Recife, PE.

_____. **Barbárie e simulacro no Jornal de Tímon de João Francisco Lisboa**. 2002. Dissertação (Mestrado em História) – Universidade Federal de Pernambuco, Recife, PE.

SOARES, Francisco Sérgio Mota; CARMO, Laura Berenice Trindade *et al.* (Orgs.). **A Biblioteca Pública da Bahia**: dois séculos de história. Salvador: Fundação Pedro Calmon, 2011.

SODRÉ, Elaine Leonora de Vargas. **A disputa pelo monopólio de uma força (i)legítima**: Estado e administração judiciária no Brasil imperial (Rio Grande do Sul, 1833-1871). 2009. Tese (Doutorado em História) – Pontifícia Universidade Católica do Rio Grande do Sul, Porto Alegre, RS.

SORA, Steven, **Sociedades secretas da elite da América**: dos cavaleiros templários à sociedade Skull and Bones. São Paulo: Madras, 2005.

SUTTON, Antony C. **America's secret establishment**: an introduction to the order of Skull and Bones. 3. ed. Walterville: TrineDay, 2002.

TAVARES, Luiz Fabiano de Freitas. **A ilha e o tempo**: séculos e vidas de São Luís do Maranhão (1612-2012). São Luís. Instituto Geia. 2012.

VENANCIO FILHO, Alberto. **Das arcadas ao bacharelismo**: 150 anos de ensino jurídico no Brasil. 2. ed. São Paulo: Perspectiva, 2011.

VIANA, Waldemiro. **A tara e a toga**. São Luís: Fundação José Sarney, 2010.

VIVEIROS, Jerônimo de. (1950) **Alcântara no seu passado econômico, social e político**. 3. ed. São Luís: Academia Maranhense de Letras; Alumar, 1999.

_____. (1954) **História do comércio do Maranhão (1612-1895)**. São Luís: Associação Comercial do Maranhão, 1992.

_____. Uma luta política do segundo reinado. **Revista do Instituto Histórico e Geográfico do Maranhão**. São Luís, ano 4, v. 4, p. 13-39, 1952.

WEHLING, Arno. O escravo ante a lei civil e a lei penal no Império (1822-1871). In: WOLKMER, Antônio Carlos (Org.). **Fundamentos da história do direito**. 4. ed. Del Rey: Belo Horizonte, 2009, p. 387-407.

WEHLING, Arno; WEHLING, Maria José. **Direito e justiça no Brasil colonial:** o Tribunal da Relação do Rio de Janeiro (1751-1808). Rio de Janeiro: Renovar, 2004.

IMPRESSOS:

Periódicos:

ABORTAMENTO. **Publicador Maranhense**. São Luís, p. 2, 25 fev. 1877.

ACÓRDÃO DA RELAÇÃO. **Diário do Maranhão**. São Luís, p. 3, 15 fev. 1877.

ADMINISTRAÇÃO DA PROVÍNCIA. **Almanak Administrativo da Província do Maranhão**. São Luís, p. 80, 1º jan. 1848.

ADVOCACIA. **O Paiz**. São Luís, p. 2, 31 mar. 1878.

AGRICULTURA. **A Flecha**. São Luís, p. 3, 15 abr. 1879.

ALBUM POÉTICO. **A Nova Epocha**. São Luís, p. 3, 13 nov. 1856.

ALFÂNDEGA. **Almanak do Diário do Maranhão**. São Luís, p. 66, 1º jan. 1879.

ALUGA-SE. **A Pacotilha**. São Luís, p. 1, 13 set. 1886.

ANIVERSÁRIOS. **O Jornal**. São Luís, p. 4, 5 ago. 1916.

APELAÇÃO. **Diário do Maranhão**. São Luís, p. 1-2, 30 jan. 1877.

APONTAMENTOS. **Revista Juvenil**. São Luís, p. 4, 28 jan. 1877.

ASSEMBLEIA LEGISLATIVA provincial. **Almanak do Diário do Maranhão**. São Luís, p. 42, 1º jan. 1879.

ATENÇÃO. **Diário do Maranhão**. São Luís, p. 3, 2 mar. 1875.

ATENÇÃO. **A Nova Epocha**. São Luís, p. 4, 1º abr. 1857.

BANCO DO MARANHÃO. **O Paiz**. São Luís, p. 3, 14 maio 1870.

BANDA DE MÚSICA. **Publicador Maranhense**. São Luís, p. 4, 4 abr. 1863.

BARÃO DE GRAJAÚ. **Pacotilha**. São Luís, p. 3, 17 set. 1889.

CADÁVER DE INOCÊNCIO (O). **O Apreciável**. São Luís, p. 4, 23 dez. 1876.

CÂMARA MUNICIPAL. **Publicador Maranhense**. São Luís, p. 3, 2 maio 1877.

CAPITAL. **Diário do Maranhão**. São Luís, p. 3, 29 fev. 1876.

CARTA DE LIBERDADE. **Diário do Maranhão**. São Luís, p. 1, 29 nov. 1876.

CARTAS. **O Estandarte**. São Luís, p. 1-2, 14 out. 1856.

CASAMENTO. **Diário do Maranhão**. São Luís, p. 3, 24 jun. 1877a.

CASAMENTO. **Diário do Maranhão**. São Luís, p. 2, 14 ago. 1877b.

CASO INOCÊNCIO (O). **Diário do Maranhão**. São Luís, p. 3, 9 fev. 1877.

CELSO DE MAGALHÃES. **O Mequetrefe**. Rio de Janeiro, p. 6-8, 28 jun. 1879.

CIDADÃOS. **Publicador Maranhense**. São Luís, p. 3, 9 maio 1876.

COMARCA DE VIANA. **Almanak Administrativo da Província do Maranhão**. São Luís, p. 189, 1º jan. 1875.

CONGRESSO LIBERAL. **O Paiz**. São Luís, p. 2, 22 abr. 1889.

CORPO DE POLÍCIA. **Almanak Administrativo da Província do Maranhão**. São Luís, p. 92, 1º jan. 1882.

CORRESPONDÊNCIA do Diário. **Diário do Rio de Janeiro**. Rio de Janeiro, p. 2, 2 jan. 1856a.

CORRESPONDÊNCIA do Diário. **Diário do Rio de Janeiro**. Rio de Janeiro, p. 2, 12 dez. 1856b.

CRÔNICA POLÍTICA. **Jornal do Commercio**. Rio de Janeiro, p. 2, 20 mar. 1877.

CÚMULO DE DESPEJO. **A Nova Epocha**. São Luís, p. 1, 17 jan. 1857.

CURIOSO (O). **Diário do Maranhão**. São Luís, p. 2, 10 fev. 1877.

DENÚNCIA. **O Apreciável**. São Luís, p. 4, 2 dez. 1876.

DIÁRIO DO MARANHÃO. **Diário do Maranhão**. São Luís, p. 1-6, 24 nov. 1876.

DONA ANA ROSA. **Diário do Maranhão**. São Luís, p. 3, 21 fev. 1877.

EDITORIAL. **Ordem e Progresso**. São Luís, p. 1, 30 maio 1861.

ELEIÇÃO. **Publicador Maranhense**. São Luís, p. 3, 18 dez. 1847.

EMIGRANTES CEARENSES. **Diário do Maranhão**. São Luís, p. 4, 6 jan. 1878.

ESCRAVO FUGIDO. **Diário do Maranhão**. São Luís, p. 4, 6 maio 1889.

ESPANCAMENTO. **Diário do Maranhão**. São Luís, p. 2, 22 out. 1876.

ESTANDARTE (O). **O Estandarte**. São Luís, p. 2-3, 20 nov. 1856.

EXAME DE UM CADÁVER. **O Paiz**. São Luís, p. 3, 16 nov. 1876a.

EXAME DE UM CADÁVER. **Publicador Maranhense**. São Luís, p. 2, 17 nov. 1876b.

FALECIMENTO. **O Paiz**. São Luís, p. 3, 23 maio 1878.

FALECIMENTO. **Diário do Maranhão**. São Luís, p. 2, 6 out. 1888.

FALECIMENTOS. **O Apreciável**. São Luís, p. 4, 12 fev. 1876.

FALECIMENTOS. **O Paiz**. São Luís, p. 3, 27 abr. 1870.

FERIMENTOS GRAVES. **Publicador Maranhense**. São Luís, p. 2, 22 jun. 1876.

FOLHETIM. **Publicador Maranhense**. São Luís, p. 1, 21 fev. 1875.

FONSECA, R. A. da. O Dr. Celso de Magalhães. **Diário do Maranhão**. São Luís, p. 2, 24 out. 1876a.

_____. O Dr. Celso de Magalhães. **Diário do Maranhão**. São Luís, p. 2, 1º nov. 1876b.

FORÇA DO MAR. **Almanak Administrativo da Província do Maranhão**. São Luís, p. 43, 1º jan. 1875.

FREGUESIA DA CONCEIÇÃO. **Publicador Maranhense**. São Luís, p. 3, 1º jun. 1876.

FREGUESIA DE SÃO JOÃO. **Publicador Maranhense**. São Luís, p. 3, 29 maio 1876.

FREGUESIAS. **Publicador Maranhense**. São Luís, p. 2, 31 maio 1876.

GAZETA DA NOITE. **Gazeta da Noite**. Rio de Janeiro, p. 3, 14 jun. 1879.

GEOGRAFIA DA PROVÍNCIA. **Almanak Administrativo da Província do Maranhão**. São Luís, p. 60-61, 1º jan. 1848.

GOVERNO DA PROVÍNCIA. **O Paiz**. São Luís, p. 2, 21 maio 1881.

GUARDA NACIONAL. **Almanak Administrativo da Província do**

Maranhão. São Luís, p. 180, 1º jan. 1875.

GUARDA NACIONAL. **O Paiz.** São Luís, p. 12, 6 jul. 1886.

GUIMARÃES. **Diário do Maranhão.** São Luís, p. 3, 30 out. 1874.

HOMENAGEM. **A Pacotilha.** São Luís, p. 2, 12 out. 1889.

HOMENAGEM. **O Tempo.** São Luís, p. 23, 16 jun. 1879.

INTERROGATÓRIO. **Diário do Maranhão.** São Luís, p. 3, 21 nov. 1876a.

INTERROGATÓRIO. **Diário do Maranhão.** São Luís, p. 3, 23 nov. 1876b.

ITAPECURU-MIRIM. **Diário do Maranhão.** São Luís, p. 1, 22 abr. 1880.

JOAQUIM JOSÉ Godinho Júnior. **Diário de Pernambuco.** Recife, p. 4, 14 set. 1874.

JORNAL DO COMÉRCIO. **Jornal do Commercio.** Rio de Janeiro, p. 5, 9 fev. 1877.

JULGAMENTO. **Diário do Maranhão.** São Luís, p. 2-3, 24 fev. 1877.

JUNTA MUNICIPAL. **Publicador Maranhense.** São Luís, p. 2, 14 jan. 1875.

JUSTIÇA. **Diário do Maranhão.** São Luís, p. 2, 21 fev. 1877a.

JUSTIÇA. **Publicador Maranhense.** São Luís, p. 2, 20 fev. 1877b.

LEI (A). **Diário do Maranhão.** São Luís, p. 1, 16 jan. 1877.

LETRAS (AS). **O Repórter.** Rio de Janeiro, p. 3, 19 jun. 1879.

LIBERAL (O). **Diário do Maranhão.** São Luís, p. 2, 20 fev. 1877.

LOPES, A. Celso Magalhães. **A Pacotilha.** São Luís, p. 1-2, 10 nov. 1917a.

_____. Celso Magalhães. **A Pacotilha.** São Luís, p. 1-2, 19 nov. 1917b.

MAGALHÃES, C. O ex-promotor da capital ao público. **Jornal do Commercio.** Rio de Janeiro, p. 3, 30 maio 1878a.

_____. Ao público. **O Paiz.** São Luís, p. 1-2, 21 jul. 1878b.

_____. Sobre o Evangelho e o sílabus. **O Paiz.** São Luís, p. 1, 22 dez. 1876.

MORTE DE AMÁSIA. **Publicador Maranhense.** São Luís, p. 2, 18 jun. 1876.

MORTE DE CAROLINA (A). **O Apreciável.** São Luís, p. 2, 13 mar. 1875.

MORTE DE INOCÊNCIO (A). **Diário do Maranhão.** São Luís, p. 1, 26 nov. 1876a.

MORTE DE INOCÊNCIO (A). **Diário do Maranhão.** São Luís, p. 2-3, 19 nov. 1876b.

MORTE DE INOCÊNCIO (A). **O Paiz**. São Luís, p. 2-3, 17 nov. 1876c.

MORTE DE INOCÊNCIO (A). **Publicador Maranhense**. São Luís, p. 1, 23 nov. 1876d.

MORTE DE INOCÊNCIO (A). **Diário do Maranhão**. São Luís, p. 1, 25 jan. 1877.

MORTE DE MARIQUINHAS (A). **Publicador Maranhense**. São Luís, p. 2, 6 mar. 1875.

MORTE DO BARÃO de Grajaú. **Diário do Maranhão**. São Luís, p. 2, 11 set. 1889.

MORTE DO ESCRAVO Inocêncio (A). **O Paiz**. São Luís, p. 1, 15 dez. 1876.

MORTE POR SEVÍCIAS. **O Apreciável**. São Luís, p. 3, 18 dez. 1876.

MUDANÇA. **O Paiz**. São Luís, p. 3, 3 abr. 1878a.

MUDANÇA. **O Paiz**. São Luís, p. 2, 20 abr. 1878b.

MUNICIPALIDADE. **Almanak do Diário do Maranhão**. São Luís, p. 52, 1º jan. 1881.

NECROLOGIA. **Jornal do Recife**. Recife, p. 2, 12 set. 1889.

NOMEADOS. **Diário de Pernambuco**. Recife, p. 2, 12 abr. 1871.

NORTE DO IMPÉRIO. **Diário do Rio de Janeiro**. Rio de Janeiro, p. 1, 13 mar. 1877.

NOTA. **Publicador Maranhense**. São Luís, p. 1. 22 nov. 1851.

NOTA. **Publicador Maranhense**. São Luís, p. 3. 25 set. 1867.

NOTAS. **Pacotilha**. São Luís, p. 3, 17 maio 1883.

NOTICIÁRIO. **Diário do Maranhão**. São Luís, p. 1, 1º jan. 1874.

NOTICIÁRIO. **Publicador Maranhense**. São Luís, p. 3, 10 mar. 1875.

NOTÍCIAS. **Gazeta de Notícias**. Rio de Janeiro, p. 1, 11 dez. 1876a.

NOTÍCIAS. **Gazeta de Notícias**. Rio de Janeiro, p. 1, 20 dez. 1876b.

NOTÍCIAS DIVERSAS. **Correio Mercantil**. Rio de Janeiro, p. 1, 2 fev. 1864.

NOVO EXAME cadavérico. **Publicador Maranhense**. São Luís, p. 1, 18 nov. 1876.

NOVOS EMBUSTES dos redatores do Progresso. **A Nova Epocha**. São Luís, p. 1-2, 5 fev. 1857.

ÓBITOS. **O Estandarte**. São Luís, p. 4, 29 jun. 1856.

OFENSA CONTRA ESCRAVO. **Publicador Maranhense**. São Luís, p. 2, 8 jan. 1875.

OLIVEIRA, J. R. de. Restabelecendo a verdade. **A Pacotilha**. São Luís, p. 1-2, 13 nov. 1917.

OPINIÃO PÚBLICA. **Diário do Maranhão**. São Luís, p. 3, 21 fev. 1877.

OPOSIÇÃO (A). **O Paiz**. São Luís, p. 1-2, 14 jun. 1886.

PAÇO DO LUMIAR. **Almanak Administrativo da Província do Maranhão**. São Luís, p. 35, 1º jan. 1873.

PARNAÍBA. **Diário do Maranhão**. São Luís, p. 3, 9 maio 1875.

PASSAGEIROS. **Jornal do Recife**. Recife, p. 1, 30 maio 1877.

PAXECO, F. Raspões críticos: Celso Magalhães e suas obras completas. **A Pacotilha**. São Luís, p. 2, 28 jan. 1904.

PEREIRA, C. J. Ao público. **O Paiz**. São Luís, p. 2, 16 mar. 1879.

PERFIS DO LIBERALISMO. **O Paiz**. São Luís, p. 1, 20 maio 1877.

PORTOS. **Diário de Pernambuco**. Recife, p. 2, 14 fev. 1874.

PRESIDÊNCIA DO JÚRI. **Diário do Maranhão**. São Luís, p. 2, 21 fev. 1877.

PROCESSO INOCÊNCIO. **Diário do Maranhão**. São Luís, p. 3, 16 dez. 1876a.

PROCESSO INOCÊNCIO. **Diário do Maranhão**. São Luís, p. 2, 17 dez. 1876b.

PROCESSO INOCÊNCIO. **Diário do Maranhão**. São Luís, p. 1-2, 31 jan. 1877a.

PROCESSO INOCÊNCIO. **Diário do Maranhão**. São Luís, p. 2, 16 fev. 1877b.

PROCESSO INOCÊNCIO. **Diário do Maranhão**. São Luís, p. 6-7, 30 jan. 1877c.

PROCESSO INOCÊNCIO. **Diário do Maranhão**. São Luís, p. 2, 21 fev. 1877d.

PROCESSO PELA MORTE de Inocêncio. **O Apreciável**. São Luís, p. 2, 23 dez. 1876.

PROMOÇÃO. **Diário do Maranhão**. São Luís, p. 1-2, 3 jan. 1877.

PRONÚNCIA. **Diário do Maranhão**. São Luís, p. 1, 4 fev. 1877.

PROVÍNCIA DO MARANHÃO. **Jornal do Recife**, p. 1, 7 jan. 1875.

PROVÍNCIA DO MARANHÃO. **O Globo**. Rio de Janeiro, p. 2, 11 dez. 1876.

PROVÍNCIA DO MARANHÃO. **Diário de Pernambuco**. Recife, p. 1, 3 fev. 1877a.

PROVÍNCIA DO MARANHÃO. **Diário de Pernambuco**. Recife, p. 2, 18 fev. 1877b.

PROVÍNCIA DO MARANHÃO. **Diário de Pernambuco**. Recife, p. 2, 7 mar. 1877c.

PROVÍNCIA DO MARANHÃO. **Jornal do Commercio**. Rio de Janeiro, p. 2. 20 mar. 1877d.

PROVÍNCIA DO PARÁ. **Diário do Maranhão**. São Luís, p. 3, 2 set. 1886.

PROVÍNCIAS. **Diário do Rio de Janeiro**. Rio de Janeiro, p. 2, 24 dez. 1876.

QUARTEIRÃO. **Publicador Maranhense**. São Luís, p. 2, 26 ago. 1877.

QUESTÃO INOCÊNCIO. **Diário do Maranhão**. São Luís, p. 1-2, 9 fev. 1877.

QUINTO QUARTEIRÃO. **Publicador Maranhense**. São Luís, p. 3, 17 maio 1876.

RAPTO ESCANDALOSO. **A Nova Epocha**. São Luís, p. 4, 31 jan. 1857.

RECORDAÇÃO SAUDOSA. **O Trabalho**. Recife, p. 1, 20 set. 1873.

RECURSO. **Publicador Maranhense**. São Luís, p. 3, 25 jan. 1877.

REGO, Antônio Cândido de Moraes e. Apresentação. **Almanak Administrativo da Província do Maranhão**. São Luís, p. IV, 1º jan. 1875.

REORGANIZAÇÃO do Partido Liberal. **O Liberal**. São Luís, p. 2, 31 maio 1870.

RESPOSTA. **A Imprensa**. São Luís, p. 2, 2 set. 1857.

REUNIÃO. **Diário do Maranhão**. São Luís, p. 2, 14 fev. 1877.

REUNIÃO POLÍTICA. **O Paiz**. São Luís, p. 2, 10 out. 1884.

REVISTA DO INTERIOR. **Diário do Rio de Janeiro**. Rio de Janeiro, p. 1, 5 set. 1877.

RIBEIRO, C. F. Carta. **O Estandarte**. São Luís, p. 1-2, 14 out. 1856.

SALDANHA, A. Celso Magalhães. **O Paiz**. São Luís, p. 1-2, 3 jul. 1879.

SAMPAIO, R. de. Colaboração. **Gazeta de Notícias**. Rio de Janeiro, p. 2, 25 jun. 1879.

SARNEY, J. Celso Magalhães e o processo da baronesa. **O Estado do Maranhão**. São Luís, p. 1, 17 jul. 2016a.

_____. O processo da baronesa de Grajaú. **O Estado do Maranhão**. São Luís, p. 1, 10 jul. 2016b.

_____. Celso Magalhães: um centenário. **O Imparcial**. São Luís, p. 2, 11 nov. 1949.

SEÇÃO OFICIAL. **Publicador Maranhense**. São Luís, p. 1, 10 jan. 1878.

SECRETARIA DE GOVERNO DO MARANHÃO. **Publicador Maranhense**. São Luís, p. 2, 6 nov. 1843.

SECRETARIA DE POLÍCIA. **Almanak do Diário do Maranhão**. São Luís, p. 58, 1º jan. 1881.

SENHOR CRUZ MACHADO (AO). **A Patria**. Rio de Janeiro, p. 2, 25 nov. 1856.

SEREJO, L. Sesquicentenário de Celso Magalhães. **O Estado do Maranhão**. p. 5, 25 abr. 1999.

SESSÃO DO JÚRI. **Diário do Maranhão**. São Luís, p. 2, 6 set. 1877.

SOCIEDADE DOS CAIXEIROS. **Diário do Maranhão**. São Luís, p. 2, 20 dez. 1876.

TAVERNAS. **Almanak do Diário do Maranhão**. São Luís, p. 128, 1º jan. 1878.

TÁVORA, F. Escritores do Norte do Brasil: o Dr. Celso de Magalhães. **A Semana**. Rio de Janeiro, p. 1-2, 19 nov. 1877.

TELEGRAMA. **Monitor Campista**. Rio de Janeiro, p. 2, 16 jun. 1879.

TELEGRAMAS. **O Apóstolo**. Rio de Janeiro, p. 1, 15 jun. 1879a.

TELEGRAMAS. **Jornal do Commercio**. Rio de Janeiro, p. 1, 14 jun. 1879b.

TRIBUNAL DA RELAÇÃO. **Diário do Maranhão**. São Luís, p. 3, 18 fev. 1875.

TRIBUNAL DA RELAÇÃO. **Diário do Maranhão**. São Luís, p. 3, 19 fev. 1876.

TRIBUNAL DO JÚRI. **Diário do Maranhão**. São Luís, p. 2, 29 ago. 1874.

TRIBUNAL DO JÚRI. **Publicador Maranhense**. São Luís, p. 2, 13 jan. 1875a.

TRIBUNAL DO JÚRI. **Diário do Maranhão**. São Luís, p. 2, 7 jul. 1875b.

TRIBUNAL DO JÚRI. **Publicador Maranhense**. São Luís, p. 2, 17 jun. 1876.

TRIBUNAL DO JÚRI. **Publicador Maranhense**. São Luís, p. 2, 21 fev. 1877a.

TRIBUNAL DO JÚRI. **Publicador Maranhense**. São Luís, p. 3, 11 abr. 1877b.

UM GRANDE CRIME. **Diário do Maranhão**. São Luís, p. 3, 21 ago. 1875.

UMA CAUSA bem exposada. **A Nova Epocha**. São Luís, p. 3, 20 mar. 1857.

VIANA. **Almanak Administrativo da Província do Maranhão**. São Luís, p. 146, 1º jan. 1848.

VIANA. **Diário do Maranhão**. São Luís, p. 1-2, 1º jul. 1875.

VAPOR. **Publicador Maranhense**. São Luís, p. 3, 25 maio 1879.

VERDADES. **A Nova Epocha**. São Luís, p. 3, 17 out. 1857.

VICE-PRESIDENTES. **Almanak Administrativo da Província do Maranhão**. São Luís, p. 59, 1º jan. 1869.

VILA DE VIANA. **Publicador Maranhense**. São Luís, p. 3, 11 nov. 1847.

VILA DE VIANA. **Publicador Maranhense**. São Luís, p. 2, 17 set. 1851.

VILA DE VIANA. **Publicador Maranhense**. São Luís, p. 2, 5 dez. 1867.

Relatórios de autoridades:

CASTRO, Augusto Olímpio Gomes de. **Relatório com que o Exmo. Sr. Augusto O. Gomes de Castro passou a administração da província ao Exmo. Sr. primeiro vice-presidente, Dr. José da Silva Maia, a 19 de maio, e este ao Exmo. Sr. Desembargador José Pereira da Graça**. São Luís: Tipografia Imperial de José Ignácio Ferreira, 1871.

MARANHÃO. Assembleia Provincial. **Anais da Assembleia Provincial do Maranhão da 1ª Sessão da 22ª Legislatura, aberta em 9 de maio de 1878**. São Luís: Tipografia do Frias, 1878a.

MELO, João Capistrano Bandeira de. **Relatório com que Exmo. Sr. presidente, conselheiro João Capistrano Bandeira de Melo, passou a administração da província ao Exmo. Sr. 1º vice-presidente, Dr.**

José Francisco de Viveiros, em 29 de abril de 1886. São Luís: Tipografia do Paiz, 1886.

RIBEIRO, Carlos Fernando. **Relatório com que o Exmo. Sr. vice-presidente da província, Dr. Carlos Fernando Ribeiro, instalou no dia 9 de maio de 1878 a Assembléia Legislativa Provincial.** São Luís: Tipografia do Paiz, 1878a.

_____. **Relatório com que o Exmo. Sr. vice-presidente, Dr. Carlos Fernandes Ribeiro, passou a administração da província ao Exmo. Sr. Dr. Graciliano Aristides do Prado Pimentel, no dia 17 de maio de 1878.** São Luís: Tipografia do Paiz, 1878b.

_____. **Relatório com que o Exmo. Sr. vice-presidente, Dr. Carlos Fernandes Ribeiro, passou a administração da província ao Exmo. Sr. Dr. Cincinato Pinto da Silva, no dia 24 de julho de 1880.** São Luís: Tipografia do Paiz, 1880.

_____. **Relatório com que o Exmo. Sr. Dr. Carlos Fernandes Ribeiro, 1º vice-presidente da província, passou a administração da mesma ao Exmo. Sr. presidente Ovídio João Paulo de Andrade, em 25 de setembro de 1883.** São Luís: Tipografia da Pacotilha, 1883.

_____. **Relatório com que o Exmo. Sr. Barão de Grajaú, 1º vice-presidente desta província, passou a administração da mesma ao respectivo presidente, o Exmo. Sr. Dr. José Leandro de Godoi e Vasconcelos, em 18 de setembro de 1884.** São Luís: Tipografia da Pacotilha, 1884.

_____. **Relatório com que o Exmo. Sr. Barão de Grajaú, 1º vice-presidente da província, passou a respectiva administração ao Exmo. Sr. Dr. Antônio Tibúrcio Figueira, em 23 de junho de 1885.** São Luís: Tipografia da Pacotilha, 1885.

VASCONCELOS, Luiz de Oliveira Lins. **Relatório que o Exmo. Sr. Luiz de Oliveira Lins de Vasconcelos leu perante a Assembleia Legislativa Provincial, por ocasião de sua instalação, no dia 22 de setembro de 1879.** São Luís: Tipografia Imperial de Ignácio José Ferreira, 1879.

Legislação e atos normativos:

BRASIL. Código Criminal. Lei imperial de 20 de setembro de 1830.

_____. Código de Processo Criminal. Lei imperial de 29 de novembro de 1832.

_____. Constituição Política do Império do Brasil, de 25 de março de 1824.

_____. Lei imperial de 18 de setembro de 1828.

_____. Lei imperial de 10 de junho de 1835.

_____. Lei imperial nº 2.040, de 28 de setembro de 1871.

_____. Lei imperial de 15 de outubro de 1886.

_____. Ministério dos Negócios da Justiça. Aviso de 27 de abril de 1853 (1853a).

MARANHÃO. Secretaria do Governo. Portaria de 3 de janeiro de 1854. In: _____. Arquivo Público do Estado do Maranhão. **Setor de avulsos**. Secretaria de Governo. Registro da Correspondência do Governo do Maranhão com diversas autoridades. Livro 83 (1852-1854), fls. 127-127v, São Luís, 1854a.

PORTUGAL. (1603) **Código Filipino ou Ordenações e Leis do Reino de Portugal, recopiladas por mandado do Rei D. Felipe I**, v. 1-5. 14. ed. Rio de Janeiro: Tipografia do Instituto Philomathico, 1870.

Outros impressos:

YALE UNIVERSITY. Yale University Library. Biografhical record of Carlos Ferdinand Ribeiro, 1879. In: _____. Yale University Library. **Manuscripts and Archives**. Biografhical records of the Class of 1838, fls. 82-83, New Haven, 1879.

MANUSCRITOS:

Autos judiciais:

MARANHÃO. Tribunal da Relação da Província. Câmara Criminal. Autos-crime de apelação criminal. Homicídio. São Luís, 1852. Apelante: o promotor público da Capital. Apelado: o preto Rufino, escravo de Candido da Costa Caldas. In: _____. Arquivo do Tribunal de Justiça do Maranhão. **Autos-crime**. Caixa não identificada. Doc. n.p., São Luís, 1852.

_____. Tribunal da Relação da Província. Autos cíveis de ação de liberdade movida pela escrava Bernardina, que alega ter sido deixada livre e forra com a morte de sua antiga dona, o que é questionado pelo réu, Mateus José Rodrigues, do Juízo de Órfãos da Comarca de Viana, 1853. Autora: a escrava Bernardina e seus dois filhos. Réu: Mateus José Rodrigues. In: _____. Arquivo do Tribunal de Justiça do Maranhão. **Autos Cíveis**. Caixa "Viana. 1853", n.p., São Luís, 1853a.

_____. Tribunal da Relação da Província. Autos cíveis de súplica feita pelo liberto Martiniano para requerer sua liberdade, do Juízo Único de Alcântara, 1856. Autor: o liberto Martiniano. Réu: a Fazenda Pública. In: _____. Arquivo do Tribunal de Justiça do Maranhão. **Autos Cíveis**. Caixa n. 2, n.p., São Luís, 1856a.

_____. Tribunal da Relação da Província. Autos cíveis de inventário dos bens do falecido Antônio da Cunha Mendonça, do Juízo de Órfãos da Comarca de Viana, 1858. Inventariante: Joana Francisca de Aragão Cunha. Inventariado: Antônio da Cunha Mendonça. In: _____. Arquivo do Tribunal de Justiça do Maranhão. **Autos Cíveis**. Caixa n. I.7.h, São Luís, 1858a.

_____. Tribunal da Relação da Província. Autos cíveis de inventário dos bens do falecido José Duarte Soeiro, do Juízo de Órfãos da Comarca de Viana, 1858. Inventariante: Ana Maria da Cunha. Inventariado: José Duarte Soeiro. In: _____. Arquivo do Tribunal de Justiça do Maranhão. **Autos Cíveis**. Caixa n. I.7.h. São Luís, 1858b.

_____. Tribunal da Relação da Província. Autos de contas e residência do testamento do José Duarte Soeiro, apresentado por Joaquim Raimundo Correia, por cabeça de sua falecida mulher, Ana Maria da Cunha Machado, testamenteira de José Duarte Soeiro, seu 1º marido, do Juízo Municipal e da Provedoria de Resíduos de Viana, 1862. Testador: José Duarte Soeiro. Testadora: Ana Maria da Cunha. In: _____. Arquivo do Tribunal de Justiça do Maranhão. **Autos Cíveis**. Caixa n. T.4. São Luís, 1862.

_____. Tribunal da Relação da Província. Câmara Criminal. Autos-crime de apelação criminal. Homicídio. São Luís, 1864. Apelante: o promotor público da Comarca de Caxias. Apelado: capitão Joaquim Dias

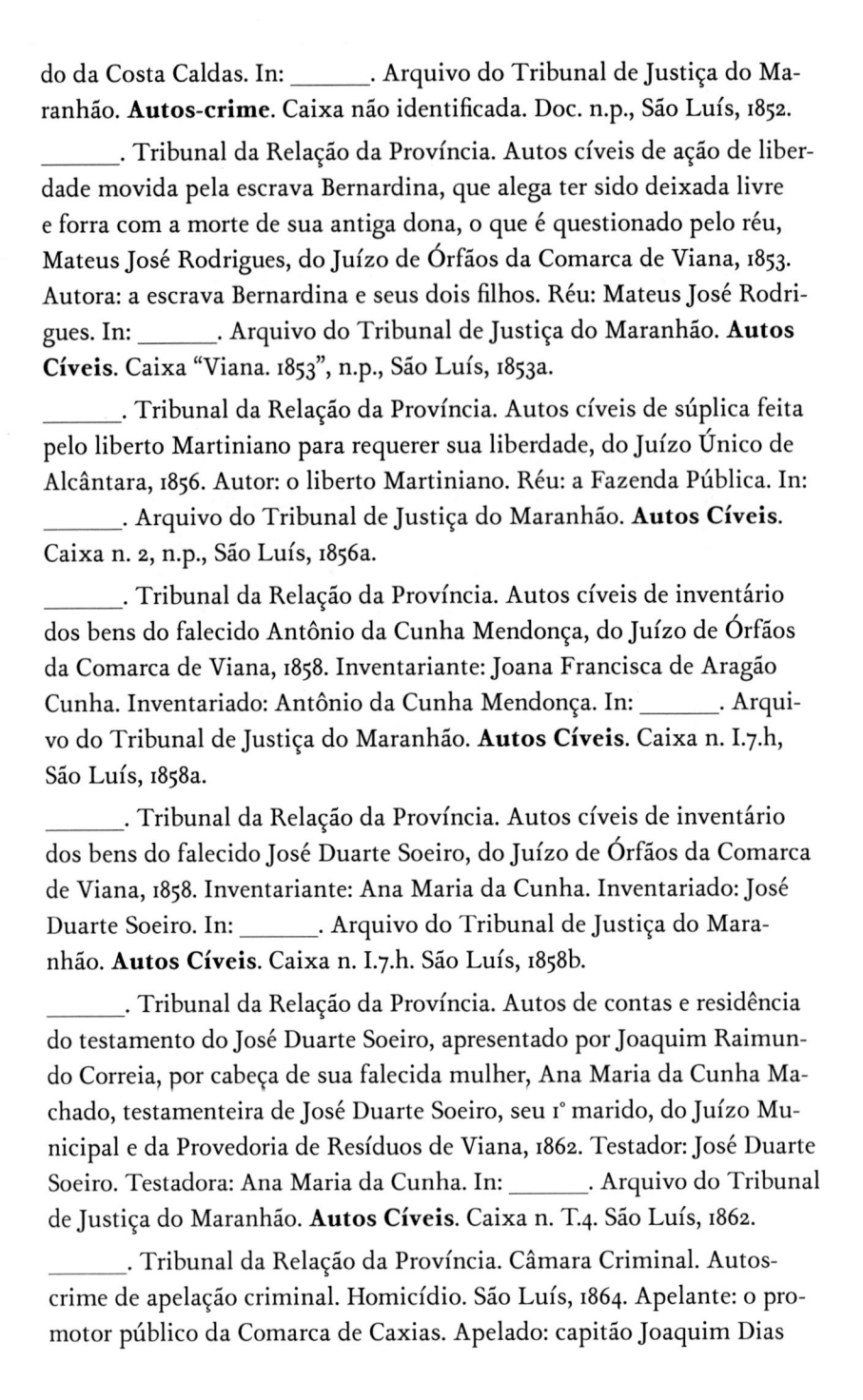

Carneiro. In: _____. Arquivo do Tribunal de Justiça do Maranhão. **Autos-crime**. Caixa "Séc. XIX/crime". São Luís, 1864.

_____. Tribunal da Relação da Província. Autos cíveis de inventário dos bens do falecido cirurgião-mor Manoel Lopes de Magalhães, do Juízo de Órfãos da Comarca de Viana, 1867. Inventariante: Maria Cecília Duarte Magalhães. Inventariado: Manoel Lopes de Magalhães. In: _____. Arquivo do Tribunal de Justiça do Maranhão. **Autos Cíveis**. Caixa n. I.8.f. São Luís, 1867a.

_____. Tribunal da Relação da Província. Autos cíveis de inventário dos bens do falecido Luís Juvêncio de Magalhães, do Juízo de Órfãos da Comarca de Viana, 1867. Inventariante: Francisca Rita Lima de Magalhães. Inventariado: Luís Juvêncio de Magalhães. In: _____. Arquivo do Tribunal de Justiça do Maranhão. **Autos Cíveis**. Caixa n. I.8.g. São Luís, 1867b.

_____. Tribunal da Relação da Província. Autos cíveis de inventário dos bens da falecida Ana Rita de Magalhães, do Juízo de Órfãos da Comarca de Viana, 1867. Inventariante: José Mariano da Cunha. Inventariada: Ana Rita de Magalhães. In: _____. Arquivo do Tribunal de Justiça do Maranhão. **Autos Cíveis**. Caixa n. I.9.f. São Luís, 1867c.

_____. Tribunal da Relação da Província. Câmara Criminal. Autos-crime de apelação criminal. Homicídio. São Luís, 2 de agosto de 1867. Apelantes: os réus Domingos Martins dos Santos, Francisco Mariano Frazão, Marcelino da Costa, João Francisco Pereira e Pedro. Apelado: a Promotoria Pública da Comarca de Viana. In: _____. Arquivo do Tribunal de Justiça do Maranhão. **Autos-crime**. Caixa "1860-1899". São Luís, 1867d.

_____. Tribunal da Relação da Província. Câmara Criminal. Autos-crime de apelação criminal. Homicídio. São Luís, 23 de março de 1868. Apelante: o réu Raimundo Soares de Souza. Apelado: a Promotoria Pública da Comarca de Brejo. In: _____. Arquivo do Tribunal de Justiça do Maranhão. **Autos-crime**. Caixa "1860-1899". São Luís, 1868.

_____. Tribunal da Relação da Província. Autos cíveis de abertura, publicação e prestação de contas do testamento de Joana Francisca de Aragão Cunha, do Juízo Municipal e da Provedoria de Resíduos de Viana, 1872. Testadora: Joana Francisca de Aragão. Testamenteiro: José Mariano da Cunha. In: _____. Arquivo do Tribunal de Justiça do Maranhão. **Autos Cíveis**. Caixa n. T.6. São Luís, 1872a.

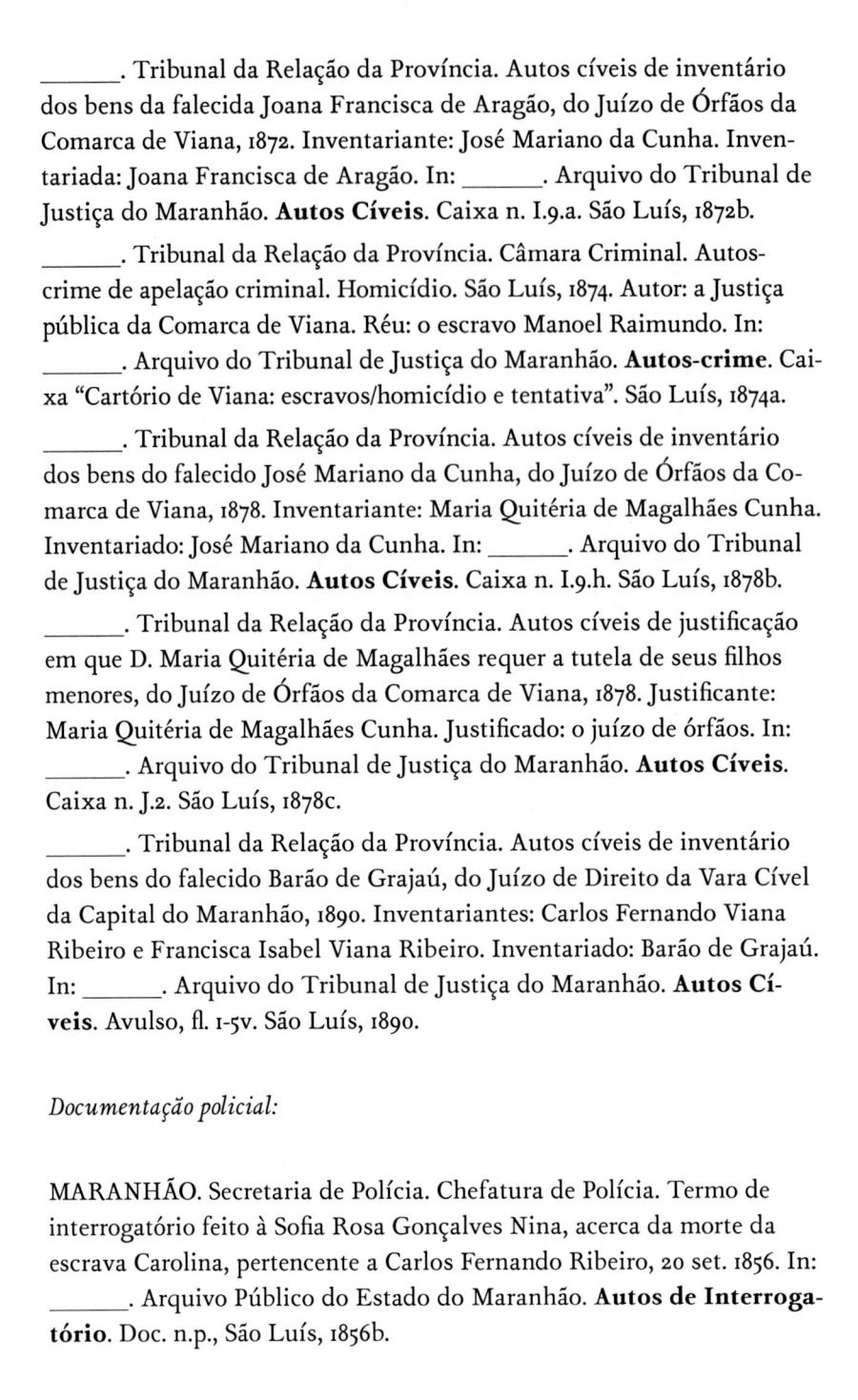

_____. Tribunal da Relação da Província. Autos cíveis de inventário dos bens da falecida Joana Francisca de Aragão, do Juízo de Órfãos da Comarca de Viana, 1872. Inventariante: José Mariano da Cunha. Inventariada: Joana Francisca de Aragão. In: _____. Arquivo do Tribunal de Justiça do Maranhão. **Autos Cíveis**. Caixa n. I.9.a. São Luís, 1872b.

_____. Tribunal da Relação da Província. Câmara Criminal. Autos-crime de apelação criminal. Homicídio. São Luís, 1874. Autor: a Justiça pública da Comarca de Viana. Réu: o escravo Manoel Raimundo. In: _____. Arquivo do Tribunal de Justiça do Maranhão. **Autos-crime**. Caixa "Cartório de Viana: escravos/homicídio e tentativa". São Luís, 1874a.

_____. Tribunal da Relação da Província. Autos cíveis de inventário dos bens do falecido José Mariano da Cunha, do Juízo de Órfãos da Comarca de Viana, 1878. Inventariante: Maria Quitéria de Magalhães Cunha. Inventariado: José Mariano da Cunha. In: _____. Arquivo do Tribunal de Justiça do Maranhão. **Autos Cíveis**. Caixa n. I.9.h. São Luís, 1878b.

_____. Tribunal da Relação da Província. Autos cíveis de justificação em que D. Maria Quitéria de Magalhães requer a tutela de seus filhos menores, do Juízo de Órfãos da Comarca de Viana, 1878. Justificante: Maria Quitéria de Magalhães Cunha. Justificado: o juízo de órfãos. In: _____. Arquivo do Tribunal de Justiça do Maranhão. **Autos Cíveis**. Caixa n. J.2. São Luís, 1878c.

_____. Tribunal da Relação da Província. Autos cíveis de inventário dos bens do falecido Barão de Grajaú, do Juízo de Direito da Vara Cível da Capital do Maranhão, 1890. Inventariantes: Carlos Fernando Viana Ribeiro e Francisca Isabel Viana Ribeiro. Inventariado: Barão de Grajaú. In: _____. Arquivo do Tribunal de Justiça do Maranhão. **Autos Cíveis**. Avulso, fl. 1-5v. São Luís, 1890.

Documentação policial:

MARANHÃO. Secretaria de Polícia. Chefatura de Polícia. Termo de interrogatório feito à Sofia Rosa Gonçalves Nina, acerca da morte da escrava Carolina, pertencente a Carlos Fernando Ribeiro, 20 set. 1856. In: _____. Arquivo Público do Estado do Maranhão. **Autos de Interrogatório**. Doc. n.p., São Luís, 1856b.

_____. Secretaria de Polícia. Chefatura de Polícia. Termo de interrogatório feito à Ana Raimunda, acerca da morte da escrava Carolina, pertencente a Carlos Fernando Ribeiro, 29 set. 1856. In: _____. Arquivo Público do Estado do Maranhão. **Autos de Interrogatório**. Doc. n.p.. São Luís, 1856c.

_____. Secretaria de Polícia. Chefatura de Polícia. Termo de interrogatório feito à Clara Maria da Conceição, acerca da morte da escrava Carolina, pertencente a Carlos Fernando Ribeiro, 30 set. 1856. In: _____. Arquivo Público do Estado do Maranhão. **Autos de Interrogatório**. Doc. n.p., São Luís, 1856d.

_____. Secretaria de Polícia. Chefatura de Polícia. Termo de interrogatório feito a Silvestre Marques da Silva Serrão, acerca da morte da escrava Carolina, pertencente a Carlos Fernando Ribeiro, 18 out. 1856. In: _____. Arquivo Público do Estado do Maranhão. **Autos de Interrogatório**. Doc. n.p., São Luís, 1856e.

_____. Secretaria de Polícia. Chefatura de Polícia. Termo de interrogatório feito a Paulo Saulnier, acerca da morte da escrava Carolina, pertencente a Carlos Fernando Ribeiro, 18 out. 1856. In: _____. Arquivo Público do Estado do Maranhão. **Autos de Interrogatório**. Doc. n.p., São Luís, 1856f.

_____. Secretaria de Polícia. Chefatura de Polícia. Termo de interrogatório feito a João Luís da Rocha Compasso, acerca da morte da escrava Carolina, pertencente a Carlos Fernando Ribeiro, 20 out. 1856. In: _____. Arquivo Público do Estado do Maranhão. **Autos de Interrogatório**. Doc. n.p., São Luís, 1856g.

_____. Secretaria de Polícia. Chefatura de Polícia. Termo de interrogatório feito a Ermelindo Marques da Silva Serrão, acerca da morte da escrava Carolina, pertencente a Carlos Fernando Ribeiro, 30 out. 1856. In: _____. Arquivo Público do Estado do Maranhão. **Autos de Interrogatório**. Doc. n.p., São Luís, 1856h.

_____. Secretaria de Polícia. Chefatura de Polícia. Livro de Registro de Crimes e Fatos Notáveis. In: _____. Arquivo Público do Estado do Maranhão. **Setor de Códices**. Livro n. 2.112 (1860-1873). São Luís, 1873.

_____. Secretaria de Polícia. Chefatura de Polícia. Entrada de Celso Magalhães no Maranhão através do vapor brasileiro Cruzeiro do Sul, às

6 horas da manhã, 14 fev. 1874. In: _____. Arquivo Público do Estado do Maranhão. **Livro de Registro das Partes Diárias do Porto**. Livro n. 2.095 (1873-1875), fl. 98v, 1874b.

_____. Secretaria de Polícia. Chefatura de Polícia. Livro de Registro de Crimes e Fatos Notáveis. In: _____. Arquivo Público do Estado do Maranhão. **Setor de Códices**. Livro n. 2.113 (1873-1881). São Luís, 1881.

_____. Secretaria de Polícia. Chefatura de Polícia. Inquérito Policial. Ofensas Físicas. 1884. Autor: o escravo Bernardo Pedro de Paiva Dias. Réu: Manoel Alexandre. In: _____. Arquivo Público do Estado do Maranhão. **Documentação da Secretaria de Polícia – Inquéritos Policiais**. Seção de Avulsos. Caixa "02". Doc. n.p., São Luís, 1884a.

_____. Secretaria de Polícia. Chefatura de Polícia. Inquérito Policial. Requisição de assinatura de termo de segurança. 1884. Autor: José Gomes de Sousa Gaioso. Ré: Maria do Carmo Ferreira. In: _____. Arquivo Público do Estado do Maranhão. **Documentação da Secretaria de Polícia – Inquéritos Policiais**. Seção de Avulsos. Caixa "02". Doc. n.p., São Luís, 1884b.

_____. Secretaria de Polícia. Chefatura de Polícia. Inquérito Policial. Requisição de providências da Justiça pública sobre filhos desaparecidos. 1884. Autora: a escrava Mariana da Conceição Martins. In: _____. Arquivo Público do Estado do Maranhão. **Documentação da Secretaria de Polícia – Inquéritos Policiais**. Seção de Avulsos. Caixa "02". Doc. n.p., São Luís, 1884c.

Ofícios:

MARANHÃO. Ministério Público do Estado. Promotoria Pública da Capital. Ofício comunicando a remoção de Celso da Cunha Magalhães para a Promotoria da Comarca de Guimarães, a fim de organizar o sumário de autores do assassinato do tenente Antônio Estevão de Almeida e Silva. São Luís, 29 out. 1874. In: _____. Arquivo Público do Estado do Maranhão. **Setor de avulsos**. Secretaria de Governo. Promotoria Pública da Capital. Caixa: "1874-1875", fl. 1, São Luís, 1874c.

_____. Ministério Público do Estado. Promotoria Pública da Capital. Ofício do Dr. Celso da Cunha Magalhães comunicando ao presidente da

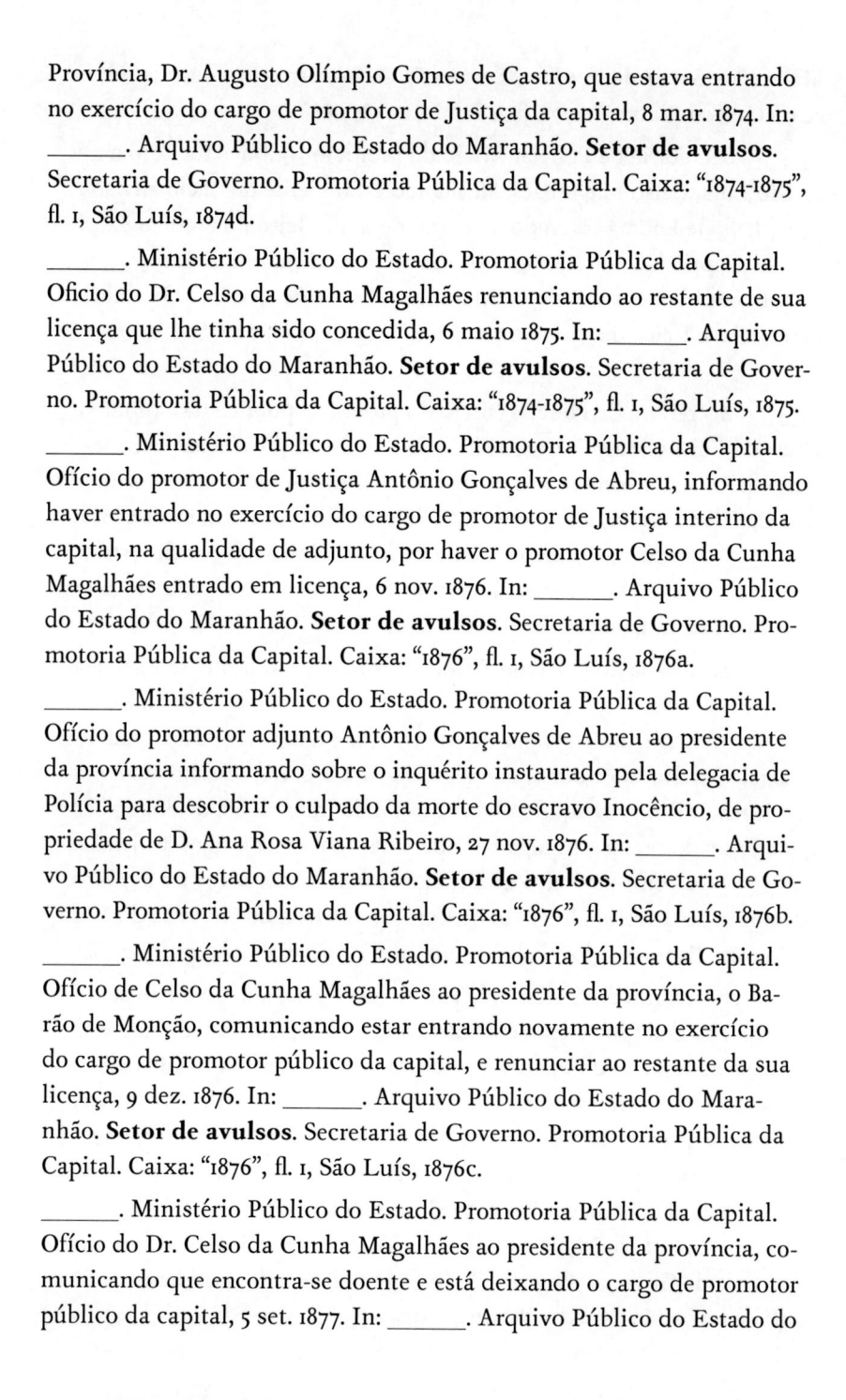

Província, Dr. Augusto Olímpio Gomes de Castro, que estava entrando no exercício do cargo de promotor de Justiça da capital, 8 mar. 1874. In: _____. Arquivo Público do Estado do Maranhão. **Setor de avulsos**. Secretaria de Governo. Promotoria Pública da Capital. Caixa: "1874-1875", fl. 1, São Luís, 1874d.

_____. Ministério Público do Estado. Promotoria Pública da Capital. Ofício do Dr. Celso da Cunha Magalhães renunciando ao restante de sua licença que lhe tinha sido concedida, 6 maio 1875. In: _____. Arquivo Público do Estado do Maranhão. **Setor de avulsos**. Secretaria de Governo. Promotoria Pública da Capital. Caixa: "1874-1875", fl. 1, São Luís, 1875.

_____. Ministério Público do Estado. Promotoria Pública da Capital. Ofício do promotor de Justiça Antônio Gonçalves de Abreu, informando haver entrado no exercício do cargo de promotor de Justiça interino da capital, na qualidade de adjunto, por haver o promotor Celso da Cunha Magalhães entrado em licença, 6 nov. 1876. In: _____. Arquivo Público do Estado do Maranhão. **Setor de avulsos**. Secretaria de Governo. Promotoria Pública da Capital. Caixa: "1876", fl. 1, São Luís, 1876a.

_____. Ministério Público do Estado. Promotoria Pública da Capital. Ofício do promotor adjunto Antônio Gonçalves de Abreu ao presidente da província informando sobre o inquérito instaurado pela delegacia de Polícia para descobrir o culpado da morte do escravo Inocêncio, de propriedade de D. Ana Rosa Viana Ribeiro, 27 nov. 1876. In: _____. Arquivo Público do Estado do Maranhão. **Setor de avulsos**. Secretaria de Governo. Promotoria Pública da Capital. Caixa: "1876", fl. 1, São Luís, 1876b.

_____. Ministério Público do Estado. Promotoria Pública da Capital. Ofício de Celso da Cunha Magalhães ao presidente da província, o Barão de Monção, comunicando estar entrando novamente no exercício do cargo de promotor público da capital, e renunciar ao restante da sua licença, 9 dez. 1876. In: _____. Arquivo Público do Estado do Maranhão. **Setor de avulsos**. Secretaria de Governo. Promotoria Pública da Capital. Caixa: "1876", fl. 1, São Luís, 1876c.

_____. Ministério Público do Estado. Promotoria Pública da Capital. Ofício do Dr. Celso da Cunha Magalhães ao presidente da província, comunicando que encontra-se doente e está deixando o cargo de promotor público da capital, 5 set. 1877. In: _____. Arquivo Público do Estado do

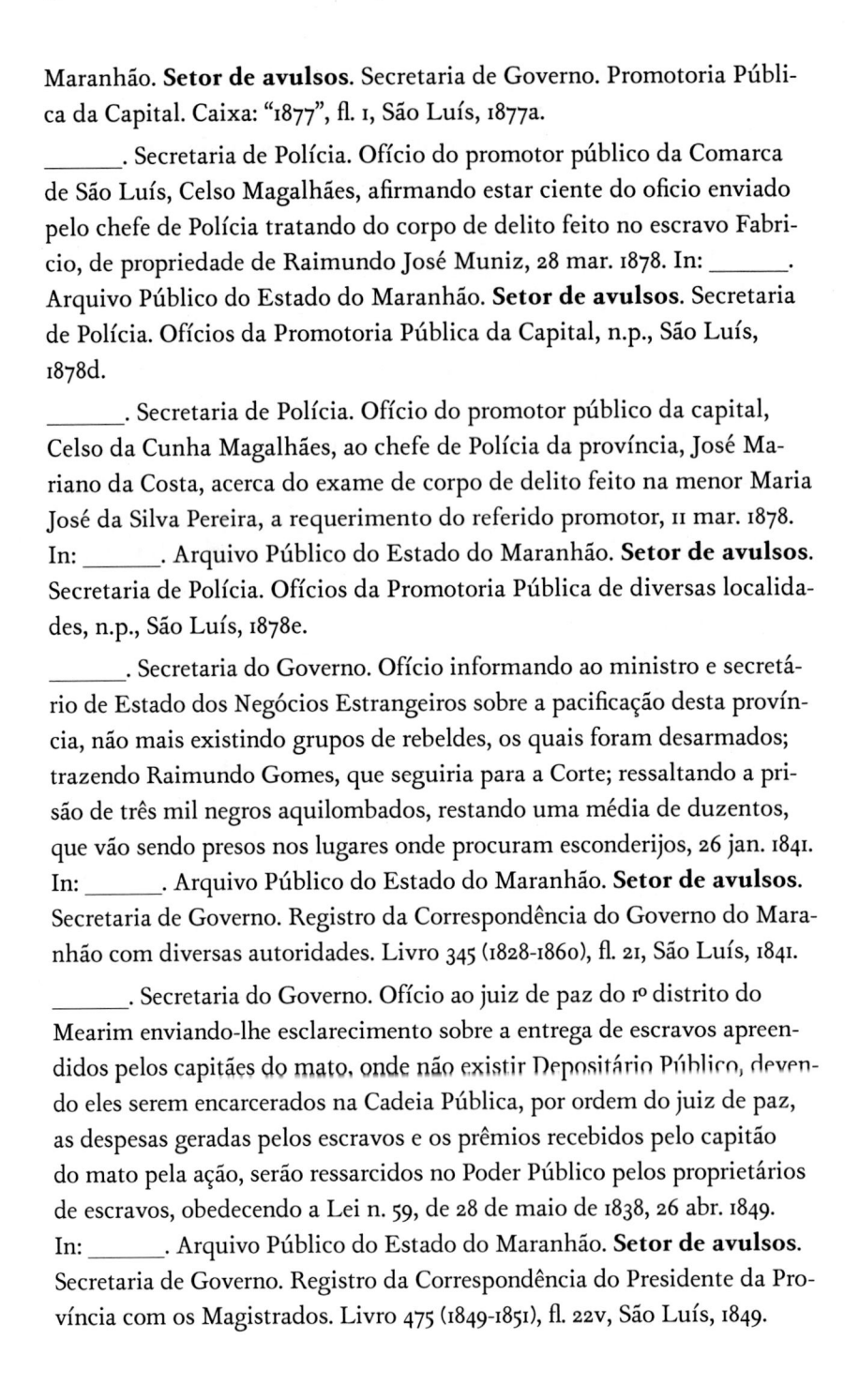

Maranhão. **Setor de avulsos**. Secretaria de Governo. Promotoria Pública da Capital. Caixa: "1877", fl. 1, São Luís, 1877a.

_____. Secretaria de Polícia. Ofício do promotor público da Comarca de São Luís, Celso Magalhães, afirmando estar ciente do ofício enviado pelo chefe de Polícia tratando do corpo de delito feito no escravo Fabricio, de propriedade de Raimundo José Muniz, 28 mar. 1878. In: _____. Arquivo Público do Estado do Maranhão. **Setor de avulsos**. Secretaria de Polícia. Ofícios da Promotoria Pública da Capital, n.p., São Luís, 1878d.

_____. Secretaria de Polícia. Ofício do promotor público da capital, Celso da Cunha Magalhães, ao chefe de Polícia da província, José Mariano da Costa, acerca do exame de corpo de delito feito na menor Maria José da Silva Pereira, a requerimento do referido promotor, 11 mar. 1878. In: _____. Arquivo Público do Estado do Maranhão. **Setor de avulsos**. Secretaria de Polícia. Ofícios da Promotoria Pública de diversas localidades, n.p., São Luís, 1878e.

_____. Secretaria do Governo. Ofício informando ao ministro e secretário de Estado dos Negócios Estrangeiros sobre a pacificação desta província, não mais existindo grupos de rebeldes, os quais foram desarmados; trazendo Raimundo Gomes, que seguiria para a Corte; ressaltando a prisão de três mil negros aquilombados, restando uma média de duzentos, que vão sendo presos nos lugares onde procuram esconderijos, 26 jan. 1841. In: _____. Arquivo Público do Estado do Maranhão. **Setor de avulsos**. Secretaria de Governo. Registro da Correspondência do Governo do Maranhão com diversas autoridades. Livro 345 (1828-1860), fl. 21, São Luís, 1841.

_____. Secretaria do Governo. Ofício ao juiz de paz do 1º distrito do Mearim enviando-lhe esclarecimento sobre a entrega de escravos apreendidos pelos capitães do mato, onde não existir Depositário Público, devendo eles serem encarcerados na Cadeia Pública, por ordem do juiz de paz, as despesas geradas pelos escravos e os prêmios recebidos pelo capitão do mato pela ação, serão ressarcidos no Poder Público pelos proprietários de escravos, obedecendo a Lei n. 59, de 28 de maio de 1838, 26 abr. 1849. In: _____. Arquivo Público do Estado do Maranhão. **Setor de avulsos**. Secretaria de Governo. Registro da Correspondência do Presidente da Província com os Magistrados. Livro 475 (1849-1851), fl. 22v, São Luís, 1849.

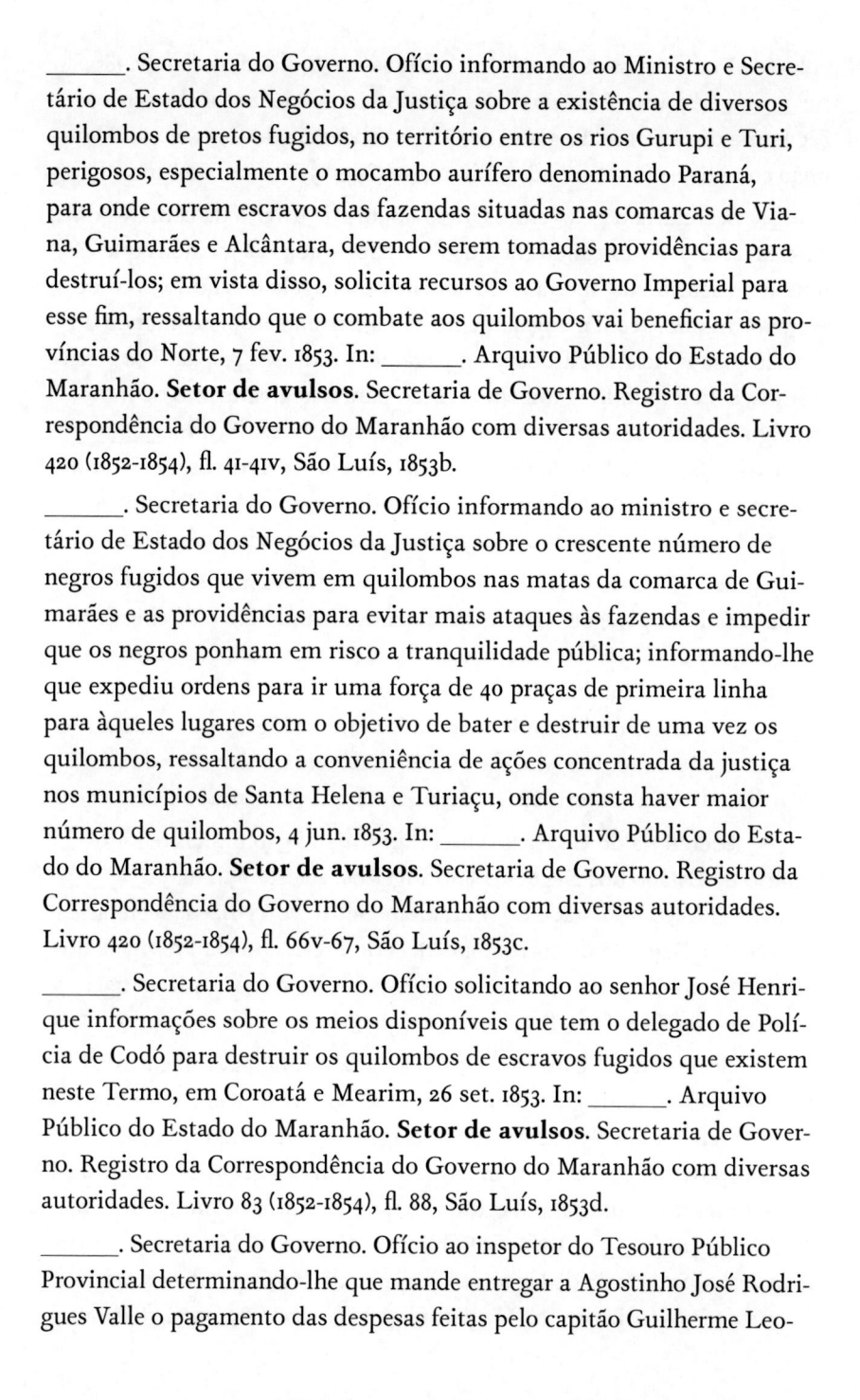

_____. Secretaria do Governo. Ofício informando ao Ministro e Secretário de Estado dos Negócios da Justiça sobre a existência de diversos quilombos de pretos fugidos, no território entre os rios Gurupi e Turi, perigosos, especialmente o mocambo aurífero denominado Paraná, para onde correm escravos das fazendas situadas nas comarcas de Viana, Guimarães e Alcântara, devendo serem tomadas providências para destruí-los; em vista disso, solicita recursos ao Governo Imperial para esse fim, ressaltando que o combate aos quilombos vai beneficiar as províncias do Norte, 7 fev. 1853. In: _____. Arquivo Público do Estado do Maranhão. **Setor de avulsos.** Secretaria de Governo. Registro da Correspondência do Governo do Maranhão com diversas autoridades. Livro 420 (1852-1854), fl. 41-41v, São Luís, 1853b.

_____. Secretaria do Governo. Ofício informando ao ministro e secretário de Estado dos Negócios da Justiça sobre o crescente número de negros fugidos que vivem em quilombos nas matas da comarca de Guimarães e as providências para evitar mais ataques às fazendas e impedir que os negros ponham em risco a tranquilidade pública; informando-lhe que expediu ordens para ir uma força de 40 praças de primeira linha para àqueles lugares com o objetivo de bater e destruir de uma vez os quilombos, ressaltando a conveniência de ações concentrada da justiça nos municípios de Santa Helena e Turiaçu, onde consta haver maior número de quilombos, 4 jun. 1853. In: _____. Arquivo Público do Estado do Maranhão. **Setor de avulsos.** Secretaria de Governo. Registro da Correspondência do Governo do Maranhão com diversas autoridades. Livro 420 (1852-1854), fl. 66v-67, São Luís, 1853c.

_____. Secretaria do Governo. Ofício solicitando ao senhor José Henrique informações sobre os meios disponíveis que tem o delegado de Polícia de Codó para destruir os quilombos de escravos fugidos que existem neste Termo, em Coroatá e Mearim, 26 set. 1853. In: _____. Arquivo Público do Estado do Maranhão. **Setor de avulsos.** Secretaria de Governo. Registro da Correspondência do Governo do Maranhão com diversas autoridades. Livro 83 (1852-1854), fl. 88, São Luís, 1853d.

_____. Secretaria do Governo. Ofício ao inspetor do Tesouro Público Provincial determinando-lhe que mande entregar a Agostinho José Rodrigues Valle o pagamento das despesas feitas pelo capitão Guilherme Leopoldo de Freitas com os negros apreendidos nos quilombos, 18 nov. 1853. In: _____. Arquivo Público do Estado do Maranhão. **Setor de avulsos.** Secretaria de Governo. Registro da Correspondência do Governo do Maranhão com diversas autoridades. Livro 748 (1853-1855), fl. 20, São Luís, 1853e.

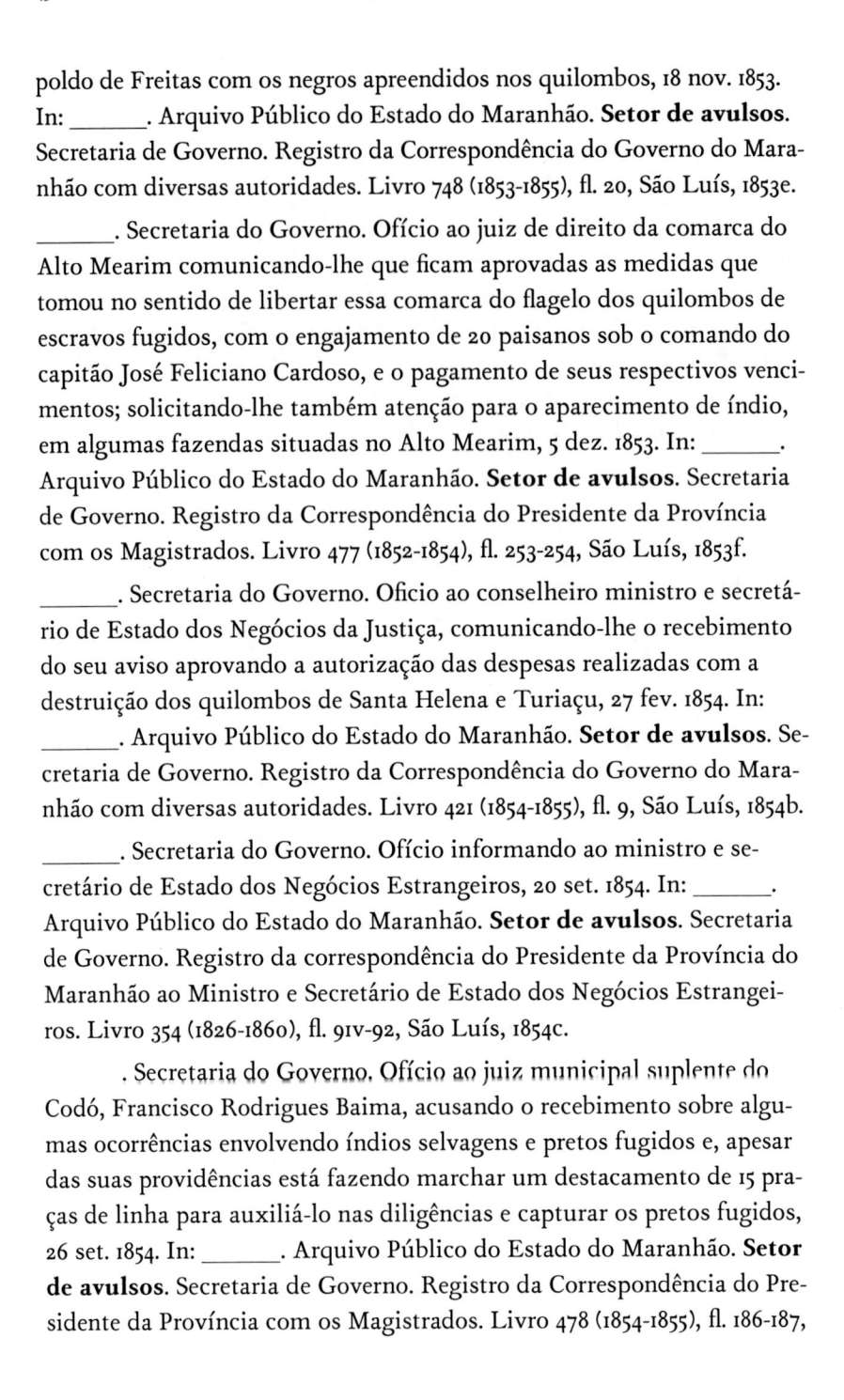

_____. Secretaria do Governo. Ofício ao juiz de direito da comarca do Alto Mearim comunicando-lhe que ficam aprovadas as medidas que tomou no sentido de libertar essa comarca do flagelo dos quilombos de escravos fugidos, com o engajamento de 20 paisanos sob o comando do capitão José Feliciano Cardoso, e o pagamento de seus respectivos vencimentos; solicitando-lhe também atenção para o aparecimento de índio, em algumas fazendas situadas no Alto Mearim, 5 dez. 1853. In: _____. Arquivo Público do Estado do Maranhão. **Setor de avulsos.** Secretaria de Governo. Registro da Correspondência do Presidente da Província com os Magistrados. Livro 477 (1852-1854), fl. 253-254, São Luís, 1853f.

_____. Secretaria do Governo. Ofício ao conselheiro ministro e secretário de Estado dos Negócios da Justiça, comunicando-lhe o recebimento do seu aviso aprovando a autorização das despesas realizadas com a destruição dos quilombos de Santa Helena e Turiaçu, 27 fev. 1854. In: _____. Arquivo Público do Estado do Maranhão. **Setor de avulsos.** Secretaria de Governo. Registro da Correspondência do Governo do Maranhão com diversas autoridades. Livro 421 (1854-1855), fl. 9, São Luís, 1854b.

_____. Secretaria do Governo. Ofício informando ao ministro e secretário de Estado dos Negócios Estrangeiros, 20 set. 1854. In: _____. Arquivo Público do Estado do Maranhão. **Setor de avulsos.** Secretaria de Governo. Registro da correspondência do Presidente da Província do Maranhão ao Ministro e Secretário de Estado dos Negócios Estrangeiros. Livro 354 (1826-1860), fl. 91v-92, São Luís, 1854c.

. Secretaria do Governo. Ofício ao juiz municipal suplente do Codó, Francisco Rodrigues Baima, acusando o recebimento sobre algumas ocorrências envolvendo índios selvagens e pretos fugidos e, apesar das suas providências está fazendo marchar um destacamento de 15 praças de linha para auxiliá-lo nas diligências e capturar os pretos fugidos, 26 set. 1854. In: _____. Arquivo Público do Estado do Maranhão. **Setor de avulsos.** Secretaria de Governo. Registro da Correspondência do Presidente da Província com os Magistrados. Livro 478 (1854-1855), fl. 186-187,

São Luís, 1854d.

_____. Secretaria do Governo. Ofício ao capitão José Luís Teixeira Lopes, delegado de Polícia do termo de Santa Helena, dando-lhe várias recomendações concernentes ao cargo, assim como instruções para fazer entradas nas matas do termo a fim de destruir quilombos e capturar escravos fugidos. Recomenda-lhe ainda que os escravos apreendidos sejam transferidos à capital e entregues a seus senhores, 16 nov. 1854. In: _____. Arquivo Público do Estado do Maranhão. **Setor de avulsos**. Secretaria de Governo. Registro da Correspondência do Governo do Maranhão com diversas autoridades. Livro 299 (1854-1856), fl. 50, São Luís, 1854e.

_____. Secretaria do Governo. Ofício ao inspetor do Tesouro Público Provincial comunicando-lhe que o subdelegado de Polícia do Alto Mearim, Joaquim Pinto Saldanha, autorizado por esta presidência, reuniu trinta e dois guardas nacionais para baterem os quilombos existentes nas matas daquele distrito e, por isso, ordena-lhe que entregue ao mesmo subdelegado ou a seu procurador o valor referente aos vencimentos dos soldos e etapas dos guardas nacionais, que estiveram na diligência. 21 mar. 1855. In: _____. Arquivo Público do Estado do Maranhão. **Setor de avulsos**. Secretaria de Governo. Registro da Correspondência do Governo do Maranhão com diversas autoridades. Livro 749 (1855), fl. 1v-2, São Luís, 1855.

_____. Secretaria do Governo. Ofício ao comandante superior da Guarda Nacional da Comarca do Alto Mearim, determinando-lhe que satisfaça a requisição do delegado chefe de Polícia de Codó, caso requisite alguns praças para auxiliar na diligência empregada na destruição de quilombos no mesmo Termo, 30 abr. 1857. In: _____. Arquivo Público do Estado do Maranhão. **Setor de avulsos**. Secretaria de Governo. Registro da Correspondência do Governo do Maranhão com diversas autoridades. Livro 650 (1857-1858), fl. 42v, São Luís, 1857a.

_____. Secretaria do Governo. Ofício ao promotor público da Comarca de Alcântara, recomendando-lhe que empregue as medidas necessárias para que sejam processados os escravos que espancaram a um outro escravo, na fazenda Nossa Senhora do Carmo, 16 nov. 1857. In: _____. Arquivo Público do Estado do Maranhão. **Setor de avulsos**. Secretaria de Governo. Registro da Correspondência do Presidente da Província com Magistrados. Livro 481 (1857-1858), fl. 219, São Luís, 1857b.

_____. Secretaria do Governo. Ofício ao promotor público da Comarca de Turiaçu solicitando-lhe a organização do processo e a prisão de um escravo pertencente a João Carlos de Sousa Soares, que assassinara um outro escravo de Antônio Luiz Madeira Ferreira, no distrito de Santa Helena, 7 dez. 1857. In: _____. Arquivo Público do Estado do Maranhão. **Setor de avulsos**. Secretaria de Governo. Registro da Correspondência do Presidente da Província com os Magistrados. Livro 481 (1857-1858), fl. 239, São Luís, 1857c.

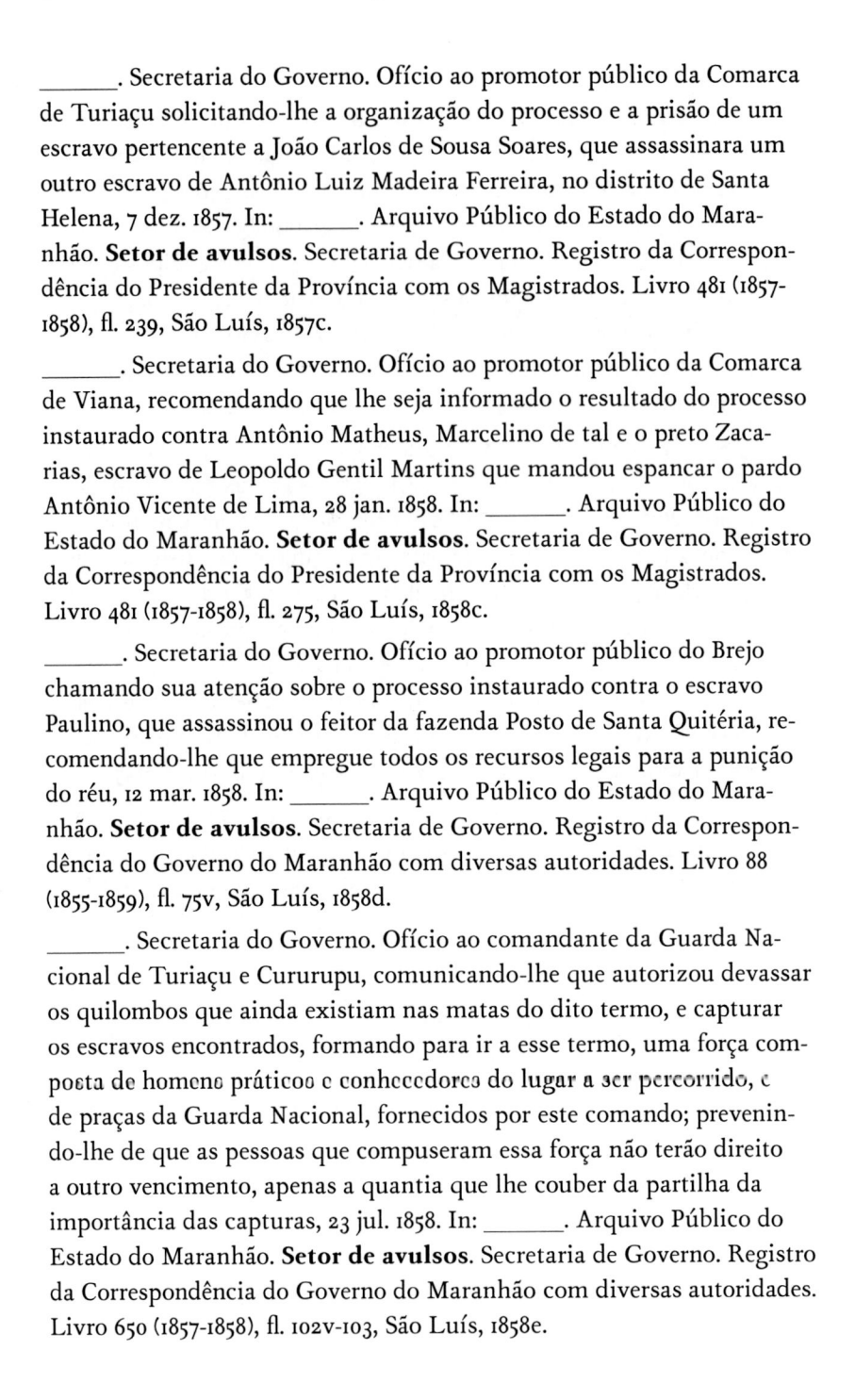

_____. Secretaria do Governo. Ofício ao promotor público da Comarca de Viana, recomendando que lhe seja informado o resultado do processo instaurado contra Antônio Matheus, Marcelino de tal e o preto Zacarias, escravo de Leopoldo Gentil Martins que mandou espancar o pardo Antônio Vicente de Lima, 28 jan. 1858. In: _____. Arquivo Público do Estado do Maranhão. **Setor de avulsos**. Secretaria de Governo. Registro da Correspondência do Presidente da Província com os Magistrados. Livro 481 (1857-1858), fl. 275, São Luís, 1858c.

_____. Secretaria do Governo. Ofício ao promotor público do Brejo chamando sua atenção sobre o processo instaurado contra o escravo Paulino, que assassinou o feitor da fazenda Posto de Santa Quitéria, recomendando-lhe que empregue todos os recursos legais para a punição do réu, 12 mar. 1858. In: _____. Arquivo Público do Estado do Maranhão. **Setor de avulsos**. Secretaria de Governo. Registro da Correspondência do Governo do Maranhão com diversas autoridades. Livro 88 (1855-1859), fl. 75v, São Luís, 1858d.

_____. Secretaria do Governo. Ofício ao comandante da Guarda Nacional de Turiaçu e Cururupu, comunicando-lhe que autorizou devassar os quilombos que ainda existiam nas matas do dito termo, e capturar os escravos encontrados, formando para ir a esse termo, uma força composta de homens práticos e conhecedores do lugar a ser percorrido, e de praças da Guarda Nacional, fornecidos por este comando; prevenindo-lhe de que as pessoas que compuseram essa força não terão direito a outro vencimento, apenas a quantia que lhe couber da partilha da importância das capturas, 23 jul. 1858. In: _____. Arquivo Público do Estado do Maranhão. **Setor de avulsos**. Secretaria de Governo. Registro da Correspondência do Governo do Maranhão com diversas autoridades. Livro 650 (1857-1858), fl. 102v-103, São Luís, 1858e.

_____. Secretaria do Governo. Ofício ao juiz de direito da Comarca de Turiaçu, comunicando-lhe ter autorizado o delegado de Polícia do respectivo termo a empregar as forças necessárias na destruição dos quilombos da região e apreensão dos escravos, utilizando, para tanto, pessoas que conhecem a região e praças da Guarda Nacional; prevenindo-o acerca do pagamento destinado às pessoas envolvidas na destruição dos referidos quilombos, 23 out. 1858. In: _____. Arquivo Público do Estado do Maranhão. **Setor de avulsos**. Secretaria de Governo. Registro da Correspondência do Presidente da Província com os Magistrados. Livro 482 (1858-1859), fl. 83-84, São Luís, 1858f.

_____. Secretaria do Governo. Ofício ao promotor público da Comarca de Alcântara informando-lhe ter conhecimento do despronunciamento, pelo juiz municipal, de alguns réus em consequência da interrupção de recursos destes e também de não terem sido pronunciados escravos e outros indivíduos apesar de haver motivos para isto. Em vista do exposto, manda-lhes o Governo que observem o rigoroso cumprimento dos seus deveres, 27 jun. 1859. In: _____. Arquivo Público do Estado do Maranhão. **Setor de avulsos**. Secretaria de Governo. Registro da Correspondência do Governo do Maranhão com diversas autoridades. Livro 95 (1859-1869), fl. 7-8, São Luís, 1859a.

_____. Secretaria do Governo. Ofício ao promotor público da Comarca de Guimarães, em vista de não serem suficientes os esclarecimentos sobre a justiça criminal nessa comarca, solicitou-lhe que informe o processo que deixou de ser julgado e em que termos está processado o réu Ciriaco, escravo de Eduardo Antônio Amorim, onde e em quem foi cometido o crime, para onde foi o mesmo réu vendido e quais os seus sinais característicos, 16 nov. 1859. In: _____. Arquivo Público do Estado do Maranhão. **Setor de avulsos**. Secretaria de Governo. Registro da Correspondência do Presidente da Província com os Magistrados. Livro 483 (1859-1860), fl. 56, São Luís, 1859b.

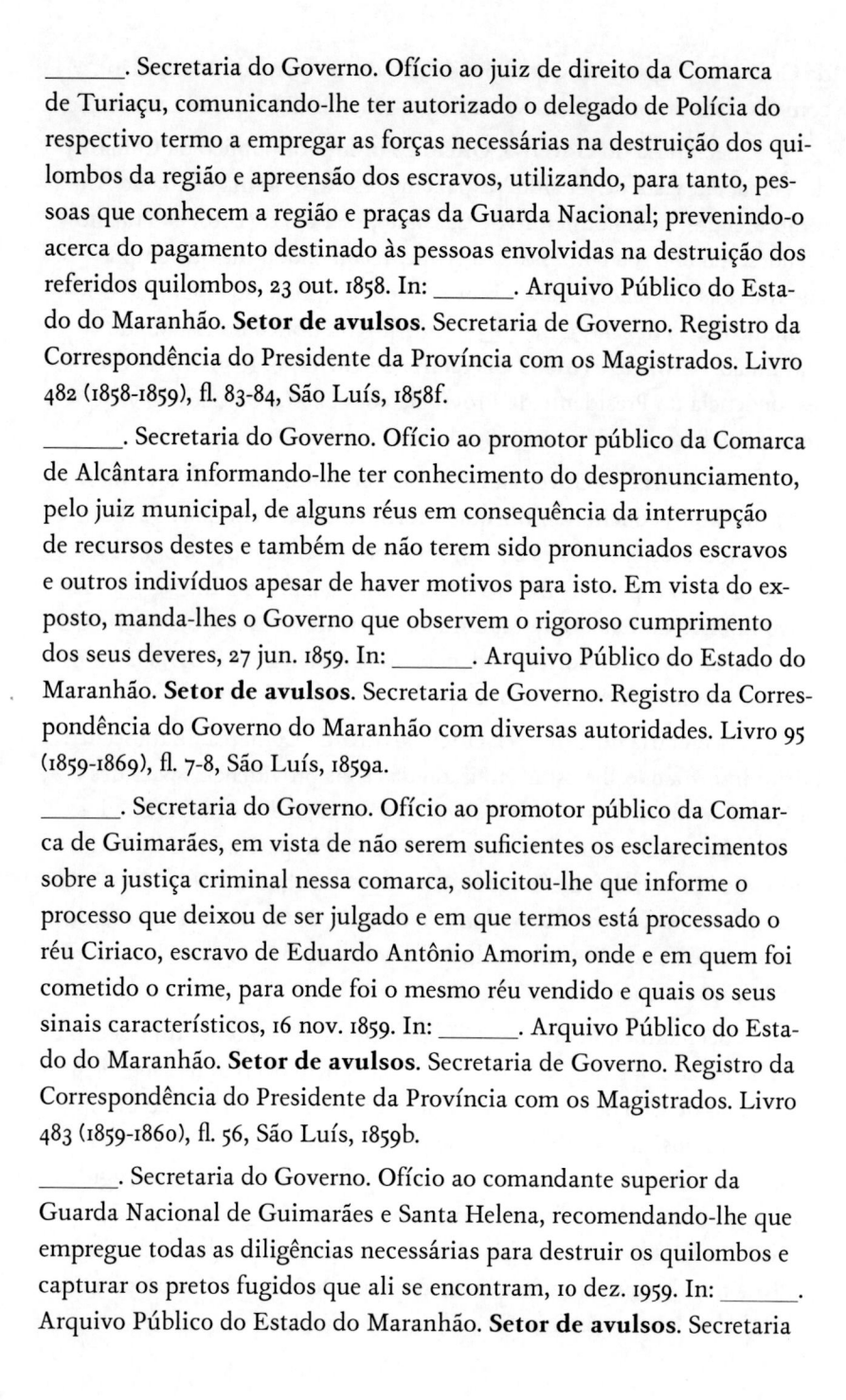

_____. Secretaria do Governo. Ofício ao comandante superior da Guarda Nacional de Guimarães e Santa Helena, recomendando-lhe que empregue todas as diligências necessárias para destruir os quilombos e capturar os pretos fugidos que ali se encontram, 10 dez. 1959. In: _____. Arquivo Público do Estado do Maranhão. **Setor de avulsos**. Secretaria de Governo. Registro da Correspondência do Governo do Maranhão com diversas autoridades. Livro 651 (1858-1860), fl. 213-214, São Luís, 1859c.

_____. Secretaria do Governo. Ofício ao promotor público da Comarca de Viana, em vista de ter sido Vespaziano, escravo do major Inácio Antônio Mendes, pelo homicídio de Cassiano, escravo do coronel Trajano Mendes, tendo o réu confessado o crime, recomendou-lhe que empregue todas as diligências para a breve conclusão processo e punição do delinquente, 20 dez. 1859. In: _____. Arquivo Público do Estado do Maranhão. **Setor de avulsos**. Secretaria de Governo. Registro da Correspondência do Presidente da Província com os Magistrados. Livro 483 (1859-1860), fls. 95-96, São Luís, 1859d.

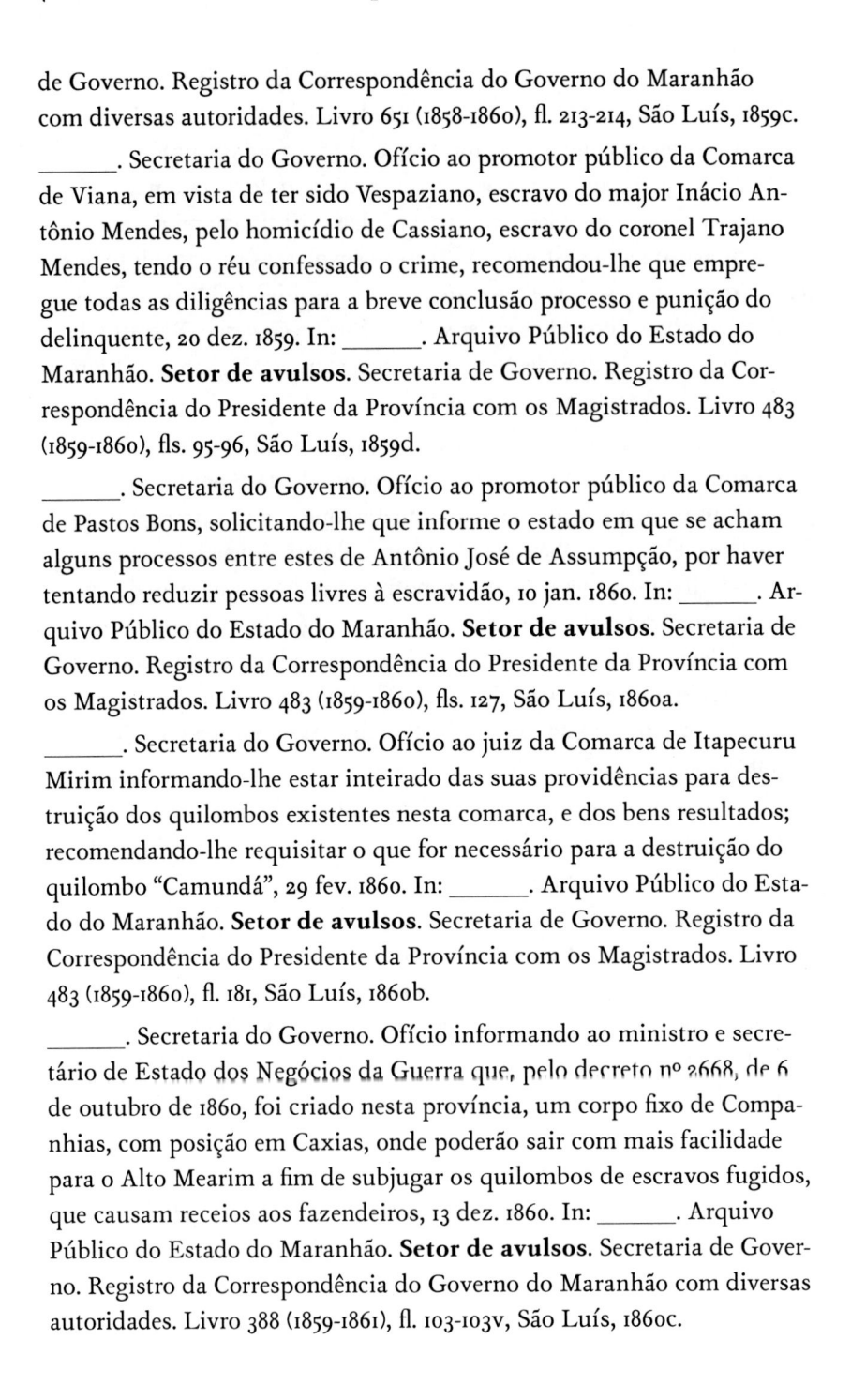

_____. Secretaria do Governo. Ofício ao promotor público da Comarca de Pastos Bons, solicitando-lhe que informe o estado em que se acham alguns processos entre estes de Antônio José de Assumpção, por haver tentando reduzir pessoas livres à escravidão, 10 jan. 1860. In: _____. Arquivo Público do Estado do Maranhão. **Setor de avulsos**. Secretaria de Governo. Registro da Correspondência do Presidente da Província com os Magistrados. Livro 483 (1859-1860), fls. 127, São Luís, 1860a.

_____. Secretaria do Governo. Ofício ao juiz da Comarca de Itapecuru Mirim informando-lhe estar inteirado das suas providências para destruição dos quilombos existentes nesta comarca, e dos bens resultados; recomendando-lhe requisitar o que for necessário para a destruição do quilombo "Camundá", 29 fev. 1860. In: _____. Arquivo Público do Estado do Maranhão. **Setor de avulsos**. Secretaria de Governo. Registro da Correspondência do Presidente da Província com os Magistrados. Livro 483 (1859-1860), fl. 181, São Luís, 1860b.

_____. Secretaria do Governo. Ofício informando ao ministro e secretário de Estado dos Negócios da Guerra que, pelo decreto nº 2668, de 6 de outubro de 1860, foi criado nesta província, um corpo fixo de Companhias, com posição em Caxias, onde poderão sair com mais facilidade para o Alto Mearim a fim de subjugar os quilombos de escravos fugidos, que causam receios aos fazendeiros, 13 dez. 1860. In: _____. Arquivo Público do Estado do Maranhão. **Setor de avulsos**. Secretaria de Governo. Registro da Correspondência do Governo do Maranhão com diversas autoridades. Livro 388 (1859-1861), fl. 103-103v, São Luís, 1860c.

_____. Secretaria de Polícia. Ofício do promotor público da capital, Celso da Cunha Magalhães, ao chefe de Polícia da província, José Mariano da Costa, solicitando medidas para garantir a prisão de D. Ana Rosa Viana Ribeiro, por crime previsto no art. 193 do Código Criminal. O promotor alega ter recebido informações que a dita senhora fugiria no dia seguinte no vapor *Brumwich* para a Europa, 11 dez. 1876. In: _____. Arquivo Público do Estado do Maranhão. **Setor de avulsos.** Secretaria de Polícia. Ofícios da Promotoria Pública de diversas localidades, n.p., São Luís, 1876d.

_____. Secretaria do Governo. Ofício informando acerca de uma cópia de ofício dirigida a ele presidente pelo juiz de direito da 1ª vara da capital sobre a condução do bacharel Celso da Cunha Magalhães ao "emprego" de promotor público da comarca, 12 jul. 1876. In: _____. Arquivo Público do Estado do Maranhão. **Setor de avulsos.** Secretaria de Governo. **Registro da correspondência do Presidente da Província com o Ministro e Secretário de Estado dos Negócios da Justiça.** Livro 433 (1828-1860), fl. 66, São Luís, 1876e.

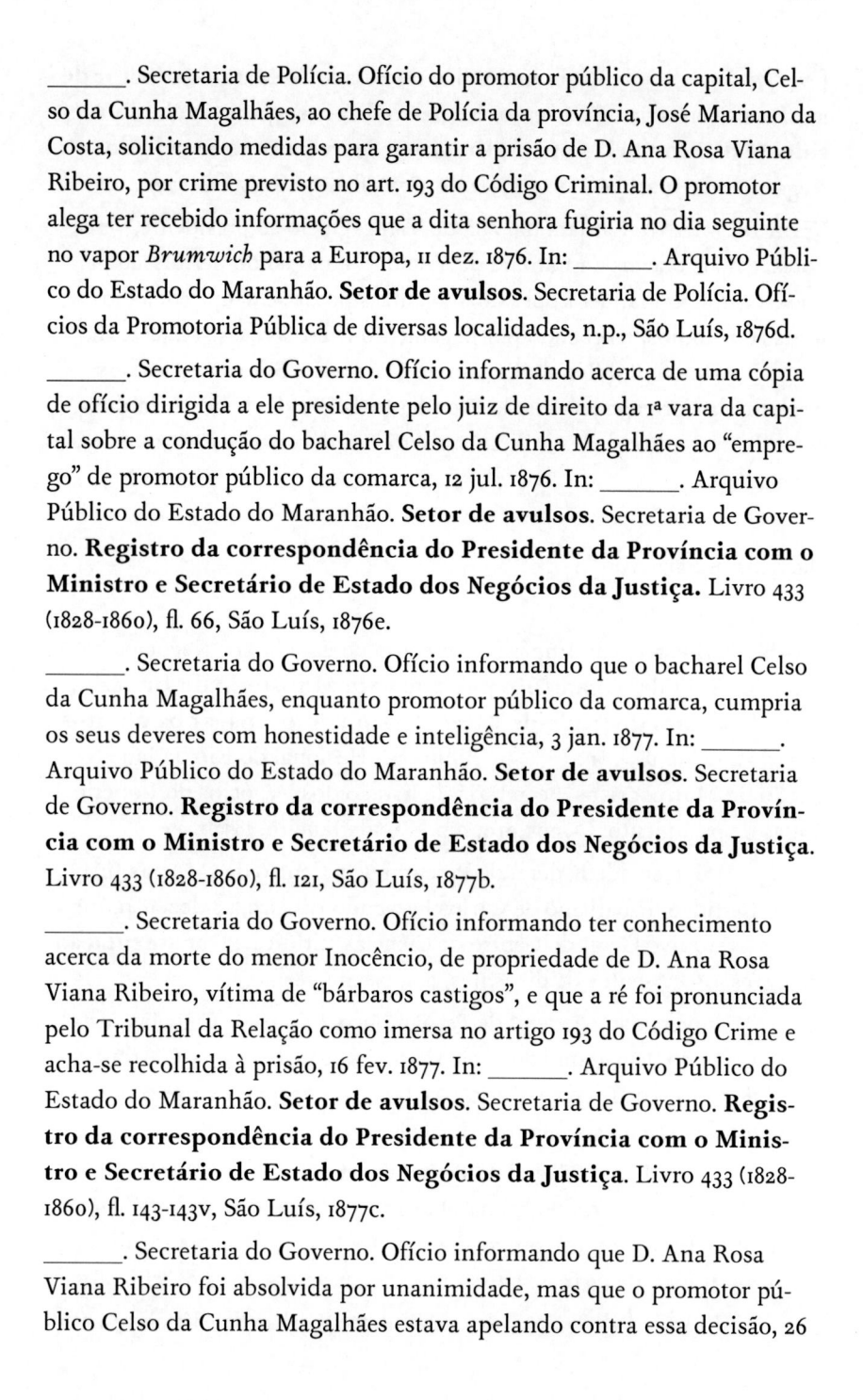

_____. Secretaria do Governo. Ofício informando que o bacharel Celso da Cunha Magalhães, enquanto promotor público da comarca, cumpria os seus deveres com honestidade e inteligência, 3 jan. 1877. In: _____. Arquivo Público do Estado do Maranhão. **Setor de avulsos.** Secretaria de Governo. **Registro da correspondência do Presidente da Província com o Ministro e Secretário de Estado dos Negócios da Justiça.** Livro 433 (1828-1860), fl. 121, São Luís, 1877b.

_____. Secretaria do Governo. Ofício informando ter conhecimento acerca da morte do menor Inocêncio, de propriedade de D. Ana Rosa Viana Ribeiro, vítima de "bárbaros castigos", e que a ré foi pronunciada pelo Tribunal da Relação como imersa no artigo 193 do Código Crime e acha-se recolhida à prisão, 16 fev. 1877. In: _____. Arquivo Público do Estado do Maranhão. **Setor de avulsos.** Secretaria de Governo. **Registro da correspondência do Presidente da Província com o Ministro e Secretário de Estado dos Negócios da Justiça.** Livro 433 (1828-1860), fl. 143-143v, São Luís, 1877c.

_____. Secretaria do Governo. Ofício informando que D. Ana Rosa Viana Ribeiro foi absolvida por unanimidade, mas que o promotor público Celso da Cunha Magalhães estava apelando contra essa decisão, 26 fev. 1877. In: _____. Arquivo Público do Estado do Maranhão. **Setor de avulsos**. Secretaria de Governo. **Registro da correspondência do Presidente da Província com o Ministro e Secretário de Estado dos Negócios da Justiça.** Livro 433 (1876-1877), fl. 145, São Luís, 1877d.

VILA DE VIANA. Câmara da Vila de Viana. Oficio ao presidente, vereadores, e mais oficiais da Câmara da Vila de Viana dando permissão para que o cirurgião Manoel Lopes de Magalhães possa se ocupar das moléstias dos índios, recebendo por pagamento 12 escravos, 5 set. 1828. In: _____. Arquivo Público do Estado do Maranhão. **Setor de Avulsos**. Registro da Correspondência do Presidente da Província do Maranhão com diversas autoridades militares. Livro 294, doc. 126 (1828-1830), fl. 39, Viana, 1828.

Outros manuscritos:

BRASIL. Ministério do Império. Secretaria de Estado dos Negócios do Império. **Guia de pagamento passado pelo Ministério do Império, relativo a carta do título de Barão de São Bento e pagar os direitos devidos,** 12 jul. 1853. In: _____. Biblioteca Nacional do Rio de Janeiro. **Seção de Manuscritos**. Secretaria de Estado dos Negócios do Império. Guias de pagamento. **C-1005,019**, n.p., Rio de Janeiro, 1853b.

_____. Universidade Federal de Pernambuco. Centro de Ciências Jurídicas. Certidão de batismo de Carlos Fernando Ribeiro, 28 dez. 1841. In: _____. Arquivo Geral do Centro de Ciências Jurídicas. **Documentação de egressos**. Assentos de discentes, fl. 1, Recife, 1841.

_____. Universidade Federal de Pernambuco. Centro de Ciências Jurídicas. Certidão de batismo de "Celço", 12 nov. 1868. In: _____. Arquivo Geral do Centro de Ciências Jurídicas. **Documentação de egressos**. Assentos de discentes, fl. 1-2, Recife, 1868.

_____. Universidade Federal de Pernambuco. Centro de Ciências Jurídicas. Registro da Carta do bacharel formado Carlos Fernando Ribeiro, 12 out. 1846. In: _____. Arquivo Geral do Centro de Ciências Jurídicas. **Documentação de egressos**. Assentos de discentes, fl. 1-2, Recife, 1846.

_____. Universidade Federal de Pernambuco. Centro de Ciências Jurídicas. Registro da Carta do bacharel formado Celso da Cunha Magalhães, 22 nov. 1873. In: _____. Arquivo Geral do Centro de Ciências Jurídicas. **Documentação de egressos**. Assentos de discentes, fl. 1, Recife, 1873.

MARANHÃO. Arquidiocese do Maranhão. Registro do óbito de Celso Magalhães, 1879. In: _____. Arquivo Público do Estado do Maranhão. **Setor de avulsos**. Arquidiocese do Maranhão. Secretaria de Governo. Livro de Registro de Óbitos da Freguesia de São João Batista da Capital. Livro 65 (1857-1881), fl. 137v., São Luís, 1879.

Alameda nas redes sociais:

Site: www.alamedaeditorial.com.br
Facebook.com/alamedaeditorial/
Twitter.com/editoraalameda
Instagram.com/editora_alameda/

JUSTIÇA INFAME foi composto em Isidora e 1820 modern narrow por Bruno Azevêdo. A Isidora foi desenvolvida pela designer Laura Lotufo a partir do pilmeiro livro impresso no Brasil; a 1820 foi criada pelo tipógrafo Julles Lecorre a partir de tipografias do século XIX. Os clichês usados neste livro foram retirados do *Catálogo dos typos, vinhetas e emblemas da officina typographica da Biblioteca Nacional*, publicado no Rio em 1903.